TRAINING PÄDAGOGIK

Heidenreich · Arnold · Braun · Lacher

Grundlagen Pädagogik

mit Aufgaben und Lösungen

STARK

Herausgeber: Klaus Heidenreich

Verfasser:
Kapitel 1, 2, 5: Klaus Heidenreich
Kapitel 3: Wolfgang Arnold † (Entwurf), Ulrike Braun
Kapitel 4: Berthold Lacher

ISBN: 3-89449-248-1

1. Auflage 1996

Inhalt

(Fortsetzung nächste Seite)

4 Soziale Arbeit: Sozialarbeit und Sozialpädagogik

(Fortsetzung nächste Seite)

5 Gesundheit und Beeinträchtigungen

Vorwort

Der vorliegende Trainingsband "Grundwissen Pädagogik" stellt ein **kompaktes Repetitorium** des Lehrstoffes für das Fach Pädagogik dar und wurde auf der Grundlage des derzeit gültigen Lehrplans erstellt.

Sein vorrangiges Anliegen ist es, auf **Schulaufgaben** und die **Abschlußprüfung** vorzubereiten. Darüber hinaus eignet er sich aber auch zum **Selbststudium** und für den **unterrichtsbegleitenden** Einsatz.

Dieser Band vermittelt die grundlegenden pädagogischen **Begriffe, Modelle** und **Theorien** und erläutert sie anhand vieler praxisbezogener **Anwendungsbeispiele**.

Zur Einübung des Gelernten finden sich nach jedem Kapitel eine Anzahl von **prüfungsrelevanten Aufgaben**, die in einem eigenen **Lösungsteil** schülergerecht und leicht nachvollziehbar gelöst werden.

Noch einige grundsätzliche Anmerkungen:
Es gibt gegenwärtig keinen Konsens über die fundamentalen Begriffe der Pädagogik, vielmehr gehört die Meinungsvielfalt zu ihrem Erscheinungsbild. Es existieren verschiedene Richtungen und unterschiedliche Theorien und damit verbunden auch unterschiedliche Definitionen grundlegender Begriffe, wie z. B. "Erziehung", "Lernen", Sozialisation" usw. Die Zersplitterung innerhalb von Theorie und Praxis der Pädagogik spiegelt sich auch in der Literatur wider. Die Anzahl der Bücher und Aufsätze zu diesem Themenkreis ist mittlerweile kaum noch zu überblicken. Im vorliegenden Band wird daher hauptsächlich auf Fachliteratur (wissenschaftliche Lehrbücher) meist neueren Datums Bezug genommen.

Die Autoren bemühten sich um **sprachliche Eindeutigkeit, Verständlichkeit** und **Anschaulichkeit**, um die Aneignung des Stoffs zu erleichtern. Dessen ungeachtet sollen die Schüler/innen jedoch auch in gemäßigter Form bereits mit der Diktion von Lehrbüchern der Hochschule vertraut gemacht werden.

Hinsichtlich Zitierweise und Quellenangaben folgt der Band im wesentlichen dem Aufsatz von Rost "Techniken erziehungswissenschaftlichen Arbeitens" (1994), allerdings in einer schülerorientierten Weise. Diese Veröffentlichung ist auch Schüler/innen für die Facharbeit zu empfehlen, zumal sie einen umfassenden Einblick in die Techniken wissenschaftlichen Arbeitens bietet.

Zum Schluß eine Bitte an alle Leser/innen dieses Buches: Anregung und Kritik fördern und verbessern künftige Auflagen; daher bitten wir darum, Verbesserungsvorschläge den Autoren bzw. dem Verlag mitzuteilen. Dafür schon im voraus ein Dankeschön.

Planegg, im Oktober 1995 Klaus Heidenreich

1 Voraussetzungen und Merkmale der Erziehung

1.1 Einführung

In den folgenden drei Kurzszenen geht es auf unterschiedliche Weise um das Thema "Erziehung" – ein Anlaß zum Nachdenken und zur Diskussion.

1. Szene: Am Frühstückstisch

MUTTER: Stefan, wo steckst du?

VATER: Trödle nicht so herum! Höchste Zeit!

STEFAN *(kommt pfeifend herein)*: Möchte nur wissen, wo mein Walkman ist. Verdammt ... *(dreht am Radio)*

MUTTER: Laß doch das Radio in Ruhe!

VATER: Immer diese Kurbelei! Abends fernsehen bis zum Geht-nicht-mehr und tagsüber die Geräuschkulisse.

MUTTER: Kein Wunder, wenn du dich nicht konzentrieren kannst.

STEFAN: Ach was ...

VATER: Auf dein Zeugnis bin ich ja gespannt ...

STEFAN: Geht die alte Leier schon wieder los?

VATER: Komm mir ja nicht mit so miserablen Noten wie letztes Mal nach Hause, sonst kannst du was erleben!

STEFAN: Ach reg dich nicht auf! Bin ich schon mal sitzengeblieben?

2. Szene: Im Klassenzimmer

(Stimmengewirr)

DIANA: Nun mal langsam und cool bleiben, Old Doc kommt angeeiert.

LUISE: Oh je, er hat die Englisch-Schulaufgabe dabei! Und ich hatte vorher nicht gelernt! (Schritte nähern sich, die Klassentüre schließt sich)

DR. ECK: Guten Morgen! (Sein Blick schweift in die Runde) So, liebe Freunde, hier sind die Früchte Eures Fleißes.

GABI: In Ihrer Haut möchte ich jetzt stecken!

DR. ECK: Wieso?

HANS: Sie kriegen ja keine Noten, aber wir sind die armen Schweine.

DR. ECK: Ich kann mir auch Schöneres denken als korrigieren und Noten ausrechnen, das kannst Du mir glauben, Hans. Ihr wollt doch alle das Abi haben, oder etwa nicht? Und da ist's wie im Sport: ohne einheitliche Meßlatte ist keine Leistungsmessung möglich. Übrigens, die Arbeit ist recht gut ausgefallen – ein paar von Euch haben sich erfreulich verbessert.

3. Szene: Vor der Klasse

HERR RASCH: *(mit schneidender Stimme):* Also Kameraden, heute ist die große Abrechnung fällig. Heute erntet jeder, was er gesät hat. Es gibt welche unter Euch, die vom Ernst des Lebens offenbar immer noch nichts begriffen haben – spätestens bei der Versetzung wird es ihnen dämmern. *(Murmeln und Husten im Hintergrund)* Wer meckert hier? Wir sind kein Wohlfahrtsinstitut und keine Wärmestube; hier muß gearbeitet werden, schließlich leben wir in einer Leistungsgesellschaft. Sie kennen ja mein Motto: Lieber knallhart als microsoft!

Zu diesen drei Szenen einige Fragen und Antworten:

- Sicher haben Sie eine ähnliche Situation auch schon einmal erlebt. Haben Sie eigene Erfahrungen, die sich mit den vorstehenden Szenen vergleichen lassen?
- Wer erzieht? **Erzieher,** z. B. Eltern und Lehrer/innen.
- Wer wird erzogen? Die **Zu-Erziehenden,** z. B. Kinder in der Familie, Schüler/innen in den verschiedenen Schularten.
- Welche **persönliche Beziehung** besteht zwischen Erzieher und Zu-Erziehendem? (vgl. Kap. 1.3 und 1.4)
- Wo wird erzogen? In **Erziehungseinrichtungen** bzw. pädagogischen Institutionen, z. B. in der Familie, in der Schule, im Kindergarten (vgl. Kap. 4.2 und 4.3).

- Wie wird erzogen? Hiermit ist das praktizierte **Erzieherverhalten** gemeint; so erweisen sich bestimmte Formen des Lehrerverhaltens erzieherisch wirksamer als andere. Mit dem "Wie" der Erziehung hat sich in den letzten Jahrzehnten die Erziehungsstilforschung befaßt (vgl. Kap. 1.3).
- Womit wird erzogen? Mit Hilfe von **Erziehungsmitteln**, z. B. Lob, Strafe, Arbeit, Spiel, Vorbild, Warnung, Diskussion, Tadel, Wetteifer, Übung (vgl. Kap. 1.3, 1.4, 2.2).
- Was soll durch Erziehung erreicht werden? Hier stellt sich die Frage nach dem **Erziehungsziel**, z. B. Anpassung, Mündigkeit (vgl. Kap. 1.5).

1.2 Einblick in die pädagogische Anthropologie

Voraussetzung für die Erziehung sind Kenntnisse über die Wesensmerkmale des Menschen. Die pädagogische Anthropologie untersucht, wie der Mensch unter Erziehungseinwirkungen zu sich selbst kommen und mündig werden kann (vgl. Roth 1971, Bd. 1, S. 19). Sie soll die Grundlagen für erzieherisches Handeln aufgrund der zeitbedingten und kulturellen Erfordernisse liefern.

Das Wesen des Menschen

Der Mensch ist aufgrund seiner **Vernunft** ein denkendes Wesen; er ist in der Lage, selbst zu entscheiden und zu handeln. Der Mensch ist, soweit wir heute wissen, das einzige Wesen, das über sich selbst und seine Umwelt reflektieren kann. Als Mittel der (bewußten) Auseinandersetzung dient ihm die **Sprache.**

Darüber hinaus ist der Mensch ein **soziales Wesen.** Die Forschungen von SPITZ und ERIKSON (vgl. Kap. 3) haben deutlich gemacht, daß beispielsweise das Kleinkind gelungene, intensive Sozialkontakte benötigt, um sich positiv zu entwickeln. Gestörte soziale Beziehungen, die nicht zu festen Bindungen an bestimmte Bezugspersonen führen, bedingen z. T. schwerwiegende Entwicklungsverzögerungen bzw. Entwicklungsstörungen.

Der Mensch ist auch ein Wesen, das **zielgerichtet handelt** und sich nicht sinn- und zwecklos verhält. Das zielvolle Handeln des Menschen ist zwar abhängig von natürlichen, kulturellen und sozialen Vorgaben, aber es weist Freiheitsspielräume auf. Der Mensch hat nicht nur die Fähigkeit zum zielgerichteten Handeln, sondern auch die Fähigkeit zum relativ freien Setzen und Verfolgen von Handlungszielen (vgl. Hemel 1988).

Erziehungsbedürftigkeit und -fähigkeit

Die besondere Fragestellung der pädagogischen Anthropologie ist die nach der **Erziehungsbedürftigkeit** und der **Erziehungsfähigkeit** bzw. **Erziehbarkeit** des Menschen.

Der Mensch muß erzogen werden, d. h. er ist erziehungsbedürftig, weil er unfertig zur Welt kommt und damit gefährdet ist und der Zuwendung anderer Menschen bedarf. Er benötigt die sozialen Beziehungen zu festen Bezugspersonen, wie z. B. Mutter und Vater (s. Kap. 3.3); er ist auf pädagogische Lebens- und Lernhilfen angewiesen.[1]

Der Mensch benötigt Erziehung, da er nur mit Resten von Instinkten geboren wird und als Kleinkind ein hilfloses Wesen ist. Menschliche Verhaltensweisen werden weitgehend erlernt, so Werte, Normen, Wissen und Strategien zur Lebensbewältigung. Der Mensch ist der Natur vergleichsweise ungeschützt ausgeliefert, er hat keine natürlichen Angriffsorgane, keinen Witterungsschutz (z. B. Fell); die meisten Tiere übertreffen ihn an Schärfe der Sinne. So betrachtet ist der Mensch ein "Mängelwesen" (vgl. Gehlen 1967, zit. n. Kaiser und Kaiser 1994).

Zudem ist der Mensch eine "physiologische Frühgeburt" (Portmann 1969, zit. n. Kaiser und Kaiser 1994), der zu früh geboren wird. Wenn der Mensch sofort nach der Geburt das Leben so wie vergleichsweise Tiere zu meistern imstande sein sollte, müßte er mindestens ein Jahr älter sein, d. h. gehen und sprechen können. Er durchlebt eine vergleichsweise lange Entwicklungs- und Schutzzeit und zeigt als Anfangsausstattung kaum fertige, ausgebaute Leistungsformen oder Verhaltensweisen: Er kann z. B. niesen, schlucken, verdauen und verfügt über eine Anzahl von Reflexen (vgl. Roth 1971, Bd. I, S. 112 ff.)

Die Mängel an angeborenen Fähigkeiten werden durch eine positive, den Menschen auszeichnende Gabe, die unendliche **Lernfähigkeit,** ausgeglichen. Der Mensch ist erziehbar bzw. erziehungs- und bildungsfähig. Der Mensch ist von Anfang an ein weltoffenes, plastisches Wesen, das den Erfahrungen, die es macht, den Gelegenheiten, Erfahrungen zu sammeln sowie den Vorbildern, die es nachahmend in sich aufnehmen kann und den Einfällen und Ideen, die es bei seinen tastenden Versuchen produziert, ausgeliefert ist (vgl. Roth 1971). Der lernfähige Mensch ist auf Lehrende und Erziehende angewiesen, denn er ist prinzipiell ein zu erziehendes Wesen.

Anlage, Umwelt und Person

Die menschliche Entwicklung beruht auf Anlagen (biologische Basis), Umwelt (materiell, kulturell und sozial) und Person-Variablen (Wahrnehmungs-, Denk- und Handlungsmuster der Person sowie Selbststeuerung). Der Mensch ist das Produkt dieser Einflußgrößen, die miteinander in einer ständigen Wechselwirkung stehen (vgl. Abb. 1).

- Die Entwicklung ist im Kind konstitutionell angelegt, d. h. **Anlagen** sind ererbte Entwicklungsgrößen; darauf gründen sich die Reifungsprozesse. Den Anlagen kommt eine unterschiedliche Variationsbreite zu, sie bedürfen der Umweltreize zu ihrer Ausprägung und Festigung.
- Die Entwicklung des Kindes wird entscheidend durch bestimmte **Umweltbedingungen** beeinflußt, z. B. durch die Erziehungsmethoden der Eltern, der Erzieher/innen im Kindergarten, der Lehrer/innen in der Schule sowie durch Ausstattung, Größe, Lage der elterlichen Wohnung und aller anderen Erziehungseinrichtungen.
  Die Entwicklung des Kindes ist auch massenmedialen Einflüssen ausgesetzt, die mehr oder minder dem erzieherischen Einfluß entzogen sind, z. B. Einflüssen durch Fernsehen und Jugendzeitschriften. Der Einfluß dieser "geheimen Miterzieher" bzw. dieser "außerpädagogischen Umwelt" auf den Heranwachsenden ist zweifellos groß und pädagogisch oft fragwürdig (vgl. Rittelmeyer 1994).
- Die Entwicklung basiert weiterhin auf der freiwilligen Willensentscheidung und damit der **Selbststeuerung** (vgl. Kap. 2.4). Die aktive Selbststeuerung macht sich bereits recht früh bemerkbar, spätestens zur Zeit der ersten Willenskundgebungen im zweiten Lebensjahr.
  Der Mensch ist auch das Produkt seines Denkens. Die Art und Weise, wie man denkt, wie man mit all dem umgeht, was einem Tag für Tag begegnet, womit man sich auseinandersetzen, was man bewältigen muß, entscheidet darüber, ob man im Leben mehr Erfolge oder eher Mißerfolge zu verzeichnen hat. Herr seines Denkens und seiner Gedanken zu sein, ist eine wichtige Grundlage für ein aktives, selbstgesteuertes und erfolgreiches Leben, ein stabiles Leben aus einem inneren Gleichgewicht heraus. Wichtig ist selbstmitleidfreies Denken, geistig-seelische Belastbarkeit und mentale Fitneß.
  Volksweisheiten wie "Glaube kann Berge versetzen", "Wer schaffen will, muß fröhlich sein" sollten heute nicht mehr belächelt werden, denn Menschen können sich wahrscheinlich sowohl krank wie auch gesund denken. Wir müssen also eine positive Denkhygiene erwerben und betreiben (vgl. Kropiunigg 1990; Miketta 1991; Tausch 1989; Zänker 1991).

Ganzheitlich betrachtet ist somit der Mensch nicht nur ein Zu-Erziehender, sondern mit zunehmendem Alter auch ein sich selbst Erziehender. Die **Fremderziehung** geht allmählich zur **Selbsterziehung** (Selbststeuerung) über.

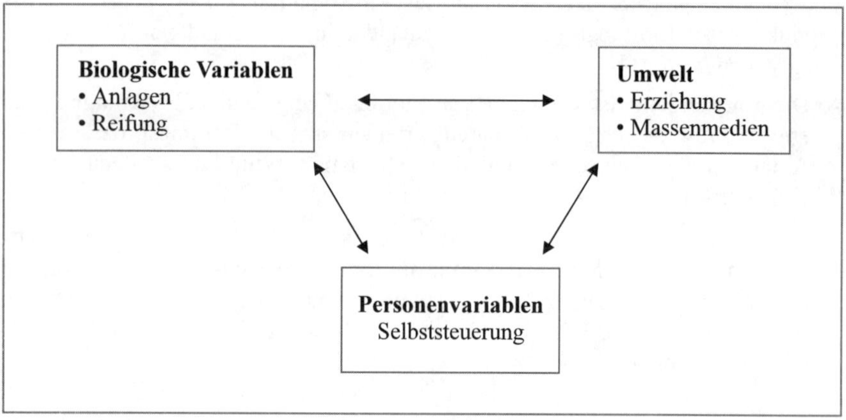

Abb. 1: Wechselwirkung der Entwicklung (modifiziert nach Sieland 1994, S. 15)

1.3 Pädagogisches Verhältnis: Pädagogischer Bezug – Erziehungsstil

Die Beziehung zwischen Erzieher/in und Zu-Erziehenden wird verschiedentlich als **pädagogisches Verhältnis** definiert. Es umschließt Absicht, Einstellungen sowie Art und Weise des Verhaltens der Erzieher gegenüber den Zu-Erziehenden; auch die angewandten Erziehungsmittel sind dazu zu rechnen (vgl. Schröder 1992, sowie Schwenk 1989; Rittelmeyer 1994; s. ferner Kap. 1.4.1).

Eine besondere Form des pädagogischen Verhältnisses ist der **pädagogische Bezug;** er gilt als zentraler Begriff der geisteswissenschaftlichen Pädagogik und beschreibt das Verhältnis zwischen Erzieher und Zu-Erziehendem, d. h. die Grundlage allen erzieherischen Handelns. NOHL (1879–1960) definiert den pädagogischen Bezug als das engagierte "Verhältnis eines reifen Menschen zu einem werdenden Menschen, und zwar um seiner selbst willen, daß er zu seinem Leben und zu seiner Form komme" (Nohl 1935, zit. n. Gudjons 1993, S 180). Nach Nohl ist das letzte Geheimnis der pädagogischen Arbeit der richtige pädagogische Bezug.

NOHL kennzeichnet den pädagogischen Bezug durch folgende Merkmale:
- Anerkennung der personalen Würde des Zöglings durch den Erzieher.
- Hieraus ergibt sich ein unbedingtes Vertrauen auf seiten des Zöglings gegenüber dem Erzieher.
- Getragen wird der pädagogische Bezug vom pädagogischen Takt als soziale Grundhaltung des Erziehers.
- Der pädagogische Bezug zwischen Erzieher und Zögling kann nicht erzwungen werden. Wo er nicht gelingt, muß man versuchen, andere erziehungsfördernde Bindungen zu schaffen.
- Letztes Ziel des pädagogischen Bezugs ist es, dem Zögling Hilfe bei der Selbstfindung zu bieten.
- Im Vollzug der Selbstfindung streben beide Seiten danach, den pädagogischen Bezug überflüssig zu machen (vgl. Nohl 1961, zit. n. Schröder 1992).

Das pädagogische Verhältnis hat nach Nohl die naturgegebenen Beziehungen als Grundlage. Liebe und Autorität tragen die pädagogische Gemeinschaft. Die Liebe des Erziehers bejaht das Kind, wie es ist. Der Erzieher erlangt durch das Vertrauen des Kindes und dessen Bindung an ihn Autorität, nicht als Machtverhältnis, sondern im Sinne von "Wertvermittlung zwischen einem, der mehr hat, und einem, der – sagen wir es positiv – noch mehr davon brauchen kann" (Beer 1975, zit. n. Knapp 1992, S. 89). Unter Respekt versteht Nohl nicht Gewalt, sondern vielmehr den Aspekt der Führung und Festigung (vgl. Knapp 1992).

Die Theorie des pädagogischen Bezugs von Nohl wird seit den 60er Jahren kritisiert, und sie kann heutzutage nicht mit allen Aspekten leitend für die Gestaltung pädagogischer Situationen gelten (zur Kritik vgl. Knapp 1992, S. 90 ff.; Krüger 1991, S. 801 ff.).

Bei den Fragen nach dem "Wie" der Erziehung und dem pädagogischen Bezug kam die Psychologie zur Erforschung von Erziehungsstilen und versuchte, das Erziehungsverhalten zu beschreiben. Bahnbrechende Versuche in den Jahren 1938/39, den Einfluß solcher Stile auf das Leistungsverhalten von Kindern zu studieren, gehen auf LEWIN (1890–1947) zurück. Seine Arbeiten haben einen außerordentlich anregenden Einfluß gehabt.[2]

So beschreiben TAUSCH und TAUSCH (1971) u. a. folgende Erziehungsstile:
- autokratischer Stil: hohe Lenkung und Kontrolle, Geringschätzung, Unfreundlichkeit, Entmutigung;
- sozialintegrativer Stil: mittleres Maß an Lenkung und Kontrolle, Wertschätzung und Freundlichkeit, Lob und Ermutigung.

Um der schulischen Lerngruppe Zusammengehörigkeitsgefühl und individuellen Freiraum zu geben, sollten Lehrer/innen den demokratisch-partnerschaftlichen bzw. sozialintegrativen Erziehungsstil verfolgen.

Spätere systematische Beobachtungen in familiären und schulischen Situationen führten zu der Erkenntnis, daß sich die meisten Verhaltensweisen von Eltern und Lehrer/innen nach mindestens zwei Grunddimensionen beschreiben lassen:
(1) Gefühl: emotionale Wärme oder emotionale Kälte;
(2) Lenkung: kontrollierendes oder nicht-kontrollierendes Verhalten.

Speziell beim Lehrerverhalten ist noch eine dritte Dimension ermittelt worden: anregender, phantasie- und einfallsreicher oder langweiliger, routinemäßiger Unterricht (vgl. Mietzel 1986, S. 289).

Obwohl die Typologien bei der Analyse des Erzieherverhaltens durchaus hilfreich sein können, ist an ihnen viel Kritik geübt worden; unter anderem deshalb, weil in der Erziehungswirklichkeit anstelle reiner Typen häufig Mischtypen zu beobachten sind und das Konzept der Erziehungsstile der Komplexität des Erziehungsprozesses nicht gerecht werden kann (vgl. Keller 1994; Krohne 1988; Lukesch 1981; Mietzel 1986; Nolting und Paulus 1992; Schründer-Lenzen 1994).

1.4 Erziehungsprozeß

1.4.1 Merkmale des Erziehungsprozesses

Angesichts der Vielfalt von Begriffen erscheint es angebracht, in einem offenen Modell die wichtigsten **Merkmale des Erziehungsprozesses** aufzulisten (vgl. Klauer; Brunner und Huber 1989; Gudjons 1993).

(1) Wenn wir Erziehung als einen Prozeß auffassen, so verstehen wir darunter einen Vorgang, ein Geschehen, z. B. das Verhalten des Erziehers, die Formung der Persönlichkeit junger Menschen usw.

(2) Erziehung spielt sich zwischen Menschen ab, die sich gegenseitig beeinflussen. Das Erziehungsgeschehen ist demnach eine Interaktion zwischen Erziehern und Zu-Erziehenden. Erziehung ist somit eine besondere Form der sozialen Interaktion. Typische erzieherische Beziehungen sind: Eltern – Kind, Lehrer/in – Schüler/in, Erzieher/in – Vorschulkind.

(3) Die erzieherische Interaktion ist durch unterschiedliche **Rollen** der Beteiligten gekennzeichnet. Der Erzieher, z. B. der Lehrer/die Lehrerin, ist in der Rolle des Wissenden und Lehrenden, der Schüler/die Schülerin dagegen in der Rolle des Lernenden.

(4) Durch Erziehung sollen **Lernvorgänge** hervorgerufen werden. Lernen ist ein innerer Vorgang, der nicht direkt beobachtbar ist und sich in Verhaltensänderungen äußert (vgl. Kap. 2).

(5) Unter **Lehren** versteht man eine Reihe von Tätigkeiten, die Erzieher ausüben. Lehrtätigkeiten sind beispielsweise: Informationen darbieten, fragen, Diskussionen anregen, vormachen, korrigieren, prüfen usw. Diese Tätigkeiten gehören zum Rollenverhalten von Erziehern (Eltern, Lehrer/innen, Ausbilder/innen im Betrieb, Erzieher/innen im Kindergarten usw.)

Eine ganz allgemeine **Definition** (vgl. Klauer 1981) lautet:

> Erziehung als Prozeß besteht aus wechselseitigem Lehren und Lernen.

Das nachfolgende Schaubild soll dies verdeutlichen:

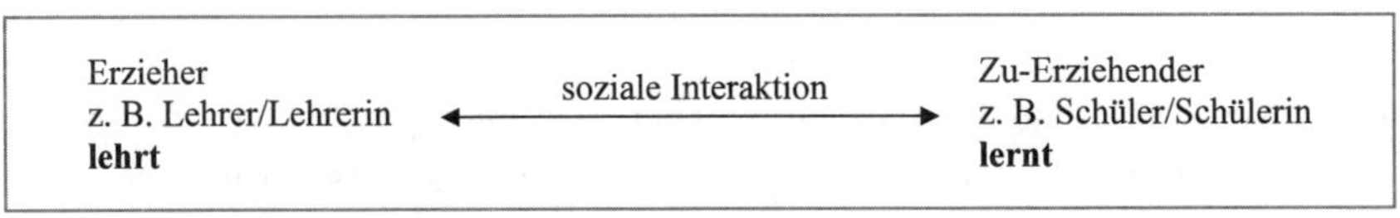

Abb. 2: Erziehung als soziale Interaktion

Interaktion	Bezeichnung für jede Art von Wechselbeziehung, sowohl zwischen Menschen als auch zwischen Menschen und Objekten
soziale Interaktion	wechselseitige Beeinflussung von Individuen oder Gruppen durch Kommunikation
Kommunikation	(Mitteilung) besteht aus verschiedenen Vorgängen von der Aufnahme bis zur Abgabe von Informationen. Sie umfaßt Prozesse, die einen Sender, Empfänger, einen Kommunikationskanal voraussetzen und eine Botschaft/Nachricht vermitteln.

Soziale Kommunikation	verläuft personenbezogen. In allen zwischenmenschlichen Situationen ist Kommunikation ein grundlegendes Geschehen (vgl. Erziehung, Sozialarbeit, Psychotherapie). Wir können sagen: soziale Kommunikation ≈ soziale Interaktion.

(6) Erziehung sucht außerdem **Erziehungsziele** zu verwirklichen, wie Anpassung, Mündigkeit usw. (vgl. Kap. 1.5)

(7) Erziehung setzt sich darüber hinaus mit Inhalten, Gegenständen, Themen usw. auseinander. Diese **Lernziele**[3] (die Erziehungszielen untergeordnet sind), betreffen verschiedene Ebenen:
- die *kognitive Ebene* (z. B. Wissenserweiterung, Einüben kritischen Denkens),
- die *affektiv-soziale Ebene* (z. B. Verbesserung der sozialen Beziehungen in einer Schulklasse, Veränderung des Unterrichtsklimas),
- die *persönliche Ebene* (z. B. Förderung des Selbstvertrauens bzw. Entwicklung eines positiven Selbstkonzepts).

Erziehung vollzieht sich nicht im inhaltsfreien bzw. "luftleeren" Raum, sondern ist zielgerichtet und bewirkt Veränderungen beim Zu-Erziehenden, indem dieser seine Kenntnisse und Fertigkeiten erweitert, verfeinert, festigt und damit also lernt. Erzieherische Prozesse sollen dazu beitragen, kognitive (fachliche), affektiv-soziale und personale Lernziele beim Zu-Erziehenden zu erreichen.

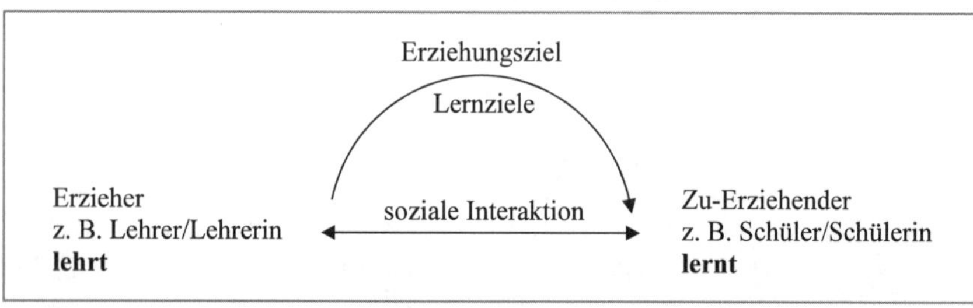

Abb. 3: Erziehung als pädagogische Interaktion (Erziehung im engeren Sinne)

Der Erzieher lehrt, unterrichtet und unterweist den Zu-Erziehenden. Diese besondere Form der sozialen Interaktion wird auch **pädagogische Interaktion** genannt; sie stellt somit eine Teilmenge der sozialen Interaktion dar.

Pädagogische Interaktion bzw. Erziehung im engeren Sinne (vgl. Meinberg 1988, S. 4) bedeutet: soziale Interaktion zwischen Erzieher und Zu-Erziehendem, die unter pädagogischer Zielsetzung erfolgt und in ihrem Ablauf von Lehr- und Lernprozessen geprägt ist.
Erzieher kann demnach praktisch jeder Mensch sein, der gemäß dieser Erziehungsfunktion handelt (s. auch Abb. 3, S. 10).
Erziehungsprozesse sind vielfältig methodisch organisiert und auf die Lernbedingungen des Zu-Erziehenden ausgerichtet; dieser soll seinem Alter entsprechend zur Selbsttätigkeit angeregt und zur Selbständigkeit erzogen werden.

(8) Der Erzieher besitzt **soziale Macht**; er hat die Möglichkeit, die Zu-Erziehenden zu belohnen, zu bestrafen, zu kontrollieren. Er kann gezielt bestimmte **Erziehungsmittel** wie tadeln, loben, kritisieren, ermutigen usw. einsetzen. Er ist ein **Vorbild (Modell)** für die Zu-Erziehenden; so werden z. B. schon im Kleinkindalter Mimik und Spracheigenarten der Eltern nachgeahmt (vgl. Modellernen, Kap. 2.4). Zudem sollte der Erzieher eine **positive Autorität** darstellen, d. h. er sollte Glaubwürdigkeit besitzen und sich folglich durch Vertrauenswürdigkeit und Sachkompetenz bzw. Fachwissen auszeichnen. "Wahre Autorität braucht nicht autoritär aufzutreten" (Eschenburg 1976, zit. n. Diederich 1994, S. 245).[4]

1.4.2 Umwelt und Erziehung

Die Erziehungssituation ist letztlich eingebunden in die Umwelt. Unter Umwelt verstehen wir alle von außen kommenden Einflüsse, denen Menschen ausgesetzt sind.

Erzieherisch wirksame Umweltfaktoren können sein:
- **soziale Umwelt:** Eltern, Verwandte, Freunde, Anzahl der Erzieher, Jugendgruppe, Mitschüler/innen, Gleichaltrigengruppe (peer-group);
- **kulturelle Umwelt:** Weltanschauung, Normen, Werte, Religion, Brauchtum, gesellschaftliche Verfassung, Erziehungs- und Lernziele; Angebote an kulturellen Veranstaltungen und Einrichtungen, Massenmedien, Lehrplan;
- **materielle Umwelt:** Anzahl und Ausstattung von Erziehungsinstitutionen wie Schulen, Kindergärten, Hochschulen mit Büchern, Lernmaterial, Spielzeug; räumliche Voraussetzungen, Wohnungsverhältnisse, Vermögensverhältnisse der Familien;
- **natürliche Umwelt:** Landschaft, Klima, Ernährung, Großstadt oder Land.

Die Umweltbereiche überschneiden sich zum Teil; außerdem unterliegen sie einem Wandel. Veränderungen können sich zum Beispiel im Bereich der Erziehung bei den Lernzielen und Lerninhalten durch einen neuen Lehrplan bzw. in der Schulaufsicht oder durch einen Umzug der Familie ergeben.

Die pädagogische Interaktion zwischen Erzieher und Zu-Erziehenden wird von erzieherisch bedeutsamen Einflußfaktoren mitbestimmt. Die Gesamtheit der im Erziehungsprozeß wirkenden und miteinander verbundenen Personengruppen, Zielvorstellungen, Erziehungseinrichtungen, gesellschaftlichen Bedingungen soll als **pädagogisches Feld** bezeichnet werden (vgl. Winnefeld 1957, zit. n. Schwenk 1989; s. ferner Dietrich 1984; Kron 1988). Der Erziehungsvorgang selbst stellt den Kern des pädagogischen Feldes dar. Diese Erweiterung des Erziehungsbegriffes läßt sich durch folgende Skizze veranschaulichen:

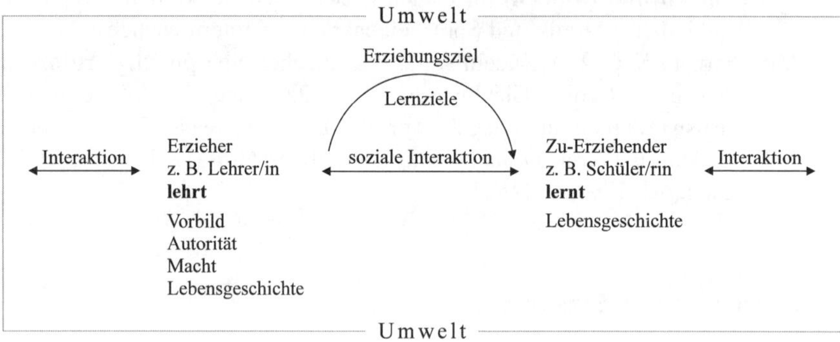

Abb. 4: Pädagogisches Feld

Das pädagogische Feld wiederum ist in die umfassendere **Lebenswelt** der Betroffenen eingebettet. Jeder Erziehungsvorgang trifft auf bereits vorliegende Erfahrungen, Fähigkeiten, Einstellungen: auf die Lerngeschichte des Zu-Erziehenden und die Lebensgeschichte der Erziehers.

Beispiel:

> Die Lehrer-Schüler-Interaktion ist eingebunden in institutionelle und gesellschaftliche Zusammenhänge und Zwänge. Schüler/innen wie Lehrer/innen müssen sich der Bürokratie und Organisationsform der Schule anpassen, müssen mit großen Klassen zurechtkommen, mit der unterschiedlichen Zusammensetzung von Klas-

sen nach Alter, Geschlecht, Vorkenntnissen, Begabung; sie müssen ebenso die räumlichen Voraussetzungen akzeptieren wie die Ausstattung mit Einrichtungsgegenständen, Materialien, Büchern usw.

Die gesamte schulische Lebenswelt beeinflußt die Schüler/innen.
Eine besondere Rolle spielt in diesem Zusammenhang der Begriff des **heimlichen Lehrplans** (vgl. Fromm 1989; Geulen 1994, S. 116 ff; Schröder 1985, S. 124). Hierunter versteht man all jene Verhaltensweisen, die sich die Schüler/innen im Laufe ihrer Schulzeit aneignen und die in keinem offiziellen Lehrplan aufgeführt sind, ja z. T. im Gegensatz zu den Zielen und Inhalten des Lehrplans stehen.

Schüler/innen lernen z. B.
- wie man sich gegen die Konkurrenz der Mitschüler/innen durchsetzt;
- wie das Ansehen bei den Mitschüler/innen gesteigert werden kann;
- wie man bei Fehlverhalten Strafe vermeidet;
- wie man sich gegenüber einem unbeliebten Lehrer durchsetzt;
- wie man bei bestimmten Lehrern ohne großen Aufwand zu besseren Noten kommt.

1.4.3 Konzept der ökologischen Umwelt

Die Umwelt ist – wie wir gesehen haben (s. Kap. 1.4.2) – ein vielschichtiger Begriff. Es ergeben sich Wechselwirkungen zwischen dem sich entwickelnden Menschen und der sich wandelnden Umwelt. Das heißt, der Mensch paßt sich seiner Umwelt an und verändert sie; die Umwelt wiederum wirkt auf die menschlichen Lebensverhältnisse und verändert sie.

BAACKE hat ein Modell entworfen, das die alltägliche Lebenswelt systematisch darstellt. Dieses Modell umfaßt die zwischenmenschliche Umwelt, die räumlich-dingliche Umgebung (z. B. Straßen, Gebrauchsgegenstände, Verkehrsmittel) und "Behavior Settings" im Sinne verhaltensbestimmender Umwelten (z. B. Läden, Gaststätten, Sportplätze, Kirche, Schule, Parks, Kindergarten). Die Aktionen eines Kindes beispielsweise sind eingebettet in eine Hierarchie von Umwelten, die in einem Zusammenhang stehen. Das Kind – mit seiner persönlichen Entwicklungsgeschichte – ist umgeben von vier expandierenden ökologischen Zonen, die es in bestimmter Reihenfolge betritt. Baacke (1985, zit. n. Gudjons 1993 sowie Knapp 1992 b) beschreibt die vier ökologischen Zonen folgendermaßen:

- **Ökologisches Zentrum** (Zone 1): die alltägliche und unmittelbare Umgebung, in die man hineingeboren wird; hierzu zählen die Familie, das Zuhause des Kindes mit den nächsten Bezugspersonen.
- **Ökologischer Nahraum** (Zone 2): Nachbarschaft, Wohngegend, Stadtviertel; Orte der ersten Außenbeziehungen, Spielplatz.
- **Ökologische Ausschnitte** (Zone 3): Kindergarten, Schule, Läden, Schwimmbad, Kirche, Park, also Räume, in denen zweckbestimmtes Verhalten gelernt wird.
- **Ökologische Peripherie** (Zone 4): weiter entfernt gelegene Freizeitangebote, Urlaubsorte usw.

Freizeit findet in den verschiedenen Zonen statt, je nachdem, ob das Kind diese zu Hause verbringt, auf dem Spielplatz, in der Kirche oder Schwimmhalle bzw. am Urlaubsort mit den Eltern am Meer. Die vier ökologischen Zonen dieses Modells zeigen vier konzentrische Kreise von innen nach außen. Das sich entwickelnde Kind nimmt die Umwelt in wachsendem Maß in Besitz und formt sie z. T. um. Umgekehrt erweisen sich die Umweltbereiche als entwicklungsfördernd: Sie ermöglichen dem Kind immer komplexere Tätigkeiten, Beziehungen und Rollen. Wesentlich sind dabei wechselnde Anforderungen während des Lebens, wie z. B. neue Geschwister, Eintritt in den Kindergarten, die Schule, Berufstätigkeit der Mutter, Arbeitslosigkeit des Vaters, Umzug, Scheidung usw.

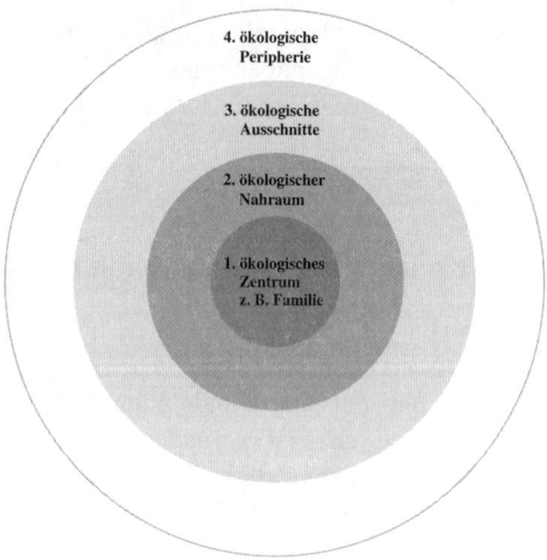

Abb. 5: Sozial-ökologische Zonen (modifiziert nach Baacke 1991, zit. n. Gudjons 1993, S. 104)

Zusammenfassend können wir sagen: Es gibt verschiedene Umwelten für Jungen und Mädchen, es gibt vielfältige Unterschiede in den Umwelten (z. B. verbunden mit dem sozio-ökonomischen Status der Familie). Ergebnisse sind nur im Kontext der vier ökologischen Zonen zu verstehen.[5]

1.5 Erziehungsziel

1.5.1 Begriffsklärung

Erziehungsziele lassen sich durch bestimmte Merkmale charakterisieren; sie sind:

- Leitvorstellungen der Erziehung,
- gesellschafts- und kulturbedingt,
- abhängig von Normen,
- zweckgerichtet und
- unterliegen geschichtlichem Wandel.

Als Beispiele für Erziehungsziele lassen sich anführen: Mündigkeit (s. Kap. 1.5.2), Emanzipation (vgl. Hemel 1988; Ruhloff 1989), Friedfertigkeit (vgl. Korte 1994; Wulf 1989) usw. Das Erziehungsziel wendet sich – entsprechend der erzieherischen Interaktion – an zwei Personen (vgl. Troeger 1986):

- an den Zu-Erziehenden: für ihn beschreibt es Soll-Zustände (z. B. Fähigkeiten, Wissensbestände), die zu erreichen sind;
- an den Erzieher: er soll bei der Erreichung des Zieles behilflich sein, soll selbst das Ziel anerkennen und eine Vorbildfunktion ausüben.

Dem **Erziehungsziel** liegen Normen zugrunde, die ausdrücklich und bewußt für die Erziehung gesetzt werden (vgl. Klafki 1970). **Normen** sind Regelungen, Gesetze, Gebote bzw. Verbote. Den Normen wiederum liegen **Werte** zugrunde; diese bilden Maßstäbe für wünschenswertes Handeln. Erziehungsziele sind damit letztlich in umfassenderen weltanschaulichen Wertsystemen verankert.

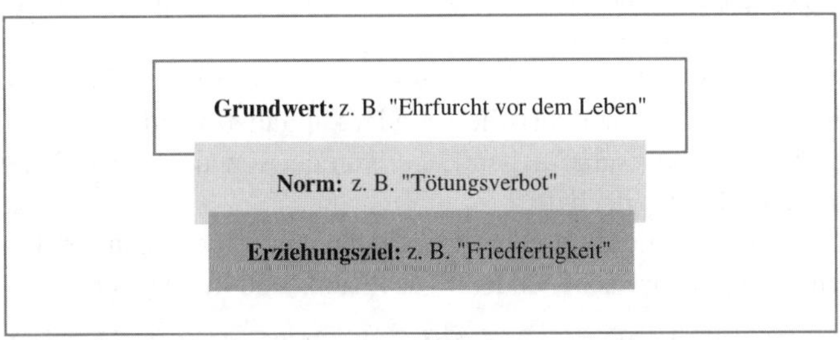

Abb. 6: Ziele, Normen, Werte (modifiziert nach Gudjons 1993, S. 176)

Das Verständnis von Erziehungszielen im Sinne von Normen läßt die Frage aufkommen, wer derartige Normen setzt.

Für die Formulierung von Bildungs- und Erziehungszielen im Grundgesetz (vom 23. Mai 1949) und in den verschiedenen Länderverfassungen (1946 – 1953) werden folgende Einflußfaktoren hervorgehoben: die Tradition der Weimarer Reichsverfassung und Schulpolitik, die negativen Erfahrungen aus der Diktatur des Nationalsozialismus, die Auswirkungen der Besatzungszeit sowie Kirchen, Parteien usw. (vgl. Hemel 1988).

Die Aufgabe der Pädagogik liegt darin, "die Vielfalt der Erziehungsziele und der ihnen zugrundeliegenden Normen zu analysieren und die Ergebnisse der Öffentlichkeit zur Verfügung zu stellen" (Kron 1988, S. 254). Hierbei hat sie diese "im Blick auf das pädagogische Leitziel, auf den Sinn des Pädagogischen und im Rahmen des demokratischen Selbstverständnisses unserer Gesellschaft zu überprüfen" (Knapp 1992, S. 99).

Zum anderen hat die Pädagogik, angesichts gewandelter gesellschaftlicher und soziokultureller Bedingungen, die Aufgabe, sich am Prozeß der Formulierung neuer pädagogischer Ziele zu beteiligen und sich dafür einzusetzen, daß diese neuen Ziele allgemein akzeptiert werden. Im schulischen Bereich geschieht dies beispielsweise durch Überarbeitung oder Neuentwicklung von Richtlinien und Lehrplänen, an denen Lehrer/innen und Erziehungswissenschaftler/innen mitwirken, neben anderen gesellschaftlichen Interessengruppen wie z. B. Ministerien, Wirtschaftsverbände, Parteien, Gewerkschaften, Kirchen usw.

Erziehungsziele werden infolge des gesellschaftlichen Wandels verändert. Dies soll am Beispiel Ostdeutschlands bzw. der früheren DDR veranschaulicht werden. Es ergaben sich hier folgende Einflußfaktoren:

- Veränderung politischer Verhältnisse: vom sozialistischen zu einem demokratischen Regierungssystem;
- Veränderung des Menschenbildes: von einer sozialistisch-kommunistischen Sinnorientierung zu einer christlichen oder kapitalistischen;
- Veränderung der wirtschaftlichen Lage: von der sozialistischen Planwirtschaft zur sozialen Marktwirtschaft;
- Veränderungen soziokultureller Gegebenheiten: zunehmender Einfluß der Massenmedien, beherrschende Rolle des Autos und des Konsums.

In unserer Gesellschaft existieren unterschiedliche Grundwerte und Weltanschauungen, wie z. B. die konservativ-christliche, sozialdemokratische, liberale; da diese einzelnen Gruppierungen die Verfassungsnormen, den gesellschaftlichen Wandel und die Erwartungen an die nachwachsende Generation unterschiedlich interpretieren, ergeben sich auch divergierende Erziehungsziele.

1.5.2 Erziehungsziel "Mündigkeit"

Nach Meinung vieler Autoren ist "Mündigkeit" das Ziel aller erzieherischen Bemühungen (vgl. Hemel 1988; Knapp 1992; Maier 1981; Roth 1971; Schaub und Zenke 1995). Dabei handelt es sich um einen Begriff, der von verschiedenen Autoren und pädagogischen Richtungen unterschiedlich gedeutet wird. Dennoch hat er bis heute seine Bedeutung als von vielen anerkannte Sammelbezeichnung für das Ziel von Erziehung behalten.

Bereits 1784 äußerte sich KANT (1724 – 1804) über die Mündigkeit (Kant, zit. n. Bahr 1976, S. 9):

> *Beantwortung der Frage: Was ist Aufklärung?*
> Aufklärung ist der Ausgang des Menschen aus seiner selbstverschuldeten Unmündigkeit. Unmündigkeit ist das Unvermögen, sich seines Verstandes ohne Leitung eines anderen zu bedienen. Selbstverschuldet ist diese Unmündigkeit, wenn die Ursache derselben nicht im Mangel des Verstandes, sondern der Entschließung und des Mutes liegt, sich seiner ohne Leitung eines anderen zu bedienen. Sapere aude![6] Habe Mut, dich deines eigenen Verstandes zu bedienen! ist also der Wahlspruch der Aufklärung. Faulheit und Feigheit sind die Ursachen, warum ein so großer Teil der Menschen, nachdem sie die Natur längst von fremder Leitung freigesprochen, dennoch gern zeitlebens unmündig bleiben; und warum es anderen so leicht wird, sich zu deren Vormündern aufzuwerfen. Es ist so bequem, unmündig zu sein. Habe ich ein Buch, das für mich Verstand hat, einen Seelsorger, der für mich Gewissen hat, einen Arzt, der für mich die Diät beurteilt usw., so brauche ich mich ja nicht selbst zu bemühen. Ich habe nicht nötig zu denken, wenn ich nur bezahlen kann; andere werden das verdrießliche Geschäft schon für mich übernehmen. Daß der bei weitem größte Teil der Menschen (darunter das ganze schöne Geschlecht) den Schritt zur Mündigkeit, außerdem daß er beschwerlich ist, auch für sehr gefährlich halte, dafür sorgen schon jene Vormünder, die die Oberaufsicht über sie gütigst auf sich genommen haben.

Kant plädiert im Zeitalter der Aufklärung im 18. Jahrhundert für die individuelle Mündigkeit, die Selbstbefreiung aus Unmündigkeit; allerdings diskutiert er den Prozeß des Mündigwerdens noch ohne gesellschaftlichen Bezug.

Fast 200 Jahre später entwirft HEINRICH ROTH ein Erziehungszielkonzept der **Mündigkeit** (vgl. Roth 1971, Bd. 2, S. 446 – 558; s. auch Heid 1994, S. 61 – 64; Maier 1981, S. 139 – 152). Ihm liegt ein Modell der zeitgenössischen Lebenswelt zugrunde, und es berücksichtigt das Vorherrschen bestimmter Lebensbereiche. Mündigkeit wird als Ergebnis von Lernprozessen in Richtung auf Handlungskompetenz interpretiert. Mit dem umfassenden pädagogischen Ziel Mündigkeit werden bei Roth verschiedene menschliche Fähigkeiten angesprochen. Dabei unterscheidet er drei Kompetenzbereiche, die durch Erziehung ausgebildet bzw. gefördert werden sollten:

(1) Erziehung zu **Sachkompetenz** und intellektueller Mündigkeit (vgl. Roth 1971, Bd. 2, S. 456 – 476), d. h. Besitz von fachlichen Kenntnissen und Fertigkeiten;

(2) Erziehung zu **Sozialkompetenz** und sozialer Mündigkeit (vgl. Roth 1971, Bd. 2, S. 477 – 539), d. h. fähig sein, mit anderen Menschen umzugehen;

(3) Erziehung zu **Selbstkompetenz** und moralischer Mündigkeit (vgl. Roth 1971, Bd. 2, S. 539 – 588), d. h. die Fähigkeit, für sich selbst verantwortlich handeln zu können.

Das übergreifende Erziehungsziel Mündigkeit als Konzept dreier Kompetenzbereiche läßt sich folgendermaßen darstellen:

Mündigkeit
bedarf der Förderung von

Sachkompetenz	**Sozialkompetenz**	**Selbstkompetenz**
(Fach-)Wissen	Fähigkeit zu Kooperation	Selbstbestimmung
Denkfähigkeit	Kontaktfähigkeit	Selbständigkeit
Sachverstand	Hilfsbereitschaft	Selbstkontrolle
Kritik- u. Urteilsfähigkeit	Durchsetzungsvermögen	Selbststeuerung
Leistungsfähigkeit	Kompromißbereitschaft	Selbstachtung
Lernbefähigung	Toleranz	Selbsterkenntnis
Transferfähigkeit	Einfühlungsvermögen	moralische Selbstbehauptung
Problemlösefähigkeit	Menschenkenntnis	in Grenzsituationen
Kreativität	Fairneß	Verantwortungsbewußtsein
	Teamgeist	Zuverlässigkeit
		Leistungsbereitschaft

Tab. 1: Die drei Kompetenzbereiche der Mündigkeit (nach H. Roth 1971, erweitert vom Verfasser)

Kompetenz meint das Verfügen über ein Können; dazu braucht man Eignung, Fertigkeiten und Übung. Die Zu-Erziehenden erlernen zunehmend das "Handwerk des Lebens" bzw. die "Kunst" des Lebens; sie erwerben die Befähigung zu einem eigenen Lebensstil als mündige Bürger/innen. Das eigene Leben wird für die sich entwickelnden Menschen zur Form, die zu gestalten ist und durchaus als schöpferische Leistung angesehen werden kann. **Mündigkeit** ist als das Erwerben von Kompetenzen zu interpretieren, um gegenwärtige und zukünftige Probleme zu lösen und das Leben in der Gesellschaft zu meistern. Diese Kompetenzen beruhen auf einem bestimmten Bild des Menschen: was der Mensch leisten kann und soll – für sich und die Gesellschaft. Die Begründung von Erziehungszielen ist nicht nur ein (erziehungs-)wissenschaftliches, sondern vor erst ein politisches Problem. In der Lebens- und Gesellschaftspraxis ist es unvermeidlich, daß Erziehungsziele von politischen Prozessen bestimmt werden.

Die Kritik am unzureichenden Datenschutz, an der Computerisierung unserer Lebenswelt oder an den Gefahren der Gentechnik werden durch die Befürchtung genährt, das Bild vom total verfügbaren Menschen könne umgehend bittere Wirklichkeit werden. Der Sorge, der Mensch könne zum Objekt willkürlicher und absichtsvoller Manipulation herabsinken und seiner eigenen Verfügungsgewalt beraubt werden, liegt als Richtschnur das Bild vom mündigen Menschen zugrunde (vgl. Meinberg 1988, S. 3).

Das Konzept von Roth ist verschiedentlich aufgegriffen und modifiziert worden. So fordert man z. B. eine Erweiterung des Ansatzes um den Bereich "Umweltkompetenz": Umweltbewußtsein, ökologisches Grundwissen, umwelttechnische Kenntnisse, umweltbewußtes Handeln.

1.6 Pädagogik – Wissenschaft und Praxis

Pädagogik befaßt sich gleichermaßen mit Wissenschaft und Praxis (vgl. Schelten 1991).

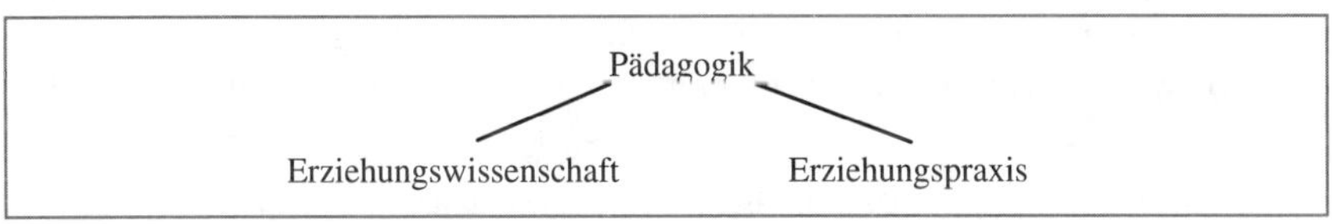

Abb. 7: Pädagogik in der Verbindung von Wissenschaft und Praxis der Erziehung

Erziehungswissenschaftler/innen arbeiten z. B. als Angehörige einer Hochschul- bzw. Forschungseinrichtung; für Pädagogen in der Praxis hingegen gibt es Wirkungsmöglichkeiten in Schule, Kindergarten, Jugendheim oder in der betrieblichen Ausbildung.

Die Erziehungswissenschaft richtet ihr Erkenntnisinteresse auf den Menschen. Die Fragestellung, mit der sie an ihn herantritt, ist die nach seiner Erziehung und Formung. Gegenstand der Erziehungswissenschaft ist die Erziehungswirklichkeit. Vereinfacht läßt sich die Erziehungswissenschaft[7] in folgende Teilgebiete untergliedern (vgl. Abb. 8; s. ferner Lenzen 1994, S. 37 ff.).

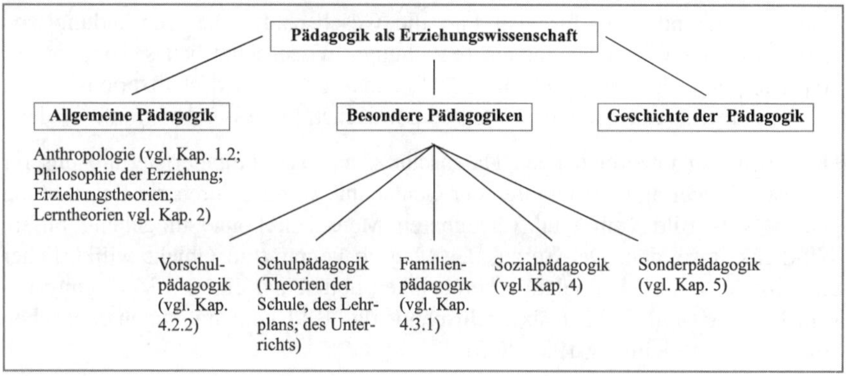

Abb. 8: Gliederung der Pädagogik als Erziehungswissenschaft (verkürzte Übersicht)

In unserer Gesellschaft sind zahlreiche Lebensbereiche "pädagogisiert" worden. Mit langfristigen gesellschaftlichen Problemen befassen sich folgende Fachrichtungen der Pädagogik: Verkehrs-, Betriebs-, Medien-, Ausländer- bzw. Interkulturelle Pädagogik, Umwelt-, Freizeit-, Museums- und Sexualpädagogik.

Droht mit der Zunahme pädagogischer Einrichtungen die Pädagogisierung der Gesellschaft? Andererseits besteht in unserer Gesellschaft eine gewisse Erziehungsnot; die fehlenden Bindungserfahrungen, zunehmende soziale Vernachlässigung von Kindern (z. B. durch Berufstätigkeit der Eltern, fehlende Ganztagsschulen), Scheidungsschicksale, Kindesmißhandlungen und sexueller Kindesmißbrauch usw. machen qualitativ verstärkte Erziehungsbemühungen notwendig (vgl. Gudjons 1993). Außerdem benötigen wir Institutionen, die gezielt Weiterbildung betreiben.

Wir leben heute in einer schnellebigen Zeit. Berufliche Erfahrungen und Fertigkeiten, ebenso Hochschulwissen, sind rasch überholt. Viele Menschen müssen ihre bisher erworbene Bildung erweitern und ständig auf einen aktuellen Stand bringen. Angesichts der Wissensexplosion muß sich der Mensch auch selbst das benötigte Wissen aneignen, d. h. man muß gelernt haben zu lernen, also die Fähigkeit besitzen, selbständig zu lernen.

Zunehmend wird die Ausbildung sog. Schlüsselqualifikationen[8] betont: analytisches Denkvermögen, Kreativität, Teamfähigkeit, Eigeninitiative und Menschenführung sind neben den Kompetenzbereichen der Mündigkeit (Selbst-, Sach-, Sozialkompetenz) gefragt. Fazit: "Gesellschaftlicher Wandel macht Erziehung und Bildung in veränderten Formen zu einer Frage künftiger Lebensqualität" (Gudjons 1993, S. 308).

1.7 Zusammenfassung

Die pädagogische **Anthropologie** beschreibt die Wesensmerkmale des Menschen. Sie sieht den Menschen als soziales Wesen, hebt seine Fähigkeit zur Sprache und zu zielgerichtetem Handeln ebenso hervor wie sein Privileg, Vernunft zu haben und denken zu können. Außerdem diskutiert sie die Frage nach der Erziehungsfähigkeit und Erziehungsbedürftigkeit des Menschen.

Es gibt verschiedene Erziehungsdefinitionen; sie unterscheiden sich nach Inhalt und Umfang.

Als ein zentraler Begriff der geisteswissenschaftlichen Pädagogik gilt der **"pädagogische Bezug"**, er dient zur Beschreibung des Verhältnisses zwischen Erzieher und Zu-Erziehenden; somit stellt er die Grundlage allen erzieherischen Handelns dar; mit den Begriffen "pädagogischer Bezug" und **"pädagogisches Verhältnis"** wird das Erziehungsgeschehen zunächst auf die Wechselwirkung von Erzieher und Zu-Erziehenden beschränkt (vgl. Schwenk 1989, S. 1566).

Mit dem Begriff **"Erziehungsstil"** wird versucht, pädagogische Einstellungen und Verhaltensweisen des Erziehers, die sich vornehmlich in der persönlichen Beziehung zwischen Erzieher und Zu-Erziehenden niederschlagen, zu beschreiben und typologisch zusammenzufassen.

In neuerer Zeit wird **Erziehung** als zwischenmenschliche Beziehung, soziale Interaktion, wechselseitige Einflußnahme von Erzieher und Zu-Erziehendem gesehen. Erziehung ist zudem absichtsvoll, sie zielt auf Anregung und Steuerung von Lernprozessen.

Jeder Erziehungsprozeß vollzieht sich in einem sozio-kulturellen Umfeld; diese externen Einflußfaktoren prägen die pädagogische Interaktion.

In Baackes **Modell der ökologischen Umwelt** wird die konkrete alltägliche Lebenswelt systematisch dargestellt und ihre Bedeutung für Entwicklung und Erziehung der Heranwachsenden gesehen.

Grundlegend für die Erziehung ist ihre **pädagogische Zielsetzung**. Sie wird geprägt von Zeitströmungen und politischen Faktoren. **Mündigkeit** stellt ein wichtiges Erziehungsziel dar; hierzu hat Heinrich Roth mit den drei Kompetenzbereichen der Sach-, Sozial- und Selbstkompetenz ein grundlegendes Konzept entworfen.

Das Gesamtgebiet der **Pädagogik** umfaßt die Bereiche Erziehungswissenschaft und Erziehungspraxis; Pädagogik ist damit sowohl wissenschaftsorientiert als auch praxisbezogen.

Aufgaben

1. Bestimmen Sie den Begriff "Erziehungsbedürftigkeit".
2. Beschreiben Sie den Begriff "Erziehbarkeit".
3. Erläutern Sie die Bedeutung der Begriffe "Erziehungsbedürftigkeit" und "Erziehbarkeit" für die pädagogische Praxis.
4. Erläutern Sie das pädagogische Verhältnis.
5. Zeigen Sie, daß Erziehung als soziale Interaktion definiert werden kann, und erläutern Sie dies an einem Beispiel.
6. Erläutern Sie den Autoritätsbegriff in der Erziehung.
7. Nennen Sie die Aufgaben und Ziele der erzieherischen Arbeit im Kindergarten. (Aufzählung genügt!)
8. Beschreiben Sie am Beispiel der schulischen Unterrichtssituation wesentliche Merkmale des Erziehungsprozesses.

2 Lernen im Erziehungsprozeß: Beschreibung und Anwendung einiger Lerntheorien

2.1 Grundlegung

Lernen[9] ist als eine relativ dauerhafte Verhaltensänderung anzusehen, die aufgrund von Erfahrung zustande kommt (vgl. Lefrancois 1986, S. 3; Schaub und Zenke 1995, S. 230). Verhalten ist hierbei im weiteren Sinne zu verstehen, es umfaßt nicht nur das äußere Tun und Lassen, sondern auch äußerlich nicht erkennbare Verhaltensweisen, also innere psychische Prozesse (wie z. B. Gedanken, Gefühle, Vorstellungen, Erinnerungen).[10]

Ohne Veränderung gibt es kein Lernen, aber nicht jede Veränderung stellt schon ein Lernergebnis dar. Von Lernen spricht man nur dann, wenn Verhaltensänderungen nicht auf angeborene Reflexe, Reifung, Ermüdung, Erkrankung, Drogen-, Alkohol-, Medikamenteneinnahme oder Schockeinwirkungen zurückgehen. Lernen bedeutet, daß der Mensch ständig sein Verhalten ändert, aber auch sein Wissen, seine gefühlsmäßigen Reaktionen usw. Den Veränderungsprozeß selbst können wir nicht direkt beobachten, weil er im Zentralnervensystem abläuft. Aus erfahrungsbedingten Verhaltensänderungen können wir aber schließen, daß Lernen stattgefunden hat.

Der Mensch ist lernfähig und dadurch in der Lage, aufgrund seiner persönlichen Erfahrungen sich anzupassen, flexibel zu handeln und zu denken.
Wir lernen: Klavierspielen, Schwimmen, Radfahren, Englisch-Vokabeln, Grammatik-Regeln, Werte, Einstellungen, Vorurteile, Angst, Denken usw.

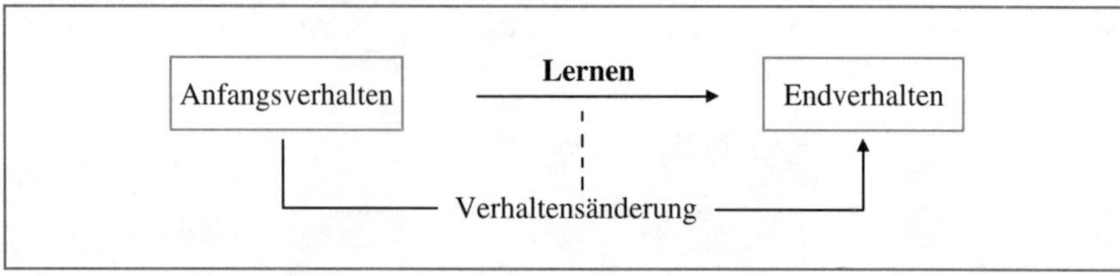

Abb. 1: Verhaltensänderung als Indikator für Lernen

Aus der Beschreibung des Lernbegriffs ergeben sich folgende entscheidende Merkmale des Lernens:

- Lernen ist **erfahrungsbedingt**; damit ist gemeint, daß durch Wahrnehmen und Behalten gelernt wird.
- Durch Lernen erwerben wir neue oder ändern bestehende Verhaltensweisen, d. h. Lernen ist **verhaltensändernd**.
- Lernen ist **nicht direkt beobachtbar**, es ist ein hypothetisches Konstrukt, d. h. etwas gedanklich Konstruiertes.

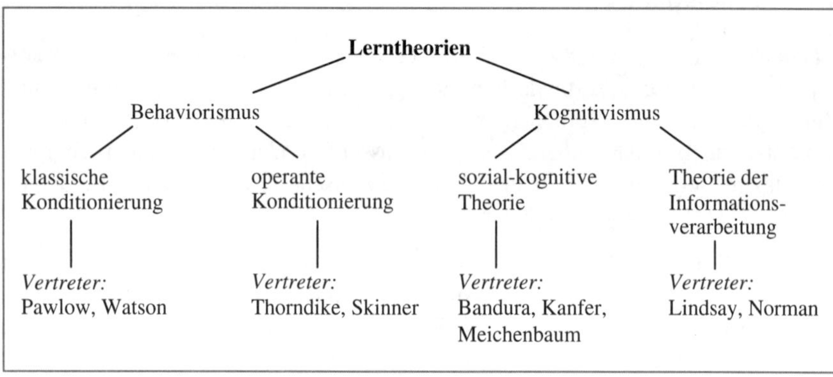

Abb. 2: Überblick über einige Lerntheorien (stark vereinfacht)

Lernen kann man über **Lerntheorien** erklären, sie gehen von verschiedenen Voraussetzungen aus, unterscheiden sich in Art und Umfang der berücksichtigten Variablen sowie im jeweiligen Menschenbild.

Behaviorismus (s. Kap. 2.2) und Kognitivismus (s. Kap 2.4) sind als unterschiedliche Richtungen bzw. Strömungen innerhalb der Psychologie anzusehen; sie haben einen entscheidenden Einfluß auf die Pädagogik ausgeübt.

2.2 Behavioristische Lerntheorien

2.2.1 Erläuterungen zum Behaviorismus

Der Behaviorismus (amerik. behavior: Verhalten) strebt eine möglichst objektive Betrachtungsweise direkt beobachtbaren Verhaltens von Lebewesen an. Er untersucht Reiz- und Reaktionsverbindungen bei Menschen und Tieren; eine wichtige Rolle spielt dabei das Lernen. WATSON, SKINNER u. a. gehen von der Annahme aus, daß Lernen ein von der Umwelt bzw. Situation beeinflußter Prozeß ist: "Welche Umweltgegebenheiten (Umweltreize) bedingen die Entstehung welcher Verhaltensweisen?", könnte die Fragestellung lauten. Der klassische bzw. radikale Behaviorismus unterstellt, daß man mit naturwissenschaftlichen Methoden (wie z. B. Experiment) die Beziehung zwischen Stimuli und Reaktionen (vgl. Abb. 3) untersucht (vgl. S-R-Theorien: klassische und operante Konditionierung; s. Kap. 2.2.2 sowie 2.2.3).

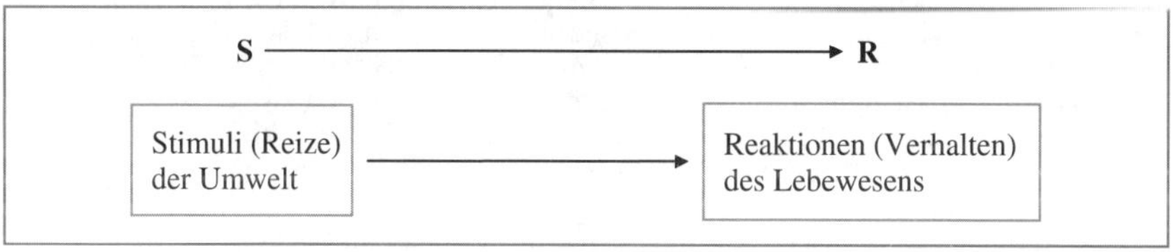

Abb. 3: S-R-Schema des Behaviorismus

Zentrales Anliegen ist die Aufdeckung von Beziehungen zwischen offen zugänglichen Situationsmerkmalen (Reizen bzw. Stimuli) und ebenso offen zugänglichen Verhaltensweisen, die konsequenterweise als Reaktionen (responses) eingeführt werden, da sie erst in Antwort auf bestimmte Reize von einer Person geäußert werden.

Der Organismus selbst wird als sog. "Black-Box" (leerer Organismus) betrachtet. Bei seinem Bemühen, ein einheitliches Schema der Reaktionen von Lebewesen zu gewinnen, erkennt der Behaviorismus keine Trennungslinie zwischen Mensch und Tier an.

Mit der zentralen Rolle, die der Behaviorismus dem Lernen zuschreibt (bei geringer Gewichtung von Reifungs- bzw. Anlagefaktoren) ist er für die Pädagogik interessant geworden. Der Mensch ist demnach das Produkt von Lernprozessen, er ist das, was er gelernt hat. Das Verhalten des Menschen ist in jeder Hinsicht durch Lernprozesse und Erziehung formbar. Hieraus spricht ein pädagogischer Optimismus, die Vorstellung von der Allmacht der Erziehung.

WATSON behauptet: Gebt mit ein Dutzend gesunder Babies, egal welcher Herkunft, und stellt mir frei, sie in einer von mir gewählten Umgebung aufzuziehen; dann mache ich aus jedem Baby genau das, was ich will. Watson nimmt also an, daß alle Unterschiede zwischen Menschen durch unterschiedliche Erfahrungen (Lernen) zustande kommen (vgl. Watson 1930; zit. n. Lefrancois 1986, S. 21 f).[11] Er lehnt alle subjektiven Begriffe wie Empfinden, Fühlen, Denken als unwissenschaftlich ab; den Menschen betrachtet er "als eine organisch verbundene gebrauchsfertige Maschine" (Watson 1930, zit. n. Schneewind 1982, S. 138), was deutlich den mechanistischen Charakter seines Ansatzes zum Ausdruck bringt.

Das folgende Zitat SKINNERS belegt die Abneigung des Behaviorismus gegen die Annahme innerer psychischer Vorgänge und Instanzen; an ihrer Stelle werden physikalische Reize in der Umgebung des Menschen für sein Verhalten verantwortlich gemacht:

> Fast jeder, der sich mit dem Menschen beschäftigt, spricht über ihn in vorwissenschaftlicher Weise. Wir bekommen gesagt: Wenn wir die Zahl der Menschen in der Welt unter Kontrolle bekommen wollen, müssen wir den Stolz über eine große Nachkommenschaft überwinden oder ein Verantwortungsgefühl für den Nachwuchs schaffen. Um den Armen zu helfen, müssen wir ihr Selbstvertrauen stärken und ihre Initiative wecken. Alle diese Begriffe sind Ladenhüter. Wir verstehen nicht, warum eine Person sich benimmt, wie sie sich benimmt, und so schreiben wir ihr Verhalten einer Instanz zu, welche wir nicht sehen, im Inneren des Menschen. Das Innere des Menschen muß dann für eine Erklärung herhalten, aber selbst wird es nicht erklärt. Es ist klar, daß wir die Einwirkung der Umgebung auf den Organismus in Rechnung stellen müssen, die Einwirkung vor und nach seinen Reaktionen. Verhalten wird gestaltet und aufrechterhalten durch seine Folgen (Skinner 1971, zit. n. Schönpflug 1977, S. 43).

2.2.2 Klassische Konditionierung

Die Verhaltensweisen, die der russische Physiologe PAWLOW (1849 – 1936) untersuchte, waren die **Reflexe**. Reflexe sind unwillkürliche, automatisch ablaufende (physiologische) Reaktionen auf Reize. Reflexe nennt man genauer unbedingte bzw. unkonditionierte Reflexe. Es sind angeborene Reaktionen, wie z. B. Speichelfluß, Lidschlagreflex.

Pawlow stellte fest, daß Hunde nicht nur Speichel absonderten, wenn ihnen Futter dargeboten wurde, sondern nach einiger Zeit auch dann, wenn der Wärter allein erschien. Dieser Sachverhalt regte ihn zu den berühmten Experimenten zum bedingten (gelernten) Reflex an.

Futter stellt einen unkonditionierten Stimulus bzw. unbedingten Reiz (US) dar; Speichelfluß ist als unkonditionierte Reaktion bzw. unbedingter Reflex (UR) anzusehen. Der Wärter ist zunächst ein neutraler Stimulus bzw. neutraler Reiz (NS) und löst beim Hund eine Orientierungsreaktion (OR) aus, z. B. Ohren aufstellen. Erscheint der Wärter regelmäßig mit dem Futter, so werden für den Hund die Reize US und NS verknüpft; er reagiert wiederum mit Speichelfluß (UR). Diese wiederholte Paarung von US und NS, d. h. von Futter und Wärter, führt dazu, daß der Wärter, auch wenn er ohne Futter erscheint, Speichelfluß beim Hund auslöst. Aus dem ursprünglich neutralen Stimulus (NS) ist nun ein konditionierter Stimulus (CS) geworden, der eine (gelernte) konditionierte Reaktion bzw. bedingten Reflex (CR), nämlich Speichelfluß, zur Folge hat. Der Hund hat gelernt, beim Anblick des Wärters mit Speichelfluß zu reagieren.

Im folgenden werden die grundlegenden Begriffe der klassischen Konditionierung nochmals zusammengefaßt:

US: unkonditionierter bzw. unbedingter Stimulus: Reiz, der zwangsweise (unbedingt) zu einer Reaktion führt.

UR: unkonditionierte bzw. unbedingte Reaktion bzw. unbedingter Reflex: Reaktion, die durch einen US ausgelöst wird.

NS: neutraler Stimulus: ursprünglich neutraler Reiz, auf den keine bestimmte Reaktion folgt.

OR: Orientierungsreaktion: Reaktion, die auf den NS folgt.

CS: konditionierter bzw. bedingter Stimulus: ein ursprünglich neutraler Reiz, der durch mehrmalige Koppelung mit einem US nun zu einem gelernten Reiz geworden ist.

CR: konditionierte bzw. bedingte Reaktion: eine durch den Konditionierungsvorgang erlernte Reaktion, die durch den CS ausgelöst wird; die CR wird auch bedingter Reflex genannt.

Konditionieren	Bedingungen oder Konditionen herstellen, unter denen eine neue Reiz-Reaktions-Verbindung gelernt wird.

Bietet man dem Hund nun mehrmals in Verbindung mit dem Fleisch einen anderen neutralen Stimulus – z. B. einen Glockenton – an, so führt dies zu ähnlichen Reaktionen. Im folgenden wird der Konditionierungsvorgang ausführlich dargestellt:

Die Entstehung einer bedingten bzw. konditionierten Reaktion verläuft in drei Stadien:

1. Stadium (Voraussetzung):

US Fleisch → UR Speichelfluß
NS Glockenton → OR Ohr aufstellen

2. Stadium (eigentliche Konditionierungsphase – Erwerb):

$$\left.\begin{array}{l}\text{US Fleisch}\\ \text{NS Glockenton}\end{array}\right\} \rightarrow \text{UR Speichelfluß}$$

In diesem Stadium werden US mit NS mehrmals (z. B. 15mal) miteinander gekoppelt.

3. Stadium (Ergebnis des Konditionierungstrainings):

NS wird CS
CS Glockenton → CR Speichelfluß

Wir merken uns: Reize bzw. Stimuli stehen immer auf der linken Seite, Reaktionsformen sind dagegen immer auf der rechten Seite zu finden!

Hier sind diese drei Stadien noch einmal schematisch zusammengefaßt:

1. Voraussetzung:	US (Fleisch)	→	UR (Speichelfluß)
	NS (Glockenton)	→	OR (Ohren aufstellen)
2. Erwerb:	NS (Ton) + US (Fleisch)	→	UR (Speichelfluß)
3. Ergebnis:	NS (Ton) = CS (Ton)	→	CR (Speichelfluß)

In der Erwerbsphase werden US und NS gleichzeitig dargeboten. Die beste Kombination ist allerdings die, wenn der US dem NS unmittelbar folgt (verzögerte Konditionierung, vgl. Lefrancois 1986).

Die klassische Konditionierung ist eine Form des Lernens, bei welcher der Organismus eine neue Assoziation (Verknüpfung) zwischen zwei Reizen bzw. Stimuli lernt: einen neutralen Reiz NS und einem unkoordinierten Reiz US, der bereits eine Reflexreaktion UR auslöst. Es werden folglich keine neuen Verhaltensweisen erworben, sondern bereits vorhandene Reaktionen durch neue, ehemals neutrale Reize ausgelöst (vgl. ferner Anm. 63).

PAWLOW konnte zudem feststellen: Wird eine konditionierte Reaktion CR (z. B. Speichelfluß) ausgebildet bzw. gelernt, so muß (wenn die CR beibehalten werden soll) der CS gelegentlich mit dem US gekoppelt werden, damit die CR dauerhaft beibehalten wird. Bleibt diese Koppelung aus, kommt es zu einer schrittweisen Rückbildung der CR, d. h. beispielsweise der Glockenton verliert allmählich seine Fähigkeit, den CR Speichelfluß auszulösen. Diesen Vorgang nennt man Extinktion bzw. Löschung. Eine spontane Erholung ist gegeben, wenn nach einer Pause die scheinbar bereits gelöschte konditionierte Reaktion CR plötzlich wieder auftritt; d. h. der Hund zeigt beispielsweise plötzlich wieder Speichelfluß. Dieses Phänomen wurde in mehreren Experimenten beobachtet.

Eine Untersuchung über das Erlernen von Angst beim Menschen haben WATSON und RAYNER durchgeführt.[12]

Beispiel:

> Proband bei diesem Experiment war der kleine Albert, ein 11 Monate alter Junge, der sich mit einer weißen Ratte angefreundet hatte und mit dieser spielte. Aber Albert schreckte immer zusammen, wenn plötzlich lauter Lärm erzeugt wurde (eine Stahlstange wurde mit einem Hammer bearbeitet).
> Der Versuchsleiter machte dann jedesmal, wenn die weiße Ratte gezeigt wurde, lauten Lärm. Nach kurzer Zeit reichte für Albert schon der Anblick der weißen Ratte, und er zuckte zusammen, krabbelte weinend weg (modifiziert nach Watson und Rayner 1920, zit. n. Spada u. a. 1990, S. 331).

Der kleine Albert hat also Angst vor weißen Ratten erworben. Diesen Lernvorgang kann man wie folgt schematisch darstellen:

1. Voraussetzung:	US lautes Geräusch	→	UR Furchtreaktion
	NS weiße Ratte	→	OR Spielverhalten
2. Erwerb:	US lautes Geräusch NS weiße Ratte	→	UR Furchtreaktion
3. Ergebnis:	NS wird zu CS		
	CS (weiße Ratte)	→	CR Furchtreaktion

Der Versuchsleiter berichtet außerdem, daß die konditionierte Angstreaktion von der Ratte auch auf andere ähnliche Reize übertragen, d. h. generalisiert wurde.

Von **Reizgeneralisation** spricht man dann, wenn die koordinierte Reaktion CR (z. B Angst beim kleinen Albert) nicht nur auf den ursprünglich verwendeten CS (weiße Ratte) folgt, sondern auch auf ähnliche Reize (z. B. andere Felltiere).

Ein weiteres Beispiel: Ein Kind, das von einem großen Hund gebissen worden ist, wird auch auf kleine Hunde mit Angst reagieren.

Beispiel:

> Die kleine Anna (4 Jahre) geht mit ihrer Mutter zum Arzt. Dort wird sie vom Arzt, der einen weißen Kittel trägt, untersucht und bekommt anschließend eine Spritze von ihm verabreicht; dies tut Anna sehr weh, sie fängt an zu weinen und zu zittern.

Wir können die Entstehung dieser Angst bei der kleinen Anna mit Hilfe der klassischen Konditionierung erklären:

1. Voraussetzung:	US Einstich der Spritze	→	UR Angstreaktion
	NS weißer Kittel des Arztes	→	OR Orientierungsreaktion
2. Erwerb:	NS (weißer Kittel) US Einstich der Spritze }	→	UR Angstreaktion
3. Ergebnis:	NS wird zu CS		
	CS (weißer Kittel)	→	CR Angstreaktion

Anna hat demnach Angst vor weißen Kitteln erworben und hat somit auch Angst vor dem nächsten Arztbesuch.
Beim Einkaufen am Nachmittag konnte die Mutter bemerken, daß Anna dem Fotohändler im weißen Kittel gegenüber Ängste zeigte, ebenso dem Optiker gegenüber, der sie wie immer im weißen Kittel freundlich begrüßte. Es hat also eine Reizgeneralisierung stattgefunden.

Konditionierung höherer Ordnung

Bei der Konditionierung höherer Ordnung wird ein CS mit einem zweiten neutralen Stimulus (NS_2) verknüpft, ohne den US erneut darzubieten.

Beispiel:

> Zuerst lernt das Versuchstier – wie oben – auf einen Ton mit Speichelfluß zu reagieren, indem dieser Ton gemeinsam mit dem Futter dargeboten wird. Hierbei bildet das Versuchstier bekanntlich die CR Speichelfluß aus.

Ton NS_1 + Futter US	→	Speicheln UR
$NS_1 = CS_1$ Ton	→	Speicheln CR

Nach dieser Phase wird nun der Ton (CS_1) beispielsweise mit einem Lichtsignal (NS_2) gekoppelt, jedoch ohne Darbietung des US. Dennoch lernt das Versuchstier auch auf das Lichtsignal mit Speichelfluß zu reagieren. Der zweite Reiz führt ebenfalls zur konditionierten Reaktion, wird also zu einem koordinierten Stimulus zweiter Ordnung (CS_2).

Ton CS_1 + Licht NS_2	→	Speicheln CR
$NS_2 = CS_2$ Licht	→	Speicheln CR

Im Tierversuch ist es geglückt, Konditionierungen bis zur dritten Ordnung (CS_3) auszubilden, in Humanstudien sogar bis zur siebten Ordnung (vgl. Schermer 1991, S. 30).

2.2.3 Operante Konditionierung

Der amerikanische Psychologe THORNDIKE (1874 – 1949) vertrat die Auffassung, daß unsere Verhaltensweisen durch Lernen aufgrund von Erfolg oder Mißerfolg entstanden sind; dabei macht die Person (oder das Tier) Schritt für Schritt die Erfahrung, daß bestimmte Verhaltensweisen zu bestimmten Resultaten führen. Nach Thorndike tun wir das, wofür wir Belohnungen erhalten und vermeiden das, was mit Unannehmlichkeiten bzw. Schmerzen verbunden ist.

SKINNER (1904 – 1990) baute diese Position aus; er suchte nach den Gründen der Verhaltensänderung bzw. des Aufbaus neuen Verhaltens. Er richtete dabei sein Augenmerk auf die Beziehungen zwischen

– Situationsmerkmalen	Reizen bzw. Stimuli **S** z. B. Lehrerfrage
	↓
– offenen Verhaltensweisen	Reaktionen bzw. Responses **R** z. B. Antwort des Schülers
	↓
– Konsequenzen	Belohnung oder Bestrafung **C** z. B. Lob oder Tadel des Lehrers

So ergibt sich das sog. S-R-C-Schema als Grundlage der Lerntheorie Skinners.

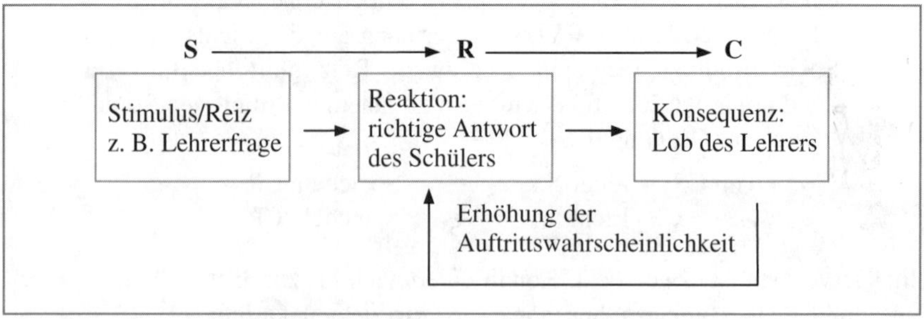

Durch die Belohnung des erwünschten Verhaltens lernt der Schüler beispielsweise, sich aktiv am Unterrichtsgeschehen zu beteiligen. Dieses Schülerverhalten ist durch Belohnung bzw. Verstärkung (C+) erlernt worden; das Lob des Lehrers hat die Rolle des **Verstärkers** übernommen.

Beispiel:

Ein Lehrer möchte die mündliche Mitarbeit seiner Schüler im Unterricht fördern; hierzu stehen ihm mehrere Strategien zur Verfügung.

a) **Positive Verstärkung:** Wegen der vermehrten Mitarbeit des Schülers im Unterricht erhält dieser eine gute Note.
b) **Negative Verstärkung:** Der Lehrer befreit den aktiven Schüler von unangenehmen Dingen, gibt ihm weniger Hausaufgaben auf.
c) **Bestrafung** durch **Zufügung** eines **unangenehmen** Reizes: Der Lehrer erteilt dem schwätzenden Schüler einen Verweis.
d) **Bestrafung** durch **Entfernung** eines **angenehmen** Reizes: Der Lehrer nimmt dem passiven Schüler dessen geliebten Walkman weg.

Diese Zusammenhänge sollen in der folgenden Tabelle verdeutlicht werden.

	Reiz	
	angenehm	unangenehm
nach der Reaktion wird der Reiz hinzugefügt	**positive Verstärkung** (Belohnung) C + (vgl. a) Verhaltensaufbau	**Bestrafung** C – (vgl. c) Verhaltensabbau
nach der Reaktion wird der Reiz entfernt	**Bestrafung** (Entzug des positiven Reizes) ₵+(vgl. d) Verhaltensabbau	**negative Verstärkung** (Belohnung) ₵–(vgl. b) Verhaltensaufbau

Tab. 1: Formen des instrumentellen Lernens: Verstärkungen und Bestrafungen (modifiziert nach Lefrancois 1986, S. 35)

Nachfolgend einige **Beispiele**, die die Formen des instrumentellen Lernens verdeutlichen sollen:

- Frau Müller nimmt Tabletten ein, denn dadurch kann sie Schmerzen vermeiden (**negative Verstärkung**).
- Der Schüler Maxl macht beim Heimgehen Umwege, denn dadurch vermeidet er die Begegnung mit einem großen Hund (**negative Verstärkung**).
- Die Schülerin Irene erhält für die richtige Lösung einer Rechenaufgabe vom Lehrer eine gute Note (**positive Verstärkung**).
- Rudolfo zerbricht eine wertvolle Vase seiner Mutter; er erhält daraufhin vom Vater eine schallende Ohrfeige (**Bestrafung**).
- Nachdem Markus mit einer schlechten Schulaufgabennote nach Hause gekommen ist, erteilen ihm die Eltern Fernsehverbot (**Bestrafung durch Entzug eines positiven Reizes**).

Zusammenfassend kann festgestellt werden:
Eine **Verstärkung** erhöht die Wahrscheinlichkeit, daß das Verhalten in Zukunft häufiger auftritt (Verhaltensaufbau). Das Belohnen einer Verhaltensweise ist eine positive Verstärkung (C+). Negative Verstärkung bedeutet, daß das Verhalten gestärkt wird durch die Beseitigung eines unangenehmen Reizes. Negative Verstärkung ist folglich eine Form der Belohnung im Sinne der Erleichterung bzw. der Beseitigung eines negativen Reizes (₵–).
Eine **Bestrafung** hingegen verringert die Wahrscheinlichkeit, daß das Verhalten häufiger auftritt (Verhaltensabbau). Mit Bestrafung ist einmal die Anwendung einer unangenehmen Konsequenz gemeint (C–). Eine andere Form der Bestrafung stellt der Entzug von positiven Reizen dar (₵+).

Mit Löschung wird die Verringerung eines Verhaltens durch Nichtbelohnung bezeichnet (Ȼ+).

ZIMBARDO unterscheidet im Anschluß an Skinner zwischen positiven und negativen **Verstärkern** (bzw. positiven und negativen Reizen):

- Ein **positiver Verstärker** ist ein Reiz, der die Wahrscheinlichkeit eines Verhaltens erhöht, wenn er in einer Situation (als Verhaltenskonsequenz) zugeführt wird. Beispiele für positive Verstärker: Nahrung, Wasser, Geld, sexueller Kontakt usw.
- Ein **negativer Verstärker** ist ein Reiz, der die Wahrscheinlichkeit eines Verhaltens erhöht, wenn er aus der Situation entfernt wird. Beispiele für negative Verstärker sind: starker Lärm, grelles Licht, extreme Hitze oder Kälte, ein elektrischer Schlag usw (vgl. Zimbardo 1992, S. 244).

Verstärker sind also Mittel, die im Rahmen einer Verstärkung eingesetzt werden. Mit **Verstärkung** bzw. Bekräftigung ist eine Maßnahme gemeint, welche die Wahrscheinlichkeit des Auftretens einer Reaktion bzw. eines Verhaltens erhöht.

Zur Analyse von Verhaltensweisen (z. B. in Fallbeispielen) kann man nach folgendem Schema vorgehen:

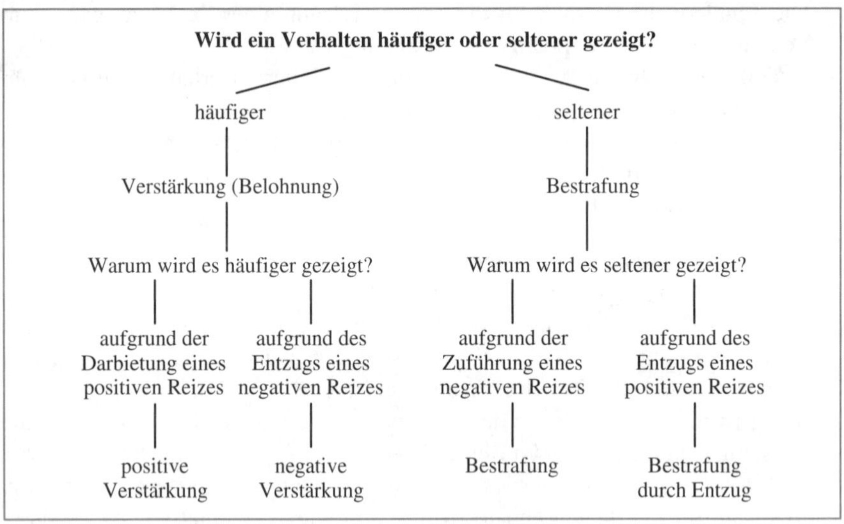

Abb. 4: Skizze zur Abklärung der Formen des instrumentellen Lernens nach Skinner (Verstärkungsformen versus Bestrafungsformen)

Verstärkerarten

SKINNER unterscheidet zwischen primären, sekundären und generalisierten Verstärkern. **Primäre Verstärker** befriedigen physiologische Bedürfnisse, wie etwa Hunger, Schlaf, Sexualität, Durst. Sie wirken ohne vorhergehenden Lernprozeß, so z. B. die Bereitstellung von Nahrung. Primäre Verstärker besitzen den höchsten Verstärkungswert, wenn sie zu einem Zeitpunkt auftreten, zu dem der Organismus einen gewissen Mangel an ihnen erlebt. So ist das Verlangen nach einem Getränk bei starkem Durst natürlich höher als bei geringerem.

Ein ursprünglich neutraler Reiz wird durch häufige gemeinsame Darbietung mit einem primären Verstärker (im Sinne der klassischen Konditionierung – vgl. Kap. 2.2.2) zu einem **sekundären Verstärker**. Sekundäre Verstärker haben also ihre Bekräftigungswirkung im Laufe der Lerngeschichte eines Menschen erworben. Es gibt eine Vielzahl von sekundären Verstärkern, z. B. interessiertes Zuhören, ein bestimmter Gesichtsausdruck, die Ausführung von Aktivitäten.

Werden in der Lerngeschichte des Individuums mehrere primäre und sekundäre Verstärker miteinander verknüpft, so spricht Skinner (vgl. Spada 1990, S. 336) von **generalisierten Verstärkern**. Generalisierte Verstärker stellen eine Sonderform sekundärer Verstärker dar. Typische generalisierte Verstärker sind z. B. Geld, Macht, Lob, hoher sozialer Status. Sie können flexibel und kontinuierlich im Alltag zur Anwendung gelangen; ihre verstärkende Wirkung ist gelegentlich sogar intensiver als diejenige primärer Verstärker. Im pädagogischen und therapeutischen Bereich werden im Rahmen gezielter Interventionen generalisierte Verstärker eingesetzt.

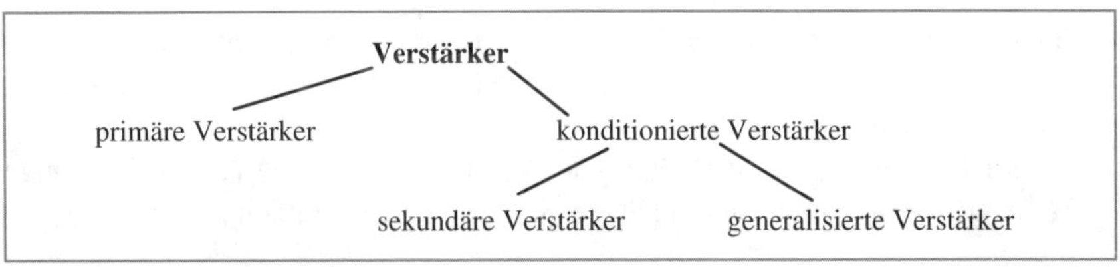

Abb. 5: Verstärkerarten nach Skinner

Im Bereich der psychologischen Praxis hat sich eine Form der Einteilung von Verstärkern eingebürgert, die sich an deren Inhalten ausrichtet (vgl. Selg 1985; Edelmann 1993). Danach können unterschieden werden:

- **materielle Verstärker** wie Spielsachen, Süßigkeiten, Geld, Nahrung, Zigaretten, Schmuck usw.

- **soziale Verstärker** wie anerkennende Worte, Streicheln, Umarmung, Anlächeln, Kopfnicken, Ermutigung, Lob, jemandem auf die Schulter klopfen usw.
- **Aktivitätsverstärker** wie Filme ansehen, ins Kino gehen, Ratespiele machen, Fußball spielen, freies Spiel, Malen, Schwimmen, Fernsehen, Tanzen, Radfahren usw. Diese Verstärkerarten beinhalten eine angenehme Beschäftigung.

Verstärkungspläne

Auf ein bestimmtes Verhalten folgt keineswegs immer eine Verstärkung, vielmehr können z. B. Erzieher und Therapeuten das Verhalten von Kindern durch unterschiedliche Verstärkungsmuster beeinflussen, die Zeit und Dauer der Konsequenzen festlegen. Die Art und Weise, wie und wann Verstärker verabreicht werden, nennt man Verstärkungspläne (vgl. Ferster und Skinner 1957, zit. n. Schermer 1991, S. 60 f.).

Bei kontinuierlicher Verstärkung wird jede erwünschte Reaktion verstärkt (**Immerverstärkung**). Wenn die erwünschten Reaktionen bzw. Verhaltensweisen nur gelegentlich verstärkt werden, spricht man von intermittierender bzw. **partieller Verstärkung**. Innerhalb der partiellen Verstärkungen sind zu unterscheiden:

- *Quotenverstärkung:* Sie erfolgt auf der Grundlage der Reaktionshäufigkeit; dabei unterscheiden wir:
  - Feste Quotenverstärkung: jede 5. richtige Reaktion wird verstärkt.
  - Variable Quotenverstärkung: Durchschnittlich wird jede 5. richtige Reaktion verstärkt (z. B. wird die 3., 7., 4., 8., 2., 6. richtige Reaktion verstärkt).
- *Intervallverstärkung:* Sie erfolgt auf der Grundlage von Zeitintervallen.
  - Feste Intervallverstärkung: In jedem 5. Minuten-Intervall wird jeweils die 1. richtige Reaktion verstärkt.
  - Variable Intervallverstärkung: Die Verstärkung erfolgt auf eine richtige Reaktion, im Durchschnitt eine Verstärkung alle 5 Minuten.

Beispiele aus dem Alltag:
- Lohn- und Gehaltszahlungen als feste Intervallverstärkung;
- Stückakkord als feste Quotenverstärkung;
- Spielautomaten als variable Quotenverstärkung;
- Zigarettenautomaten als Immerverstärker bzw. kontinuierliche Verstärkung.

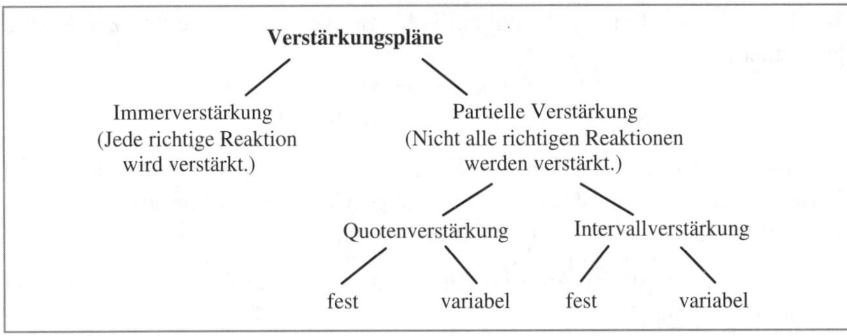

Abb. 6: Übersicht über Verstärkungspläne

Verhaltensweisen, die im Rahmen einer partiellen Verstärkung erworben werden, sind widerstandsfähiger gegenüber einer Löschung (Extinktion) als Verhaltensweisen, die über die Immerverstärkung gelernt werden.
Immerverstärkung erweist sich beim Aufbau neuer Verhaltensweisen als besonders günstig. Eine optimale Trainingskombination: Ein anfänglicher kontinuierlicher Verstärkungsplan, dem eine partielle Verstärkung im Sinne des (variablen) Quotenplanes folgt. Dies wird auch durch die nachfolgende Tabelle verdeutlicht:

	Verstärkungspläne	
	Immerverstärkung	partielle Verstärkung
Vorteile	schnelleres Lernen	langsameres Vergessen
Nachteile	schnelleres Vergessen	langsameres Lernen

2.2.4 Anwendung behavioristischer Lerntheorien

Die Kombination zweier Lerntheorien: Zwei-Faktoren-Theorie

Ausgehend von den grundlegenden Annahmen der behavioristischen Reiz-Reaktions-Theorien des Lernens entwickelte MOWRER (1940, zit. n. Krohne 1976, S. 31ff.) einen interessanten Erklärungsansatz. Nach dieser Theorie sind an der Ausbildung der Angst- und Vermeidungsreaktionen zwei Faktoren beteiligt: die klassische Konditionierung und die operante bzw. instrumentelle Konditionierung. Für Mowrer ist Angst eine innere Reaktion, die durch Konditionierung gelernt wird. Das Lernen von Angst vollzieht sich in zwei aufeinanderfolgenden Stufen.

Auf der **ersten Stufe** kommt es über die klassische Konditionierung zur Ausbildung einer Angstreaktion.

Hund NS → Orientierungsreaktion OR,
Hundebiß US → Angstreaktion beim Kind UR.

So wird nach dem Biß des Hundes (US) der ursprünglich neutrale Stimulus Hund (NS) zu einem CS, welcher die Reaktion Angst CR beim Kind auslöst.

Hund CS → Angst CR beim Kind.

Konditionierungen dieser Art sind besonders widerstandsfähig gegenüber einer Löschung.

Die **Angststabilisierung** ist Inhalt der **zweiten Stufe**. Durch operante Konditionierung bildet sich eine Reaktion aus, die zur Beseitigung des angstauslösenden konditionierten Reizes CS führt. Jeder CS (z. B. Hund), der eine Angstreaktion CR hervorruft, hat anschließend die Fähigkeit, eine Flucht- bzw. Vermeidungsreaktion hervorzurufen. Auf eine solche Flucht- bzw. Vermeidungsreaktion folgt die Verringerung von Angst, die eine **negative Verstärkung** darstellt.

In unserem Beispiel läßt die Angst das Kind Umwege einschlagen, auf denen es keinem Hund begegnet und auf denen es somit auch keine Angst mehr zu haben braucht. Die Vermeidung der Angstsituation wird negativ verstärkt (belohnt), weil sie die Angst verringert. Das Kind wird immer wieder die angstauslösende Situation bzw. das beängstigende Objekt meiden und die Angst beibehalten. Fatal ist, daß durch diese Verstärkung die Angst anwächst und mit immer größerer Wahrscheinlichkeit auftreten wird.[13]

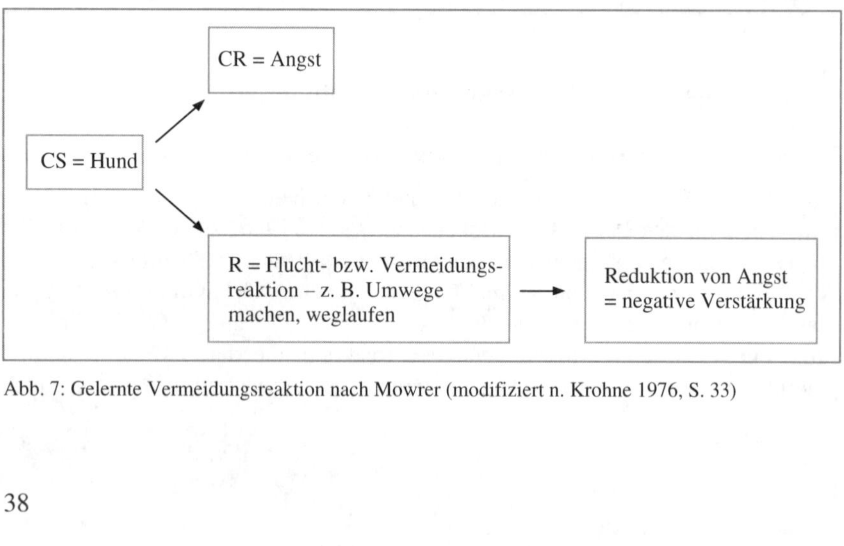

Abb. 7: Gelernte Vermeidungsreaktion nach Mowrer (modifiziert n. Krohne 1976, S. 33)

Verstärkung und Wirksamkeit von Verstärkern

Nach der Theorie SKINNERS (s. Kap. 2.2.3) haben wir zwei Arten von Verstärkungen zu unterscheiden:

- positive Verstärkung, z. B. durch Beachtung, Lob, Zuwendung anderer Menschen;
- negative Verstärkung durch Vermeidung bzw. Beseitigung eines negativen Reizes: Ein Kind vermeidet beispielsweise eine Bestrafung, indem es sich entschuldigt, oder ein Erwachsener verringert seine Angstgefühle durch Alkohol.

In Erziehung und Therapie spielt das Lernen durch Verstärkung beim Aufbau von positivem Verhalten eine herausragende Rolle. So werden z. B. erwünschte Verhaltensweisen bei Kindern oder Patienten durch den systematischen Einsatz von sozialen, materiellen und Aktivitätsverstärkern gefördert.

Ein **Lob** besitzt in einer Erziehungssituation nur dann Verstärkungsfunktion, wenn es bestimmte Voraussetzungen erfüllt (vgl. Mietzel 1986).

- Das Lob muß kontingent (d. h. unmittelbar anschließend) gegeben werden.
- Es muß deutlich zum Ausdruck bringen, auf welches Verhalten es sich bezieht.
- Der Erzieher muß glaubwürdig sein, d. h. er darf sich z. B. dem Kind gegenüber nicht verbal anerkennend äußern und dabei aus dem Fenster schauen.

Ein Optimum an positiver Verstärkung erfahren Kinder in einer Erziehungsumwelt, die durch Respektierung der Persönlichkeit des Kindes gekennzeichnet ist sowie durch Glaubwürdigkeit des Erziehers und Wertschätzung kindlicher Leistungen (vgl. Edelmann 1993).

Aus der operanten Konditionierung läßt sich ein Motto für die Erziehung ableiten: "Alle Macht den Verstärkern" (Zimbardo 1992, S. 247). Verstärker entscheiden, ob ein Kind sein Verhalten verändert oder beibehält. Die Aussicht auf Erfolg ist dann am größten, wenn operantes Konditionieren unmittelbar auf ein bestimmtes Verhalten erfolgt.

Geld als generalisierter Verstärker ist von großer Bedeutung im Leben eines jeden Menschen. Es wird auch dann zu einem Verstärker, wenn ein Mensch es hortet, statt es auszugeben.

Die **Wirksamkeit von Verstärkern** hängt im Erziehungsprozeß von unterschiedlichen Faktoren ab:

- von der *momentanen Bedürfnislage* des Kindes nach dem Verstärker. Ein hungriges Kind wird gern Nahrung aufnehmen, ein gesättigtes wohl kaum (Relativität von Verstärkern);

- von der *Beziehung Erzieher – Kind:* Das Lob eines beliebten Erziehers wirkt verstärkend, das Lob eines unsympathischen Erziehers hat eher die gegenteilige Wirkung;
- von der *Zeitspanne zwischen Handlung und Verstärkung:* Das Lob des Erziehers, das erst fünf Stunden nach dem richtigen Verhalten erfolgt, dürfte ziemlich wirkungslos sein;
- von der *Intensität des Verstärkers* (d. h. von der jeweiligen Dosierung): Selbstverständlich gewordene Ereignisse, wie z. B. Taschengeld, verlieren durch Gewöhnung ihre ursprüngliche Verstärkerwirkung;
- von den *individuellen Vorlieben:* Ein Kind, das keine Pralinen mag, wird man damit nicht verstärken können;
- von der *Qualität des Verstärkers:* Für ein Kind mit einem wöchentlichen Taschengeld von 50,– DM wird 1,– DM Belohnung wenig bedeuten;
- von *Alter und Entwicklungsstand:* Verstärker müssen alters- bzw. entwicklungsgemäß eingesetzt werden. So wirken bei Kleinkindern Süßigkeiten oder Spielzeug gewöhnlich stärker als Lob oder Anerkennung. Der Erzieher wird die Wirkung im Einzelfall ausprobieren müssen (vgl. Nolting und Paulus 1992, S. 94).

Die Wirksamkeit von Verstärkern bzw. Verstärkungsmitteln (wie z. B. Süßigkeiten, Lob, Musik, freier Ausgang, Arbeitspause) hängt also letztlich nicht von demjenigen ab, der sie einsetzt (wie z. B. vom Erzieher), sondern von dem, der die Verstärker erhält (wie z. B. vom Kind und seinen Bedürfnissen). Es ist wichtig, daß der Erzieher sich dieser Relativität von Verstärkern bewußt ist.

Löschung

Beim operanten Konditionieren versteht man unter Löschung bzw. Extinktion das Ausbleiben der positiven Konsequenz C+ auf ein bestimmtes Verhalten; dieses Verhalten wird also nicht mehr verstärkt. Das Resultat ist eine Abschwächung bzw. ein Verschwinden dieses Verhaltens. Die Löschung ist also eine wirkungsvolle Maßnahme, um unerwünschtes Verhalten abzubauen.

Beispiel:

> Der vierjährige Stefan schreit immer, wenn er zu Bett gebracht wird. Nur durch besondere Zuwendung beim Zubettgehen schläft der Junge ein, und die Eltern können das Zimmer verlassen.

> Der Erziehungsberater macht den Eltern klar, daß das Schreien des Jungen durch die besondere Zuwendung der Eltern positiv verstärkt wird. Er schlägt deshalb vor, durch Nichtbeachtung das Schreien von Stefan abzubauen. In den nächsten Tagen wird der Junge zu Bett gebracht, und die Eltern verlassen daraufhin – trotz des einsetzenden Weinens – das Kinderzimmer. In den beiden ersten Tagen geht das Schreien des Jungen deutlich zurück. Nach zehn Tagen können die Eltern das Zimmer verlassen, und Stefan schläft ein, ohne zu schreien (vgl. Spada u. a. 1992, S. 347 sowie Fliegel u. a. 1989, S. 39 f.).

Die Nicht-Verstärkung stellt demnach ein wirkungsvolles Verfahren dar, um unerwünschtes Verhalten zu beseitigen. Alle Probleme, die im Zusammenhang mit der Bestrafung stehen (s. S. 42) können dabei vermieden werden. Die Löschung läßt sich im Klassenzimmer, im Kindergarten usw. erfolgreich anwenden. In der Erziehungspraxis ist dabei allerdings auf folgendes zu achten (vgl. Edelmann 1993; Liebel 1992):

- Absolut konsequentes Verhalten der Erzieher ist dabei notwendig.
- Wird das unerwünschte Verhalten des Kindes zwischendurch – z. B. von einem anderen Erzieher – verstärkt, ergibt sich eine gelegentliche bzw. partielle Verstärkung; die Löschungsprozedur ist damit gefährdet.
- Der Erzieher muß in Kauf nehmen, daß eventuell die Rate des unerwünschten Verhaltens zunächst ansteigt, weil das Kind durch vermehrtes Störverhalten – z. B. Schreien, Faxen machen – die Aufmerksamkeit zu erzwingen versucht.
- Wenn es gelingt, gleichzeitig mit der Löschung des unerwünschten Verhaltens erwünschtes Verhalten aufzubauen, kann die Wirksamkeit der Löschung (ganz analog zur Bestrafung) noch erhöht werden. Das unerwünschte Verhalten wird dann durch ein erwünschtes abgelöst.
- Selbstverständlich lassen sich nicht alle Verhaltensweisen ignorieren, wie z. B. treten, zündeln, hantieren mit gefährlichen Gegenständen.

Sättigung

Ein anderes Verfahren zum Abbau unerwünschten Verhaltens stellt die Sättigung dar. Wird eine bestimmte Reaktion sehr häufig gezeigt und folgt dieser Verhaltensweise immer derselbe Verstärker, so tritt mit der Zeit Sättigung ein. Aus einer prinzipiell angenehmen Aktivität wird so mit der Zeit eine unangenehme Betätigung.

Beispiel:

> Eine Klientin in einer psychiatrischen Klinik hatte die Angewohnheit, Handtücher zu sammeln und in ihrem Zimmer zu stapeln. Im Rahmen der Therapie wurden ihr jedoch beliebig viele Handtücher zur Verfügung gestellt: In der ersten Woche täglich 7, nach drei Wochen bereits 60 pro Tag. Als sich insgesamt 625 Handtücher im Zimmer angesammelt hatten, begann die Klientin von selbst, diese wieder zurückzubringen. Nach der Phase der Sättigung brachte die Klientin innerhalb von 11 Wochen alle Handtücher zurück und begann auch später nicht wieder, Handtücher zu horten (Therapiebericht nach Reinecker 1986, S. 98).

Bestrafung und Bestrafungswirkung

Wie bereits erwähnt, versteht die operante Konditionierung unter **Bestrafung** (vgl. S. 32 f.) die Verringerung eines (unerwünschten) Verhaltens durch

- *Darbietung eines unangenehmen Reizes* bzw. einer aversiven Konsequenz, z. B. Ohrfeige, Tadel, böse Blicke;
- *Beseitigung eines positiven Reizes* bzw. einer angenehmen Konsequenz, z. B. Taschengeldkürzung, Abwendung.

Zahlreiche Autoren haben sich skeptisch gegenüber Strafen geäußert und betonen, daß Verstärkung das wesentlich angemessenere Erziehungsmittel ist. So schreibt SKINNER (1965, zit. n. Fortmüller 1991, S. 66): "Jeder Besuch in den unteren Klassen einer durchschnittlichen Schule von heute wird zeigen, was sich verändert hat: Es ist nicht die negative Steuerung durch eine positive ersetzt, sondern nur eine Form negativer Steuerung durch eine andere negative."
Vielfach besteht die Meinung, daß durch den Einsatz von Bestrafungsformen unerwünschtes Verhalten gelöscht wird. Bereits in Tierversuchen ließ sich jedoch nachweisen, daß mit Bestrafung offenbar lediglich eine Unterdrückung von Aktivitäten zu erreichen ist (vgl. Skinner 1938, zit. n. Mietzel 1986, S. 103).
Grundsätzlich gilt: Ein Verhalten läßt sich um so schneller und dauerhafter unterdrücken, je stärker der unangenehme Reiz ist (vgl. Mietzel 1986).

SKINNER betont ebenfalls die negativen Begleiterscheinungen der Erziehung durch Bestrafung: "Das Kind, das an einem Tisch sitzt und sein Heft füllt, tut dies in erster Linie, um einer Reihe drohender Unannehmlichkeiten aus dem Weg zu gehen [...] Unter diesem Ansturm negativer Folgen ist das Finden der richtigen Antwort an sich ein unbedeutendes Ereignis, dessen Wirkung unter den

Ängsten, der Langeweile und all der anderen vielen Tendenzen, die das unvermeidliche Nebenprodukt negativer Steuerung sind, völlig verlorengeht" (Skinner 1965, zit. n. Fortmüller 1991, S. 66 f.).

Nach EDELMANN (1993) sind **Strafreize** dann **wirksam**, wenn
- die unerwünschte Verhaltensweise nicht besonders stabil ist;
- der Strafreiz unmittelbar auf das fragliche Verhalten folgt und intensiv ist;
- bei der Strafe kein Ausweichen möglich ist.

Strafe ist sicherlich notwendig, um Kinder an die Verhältnisse im Straßenverkehr anzupassen. Es ist häufig für einen Menschen lebensrettend, wenn er gelernt hat, nicht spontan über die Straße zu laufen (vgl. Mietzel 1986).

Im Unterschied zum Verhaltensaufbau, wo gelegentliche Verstärkung zu dauerhafterem Lernen führt (s. S. 36), ist im Zusammenhang mit dem Verhaltensabbau Immerbestrafung erfolgreicher als gelegentliche Bestrafung (vgl. Fortmüller 1991, S. 66).

Bestrafung ist trotzdem ein **fragwürdiges Erziehungsmittel**, zumal sie mit vielfacher Problematik verbunden ist (vgl. Edelmann 1993, S. 158 ff; Nolting u. Paulus 1992, S. 90 ff.; Schermer 1991, S. 71 ff.):
- Durch die Darbietung des aversiven Strafreizes entsteht Angst.
- Bestrafungen rufen Flucht- und Vermeidungsverhalten hervor.
- Bestrafungen schwächen ein Fehlverhalten nur ab.
- Durch Bestrafung lassen sich keine neuen Verhaltensweisen aufbauen.
- Das Selbstwertgefühl des Kindes wird durch Bestrafung negativ beeinflußt.
- Häufiges Bestrafen wirkt sich negativ auf die Beziehungsebene Erzieher – Kind aus.
- Die Anwendung von Strafe stellt für die bestrafte Person ein Vorbild bzw. Modell für aggressives Verhalten dar (vgl. Kap. 2.4).

Diese Nachteile zwingen den Erzieher zu einem verantwortungsbewußten und kontrollierten Umgang mit Strafmaßnahmen. Die Wirksamkeit der Bestrafung kann entscheidend erhöht werden, wenn zusätzlich eine **Verstärkung** alternativer, **erwünschter Verhaltensweisen** erfolgt.

Eine Alternative zur Bestrafung stellt die **Löschung** dar (vgl. S. 40); diese besteht in der Nicht-Verstärkung einer gelernten Verhaltensweise. Zum Beispiel werden die Clownerien eines Schülers im Unterricht vom Lehrer gezielt nicht beachtet. Probleme ergeben sich in der Erziehungspraxis, wenn das Ignorieren nicht konsequent durchgehalten, sondern das Verhalten weiterhin gelegentlich ("intermittierend") verstärkt wird (vgl. Nolting u. Paulus 1992, S. 93).

Eine besondere Form der Löschung ist das **"Time-out"** ("Aus-Zeit"). Die betreffende Person wird bei Auftreten des unerwünschten Verhaltens von jeglichem Sozialkontakt und jeder Möglichkeit der Eigenverstärkung ausgeschlossen. Das geschieht z. B. durch kurzfristiges Einsperren in einem völlig kahlen, kleinen, unattraktiven Raum. Der Raum darf keine Ablenkungsmöglichkeiten bieten und muß von der betroffenen Person als langweilig erlebt werden (vgl. Revenstorf 1982).

Entstehung von Schulangst

Wenn ein Schüler vom Lehrer angeschrien oder geschlagen wird, reagiert der Schüler mit Angst. Damit ist beispielsweise häufig ein Tadel des Lehrers verbunden, später auch ein Stirnrunzeln.
Der Aufbau von Schulangst läßt sich mit Hilfe der klassischen Konditionierung erster und höherer Ordnung darstellen, indem man hierzu das bereits bekannte Ablaufschema heranzieht (s. S. 28).

Konditionierung erster Ordnung:

Anschreien, Schlagen (als körperlich-seelischer Schmerzreiz) = US	→	Angstreaktion UR
Tadel des Lehrers = NS	→	keine bestimmte Reaktion OR
Anschreien + Schlagen US } Tadel des Lehrers NS }	→	Angstreaktion UR
NS = CS_1 Tadel des Lehrers	→	Angst CR

Konditionierung zweiter Ordnung:

Tadel des Lehrers CS_1	→	Angst CR
Stirnrunzeln des Lehrers NS_2	→	Orientierungsreaktion OR
Tadel CS_1 } Stirnrunzeln NS_2 }	→	Angst CR
NS_2 = CS_2 Stirnrunzeln	→	Angst CR

Der Schüler hat damit gelernt, auf das Stirnrunzeln des Lehrers mit Angst zu reagieren.

Als weiterer neutraler Reiz NS_3 käme das Schulbuch in Frage. Der Schüler könnte auch beim Anblick eines bestimmten Schulbuchs (z. B. Mathebuch) mit Angst reagieren. Diese Angst könnte der Schüler durch die Konditionierung dritter Ordnung erwerben; hierbei würde der CS_2 Stirnrunzeln mit dem ursprünglich neutralen Reiz NS_3 Schulbuch gekoppelt werden. Danach würde NS_3 Schulbuch zu CS_3 Schulbuch werden und würde so Angst beim Schüler auslösen.

Beschreibungskriterien der Verhaltenstherapie

Unter Verhaltenstherapie versteht man eine Reihe von Verfahren (Methoden, Techniken), die alle auf lerntheoretischer Grundlage basieren (vgl. behavioristische und kognitive Lerntheorien).

Problematische Verhaltensweisen, wie z. B. Ängstlichkeit oder Aggressivität, werden in der Regel vom Klienten und/oder seiner Umgebung als störend bzw. belastend empfunden. Derartiges Verhalten bezeichnet man als psychische Beeinträchtigung (vgl. Pfingsten 1985, S 55) bzw. als Verhaltensstörung (vgl. Linden u. Hautzinger 1993; Dilling u. a. 1993; vgl. Kap. 5). Solche Verhaltensmuster werden wie "normale" Verhaltensweisen gelernt und können mit denselben Methoden verändert und verlernt werden wie diese. Allerdings gibt es in der Verhaltenstherapie kein einzelnes Standardverfahren, sondern eine Vielzahl von unterschiedlichen Therapiemethoden – insgesamt mehr als 50. Im einzelnen werden z. B. unterschieden:
- Gegenkonditionierung (vgl. S. 46),
- systematische Desensibilisierung (vgl. S. 47),
- Reizüberflutung (vgl. S. 49),
- Modellernen (vgl. S. 56 ff., s. ferner S. 213 ff.),
- verdecktes Modellernen (vgl. S. 63) usw.

Bei der Anwendung einer bestimmten Methode müssen bestimmte Prinzipien berücksichtigt werden. Die **Anwendungsprinzipien** bei der **systematischen Desensibilisierung** lauten beispielsweise (vgl. Revenstorf 1982):
- Aufbau der Angsthierarchie,
- Entspannungstraining,
- schrittweise Löschung der Angsthierarchie in der Vorstellung unter gleichzeitiger Entspannung,
- Anwendung auf die Realität.

Zielsetzung

Je nach der Problematik von Klienten können die Ziele der Verhaltenstherapie darin bestehen, die Häufigkeit unerwünschter Verhaltensweisen zu vermindern bzw. zu löschen, die Häufigkeit erwünschter Verhaltensweisen zu erhöhen, oder der Therapeut bemüht sich darum, den Klienten bestimmte Verhaltensweisen neu lernen zu lassen.

Einzelne Schritte des Vorgehens

Jeder sozialpädagogische Handlungsprozeß – auch im Rahmen der therapeutischen Sozialarbeit – läßt sich in mehrere Phasen bzw. Schritte gliedern (vgl. Kap. 4.4.1).

(1) *Analyse*, z. B. Abklären des Bedürfnisses nach Veränderung, Klärung von Problemen und Belastungen des Klienten durch Beobachtung, Befragung.
(2) *Planung*, z. B. Therapieziele, Einsatz bestimmter Methoden.
(3) *Handeln*, z. B. Verhaltensänderung durch die gezielte Anwendung verhaltenstherapeutischer Methoden wie Gegenkonditionierung, Modellernen.
(4) *Auswertung*, z. B. Kontrollieren der Effektivität des verhaltenstherapeutischen Vorgehens.

Anwendung

Die Verhaltenstherapie wird angewandt bei Ängsten, Phobien, Zwängen, Aggressivität, Selbstunsicherheit sowie bei Kompetenztraining, Problemlösungstraining, zur Verbesserung der Selbstkontrolle, zur Streß-Impfung usw.

Die Verhaltenstherapie kann auch als **Handlungskonzept der Sozialpädagogik** im Sinne der therapeutischen Sozialarbeit verstanden werden.

Gegenkonditionierung

Der dreijährige Peter hat über die klassische Konditionierung Angst vor Kaninchen erworben; es ergibt sich

CS_1 Kaninchen $\rightarrow$ CR_1 Angst

Bei Peter soll nun ein Umlernen stattfinden bzw. ein Verlernen der Angst mit Hilfe der Gegenkonditionierung. JONES versuchte die Angst bei Peter abzubauen, indem er davon ausging, daß ein angenehmer Reiz wie Nahrung auch angenehme

Reaktionen bzw. Gefühle auslösen muß. Der positive Reiz Nahrung muß allerdings stärker sein als der negative Reiz Kaninchen. Der kleine Peter bekam nun gleichzeitig seine Lieblingsspeise und das Kaninchen (in weiter Entfernung) präsentiert – ohne Angst zu zeigen. In der entscheidenden Phase des Versuchs saß Peter auf einem Stuhl und erhielt seine Lieblingsspeise, während das Kaninchen schrittweise näher gebracht wurde. Am Schluß der Behandlung war Peter in der Lage, das Kaninchen auf dem Schoß zu halten und zu streicheln (Therapiebericht nach Jones 1924, zit. n. Edelmann 1993, S. 82 f.).

Diesen Vorgang soll folgende Skizze verdeutlichen:

CS_1 Kaninchen	→	CR_1 Angst
US Lieblingsspeise	→	UR angenehmes Gefühl
CS_1 Kaninchen US Lieblingsspeise }	→	UR angenehmes Gefühl
CS_1 Kaninchen	→	CR_2 angenehmes Gefühl

Der kleine Peter hat so seine Angst vor Kaninchen verlernt.

Systematische Desensibilisierung und Angstbewältigung

Diese (psychotherapeutische) Technik der Verhaltenstherapie wird hauptsächlich bei der Behandlung von Ängsten und Phobien eingesetzt.
Abweichendes Verhalten wie Angst wird nach Ansicht der Verhaltenstherapeuten auf die gleiche Weise erworben wie normales Verhalten: durch Lernprozesse.

Beim Auftreten des angstauslösenden Reizes wird gleichzeitig ein Reiz geboten, der angenehme emotionale Reaktionen auslösen kann, daher mit dem negativen Reiz in Konkurrenz steht und diesen allmählich abschwächt. Als angenehme Reize werden meist Nahrung, sozialer Kontakt, Ermutigung und vor allem Entspannung verwendet. Ein Kind, das z. B. Angst vor Hunden hat, erhält – bevor es mit einem Hund konfrontiert wird – ein Spielzeug oder etwas zu essen, so daß bei ihm positive Gefühlsreaktionen ausgelöst werden. Dabei wird das Kind dem negativen Reiz zuerst ganz schwach und dann in immer stärkerer Form ausgesetzt (vgl. Fliegel u. a., S. 152 f.).

Die Durchführung der systematischen Desensibilisierung soll nun ausführlich am Beispiel einer Frau, die unter bestimmten Ängsten leidet (Angst vor Plätzen, Straßen und überfüllten Räumen), erläutert werden.

Um sicherzugehen, daß eine vollständige Entspannung erreicht wird, die stärker ist als die durch die besonderen Situationen hervorgerufene Angst, wendet man drei Verfahren an:
- Entspannungstraining,
- Aufbau einer Angsthierarchie,
- Schrittweise Löschung der Angst in der Vorstellung unter gleichzeitiger Entspannung.

Entspannungstraining

Zunächst lernt die Patientin, alle Muskelgruppen ihres Körpers zu entspannen und die willkürliche Kontrolle von Spannung und Entspannung einzelner Muskelgruppen (nach Jacobsen 1938, zit. n. Reinecker 1986, S. 69). In dieses Training werden schrittweise die einzelnen Körperteile einbezogen: An- und Entspannung der Arme, der Füße, der Brustmuskulatur (Atmung) usw.
Angst und Entspannung sind grundsätzlich unvereinbar bzw. schließen einander aus. (Wer Angst hat, ist verspannt bzw. befindet sich in einem Spannungszustand.) Folglich trainiert der Therapeut die Patientin, sich zu entspannen, mit dem Ziel der Angstverringerung.

Aufbau einer Angsthierarchie

Sobald die Patientin in der Lage ist, diesen Anti-Angstzustand herzustellen (nach ca. zwei bis vier Wochen), muß im nächsten Schritt geklärt werden, wann und in welchen Situationen sie Angst empfindet. Zu diesem Zweck erstellt der Therapeut mit der Patientin eine Liste mit Situationen, die bei ihr Angst auslösen. Anschließend bringt die Patientin ihre z. B. 10 Angst-Aussagen (Items) in eine Rangordnung (Hierarchie). Die Abstufung soll die Klientin so vornehmen, daß die problematischste Situation mit der Zahl 100 versehen wird, die am wenigsten gefürchtete Situation erhält den Wert 5 oder 10. Die Aussage, in der keine Angst empfunden wird, wird mit der Zahl 0 versehen. Es ergibt sich somit eine Punkteskala von 0 bis 100. Wobei 0 die sog. Eichsituation (Ruhe-Item) darstellt, eine vorgestellte Situation, in der keinerlei Angst erlebt wird (modifiziert nach Reinecker 1986, S. 70).

Nachfolgend das Beispiel der Angsthierarchie unserer Klientin:

100 Allein im Supermarkt einkaufen, belebt, Schlange stehen.
90 Allein im Supermarkt einkaufen, ruhig (vormittags).
80 In die Stadt gehen, in mehreren Geschäften einkaufen.

70 In die Stadt gehen, in einem Geschäft einkaufen.
60 In einem Geschäft in der Nachbarschaft einkaufen.
50 In einem kleinen bekannten Geschäft Schlange stehen müssen.
35 Allein einkaufen in einem bekannten Geschäft.
25 Mit der Tochter einkaufen gehen.
20 Vorbereitungen zum Einkaufen, Einkaufsliste aufstellen.
10 Gedanke an bevorstehenden Einkauf.
0 Ruhe-Item: Im Garten liegen, den Wolken nachschauen oder beim Angeln im Boot auf einem See.

Schrittweise Löschung der Angst

Nun wird die Patientin veranlaßt, sich so intensiv wie möglich zu entspannen. Nach einer Weile soll sie sich die unterste Stufe der Angsthierarchie vorstellen, in diesem Fall den bevorstehenden Einkauf (Item Punktwert 10). Sollte sie sich durch diese Vorstellung beunruhigt fühlen, muß sie dies dem Therapeuten durch Heben eines Fingers anzeigen. Daraufhin wird sie aufgefordert, sich diese Szene nicht mehr vorzustellen und sich wieder zu entspannen. Wenn sie sich wieder völlig entspannt hat, soll sie sich die Situation (Item Punktwert 10) nochmals vorstellen.
Nach drei Durchgängen ohne Heben des Fingers geht man zum nächsten Item (Punktwert 20) über. Dieses Verfahren wird solange fortgesetzt, bis die Spitze der Hierarchie erreicht ist (Item Punktwert 100).
Nach der schrittweisen Löschung der Angst (in der Vorstellung) erfolgt häufig noch ein vierter Schritt: die Anwendung in der Realität, d. h. in vivo (in der realen Situation; vgl. Revenstorf 1982), z. B. mit Hilfe der Technik des **Modelllernens** (vgl. Kap. 2.4).
Meist finden die Therapiesitzungen ein- bis zweimal in der Woche statt. Bei einfachen Phobien sind im allgemeinen 15 bis 20 Sitzungen nötig, bei komplexeren Fällen bis zu 55 Sitzungen.

Reizüberflutung (Reizkonfrontation)

Experimentelle Befunde der klinischen Psychologie belegen, daß
- Entspannung bei der Desensibilisierung überflüssig ist,
- die Angst-Hierarchie auch in umgekehrter Folge dargeboten werden kann,
- die längere Dauer der Darbietung günstiger,
- die **In-vivo-Konfrontation** besser ist.

Bei der In-vivo-Konfrontation, der direkten Gegenüberstellung mit der angstauslösenden Situation, tritt die Angst zwar als Reaktion ein, aber es sind sonst keine nachteiligen Konsequenzen festzustellen (vgl. Fliegel u. a. 1989, S. 212 ff.).

So wird im Sinne der klassischen Konditionierung bei einer Hundephobie ein angstauslösender Reiz CS (z. B. Hund) so lange ununterbrochen dargeboten, bis die konditionierte Reaktion (CR = Angst) in Anwesenheit des CS zurückgeht. Selbstverständlich muß dabei darauf geachtet werden, daß kein unkonditionierter Reiz US (z. B. Biß des Hundes) auftreten kann (vgl. Schermer 1991).

Die **Überflutungs-Therapie** kann, wie im folgenden Beispiel bei der Behandlung einer Prüfungsangst, auch in sensu (in der Vorstellung) durchgeführt werden.

Beispiel:

> "Der Student wird aufgefordert, sich die Prüfungssituation und die diese begleitende Angst intensiv vorzustellen, ja möglicherweise zu übertreiben. Es kommt dabei zu einem regelrechten Angstanfall mit Zittern, währenddessen der Klient ständig aufgefordert wurde, die gefürchtete Vorstellung aufrechtzuerhalten. In dem Maße, wie ihm dies schwerer wurde, klang die Angst ab. Der Student hatte noch zwei Tage bis zur Prüfung und wurde angehalten, jede Angstregung bewußt zu registrieren, nicht wegzuschieben und eher zu verstärken, um sie so möglichst lebhaft zu erleben. Zum Zeitpunkt der Prüfung hatte er keine Probleme mehr und schloß sie mit Erfolg ab" (Revenstorf 1982, S. 107 f.).

Bei der Reizüberflutung (Flooding) unterscheidet man die In-vivo-Darbietung von der In-sensu-Anwendung.

Die Reizüberflutungs-Therapie sieht beispielsweise folgendermaßen aus:
- In der ersten Phase wird pro Woche in zwei bis drei Sitzungen à 50 Minuten die *Stimulusdarbietung in der Vorstellung* geübt.
- Danach wird die Konfrontation *in der Realität* (in vivo) durchgeführt. Die mittlere Behandlungsdauer beträgt fünf Wochen (15 Sitzungen). Der Therapeut fördert die Angstausprägung anfangs mit dem Ziel, die Erregung auf dem Maximum zu halten.
- Später zieht er sich mehr zurück.

Dieses Vorgehen hat sich sowohl bei Phobien wie auch bei Zwangshandlungen als vorteilhaft erwiesen. Die Zwangshandlungen werden durch Ablenkung oder nötigenfalls durch physische Beschränkung unterbunden (Reaktionsverhinderung).

Man unterscheidet zwei Stärken der Konfrontation:
- die **Reizüberflutung**, die sofort den angstauslösenden Stimulus in voller Stärke darbietet (Flooding), und
- das **Gewöhnungstraining** (Habituationstraining), bei dem ein Reiz/Stimulus mittlerer Stärke über lange Zeit (z. B. mehrere Stunden) dargeboten wird; diese Technik ist aufwendiger, aber weniger bedrohlich für den Klienten.

Beide Vorgehensweisen sind erfolgreich (vgl. Revenstorf 1982). In jedem Fall kann eine physiologische Erregung nur eine begrenzte Zeit vom Organismus aufrechterhalten werden und schwächt sich dann ab.
Der Klient dagegen lebt in der subjektiven Vorstellung, daß sich die Erregung bis ins organisch Schädigende steigert und auf diesem Niveau verharrt. Daher entflieht er der Situation, bevor er die gegenteilige Erfahrung machen kann.
Hinzu kommt, daß sich die Angst schon in Erwartung der Situation steigert.
Durchlebt der Klient die Angst nicht voll, sondern versucht sie beispielsweise durch Ablenkung oder ignorierend zu unterdrücken, so bleibt die Angst auch bei dem mittleren Niveau bestehen. Läßt der Klient dagegen die Angst in voller Höhe bewußt werden, so erlebt er auch ihren Abbau.

2.3 Kritische Stellungnahme zu den behavioristischen Lerntheorien

Stärken der behavioristischen Theorien

- Konsequente Orientierung am Ideal naturwissenschaftlichen Forschens unter Bevorzugung des Labor-Experiments.
- Prinzipielle Veränderbarkeit des Verhaltens und der Persönlichkeitsmerkmale wird unterstellt. Optimistische Grundhaltung (ist vorherrschend) im Sinne einer weitgehenden Machbarkeit menschlichen Lebens.
- Einfluß des Behaviorismus auf die Erziehung, zumal davon ausgegangen wird, daß sich Entwicklung in erster Linie über Lernprozesse vollzieht.
  Begründung der Verhaltenstherapie auf Basis der Erkenntnis behavioristischer Lernpsychologie. In Pädagogik und Psychologie erfahren die empirischen Methoden (wie Experiment, Verhaltensbeobachtung) einen Aufschwung.

- Die klassische Konditionierung läßt sich von sehr niedrigen Arten (wie z. B. der Meeresschnecke) bis hin zum Menschen nachweisen und stellt damit ein grundlegendes Prinzip einfacher Anpassung des Organismus an sich ändernde Umweltbedingungen dar (vgl. Schermer 1991, S. 45).
- Die Erkenntnisse der operanten Konditionierung lassen sich gut auf Probleme der Erziehung und Therapie übertragen.
- Obwohl die Behavioristen eine eher mechanistische Vorstellung vom menschlichen Verhalten haben und höhere geistige Prozesse kaum zu erklären vermögen, tragen sie viel zur weiteren Entwicklung der Lernpsychologie bei.

Schwächen der behavioristischen Theorien

- Das Verhalten wird von der Umwelt bestimmt; ungenügende Berücksichtigung der Anlagen und der Reifungsprozesse.
- Empirische Untersuchungen werden überwiegend im Labor an Tieren (Hunden, Katzen, Ratten, Tauben) durchgeführt, die Ergebnisse auf menschliches Verhalten übertragen. Der Mensch wird betrachtet als eine Art "Ratte im King-size-Format" (Sargent 1965, zit. n. Schneewind 1982, S. 171).
  "Man darf nicht den Fehler machen zu glauben, daß es ausreicht, sich mit einer Ratte zu beschäftigen, wenn man etwas über den Menschen aussagen will" (Piaget, zit. n. Meinberg 1988).
  In der menschlichen Lebenswirklichkeit treten einzelne Faktoren nie isoliert auf wie in den Tier-Experimenten, sondern wir finden stets eine gleichzeitig wirkende Vielfalt unterschiedlicher Einflußgrößen. Obwohl aus behavioristischen Experimenten bedeutsame Erkenntnisse gewonnen wurden, ist die Übertragung solcher an Tieren gewonnener Erkenntnisse auf den Menschen sehr umstritten. Der Mensch ist im wesentlichen ein Spielball äußerer Einflüsse; seine aktuelle Bedürfnislage und frühere Erfahrungen werden nicht berücksichtigt.
- Innere Prozesse, die im Menschen ablaufen (wie z. B. Denken) und nur der Selbstbeobachtung zugänglich sind, werden als unwissenschaftlich ausgeschlossen. Der Behaviorismus klammert wichtige Dinge aus seiner Forschung aus: Denken, Bewußtsein, Gefühle, Bedürfnisse usw. Ebenso finden typisch menschliche Phänomene wie Freude, Verzweiflung, Aufopferung, Kreativität, Selbstwertgefühl usw. kein oder nur ein sehr geringes Forschungsinteresse.

2.4 Die sozial-kognitive Theorie von Bandura

Die Theorie BANDURAS ist dem Kognitivismus bzw. der Kognitionspsychologie zuzurechnen; diese Richtung der Psychologie befaßt sich mit Phänomenen des menschlichen Geistes wie Wahrnehmung, Gedächtnis, Problemlösen, Intelligenz usw.

2.4.1 Erläuterungen zum Kognitivismus

Die Forschungsschwerpunkte und die Erkenntnisse der Kognitionspsychologie üben seit ca. 30 Jahren einen nachhaltigen Einfluß auf die Pädagogik aus und machen sie zu einem wichtigen Impulsgeber.

Nach Ansicht der Kognitionspsychologen reflektiert der Mensch über sich selbst und seine Umwelt, er lebt und handelt bewußt und vernunftorientiert; zudem steht er in einem beständigen Wechselwirkungsverhältnis zur ihn umgebenden Situation bzw. Umwelt (vgl. Lindsay und Norman 1981).

Der Kognitivismus wird als Wissenschaft der menschlichen Informationsverarbeitung definiert, diese vollzieht sich im Rahmen psychischer Aktivitäten wie Wahrnehmen, Vorstellen, Erinnern, Denken, Problemlösen und Handeln.[14]

Die Vertreter des Kognitivismus gehen davon aus, daß das menschliche Verhalten von Handlungsplänen und -steuerungen bestimmt wird; diese dienen zur Erreichung von Zielen, z. B.:
- Wie kann ich eine bessere Note in Mathematik erreichen?
- Wie komme ich am schnellsten und billigsten zu meinem Ferienort?
- Wie kann ich es erreichen, daß meine Mitschüler meinem Vorschlag zur Klassenfahrt zustimmen?

Während ein Mensch sich mit einem derartigen Handlungsplan beschäftigt, laufen bestimmte kognitive Prozesse ab: das Abwägen unterschiedlicher Lösungsmöglichkeiten, das Bewerten der Konsequenzen; hinzu kommen das subjektive Abschätzen von Erfolgschancen bzw. Belohnungen, die Ursachenerklärung und die Selbstbewertung.

Lernen als Informationsverarbeitung

Die kognitive Struktur ist die Grundlage von Denk- und Problemlöseprozessen und letztlich die Basis des menschlichen Handelns. Nach LINDSAY und NORMAN umfaßt die Entwicklung kognitiver Strukturen (z. B. der Erwerb von Wissen) mehrere Stufen der Informationsverarbeitung.

Lernen kann demnach als Informationsverarbeitung bezeichnet werden, insbesondere wenn es um die Aneignung von Wissen geht (vgl. Lindsay und Norman 1981, S. 236 ff.). Die neue Information gelangt über die Sinnesorgane zunächst in das sensorische Gedächtnis (Ultra-Kurzzeit-Gedächtnis). Von dort kommt der Lernstoff in das Kurzzeit-Gedächtnis, um hier umgearbeitet bzw. kodiert zu werden. Danach wird das kodierte Material in das Langzeit-Gedächtnis übertragen, wo das Wissen im eigentlichen Sinne gespeichert ist. Braucht beispielsweise ein Schüler nun das Gelernte bei der Beantwortung von Fragen oder bei der Lösung von Problemen, so wird es mit Hilfe von Such- und Abrufstrategien aktiviert und umgesetzt. Die Aufgabe in der Ex z. B. kann damit beantwortet werden.

2.4.2 Grundlegende Annahmen und Begriffe der sozial-kognitiven Theorie

Bandura bezeichnet seine Theorie als "sozial-kognitive Theorie", d. h. zentrale Anliegen sind der soziale Ursprung von Verhalten (vgl. z. B. Mutter-Kind-Interaktion) und die kognitiven Prozesse in allen Bereichen des menschlichen Lebens. **Lernen** definiert BANDURA (1986, S. XII) als "Wissenserwerb durch kognitive Informationsverarbeitung". Dieser Prozeß ist meist sozial vermittelt, d. h. Lernen wird in einem zwischenmenschlichen Zusammenhang erklärt. Durch Lernen verändertes Verhalten ist im wesentlichen als Sozialverhalten anzusehen.

Verhalten schafft bestimmte Erwartungen (z. B. beim Kind und Erzieher), die wiederum Einfluß nehmen, wie ein Mensch denkt und wie er sich verhält. Ein Kind lernt z. B. erfolgreich Canasta zu spielen und entdeckt dabei, daß es durch diese Leistung die Achtung und Bewunderung anderer erwirbt. Daraufhin sieht es sich selbst als guten Spieler und erwartet, durch seinen Zeitvertreib zu Erfolg und sozialer Verstärkung zu gelangen.

Lernen erfolgt in den meisten Fällen über:
- **Beobachtung** anderer Personen im realen Umfeld (z. B. Eltern, Erzieherin, Lehrer/in), im Bereich der Medien (z. B. Romanfigur, Comic-Ente, Fabelwesen, Märchenfigur, Madonna, James Dean, Kennedy),
- **Instruktion** (z. B. Gebrauchsanweisung, Kochrezept, Arbeitsanleitung),
- **eigene Erfahrung** ohne direkten Einfluß anderer.

Das Lernen vollzieht sich im **System Person-Umwelt-Verhalten** (s. Abb. 8).

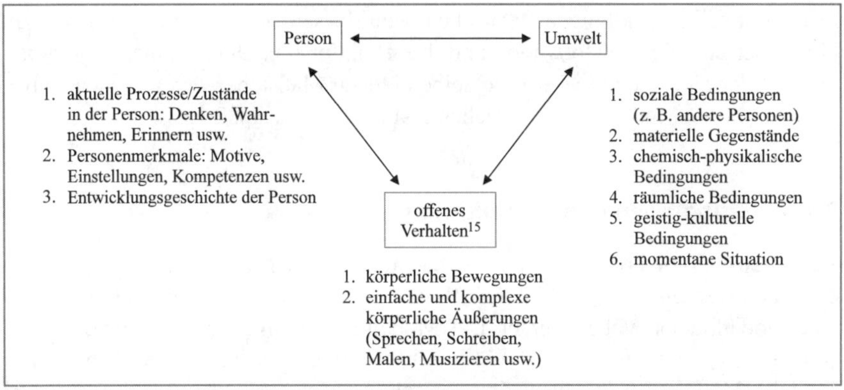

Abb. 8: System Person-Umwelt-Verhalten (modifiziert nach Heidenreich 1988, S. 90)

Zum gesamten Lernkontext gehören folglich die biologischen und psychologischen Merkmale der einzelnen Person (P: hierunter fallen z. B. Kognitionen, Emotionen, Reifung, Gewohnheiten, Selbststeuerung usw.), ihr Verhalten (V) sowie die Umwelt (U); diese drei Faktoren P-U-V beeinflussen und steuern sich wechselseitig. Bandura (1979, S. 20; 1989, S. 2 ff.) nimmt einen ständigen Interaktionsprozeß an; die Person reagiert auf Ereignisse und konstruiert und beeinflußt aktiv Situationen.

Beispiel:

> Der Schüler (P) hat eine negative Einstellung gegenüber dem Lehrer (U). In der Unterrichtssituation (U) wird der Schüler (P) vom Lehrer gefragt (U). Der Schüler ist erregt (P) und beantwortet die Frage nur zögernd (V); der Lehrer kritisiert (U) den Schüler, worauf dieser errötet (V) und sich denkt: "Hoffentlich ist die Stunde bald vorüber." (P) Daraufhin verläßt er (V) das Klassenzimmer in Richtung Toilette, um sich Entspannung zu verschaffen (P).

Menschenbild

Bandura sieht den Menschen als aktives soziales Wesen. Der Mensch ist fähig, sich zu entscheiden, vorausschauend zu denken, Symbole zu gebrauchen (z. B. die Sprache), und er ist in der Lage, sich selbst zu regulieren; er hegt spezielle Erwartungen, er verfügt über einen gewissen Handlungsspielraum, er plant und reflektiert seine Handlungen. Menschen beeinflussen sich bis zu einem gewissen Grad über ihre eigene Motivation und ihre Handlungen. Durch seine Selbststeuerung ist der einzelne aktiv, er setzt seine eigenen Maßstäbe, verstärkt sich selbst, wenn er diesen Maßstäben entsprechend handelt (vgl. Kap. 2.4.6).

2.4.3 Grundlagen des Modellernens

Verhaltensweisen können durch Beobachtung eines Modells (bzw. Vorbildes) erworben werden.[16] Aus Abbildung 9 wird deutlich, daß eine lernende Person B eine Modellperson M beobachtet. Das Modell ist hier in Form einer anderen Person real gegeben; mit ihr ist ein wechselseitiger Austausch möglich (reales Modell). Man vergleiche die soziale Interaktion Erzieherin–Kind.

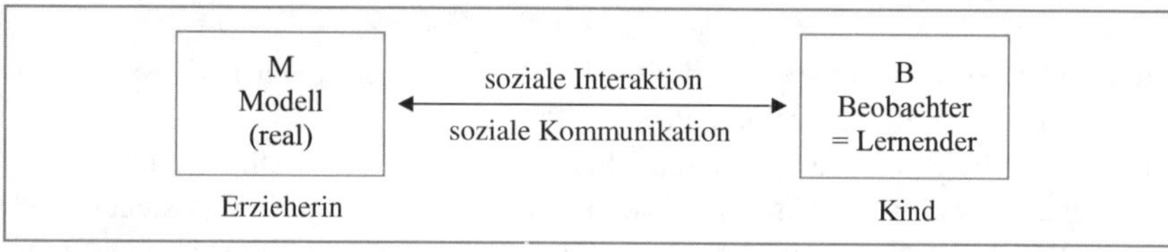

Abb. 9: Grundschema des Modellernens: zwischenmenschliche Interaktion

Bei der massenmedialen Kommunikation (vgl. Abb. 10) erfolgt die Botschaft einseitig vom Medium her. Das Modell wird also **symbolisch** über ein Medium vermittelt (z. B. Buch, Film, Fernsehen).

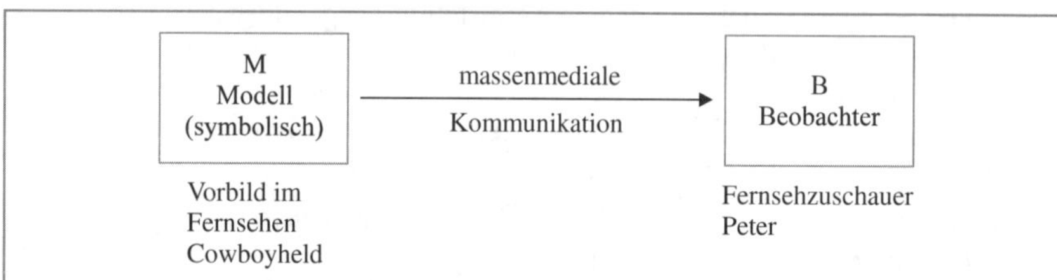

Abb. 10: Modellernen als massenmediale Kommunikation

Darbietung von Modellen

Man versteht schriftliche oder gesprochene Anweisungen als **symbolische Modelle** (z. B. eine Gebrauchsanweisung). Mit deren Hilfe kann sich ein Beobachter das Zielverhalten zumindest teilweise bereits aneignen. Neben der Sprache

können vor allem Video- und Filmaufnahmen als symbolische Modelle dienen. Man hat nachgewiesen, daß Kinder und Erwachsene gleichermaßen Einstellungen, emotionale Reaktionen und neue Verhaltensstile durch symbolische Modellierung erwerben (vgl. Bandura 1979, S. 48).
Am wichtigsten und in Erziehung und Therapie leicht zu realisieren ist die Darbietung **realer Modelle** (z. B. Vorturnen im Sportunterricht).

Modelle beeinflussen die Menschen vor allem dadurch, daß sie Informationen zur Verfügung stellen. Modellernen setzt nicht voraus, daß das Verhalten des Modells auch nur einmal offen durch den Beobachter ausgeführt werden müßte. Es ist durchaus möglich, daß **Lernen durch Beobachtung** (z. B. beim Schachspiel) mitunter wirkungsvoller sein kann als Lernen durch eigenes Tun (wie z. B. durch eigenes Ausprobieren). Wer einen anderen Menschen bei der Lösung eines Problems beobachtet, kann eine bessere und umfassendere Vorstellung davon gewinnen. Das Lernen durch Beobachtung ist vor allem dann von Bedeutung, wenn Fehler teuer zu stehen kämen oder sogar lebensbedrohlich wären. In der Gehirnchirurgie oder beim Autofahren kann man sich kaum leisten, über Versuch und Irrtum zu lernen.

Effekte des Modellernens

Die Beobachtung eines Modells kann zu verschiedenen Effekten führen:
- **Aneignung** neuen Verhaltens (eine Jugendliche legt sich über ein Modell Tätowierungen zu);
- **Hemmung** eines bereits im Repertoire befindlichen Verhaltens (das Modell erfährt negative Konsequenzen – z. B. Bestrafung – oder es zeigt ängstliche Reaktionen);
- **Enthemmung** eines bereits vorhandenen Verhaltens (Das Verhalten der Modellperson wird entweder belohnt oder – bei sozial unerwünschten Verhaltensweisen – nicht bestraft);
- **Reaktionserleichterung**, wobei das Verhalten des Modells als Auslöser für gleiches Verhalten dient. So wird beispielsweise die Beobachtung, wie andere Personen bei der Straßensammlung für karitative Zwecke reagieren, das eigene Verhalten entsprechend beeinflussen. Die Verhaltensweise ist weder neu noch ergeben sich besondere Konsequenzen; trotzdem erleichtert die Beobachtung einer Modellperson die Auslösung des entsprechenden eigenen Verhaltens.

Bei den obengenannten Effekten übernimmt der Beobachter das Modellverhalten weitgehend. Es kann dabei allerdings zu Verhaltensweisen kommen, die über jene des Modells hinausgehen (vgl. abstrakte und kreative Modellierung; vgl. Kap. 2.4.5).
Wenn sich durch Beobachtung Verhaltensweise erwerben lassen, dann besteht auch die Möglichkeit, Reaktionen zu erlernen, ohne sie auszuführen. Deshalb unterscheidet BANDURA zwischen **Aneignung** (Lernen) und **Ausführung** (Handeln, Verhalten) gelernter Handlungen.

2.4.4 Teilprozesse des Modellernens

Betrachtet man das Modellernen als einen Prozeß, so sind daran vier ineinandergreifende Variablen beteiligt. Der Beobachter muß die Verhaltensweisen des Modells aufmerksam wahrnehmen, diese Inhalte im Gedächtnis verarbeiten und speichern, über die zur Ausführung notwendigen Fähigkeiten verfügen sowie in einer bestimmten Situation motiviert sein, sich in gleicher Weise wie das Modell zu verhalten. Dabei steuern die Variablen **Aufmerksamkeit** und **Gedächtnis** (bzw. Behalten) *den Aneignungsprozeß*, **Reproduktion/Produktion**[17] und **Motivation** bestimmen *die Ausführung*.

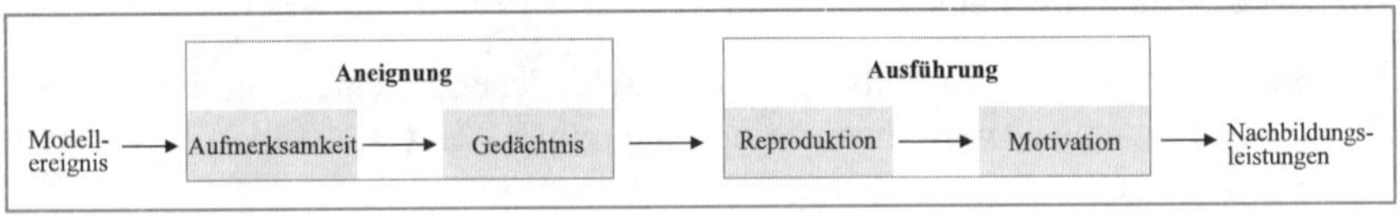

Abb. 11: Elemente des Modellernens: Aneignungs- und Ausführungsphase mit den 4 Teilprozessen

Aufmerksamkeitsprozesse

Menschen können nur aus der Beobachtung lernen, wenn sie genau auf das Modellverhalten achten und dieses konzentriert wahrnehmen. Dem Modell muß Aufmerksamkeit zugewandt werden, damit es überhaupt Einfluß gewinnen kann.

Die Aufmerksamkeit wird gesteuert durch:
- die **Persönlichkeitsmerkmale des Modells** (wie Glaubwürdigkeit, hoher sozialer Status, soziale Macht, Ähnlichkeit, Attraktivität, Prestige, Kompetenz),
- die **Persönlichkeitsmerkmale des Beobachters** (emotionale Erregung und Engagement, Unselbständigkeit) sowie
- die **Qualität der Beziehung** zwischen Modell und Lernendem. (Eine vertrauensvolle Beziehung fördert z. B. das Lernen.)

Wie in Abbildung 12 aufgelistet, zieht das Modell mit seinem Verhalten dann am ehesten Aufmerksamkeit auf sich, wenn

- es besonders auffällt und *vorteilhaft gesehen* wird (affektive Valenz),
- das Verhalten *nicht zu komplex* ist,
- es *viele Gelegenheiten* gibt, das Verhalten zu beobachten und
- das Verhalten des Modells sich als *erfolgreich* erweist (funktionaler Wert).

Eine gut entwickelte Wahrnehmung, ein optimales Erregungsniveau (z. B. Wachheit), die Fähigkeit zur selektiven Aufmerksamkeit und frühere Erfahrungen bestimmen darüber, auf welche Modelle Kinder als Lernende achten und wie effektiv das geschieht. Die Wahrnehmungseinstellung (was z. B. Kinder zu sehen erwarten), die kognitive Fähigkeit, das Wahrnehmungsereignis zu verstehen und individuelle Interessen bzw. Vorlieben bestimmen ebenfalls darüber, was zur Informationsverarbeitung ausgewählt wird.

Das Fernsehen und die Popmusik-Kultur haben die Zahl der verfügbaren Modelle erheblich vergrößert. Die Menschen können heute die verschiedensten Verhaltensstile vom Fernsehsessel aus beobachten und erlernen. Modelle, die auf dem Bildschirm erscheinen, nehmen die Aufmerksamkeit so nachdrücklich gefangen, daß die Zuschauer vieles von dem, was sie sehen, erlernen, ohne daß sie dazu irgendwelcher anderer Anreize bedürfen (vgl. Bandura 1979, S. 34).

Aufmerksamkeit		Gedächtnis/ Behalten		Reproduktion/ Produktion		Motivation
Modellperson: • attraktiv • glaubwürdig Modellverhalten: • deutlich • erfolgreich Beobachter: • Erwartungen • Interessen • Erregungsniveau	→	• symbolische Kodierung • kognitive Fähigkeiten • kognitive Strukturen Wiederholen im Kopf	→	physische Fähigkeiten Verfügbarkeit der Teilreaktionen Einübung: • Selbstbeobachtung • Feedback • Korrektur	→	• externe Verstärkung • stellvertretende Verstärkung • Selbstverstärkung Erwartungen

Abb. 12: Teilprozesse des Modellernens (modifiziert nach Bandura 1986, S. 52; 1989, S. 16)

Gedächtnisprozesse

Hierunter fallen die kognitiven Prozesse der Informationsverarbeitung. Der Lernende muß die beobachteten Verhaltensweisen visuell (bildhaft) bzw. verbal (sprachlich) kodieren (symbolische Kodierung), sich innerlich vorstellen und bewerten; er muß weiterhin das Wahrgenommene in bereits bestehende kognitive Strukturen einordnen, im Gedächtnis speichern und damit für die zukünftige Situation verfügbar halten.

Beispiel:

> Kleine Kinder beobachten bei einem anderen Kind aggressives Verhalten. Denkbar wäre in diesem Fall folgende Kodierung, Bewertung und anschließende Speicherung: Genaue bildhafte Vorstellung des Schlagens, Tretens, Beißens, An-den-Haaren-Ziehens usw., verbale Beschreibung dieser Vorgänge ("Der Michi haut die Gabi auf den Kopf") sowie Bewertung ("Der ist böse"). (Modifiziert nach Edelmann 1993)

Hilfreich ist das kognitive Üben (wie z. B. mentales Training bei Sportlern), bei dem man sich vorstellt, wie man die erwünschte neue Handlungsweise erfolgreich ausführt. Durch Wiederholen wird der Inhalt im Gedächtnis gespeichert.

Reproduktionsprozesse – Produktionsprozesse

Der dritte Schritt besteht darin, das Gelernte in entsprechendes Verhalten umzusetzen; es wird dabei von der inneren Vorstellung gesteuert und gegebenenfalls durch Rückmeldung (Feedback) überprüft bzw. verbessert. Wichtig sind hier z. B. körperliche Fähigkeiten, Verfügbarkeit von Teilreaktionen (z. B. Schalten beim Autofahren) sowie Selbstbeobachtung bei der Reproduktion. Wieviel vom Gelernten im tatsächlichen Verhalten in Erscheinung tritt, hängt z. B. von der Beherrschung der Teilfertigkeiten ab. Nur selten lassen sich Vorstellungen beim ersten Versuch ohne Fehler in richtige Handlungen umsetzen. Nachahmendes Verhalten läßt sich gewöhnlich nur durch korrigierende Wiederholung erreichen.

Motivationsprozesse

Hierbei unterscheidet BANDURA (1976; 1979) zwischen drei Verstärkungsformen: externe Verstärkung, stellvertretende Verstärkung und Selbstverstärkung.

- *externe Verstärkung*, z. B.: Der Tennisspieler Peter (Lernender) wird für seine fehlerfreie Rückhand vom Tennistrainer gelobt. Er erhält damit einen Anreiz, sich weiter so zu verhalten.

- *stellvertretende Verstärkung*: Die lernende Person beobachtet, wie eine Modellperson positive Konsequenzen erfährt; z. B.: Wenn unser Tennisspieler Peter beobachtet, daß sein Freund für sein gutes Tennisspiel vom Trainer gelobt wird, stellen sich entsprechende Verstärkungserwartungen (gedanklich vorwegnehmende Verstärkung) bei Peter ein.
- *Selbstverstärkung* ist beispielsweise Eigenlob: Peter sagt zu sich selbst: "Das mit der tollen Aufschlagserie habe ich wirklich gut gemacht." (vgl. Kap. 2.4.6).

Mit diesen drei Formen der Verstärkung sind nicht mehr ausschließlich die auf ein bestimmtes Verhalten folgenden Konsequenzen gemeint (wie im behavioristischen Ansatz von Skinner; vgl. Kap. 2.2.3); vielmehr bildet der Lernende selbst Verstärkungserwartungen aus. Bandura spricht also bereits der Erwartung von Konsequenzen eine verhaltenssteuernde Wirkung zu. (s. S. 65). Die **gedankliche Vorwegnahme von Verstärkung** (oder Bestrafung) hat beim Beobachter bzw. Lernenden motivierende (oder demotivierende) Funktion.[18]

Unterlassen der Nachahmung

Wenn ein Beobachter das Verhalten eines Modells nicht imitiert, läßt sich dies auf eine der folgenden Bedingungen zurückführen:
- der Lernende hat die entsprechenden Tätigkeiten nicht aufmerksam beobachtet;
- er hat die modellierten Ereignisse nicht in angemessener Weise kodiert;
- er hat nicht behalten, was er gelernt hat;
- er verfügt nicht über Fähigkeiten, die Reaktionen auszuführen oder
- er empfindet die Anreize nicht als hinreichend (vgl. Bandura 1979, S. 38).

2.4.5 Arten des Modellernens

Menschen lernen von verschiedenen Informationsquellen. Das Erlernen vollzieht sich vor allem durch folgende Arten:
- Lernen durch stellvertretende Erfahrung
- abstrakte Modellierung
- kreative Modellierung
- Lernen aus eigener Erfahrung
- verdecktes Modellernen (s. S. 63, 78).

Lernen durch stellvertretende Erfahrung über die Beobachtung einer Modellperson. Dieses stellvertretende Lernen ermöglicht den Erwerb neuer Verhaltensmuster. Es kann von einer Zeitungsnotiz ausgehen (z. B. eine halbe Million Menschen haben schon für die Hungernden in Bangladesch gespendet), oder es kann von einem lebenden Modell vorgeführt werden (z. B. der Lehrer schreibt an die Tafel, wie man eine Gleichung auflöst).

Während in der Regel das Modellverhalten vom Beobachter weitgehend in der dargebotenen Art übernommen wird, beschreibt BANDURA (1979) noch zwei besondere Arten des Modellernens, bei denen es zu neuen – über das Modell hinausgehenden – Verhaltensweisen kommt: abstrakte sowie kreative Modellierung.

Das **abstrakte Modellieren** hat sich als ein sehr wirksames Mittel zur Schaffung regelgeleiteten Verhaltens erwiesen. Auf der Grundlage von Regeln, die die Menschen durch Beobachtung gewonnen haben, lernen sie z. B. Urteilsfähigkeit, Sprachstile, Begriffssysteme, Denkstrategien, Gütemaßstäbe für das Verhalten usw. und wenden sie auf neue, beim Modell selbst nicht beobachtete Bereiche an. Demnach können Kinder beim *Beobachtungslernen* wesentliche Merkmale einer sozialen Situation erkennen, die wichtigsten Elemente herausfiltern, daraus eine Regel formulieren und diese Regel in einer neuen Situation anwenden (vgl. Bandura 1979, S. 49 ff.). Die abstrakte Modellierung ist z. B. bedeutsam für den Spracherwerb.

Beispiel:

> Kinder beobachten, daß das Partizip Perfekt in der Regel durch die schwache Konjunktion mit ge-, Verbstamm und -t gebildet wird. Daraus leiten sie eine abstrakte Regel ab und sagen korrekt "gelacht" und "geweint"; sie leiten aber auch falsche Partizipien ab wie "geschlaft" und "geeßt". Möglicherweise gelangen Kinder dann auch zu sehr komplexen falschen Äußerungen wie "Er hat geaufeßt" (vgl. Bandura 1989, S. 18; Miller 1993, S. 196; s. ferner Bandura 1979, S. 174 ff.).

In der **kreativen Modellierung** werden die Einflüsse mehrere Modelle vom Beobachter zu neuen Kombinationen zusammengefügt. Je vielfältiger dabei die "Modellumgebung" ist, desto wahrscheinlicher ist die Entstehung neuer Verhaltensweisen (vgl. Bandura 1979, S. 57 f.). Die kreative Modellierung soll durch zwei Beispiele verdeutlicht werden.

Beispiel 1:

Ein Kind beobachtet bei verschiedenen Gelegenheiten, wie andere Kinder Häuser, Bäume, Tiere, Menschen malen, und es integriert dann diese verschiedenen Stile auf völlig neue Weise in seinen eigenen Malstil.

Beispiel 2:

Ein Fachoberschüler erwirbt sich seine eigene neue Weltanschauung, indem er Aspekte von unterschiedlichen Vorbildern übernimmt (z. B. von seinem Freund, einem Philosophiebuch, seinem Lehrer, einem Theologen aus einer Fernsehsendung).

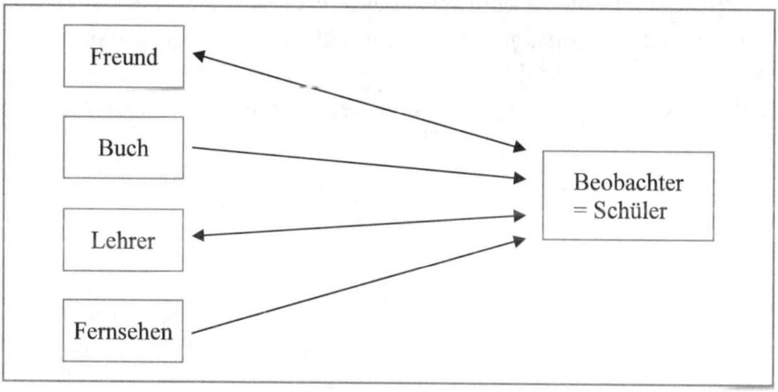

Abb. 13: Kreative Modellierung am Beispiel des Erwerbs einer Weltanschauung

Man spricht also von kreativem Modellieren dann, wenn bereits vorhandenes Wissen so umstrukturiert wird, daß neues Verhalten entsteht.

Im Alltag vollzieht sich Lernen keineswegs nur durch indirekte bzw. stellvertretende Erfahrung, vielmehr macht der Lernende auch direkte Erfahrungen, indem er selber Situationen erfolgreich meistert; der Lernende tut etwas und erfährt unmittelbar, ob sich dadurch etwas verändert hat und sich Erfolgserlebnisse einstellen (**Lernen aus eigener Erfahrung**). Das Lernen aus eigener bzw. direkter Erfahrung läßt sich auch als Sonderfall des Modellernens auffassen, wobei das Modell und der Beobachter ein und dieselbe Person sind (vgl. Mielke 1984, S. 9).

Beim **verdeckten Modellernen** vertieft sich die lernende Person ganz in die Vorstellung, wie sie selbst das erwünschte Verhalten ausführt (vgl. hierzu S. 78).

2.4.6 Selbststeuerung

Durch Selbststeuerung (Selbstregulation) nimmt der Mensch Einfluß auf das eigene Verhalten (vgl. Bandura 1989, S. 32 ff.). Er ist fähig:
- eigene Verhaltensweisen selbst zu beobachten (**Selbstbeobachtung**);
- sich selbst zu beurteilen, Kriterien für das eigene Verhalten zu finden (**Selbstbewertung**) und
- sich selbst für das Erreichen der Kriterien zu verstärken (**Selbstverstärkung**) oder andernfalls sich selbst zu bestrafen.

Der Mensch ist in der Lage, sich selbst Ziele zu setzen, Handlungspläne aufzustellen und zu prüfen, ob und wie diese Ziele durch verschiedene Handlungen zu erreichen sind.

Selbststeuerung setzt eine Zukunftsperspektive voraus, d. h. die Fähigkeit, eine *in der Zukunft liegende Konsequenz* in Betracht zu ziehen und das gegenwärtige Verhalten danach auszurichten. Die drei Teilprozesse der Selbststeuerung, Selbstbeobachtung, Selbstbewertung und Selbstverstärkung lassen sich in einem Schaubild darstellen:

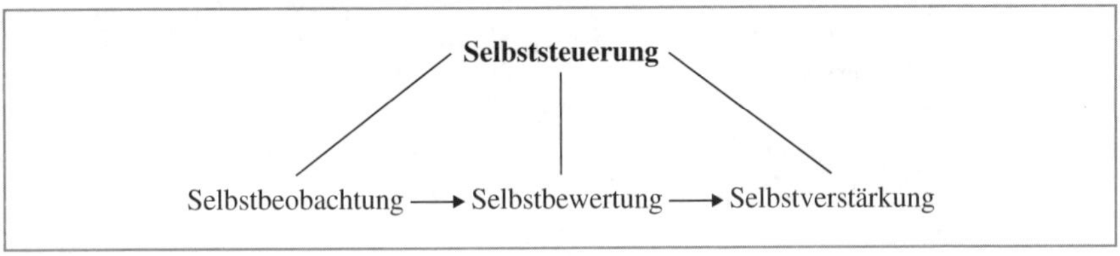

Abb. 14. Teilprozesse der Selbststeuerung

In einem ersten Schritt betrachten wir das eigene Verhalten hinsichtlich seiner Qualität, Quantität, Originalität usw. Danach beurteilen und bewerten wir unsere Verhaltensleistung mittels eines Gütemaßstabs bzw. Standards. Ein Schüler vergleicht beispielsweise die Note einer Schulaufgabe mit der Note seiner Mitschüler, oder er vergleicht diese Note mit dem eigenen Abschneiden bei früheren Schulaufgaben.

Aufgrund des Bewertungsprozesses kommt es zu Konsequenzen: Selbstbelohnung oder Selbstbestrafung. Wird der gesetzte Maßstab nicht erreicht, reagiert man z. B. in Form von Selbstkritik ("Da hab' ich wirklich Mist gebaut.") bzw. man versagt sich eine attraktive Tätigkeit (kein Kino-, Disco- oder Saunabesuch). Hat man sein Ziel erreicht (z. B. eine Eins in Pädagogik), reagiert man mit Selbstbelohnung ("Das hab' ich toll gemacht.").

Günstige Selbstbeurteilungen führen im allgemeinen zu Zufriedenheit, Stolz und Wohlbefinden, während ungünstige Beurteilungen Unzufriedenheit, Selbstkritik, Scham und Tadel nach sich ziehen (vgl. Bandura 1979; Schermer 1991). Untersuchungen belegen, daß Menschen, die sich für ihr eigenes Verhalten selbst belohnen, ein höheres Leistungsniveau erreichen als jene, die dieselben Aktivitäten nach Anweisung ohne Verstärkung ausführen (vgl. Bandura 1979).[19]

2.4.7 Selbstwirksamkeitstheorie

Begriffserklärung

Die Selbstwirksamkeitstheorie ist ein zentraler Bestandteil der sozial-kognitiven Theorie (vgl. Bandura 1979).

Die klassische Verhaltenstherapie stellt zwischen situativen Reizen und eigenen Reaktionen *Kontingenzen (Verknüpfungen)* her. Die operante Konditionierung nach SKINNER (vgl. Kap. 2.2.3) nimmt an, daß Menschen durch *Verstärkung* lernen, wenn sie z. B. für eine erfolgreiche Handlungsausführung belohnt werden. Bandura dagegen ist der Auffassung, daß Verstärkung oder Kontingenzen das Verhalten weniger ändern als die *Erwartungen* solcher Kontingenzen; das bedeutet, daß Kognitionen zur Verhaltensänderung motivieren. Erwartungen werden also als handlungssteuernde Größen aufgefaßt. (Beispiel: Wenn ich eifrig lerne, dann bekomme ich gute Noten.)

In einer problematischen Situation überlegt ein Mensch, ob und wie er damit fertig wird (Kompetenzerwartung). Aufgrund seines Verhaltens erwartet er bestimmte positive (oder negative) Auswirkungen (Ergebniserwartung).

BANDURA unterscheidet zwei Typen von Erwartungen: Kompetenzerwartung und Ergebniserwartung.

- **Kompetenzerwartung** meint die Fähigkeit, die sich eine Person zuschreibt. Sie ist davon überzeugt, ein bestimmtes Verhalten ausführen (oder nicht ausführen) zu können aufgrund von Handlungsstrategien, über die sie verfügt (bzw. nicht verfügt).
- **Ergebniserwartung** ist durch die Konsequenz einer Handlung bestimmt (Belohnung oder Bestrafung): Eine Person erwartet, daß ihrem Verhalten bestimmte externe Konsequenzen folgen, die sie positiv oder negativ einschätzt.

Dies läßt sich an folgendem Schaubild verdeutlichen:

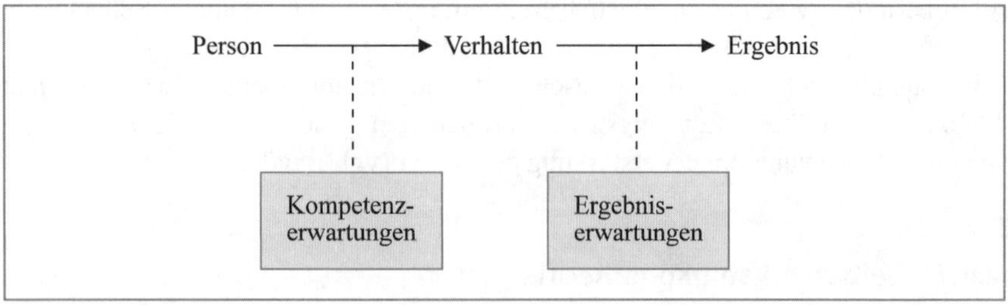

Abb. 15: Zusammenspiel von Kompetenzerwartungen und Ergebniserwartungen (modifiziert nach Bandura 1979, S. 86).

Kompetenzerwartungen und Ergebniserwartungen werden unterschieden, weil Personen davon ausgehen, daß eine besondere Handlungsweise bestimmte Ergebnisse zur Folge hat. Kompetenzerwartungen haben erkennbar etwas mit den Fähigkeiten oder genauer den Fähigkeitseinschätzungen einer Person zu tun. Dabei gibt es prinzipiell drei Möglichkeiten:

- Eine Person schätzt ihre Handlungsmöglichkeiten realistisch ein, d. h. sie weiß genau, was sie sich in einer bestimmten Situation zutrauen kann und was nicht;
- eine Person kann ihre Fähigkeiten überschätzen und
- eine Person kann ihre Fähigkeiten unterschätzen.

Die zentrale These lautet, daß eine Person eine Handlung nur dann ausführt, wenn sie mit ihr eine hinreichend hohe Kompetenzerwartung und eine positive Ergebniserwartung verbindet.

Beispiel 1:

> Ein Kind, dessen Spiel gerade von einem anderen Kind zerstört worden ist, wird sich nur dann dafür entscheiden, den "Angreifer" aufzufordern, das Spiel wieder aufzubauen, wenn es sich zutraut, diese Aufforderung auszusprechen (Kompetenzerwartung) und wenn es erwartet, daß der "Aggressor" dieser Aufforderung auch Folge leisten wird (positive Ergebniserwartung).

Beispiel 2:

> Wenn jemand nicht schwimmen kann und Angst davor hat, ins Wasser zu gehen, so kann dies an mangelhafter Kompetenzerwartung liegen. Die Person weiß, daß gezielte Bewegungen im Wasser

(Handlungen) dazu führen, daß man nicht untergeht (Ergebnis) und daß man sich an dem nassen Element erfreuen kann (Folge), aber sie traut sich nicht zu, diese Schwimmbewegungen selbst vorzunehmen oder zu erlernen. Die Verhaltenstherapie zielt unter anderem darauf ab, diese mangelhafte Kompetenzerwartung zu ändern, z. B. indem die Person zunächst leichte Teilhandlungen ausführt und durch ihre Erfolge ihre Selbstwirksamkeit verbessert (vgl. Schwarzer 1992, S. 17).

Diagnose der Kompetenzerwartung

Kompetenzerwartungen (als subjektive Überzeugungen) lassen sich vor allem durch Befragungen erfassen. Wir beginnen mit dem Beispiel einer speziellen Kompetenzerwartung: Regulierung von Übergewicht. Die *Aussagen* (vgl. untenstehende Tabelle) zielen auf die subjektive Erwartung, dazu fähig zu sein, ein Risikoverhalten zu unterdrücken; es geht um die willentliche Kontrolle über das Eßverhalten. Um ein Diätprogramm durchführen zu können, ist es entscheidend, daß der Mensch die Kompetenzerwartung besitzt, seine Nahrungsaufnahme und sein Gewicht regulieren zu können.

1. Ich kann dem Bedürfnis nach Essen in jeder Situation widerstehen, wenn ich nur will.
2. Auf einer Feier oder Party esse ich nur das, was ich mir vorgenommen habe, auch wenn ich von anderen genötigt werde, mehr zu verzehren.
3. Wenn jemand mir etwas zu naschen anbietet, kann ich normalerweise "Nein" sagen.
4. Wenn ich im Streß bin und jemand mir etwas zu naschen anbietet, kann ich normalerweise "Nein" sagen.

Aussagen zur Kompetenzerwartung beim Eßverhalten (nach Leppin und Schwarzer 1989, zit. n. Schwarzer 1992)

Die allgemeine Kompetenzerwartung ist ein relativ stabiles Persönlichkeitsmerkmal; die Tabelle auf Seite 68 bringt die subjektive Überzeugung zum Ausdruck, aufgrund eigenen Handelns schwierige Anforderungen bewältigen zu können (vgl. Schwarzer 1993).

1. Wenn mir jemand Widerstand leistet, finde ich Mittel und Wege, mich durchzusetzen.
2. Die Lösung schwieriger Probleme gelingt mir immer, wenn ich mich darum bemühe.
3. Es bereitet mir keine Schwierigkeiten, meine Absichten und Ziele zu verwirklichen.
4. In unerwarteten Situationen weiß ich immer, wie ich mich verhalten soll.

Aussagen zur allgem. Kompetenzerwartung (n. Jerusalem, Schwarzer 1981, zit. n. Schwarzer 1992)

Quellen der Kompetenzerwartung und der Ergebniserwartung

Als Grundlage für die Ausbildung von Kompetenzerwartungen nennt Bandura direkte Erfahrungen, stellvertretende Erfahrungen, verbale Überzeugungen und physiologische Zustände. Von diesen vier Techniken hält BANDURA die beiden ersten für die wirksamsten.

- *Direkte Erfahrungen*, d. h. konkrete Leistungen stellen die wichtigste Informationsquelle für die Kompetenzerwartung dar. Erfolge stabilisieren und erhöhen die Kompetenzerwartung, Mißerfolge verringern sie.
- *Stellvertretende Erfahrungen:* Man beobachtet ein Modell (z. B. Lehrer/in), das ein Problem erfolgreich meistert. Für den Beobachter ist dies besonders wichtig, wenn er noch keine eigenen Erfahrungen sammeln konnte.
- *Verbale Überzeugungen:* beispielsweise das Gespräch in der Beratung und Therapie. Die Zielsetzung ist hier eine Erhöhung der individuellen Kompetenzerwartung. Man läßt sich durch das Gespräch mit einer glaubwürdigen Person davon überzeugen, über ein Problem die Kontrolle zu haben.
- *Physiologische Zustände:* z. B. hohe Erregungszustände, Müdigkeit, Schmerzempfinden sowie Ängstlichkeit stehen mit niedriger Kompetenzerwartung in Verbindung, dagegen Wachheit, Gesundheit und Ausgeglichenheit mit hoher Kompetenzerwartung. Bei der Bewältigung bedrohlicher Situationen treten starke physiologische Prozesse auf. Wenn man spürt, wie sich angesichts solcher Situationen ängstliche Erregung im Körper ausbreitet, sagt einem dies, man sei womöglich nicht kompetent genug, um die Belastungen auszuhalten (geringe Kompetenzerwartung).

Ergebniserwartungen entwickeln sich über:
- direkte/externe Verstärkung,
- stellvertretende Verstärkung sowie über
- Anweisung bzw. Instruktion.

Die Kompetenzerwartung (als Teilaspekt des Selbstkonzepts) entsteht vor allem über die Familie, später treten Schule und Freundeskreis immer mehr in den Vordergrund. Während der gesamten Lebensspanne sind unterschiedliche Aspekte der Kompetenzerwartung bedeutsam: Im Jugendalter und jungen Erwachsenenalter z. B. stellen sich neue Herausforderungen im Hinblick auf äußere Erscheinung, heterosexuelle Beziehungen, schulische und berufliche Kompetenz. Ältere Menschen hingegen müssen sich vielleicht mit einer verringerten Kompetenzerwartung auseinandersetzen, weil sie wahrnehmen, daß ihr Gedächtnis nachläßt, daß sich ihre Reaktionen verlangsamen und ihr Selbstwertgefühl abnimmt, weil sie nicht mehr berufstätig sind.

Auswirkungen der Kompetenzerwartung

Kompetenzerwartung hat Einfluß darauf, wie Menschen fühlen, denken und handeln. In *emotionaler Hinsicht* ist geringe Kompetenzerwartung verbunden mit Depressivität, Ängstlichkeit und geringem Selbstwertgefühl. In *kognitiver Hinsicht* ist sie mit einer pessimistischen Einstellung gegenüber der eigenen Leistung und mit einer Unterschätzung von Fähigkeiten verbunden. Hohe Kompetenzerwartung dagegen veranlaßt zu optimistischen Einstellungen und zur Interpretation schwieriger Aufgaben als Herausforderung; sie beflügelt das Lösen von schwierigen Problemen (vgl. Schwarzer 1993).

Kompetenzerwartung und Ergebniserwartung können unabhängig voneinander variieren. In Tabelle 2 wird die Kombination dieser beiden Erwartungshaltungen gezeigt. Gleichzeitig werden einige ihrer mutmaßlichen Auswirkungen auf Handeln und Erleben einer Person veranschaulicht.

Ergebnis-erwartung	Kompetenz-erwartung	Zustand des Individuums
hoch	hoch	Kontrollüberzeugung[20] gegeben: sicheres, angemessenes Handeln, erfolgreiche, aktive Auseinandersetzung mit dem Problem.
hoch	gering	Hilflosigkeit, Selbstabwertung, Verzweiflung
gering	hoch	relative Wirkungslosigkeit, verhinderte Kontrolle, Protest, Verdruß, sozialer Aktivismus.
gering	gering	Hoffnungslosigkeit, Resignation, Apathie

Tab. 2: Kombination von Ergebniserwartung und Kompetenzerwartung sowie ihre möglichen Auswirkungen (vgl. Schneewind 1984, S. 223 ff.; Flammer 1990, S. 87).

Im günstigsten Fall sind beide Erwartungen hoch ausgeprägt und erlauben der Person eine erfolgreiche, aktive Auseinandersetzung mit dem Problem. Die Person besitzt Kontrollüberzeugung, d. h. sie ist der Meinung, ihr eigenes Verhalten kontrollieren zu können. Sind beide Erwartungen niedrig ausgeprägt, bewirken sie bei der Person Hoffnungslosigkeit ("Nichts kann mir helfen").

Abschließend noch ein Beispiel, das verdeutlicht, wie sich die Kompetenzerwartung von Lehrer/innen auf die Leistungen ihrer Schüler/innen auswirken kann.

Beispiel:

> 48 Lehrer in vier amerikanischen High Schools mit einem hohen Anteil "kulturell benachteiligter" Schüler nahmen an dieser Untersuchung teil. Die Versuchsleiter baten die Lehrer, sich auf Skalen hinsichtlich der Wirksamkeit ihres Unterrichts *selbst einzuschätzen*, nahmen Beobachtungen von "Klima und Atmosphäre" in den Klassenzimmern vor und erhoben die Leistungen der Schüler mit standardisierten Tests.
> Es zeigte sich, daß Lehrer mit einer stärkeren Kompetenzerwartung ein positives emotionales Klima in ihren Klassen erzeugten, während sie strenge Methoden der Verhaltenskontrolle vermieden; diese waren wiederum typisch für Lehrer mit geringer Kompetenzerwartung (vgl. Ashton und Webb 1986, zit. n. Zimbardo 1992, S. 424).

2.4.8 Die sozial-kognitive Theorie in der Anwendung

Aggression und ihre Entstehung

BANDURA hat sich u. a. mit dem Phänomen der Aggression beschäftigt. Unter Aggression versteht man ein Verhalten, dessen Ziel die körperliche und seelische Verletzung des Mitmenschen ist. Darüber hinaus kann sich die Aggression auch gegen Tiere und Sachen richten (vgl. Keller 1994). Die Aggressionsformen reichen von Schlagen, Treten, Anschreien bis zu Äußerungsformen wie Demütigen, Herabsetzen, Entwerten.

Aggressives Verhalten wird gelernt (vgl. Bandura 1979):

- *einmal durch Beobachtung von aggressiven Modellen*
  - innerhalb der Familie,
  - in der Jugendaltersgruppe (Peergruppe),
  - in Massenmedien wie dem Fernsehen und
- *zum anderen durch das Lernen aus eigener bzw. direkter Erfahrung.*

Ein Experiment zur sozial-kognitiven Theorie

BANDURA führte folgendes klassische Experiment zum Erlernen von Aggression durch (vgl. Bandura 1965, zit. n. Pervin 1993): Die Untersuchung erfolgte mit Vorschulkindern. Zu Beginn wurden die Kinder (Probanden) nach dem Zufallsprinzip in drei verschiedene Versuchsgruppen eingeteilt (vgl. Tabelle 3). In der ersten Phase des Experiments sahen sie einen Film mit einem Modell, das sich aggressiv verhielt und anschließend für die gezeigten Aggressionen
- belohnt wurde (s. 1. Gruppe),
- bestraft wurde (s. 2. Gruppe) oder
- ohne Konsequenzen gelassen wurde (s. 3. Gruppe).

In der zweiten Phase des Experiments brachte man die Kinder in einen Raum, wo ihr Spielverhalten systematisch beobachtet wurde.

Aufteilung der Probanden per Zufall in drei Versuchsgruppen:

1. Gruppe	**2. Gruppe**	**3. Gruppe**
Film mit belohnter Aggression	*Film mit bestrafter Aggression*	*Film ohne Konsequenzen*
Beobachtung: wesentliche Zunahme aggressiven Verhaltens	Beobachtung: geringe Zunahme aggressiven Verhaltens	Beobachtung: deutliche Zunahme aggressiven Verhaltens
Ansporn durch attraktive Belohnung	Ansporn durch attraktive Belohnung	Ansporn durch attraktive Belohnung
Beobachtung: weiterer Anstieg aggressiven Verhaltens	Beobachtung: starker Anstieg aggressiven Verhaltens	Beobachtung: weiterer Anstieg aggressiven Verhaltens

Tab.3: Versuchsaufbau des Experimentes zum Erlernen von Aggression

Die Ergebnisse dieser Beobachtungen lassen sich der Tabelle 4 auf Seite 72 entnehmen (vgl. Spalte "kein Anreiz").

Wir schließen daraus: belohnte Aggressivität steigert aggressives Verhalten bei den Beobachtern (vgl. stellvertretende Verstärkung, Enthemmungseffekt, s. S. 57 ff.); bleibt aggressives Verhalten ohne Konsequenzen, so führt dies ebenfalls zu einer Erhöhung aggressiver Verhaltensweisen der Beobachter.

Lediglich die Kinder der 2. Gruppe, die das bestrafte Modell beobachteten, zeigten weniger Aggressionen als die beiden anderen Gruppen (vgl. stellvertretende Bestrafung, Hemmungseffekt, s. S. 57 ff.). Offensichtlich war nicht nur die aggressive Handlung gelernt worden, sondern auch das Wissen über die Unangemessenheit aggressiven Verhaltens.

Anschließend bot man den Kindern aller drei Gruppen attraktive Belohnungen (positive Anreize), wenn sie das aggressive Modellverhalten imitierten. Hier wurden nun die Unterschiede aufgehoben, d. h. die Aggressionen traten unter diesen Bedingungen in allen drei Gruppen ähnlich häufig auf (vgl. Enthemmungseffekt, Belohnungserwartung bzw. positive Ergebniserwartung).

Beobachten Kinder z. B., wie aggressives Verhalten negative Konsequenzen mit sich bringt, so bleibt dies nicht ohne Einfluß auf sie, da anschließend die beobachteten Aggressionen kaum imitiert werden. Trotzdem werden die beobachteten Aggressionen gelernt; denn wenn die Kinder – angeregt durch eine Belohnung – aufgefordert werden, die vorgemachten Aggressionen zu imitieren, tun sie dies.

Kurz gesagt: Negative Konsequenzen beim Modell beeinflussen zwar die Ausübung, aber nicht das Lernen aggressiver Verhaltensweisen.

Versuchsgruppen	Durchschnittliche Anzahl aggressiver imitativer Reaktionen der Beobachter	
	kein Anreiz	positiver Anreiz
1. Gruppe: Modell wird belohnt	2,6	3,5
2. Gruppe: Modell wird bestraft	1,6	3,7
3. Gruppe: keine Konsequenzen	2,4	3,5

Tab. 4: Die Auswirkungen – von Belohnung und Bestrafung eines Modells – auf das Verhalten von Beobachtern unter zwei Anregungsbedingungen

Dieses Experiment wurde von BANDURA und seinen Mitarbeitern auf verschiedenste Weise variiert. Die **wichtigsten Ergebnisse** dabei waren (vgl. Liebel 1992):

- Es besteht kaum ein Unterschied in der Wirkung zwischen Beobachtungen von natürlichen Situationen oder von Filmdarstellungen.
- Zusätzliche verbale Erläuterungen und Zusammenfassungen erhöhen die Wirkung der Beobachtung.
- Filme sind wirksamer als Comics und diese wirksamer, als wenn nur eine Geschichte erzählt wird.

- Die Beobachter imitieren die Aggressivität um so eher, je lebensnäher das Modell agiert.
- Nach der Beobachtung desselben aggressiven Modells zeigten Jungen und Männer mehr aggressives Verhalten als Mädchen und Frauen.

Gewalt-Darstellung in den Massenmedien

Die Aggressionsexperimente haben auch einen bedeutenden Einfluß auf die Diskussion um die Wirkung von Gewalt im Fernsehen und anderen Medien gehabt. Im Fernsehen gezeigte Gewalttätigkeiten (Morde, Vergewaltigungen, Anschläge, Raubüberfälle, Terrorangriffe, Selbstmorde) erhöhen bei manchen Menschen die Bereitschaft, solches Verhalten zu imitieren. PETERMANN (1994, S. 434) stellt hierzu fest: "In der psychologischen Forschung herrscht Übereinstimmung darüber, daß gefilmte Gewalt bei Kindern einen vielleicht geringen, aber dennoch bedeutsamen Einfluß auf die Neigung ausübt, aggressives Verhalten zu zeigen. Am nachhaltigsten betroffen sind Kinder der Altersgruppe von acht bis zwölf Jahren. Gewaltdarstellungen in Filmen und Videos sind dann besonders wirkungsvoll, wenn sie realitätsnah ausgeführt werden und als legitim erscheinen."

Das *Anschauen von Gewalt im Film* führt zu zwei Hauptteffekten (vgl. Zimbardo 1992, S. 262):
- Absinken der Erregung und des Unbehagens angesichts von Gewalt (d. h. zu psychischem Abstumpfen) und zu
- zunehmendem aggressivem Verhalten.

Ungefähr 3000 Studien aus den vergangenen 40 Jahren kommen übereinstimmend zu dem Ergebnis, daß Fernsehen aufgrund vieler Gewaltdarstellungen einen schädlichen Einfluß auf Kinder und Jugendliche ausübt und wesentlich zum Anstieg der Kriminalitätsrate beiträgt. "An einem Zusammenhang zwischen Gewalttaten von Kindern und Jugendlichen und exzessivem Fernseh- und Videokonsum besteht kein ernsthafter Zweifel mehr: Die Summierung und Verflechtung von Medieneinflüssen und verhängnisvollen persönlichen Lebensumständen bildet einen fruchtbaren Nährboden für das Entstehen von Gewaltbereitschaft" (Eicke und Eicke 1994, S. 24). Gefilmte Gewalt kann zur Nachahmung anregen und speziell bei Kindern und Jugendlichen die Hemmschwelle zur Brutalität herabsetzen. In einer Übersicht über 23 Forschungsberichte konnte belegt werden, daß die Mediengewalt Aggressionen gegenüber Fremden, Klassenkameraden und Freunden steigert (vgl. Petermann 1994).

In den USA sehen Kinder und Jugendliche jeden Abend ca. 16 Gewalttaten auf dem Bildschirm. Berechnungen zufolge haben sie im Alter von 18 Jahren fast 20 000 TV-Morde miterlebt – ohne die in den Nachrichten gezeigten Bluttaten. 1990 hatten Kinderprogramme einen Rekord von 32 Gewaltszenen pro Stunde. Bis 1992/93 ist die Zahl zwar auf 18 zurückgegangen, aber immer noch sind neun von zehn Programmen mit brutalen Szenen angereichert (vgl. Zwätz 1993). Daß in Filmen und Fernsehen gezeigte Aggressivität *Lernen bewirken* kann, steht außer Frage (vgl. Weidenmann 1986). Zur Erklärung legt man folgendes *Kreislaufmodell* zugrunde: "Aggressive Kinder sehen häufiger fern, die filmische Aggressivität bestätigt sie in der vermeintlichen Normalität ihres Verhaltens; zusätzlich führen die Filme neue Muster vor; die dadurch modellierte Aggressivität verschlechtert die Sozialkontakte der Kinder; sie suchen weniger Beziehungen und sehen häufiger fern" (Huesman und Eron 1983, zit. n. Weidenmann 1986, S. 543).

Anfang 1994 wurde in Deutschland die "Freiwillige Selbstkontrolle Fernsehen" geschaffen als eine Reaktion der Fernsehsender auf die wachsende öffentliche Kritik an den Darstellungen von Gewalt und Sexualität im Fernsehen. Diese Organisation hat bereits eine erste Gewaltserie untersagt, die aus USA stammende Kinderserie "Swamp Thing", die u. a. Folterszenen enthielt (vgl. Esslinger 1994).

Die Gewaltindustrie hat inzwischen auch auf Video-, Computer- und Telespiele übergegriffen und sich in den letzten Jahren einen neuen, rasant wachsenden Markt für Spielgeräte und Spielkassetten erschlossen. Mehr oder weniger nahe Zukunftspläne, wie das interaktive Fernsehen (z. B. mit dem Bezug von Videofilmen per Leitung), die vollständige Computervernetzung usw. schaffen ein gewaltiges Datenübertragungsvolumen, dem die Kinder und Jugendlichen – hoffentlich nicht hilflos und abhängig – gegenüberstehen.

Bei Kindern ist der *familiäre Rückhalt* von großer Bedeutung für die *Medienwirkung*. Erwachsene Familienmitglieder übernehmen für ihre Kinder eine wichtige Vorbildfunktion, was ihre Fähigkeiten zur Emotions- und Konfliktregulation und ihren Medienkonsum angeht; außerdem sind sie die wichtigsten Gesprächspartner für ihre Kinder. So helfen Eltern in *Gesprächen über Medieninhalte* zwischen Wirklichkeit und Illusion zu unterscheiden; zudem bieten sie im Gespräch Kindern die Chance, aggressive Filminhalte zu relativieren und versetzen sie in die Lage, sich davon zu distanzieren. Erwachsene können folglich durch ihre aktive Teilnahme am Alltag ihrer Kinder eine wirkungsvolle *Aggressionsvorbeugung* betreiben (vgl. Petermann 1994, S. 440).

Daneben bestimmen auch das Freizeitverhalten und die soziale Situation der Familie das Ausmaß, wie stark Medien wirken können. Häufig ist soziale Perspektivelosigkeit (Arbeitslosigkeit, finanzielle Not) mit erhöhtem Medienkonsum aller Familienmitglieder verbunden.

Ermutigung zur Aggression

Beispiel:

Ein fiktives Gespräch zwischen einem Sozialpädagogen als Interviewer (I) und einer Mutter (M):

I: "Welches Verhältnis haben Sie zu Ihrem Sohn Robert?"

M: "Wir verstehen uns prima; da ist alles in Ordnung. Mein Mann und ich reden mit Robert über seine Probleme; wir zeigen ihm, wo's lang geht in dieser Welt. Schließlich will Robert auch Ingenieur werden, wie sein Vater."

I: "Haben Sie Ihren Sohn jemals dazu ermutigt, sich durchzusetzen?"

M: "Ja, ich habe ihn dazu erzogen und sein Vater auch. Ich bin der Meinung, er soll sich für seine Rechte stark machen, damit er im Leben vorankommt."

I: "Wie haben Sie ihn dazu ermutigt?"

M: "Ich habe ihm gesagt, er soll sich nichts gefallen lassen, er soll die Ellenbogen gebrauchen, er soll auf sich aufpassen, damit ihn niemand herumschubst oder so. Ich will nicht, daß mein Sohn ein Schwächling ist."

I: "Haben Sie Ihren Sohn dazu ermutigt, sich mit seinen Fäusten zu verteidigen?"

M: "Aber ja, natürlich. Er weiß, wie man kämpft. Wenn er geschlagen wird, soll er zurückschlagen. Dann heißt es: Gib's ihm! Hau ihm eine rein!"

(Stark modifiziert nach Bandura und Walters 1959, zit. n. Miller 1993).

Zur Interpretation dieser Szene bietet sich als Ausgangspunkt das Grundschema des Modellernens an:

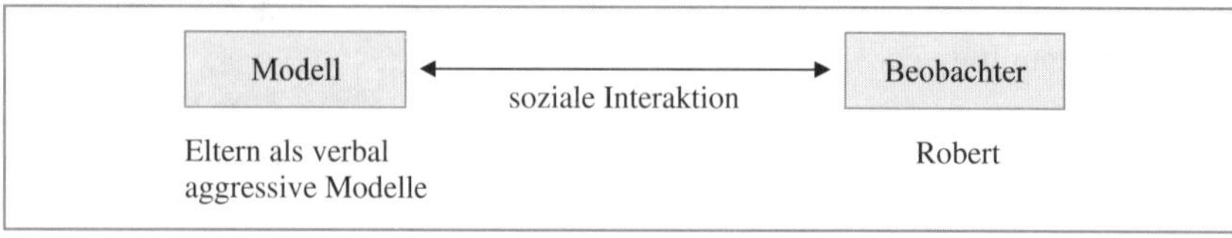

Abb. 16: Eltern als Modelle und Robert als Lernender bzw. Beobachter

Für Robert als Beobachter sind seine Eltern Modelle; sie befürworten in Wort und Tat aggressives Verhalten. Die Eltern sind für Robert glaubwürdig und attraktiv; es gibt einen Ähnlichkeitseffekt zwischen Vater und Sohn.
Wenn Robert seinen Eltern erzählt, wie er gegenüber Spielkameraden bzw. Mitschülern aggressives Verhalten an den Tag gelegt hat, um sich durchzusetzen, erwartet und erhält er von ihnen Lob; zudem verstärkt er sich vermutlich noch selbst.
Des weiteren sind hier die *Teilprozesse des Modellernens* erkennbar: Robert verfolgt die Ausführungen seiner Eltern sehr konzentriert; außerdem liegen *Modellmerkmale* vor (s. o.), die eine Imitation begünstigen. Robert wertet die Aussagen der Eltern als nützlich, sie stimmen mit seinem Wertesystem überein, und er speichert sie, um sie dann gegebenenfalls anzuwenden. Robert reproduziert die Handlungsanweisungen seiner Eltern, und es ergeben sich Konsequenzen, wie oben dargestellt, als *Motivationsprozesse.* Robert führt derartige Handlungen aus, da er eine *positive Ergebniserwartung* und eine *hinreichend hohe Kompetenzerwartung* besitzt.
Außerdem wirken die positiven Einstellungen der Eltern zur Aggression für Robert als *Reaktionserleichterung* und Enthemmung.

Angst und Angstentwicklung

Verhaltensweisen und emotionale Reaktionen (z. B. Angst) können durch den Prozeß des Modellernens erworben werden. Sowohl bei Menschen als auch bei Tieren fand man heraus, daß Ängste *durch die Beobachtung anderer erlernt* werden können. Kinder (Lernende) entwickeln intensive und andauernde Ängste beispielsweise vor Schlangen, Hunden, Spinnen usw., wenn sie ihre Eltern bzw. ein Elternteil (Modelle) dabei beobachten, wie diese sich in der Gegenwart bestimmter Tiere ängstigen. Dabei genügt es, wenn Kinder ihre Modelle nur für eine sehr kurze Zeit beobachten (vgl. Pervin 1993).

Wenn jemand **Angst** hat, äußert sich dies (vgl. Keller 1994)
- *emotional:* als unangenehmes Gefühl;
- *kognitiv:* in Angstvorstellungen, Erwartung einer Bedrohung;
- *körperlich:* durch Zittern, Schwitzen, Übelkeit, Unruhe, Schwindel usw.;
- *verhaltensmäßig:* z. B. durch Vermeidung angstauslösender Situationen.

Es besteht zudem eine lineare Beziehung zwischen Kompetenzerwartung und Angst: Menschen, die mehr Angst haben, besitzen im Durchschnitt weniger Kompetenzerwartung, Leute hingegen, die weniger ängstlich sind, weisen eine hohe Kompetenzerwartung aus (vgl. Schwarzer 1992).

Der Beobachter (z. B. Kind) kann Angst vom Modell (z. B. ängstliche Tante) übernehmen (s. S. 258). Angst und Vermeidungsverhalten entstehen auch als Folge der Erwartung, gekränkt oder verletzt zu werden. Es sind also diese Erwartung und die Unfähigkeit, damit fertig zu werden, die zu Angst und defensiven Verhaltensweisen führen.

Defensive Verhaltensweisen sind schwierig zu verlernen, da sich die ängstliche Person von der Umgebung fernhält. Dieses Phänomen bezeichnet BANDURA (1979, S. 69) als das Problem der "subjektiven Bekräftigung".

Vermeidungsverhalten hindert den ängstlichen Menschen daran, geänderte Umstände selbst wahrzunehmen. Wenn sich die befürchteten Bedrohungen nicht einstellen, wird die Erwartung verstärkt, daß nur die defensiven Manöver diese fernhalten.

Dieser Prozeß der **subjektiven Bekräftigung** zeigt sich anschaulich in dem Fall eines zwanghaften Menschen (modifiziert nach Bandura 1979, S. 69).

> Therapeut: "Warum schnipsen Sie ständig mit den Fingern?"
> Patient: "Ich verscheuche dadurch die wilden Löwen."
> Therapeut: "Es sind doch keine Löwen in der Nähe."
> Patient: "Sehen Sie, es funktioniert."

Sozial-kognitive Theorie und Verhaltenstherapie

Modelldarbietung

Bekanntlich werden neue Verhaltensweisen vom Beobachter leichter erworben, wenn er diese am Modell beobachten kann. Imitiert daraufhin der Beobachter das Modellverhalten, so wird er für seine erfolgreiche Nachahmung *belohnt.*

Bei der Behandlung von Schlangenphobien wird ein Therapeut, der die Rolle des Modells übernimmt, zuerst angstfreies Annäherungsverhalten demonstrieren; er wird sich z. B. dem Schlangenkäfig nähern, dann eine Schlange berühren usw. Der Klient beobachtet zuerst das Modell bei der allmählichen Annäherung an die Schlange und ahmt dann dessen Verhalten nach. Schrittweise nähern sich Modell und Beobachter bzw. Klient dem Endverhalten, so daß der Klient schließlich die Schlange aufheben und über seinen Arm kriechen lassen kann. Die hohe Wirksamkeit dieses **teilnehmenden Modellernens** belegen Untersuchungen (vgl. z. B. Reinecker 1986).
Bei einem weiteren Versuch fanden BANDURA und seine Mitarbeiter heraus: Kindergartenkinder, die sich vor Hunden fürchteten und ein anderes Kind beobachteten, das angstfrei mit einem Hund spielte, konnten leichter ihre Angst und ihr Vermeidungsverhalten ablegen. Diese positiven Ergebnisse blieben in einem Nachfolgetest nach einem Monat erhalten (vgl. Pervin 1993, S. 429).
In der therapeutischen Praxis kombiniert man diese Modelltechnik u. a. mit verbaler Instruktion, Rollenspiel und Videos.

Beim **symbolischen Modellernen** betrachten beispielsweise Klienten einen Film, in dem einige Modelle furchtlos mit Schlangen umgehen oder angstfrei mit Hunden spielen. Diese Technik ist allerdings nicht so erfolgreich wie das obenbeschriebene *Lernen am realen Modell* (vgl. Bandura 1970, zit. n. Zimbardo 1992).

Bei der Technik des **verdeckten Modellernens** stellt sich z. B. eine Person vor, wie sie sich selbst oder eine andere Person in der erwünschten Weise verhält. Diese Vorstellungen werden in allen Einzelheiten ausgemalt und betreffen allmählich immer schwierigere soziale Situationen und deren befriedigende Bewältigung. Dem verdeckten Modellernen liegt die Annahme zugrunde, daß komplexes Verhalten in der Vorstellung geübt und so leichter in die Realität umgesetzt werden kann.

Beispiel:

> Man versuchte Spinnenphobikern die Annäherung an das phobische Objekt dadurch zu ermöglichen, daß man mit ihnen die Vorstellung probte, die Phobiker sähen einem Modell zu, das mit Spinnen umgeht. Die Wirkung des vorgestellten Modells verringerte die Phobie erheblich gegenüber einer Kontrollgruppe. Dabei stellte sich heraus, daß ein **bewältigendes Modell** (coping model), das anfängliche Schwierigkeiten erfolgreich hinter sich brachte, besser wirkte als ein **kompetentes Modell** (mastery model), das überhaupt keine Schwierigkeiten mit der Situation hat.

Bewältigende Modelle sind zur Überwindung emotionaler Probleme, wie z. B. der Angst- und Ärgerkontrolle, sehr geeignet; *kompetente Modelle* hingegen eignen sich zur Vermittlung motorischer Fertigkeiten besser (vgl. Fliegel u. a. 1989).

Das Modellernen ist in verschiedenen Therapiebereichen angewandt worden, wie z. B. in der Behandlung von Phobien. Besonders wirkungsvoll ist diese Technik im **Sozialtraining** eingesetzt worden, wo es darum geht, soziale Fertigkeiten zu erlangen, durchsetzungsfähiger zu werden und seine Rechte zu wahren.
In **Gruppentherapien** spielt die Modellwirkung eine erhebliche Rolle, um schüchternen Teilnehmern die Überwindung zur Selbstdarstellung und zum Ausprobieren neuer Verhaltensweisen zu erleichtern (vgl. Revenstorf 1982).
Der *Schwerpunkt* der Verhaltenstherapie liegt (allgemein betrachtet):
- auf der *Gegenwart* und nicht auf der Vergangenheit;
- auf den *offen sichtbaren Verhaltensweisen* und nicht auf der verborgenen unbewußten Dynamik.

In der Therapie werden neue Denk- und Verhaltensmuster gelernt. Die sozialkognitive Theorie hebt die kognitiven Variablen hervor, besonders im Zusammenhang mit *Selbstbeurteilung* und Einschätzung der Effektivität der eigenen Handlungen; dadurch unterscheidet sie sich wesentlich von dem Ansatz Skinners (vgl. Pervin 1993, S. 424).
BANDURA betrachtet als **Kernstück der Psychotherapie** die Fähigkeit, beim Klienten die Kompetenz zur Lebensbewältigung zu steigern; insbesondere seine **Kompetenzerwartung** zu stärken. Es hat sich gezeigt, daß Menschen mit hoher Kompetenzerwartung eher in der Lage sind, Risikoverhalten – wie das Rauchen – abzubauen und gesünder zu leben.

Für das Rauchen wurde folgender *Fragebogen* zur Kompetenzerwartung entwickelt (nach De Vries, Dijkstra und Kok, zit. n. Schwarzer 1992):

1. Wenn meine Freunde rauchen, finde ich es sehr leicht, nicht zu rauchen.
2. Wenn ich die Absicht hätte, das Rauchen aufzugeben, dann wäre ich sicher in der Lage, dies zu tun.
3. Wenn jemand mir eine Zigarette anbietet, dann weiß ich einen Grund, sie abzulehnen.
4. Wenn man mich einen Feigling nennt, weil ich nicht rauchen möchte, dann weiß ich sicher etwas zu sagen.

Einige Items (Aussagen) zur Kompetenzerwartung gegenüber dem Rauchen

Es ergab sich im Rahmen der Behandlung ein enger Zusammenhang zwischen Kompetenzerwartung und Rückfallquote; d. h. Patienten mit geringer Kompetenzerwartung rauchten schon frühzeitig wieder, während die anderen länger durchhielten. Der Erfolg der Rauchentwöhnung ist um so höher, je höher die Kompetenzerwartung liegt. Noch nach einem halben Jahr konnte man feststellen, daß diejenigen, die inzwischen dem Rauchen entsagt hatten, eine höhere Kompetenzerwartung aufwiesen als diejenigen, die wieder rückfällig geworden waren oder ihr Vorhaben, nicht mehr zu rauchen, überhaupt nicht in die Tat umgesetzt hatten.

Die **Ergebniserwartung** wurde ebenfalls mit Items erfaßt, die auf die *positiven Folgen* ("ich werde Geld sparen") und auf die *negativen Folgen* ("ich werde an Gewicht zunehmen") des verminderten Rauchens zielten. Es ergab sich lediglich ein schwacher positiver Zusammenhang. Die Schlußfolgerung aus dieser Untersuchung ist die, daß es offenbar entscheidend auf die Kompetenzerwartung ankommt.

Zudem ist noch festzuhalten: Während der Behandlung steigt die Kompetenzerwartung an. Es bietet sich daher an, gezielt die Kompetenzerwartung zu erhöhen sowie solche Kognitionen zu verändern, die den Patienten helfen, Versuchungen zu widerstehen und Rückfälle positiv zu verarbeiten.
Auch in natürlichen Lebenssituationen zeigt sich, daß Menschen mit höherer Kompetenzerwartung eher bereit und in der Lage waren, sich ohne professionelle Hilfe das Rauchen abzugewöhnen (vgl. Schwarzer 1992).

2.5 Kritische Stellungnahme

Stärken der Theorie

Zwei Zitate von Fachleuten: "Insgesamt gesehen bietet die soziale Lerntheorie die beste Integration dessen, was die moderne Lerntheorie zur Lösung praktischer Probleme zu bieten hat. Sie liefert außerdem einen Rahmen, in dem Informationsverarbeitungstheorien des Sprachverstehens, des Gedächtnisses, der Vorstellung und des Problemlösens ihren Platz finden" (Bower und Hilgard 1984, zit. n. Schermer 1991, S. 102)
"Die sozial-kognitive Theorie ist gegenwärtig der Favorit bei den an den Universitäten arbeitenden Persönlichkeitspsychologen, und viele klinische Praktiker würden sich ebenso als psychologische Vertreter der sozial-kognitiven Theorie bezeichnen" (Pervin 1993, S. 440).

Der Mensch wird bei Bandura nicht mehr passiv gesehen und nicht mehr in ein starres Reiz-Reaktions-Gefüge eingeklemmt, sondern sein Bild vom Menschen ist geprägt durch Entscheidungsfreiheit, Selbstbestimmung, reflexives Bewußtsein, planendes Handeln sowie Fähigkeit zur Selbstentwicklung. Er betont die Gestaltbarkeit menschlicher Umwelten durch die handelnde Person. So ergibt sich eine im Kern optimistische Sicht des Menschen (vgl. Schneewind 1984).
Diese Theorie zielt auf eine wechselseitige Beeinflussung von Personvariablen, offen beobachtbaren Verhaltensweisen und Umweltgegebenheiten ab. Banduras Konzept zeigt die Verflechtung von kognitiven, emotionalen und motivationalen Einflüssen auf das Handeln einer Person.
Ein weiterer Schwerpunkt liegt auf der empirischen Forschung, d. h. diese Theorie gründet sich auf Experimente und kontrollierte Beobachtungen. Damit ist eine zufriedenstellende Überprüfbarkeit gewährleistet.
Als Probanden werden Kinder und Erwachsene eingesetzt, die z. B. von verschiedenen Modellen beeinflußt werden. Tierexperimente (wie im Behaviorismus üblich) sind kaum anzutreffen.

Bandura und seine Mitarbeiter lenkten die Aufmerksamkeit auf wichtige Probleme in der heutigen Gesellschaft, so werden untersucht: Aggression, Einflüsse von Eltern und Massenmedien auf Kinder, die Entstehung und Veränderung von psychischen Beeinträchtigungen (wie z. B. Phobien), die Bewältigung von Angst und Ärger, die Förderung gesundheitsbewußten Verhaltens, vorbeugende Maßnahmen zur Verbrechensbekämpfung, Entwicklung der Variablen zur Selbststeuerung und Selbstkontrolle des Verhaltens usw.
Die sozial-kognitive Theorie hat sich über viele Jahre (ungefähr ab 1962) hinweg entwickelt und verändert. Sie wird ständig weiter modifiziert bzw. ergänzt und zunehmend auf andere Bereiche angewandt, so in der Lern-, Persönlichkeits-, Entwicklungs-, Klinischen Psychologie, Pädagogischen Psychologie, Einstellungs-, Streß- und Gesundheitsforschung. Sie wächst zu einem immer umfassenderen Ansatz heran, bis hin zu einer generellen Verhaltenstheorie, womit auch Schwächen dieser Theorie offenbart werden.

Schwächen der Theorie

Die sozial-kognitive Theorie ist (noch) keine einheitliche systematische Theorie, sondern zeigt nur den Umriß einer großartigen Theorie. Sie stellt eher eine Verschmelzung von Beiträgen und Konzepten dar, z. T. neu verfaßt, z. T. von anderen Theorien übernommen. Man kann Banduras Theorie "wohl kaum als Theorie im Sinne eines Systems von aufeinander bezogenen Aussagen bezeichnen" (Stalder 1985, S. 268 f.).

Zudem sind in einigen Bereichen (z. B. Motivation, Affekte) genauere Ausarbeitungen, Weiterentwicklungen und empirische Überprüfungen nötig. So kann die entwicklungspsychologische Grundlegung noch nicht befriedigen (vgl. Miller 1993). Es ergeben sich unzulängliche Erklärungen der kognitiven Entwicklung (wie z. B. die Herausbildung kognitiver Strukturen).

Trotz der ausdrücklichen Kennzeichnung des Ansatzes als "kognitiv" wird Bandura eine eher ungenaue Auswertung von Befunden der Kognitionspsychologie vorgehalten, dies betrifft z. B. Erkenntnisse der aktuellen Gedächtnisforschung.
Bandura hat auch noch nicht klar ausgearbeitet, wie sich das kognitive System im Laufe der Entwicklung ändert und wie sich diese Veränderungen wiederum auf das Lernen auswirken. Gleichfalls dürften Kompetenz- und Ergebniserwartung von der kognitiven Entwicklung (bzw. der kognitiven "Reife") einer Person abhängig sein und damit auch die Selbststeuerung und die Selbstkontrolle.
Es findet sich eine unzureichende Erklärung der menschlichen Entwicklung in natürlicher Umwelt, da viele Erkenntnisse aus Laborstudien gewonnen wurden. Typische Umweltbedingungen müßten für jede Entwicklungsphase – von der frühen Kindheit bis ins Greisenalter – untersucht werden.

Die Theorie hat gezeigt, daß Lernprozesse die Entwicklung steuern können; ein nächster Schritt wäre, herauszufinden, wie diese Prozesse mit spezifischen Umweltgegebenheiten, in verschiedenen Stadien der Entwicklung, bei verschiedenen Familien und unter verschiedenen sozio-ökonomischen Bedingungen zusammenhängen. Die Theorie muß sich also systematisch mit Variablen wie Berufstätigkeit der Mutter, Anwachsen der Scheidungsrate, Verstädterung, Veränderung der Geschlechterrollen usw. auseinandersetzen. Zusätzlich sollten soziale Schicht, ethnische Zugehörigkeit, Wohnumfeld in die Analysen mit einbezogen werden.

Bandura selbst beendet sein Buch mit dem Hinweis, daß die Psychologie den Menschen Mittel an die Hand geben kann, "um persönliche und soziale Veränderungen herbeizuführen.. Und sie kann ihnen bei ihren Wertentscheidungen helfen, indem sie die Konsequenzen alternativer Lebensstile und institutioneller Strukturen beurteilt. Als Wissenschaft, die die sozialen Konsequenzen ihrer Anwendung verantwortet, ist die Psychologie verpflichtet, sich um das öffentliche Verständnis psychologischer Fragen von gesellschaftlicher Relevanz zu bemühen. Sie muß sicherstellen, daß ihre Ergebnisse zur Verbesserung menschlicher Lebensverhältnisse verwendet werden" (Bandura 1979, S. 210).

2.6 Zusammenfassung

Lernen wird definiert als eine Verhaltensänderung, die auf Erfahrung beruht.
Der **Behaviorismus** unterstellt den dominanten Einfluß der Umwelt auf menschliches Verhalten, d. h. der Mensch steht unter der Kontrolle der Umwelt. Wer die Umgebung ändert, ändert das Verhalten, wer das Verhalten ändern will, muß die Umwelt ändern.
Der Begründer der behavioristischen Bewegung war der Amerikaner WATSON im Jahre 1913, der sich die Erkenntnisse des russischen Physiologen PAWLOW zu eigen machte.
Den Ausgangspunkt des **klassischen Konditionierens** bildet eine bereits vorhandene Verbindung unkonditionierter Stimulus → unkonditionierte Reaktion: US → UR.
Wichtig für die eigentliche Konditionierung ist die Stimulus-Koppelung, die wiederholte Paarung der Reize bzw. Stimuli: unkonditionierter Stimulus US und neutraler Stimulus NS; daraus ergibt sich das Lernen, wenn der NS zu einem konditionierten Stimulus CS wird und die konditionierte Reaktion CR (z. B. Speichelfluß) auslöst. Das berühmteste Beispiel dafür ist der Pawlowsche Hund (s. S. 28).
Wenn nach dem Training der US nicht mehr zusammen mit dem CS dargeboten wird, verschwindet die CR. Dieser Prozeß wird als **Extinktion** (Löschung) bezeichnet.
Nach einer Erholungsphase kehrt die CR jedoch teilweise zurück, wenn der CS allein dargeboten wird. Dies nennt man spontane Erholung.
Reizgeneralisierung nennt man solche Reize, die dem CS ähnlich sind und ebenfalls eine CR auslösen.
In manchen Fällen sind problematische koordinierte Reaktionen CR (wie z. B. Angstreaktionen) relativ stabil. Hier stellt allerdings die Technik der **Gegenkonditionierung** eine Möglichkeit dar, Ängste abzubauen. Weitere Techniken zur Reduzierung von Ängsten sind von der Verhaltenstherapie erarbeitet worden.

Die Theorien der **operanten Konditionierung** sind von SKINNER entwickelt worden.
Verhalten wird erworben und aufrechterhalten durch seine Folgen: die dem Verhalten (der Reaktion) als Konsequenzen folgenden Reize (Verstärker) sind ausschlaggebend dafür, daß dieses Verhalten zukünftig häufiger auftritt.
Verstärkung bestimmt entscheidend das Lernen und begründet somit den Aufbau des Verhaltens. Ein **Verstärker** ist ein Reiz, der die Wahrscheinlichkeit des Auftretens einer Reaktion erhöht. Dieser Verstärker kann positiv sein (wirksam durch Darbietung) oder negativ sein (wirksam durch Entfernung).

Negative Verstärkung ist nicht gleichzusetzen mit Bestrafung, da negative Verstärkung eine Form der Belohnung ist (vgl. Tabelle 1, S. 33).
Bestrafung und Löschung senken die Reaktionsrate (Verhaltensabbau). Beim **Löschen** wird die Verstärkung vorenthalten. Bei der **Bestrafung** folgt dem unerwünschten Verhalten ein unangenehmer Reiz, oder es wird nach dem unerwünschten Verhalten ein angenehmer Reiz entzogen.
Es gibt primäre und konditionierte (sekundäre und generalisierte) Verstärkung.
Die Auswirkung von Belohnung bzw. Verstärkung und Bestrafung sind komplex und hängen von vielen Faktoren ab.

SKINNER und zahlreiche andere Autoren schreiben der Bestrafung eine wesentlich geringere Bedeutung zu als der Verstärkung (Belohnung).
Bestrafung ist oft nicht sehr wirksam, zumal die Bestrafung dem Bestraften nicht sagt, was er tun soll, sondern ihm lediglich die Information übermittelt, was er nicht tun soll. Dazu kommt, daß die Bestrafung häufig zusätzliche unerwünschte emotionale Reaktionen auslöst. Oft führt die Bestrafung jedoch zu einer zeitlich begrenzten Unterdrückung eines Verhaltens.
Verstärkungspläne kennzeichnen die Art und Weise, in der die Verstärkung erfolgt. Man unterscheidet zwei große Kategorien von Plänen: Kontinuierliche und intermittierende (partielle) Pläne (vgl. S. 36).

Was betonen die beiden Lerntheorien?

Behaviorismus	Reiz S	Reaktion R	Konsequenz C
Watson	✓	✓	
Skinner		✓	✓

BANDURA baute seine Theorie zu einem überzeugenden Erklärungsansatz aus, der vielseitig verwendbar ist.

Modellernen kann sehr viel umfassender sein als ein einfaches Imitieren des Verhaltens einer anderen Person.
Darüber hinaus kann selbst dann gelernt werden, wenn Verhalten nicht offen ausgeführt wird. Den *Einfluß von Modellen* kann man dahingehend zusammenfassen, daß sie anleiten, motivieren, hemmen, Hemmungen nehmen, soziale Hilfestellung geben und Gefühle wecken (vgl. Miller 1993). Menschen steuern ihr Lernen und ihr Verhalten selbst.
Verstärkung ist zwar keine Voraussetzung des Lernens, kann aber für die Selbstkontrolle hilfreich sein.

Drei Faktoren – der Mensch, sein Verhalten und seine Umwelt – wirken zusammen und beeinflussen sich wechselseitig. Durch das **System Person – Umwelt – Verhalten** lassen sich *Verhaltensänderungen* beschreiben.
Menschen entwickeln bestimmte Fertigkeiten, die für das Lernen entscheidend sind:
Symbolisierung, stellvertretendes Lernen, Selbststeuerung und Selbstkontrolle, Kompetenzerwartung sowie die Fähigkeit, zukünftige Folgen momentanen Verhaltens vorauszusehen.
Nach Bandura wird nicht mechanisch aufgrund von Umweltbedingungen gelernt, vielmehr nimmt der Mensch aktiv Informationen auf, verarbeitet sie und handelt auf der Basis seiner *Informationsverarbeitung*.

Modellernen kann dabei zur Aneignung neuer, zur Enthemmung, Hemmung und Reaktionserleichterung bestehender Verhaltensweisen führen.
Modelle werden im Lernprozeß aufmerksam beobachtet und deren Verhalten gespeichert. Die Umsetzung des Gelernten vollzieht sich durch Reproduktion des Verhaltens, welches dann durch Motivationsbedingungen entscheidend beeinflußt werden kann. Hierzu gehören die verschiedenen **Formen der Verstärkung** (stellvertretend, extern, intern) sowie die Erwartung des Lernenden (vgl. Kompetenz- und Ergebniserwartung). Vor allem durch die Selbstverstärkung macht Bandura auf die Tatsache der **Selbststeuerung** des Menschen aufmerksam.
Die sozial-kognitive Theorie läßt sich in vielen Forschungsgebieten (z. B. Angst, Aggression, Streß, Gesundheit) erfolgreich anwenden. Sie kann die Phänomene erklären und Vorschläge für Erziehung und Therapie liefern.
Banduras Theorie ist überprüfbar, flexibel und integrativ.

Welche Elemente berücksichtigt die sozial-kognitive Theorie im Vergleich zum Behaviorismus?

allgemeines Verhaltensmodell	Umwelt U	Person P	Verhalten V	Konsequenz C
Bandura	✓	✓	✓	✓
Watson	✓		✓	
Skinner			✓	✓

Tab. 5: Vergleich einzelner Lerntheorien

Aufgaben

9. Unterscheiden Sie die positive und negative Verstärkung sowie die Formen der Bestrafung anhand folgender Beispiele:

a) Der Vater hat seiner Tochter ein Eis gekauft. Als die Tochter ein unanständiges Wort sagt, nimmt ihr der Vater das Eis weg.

b) Thomas hat Angst vor großen Hunden. An seinem Schulweg wohnt eine Familie, die einen Schäferhund im Garten hat. Wenn Thomas einen Umweg macht, muß er nicht an dem Garten vorbeigehen.

c) Die kleine Erika ist in der Küche, während gekocht wird. Als sie gerade niemand beobachtet, faßt sie an einen heißen Topf und verbrennt sich die Finger.

d) Im Kinderzimmer herrscht Durcheinander. Die Mutter bittet Johannes, seine Spielsachen aufzuräumen. Johannes tut dies und bekommt von seiner Mutter einen Lutscher geschenkt.

10. Definieren Sie den Begriff Lernen.

11. Nennen Sie die wesentlichen Merkmale des Lernens.

12. a) Zählen Sie die Formen des Operanten Konditionierens auf.

b) Geben Sie anhand einer Tabelle einen Überblick über die verschiedenen Formen des Operanten Konditionierens.

13. Beschreiben Sie die Begriffe "Bestrafung" und "Belohnung" in der Erziehung und erläutern Sie die Formen der Belohnung.

14. In einem Experiment über die klassische Konditionierung:
Der Proband (Versuchsperson) soll ein Muster aufzeichnen. Eine gelegentlich aufleuchtende Lampe stört den Probanden zunächst nicht sonderlich. Mit Schrecken reagiert der Proband jedoch auf den schrillen Ton einer Sirene. Im weiteren Verlauf des Versuches leuchtet jedesmal, wenn die Sirene ertönt, die Lampe auf. Später braucht nur noch die Lampe aufzuleuchten, und der Proband erschrickt (auch ohne Sirene).
Erläutern Sie die jeweiligen Stufen des Lernprozesses einschließlich der entsprechenden Fachausdrücke in Form einer schematischen Skizze.

15. Die systematische Desensibilisierung als Technik der Verhaltenstherapie: Erstellen Sie eine Angsthierarchie zum Abbau von Ängsten bei einer Fahrstuhlphobie.

16. Bestimmen Sie den Begriff "Löschung".

17. Der kleine Niklas fällt immer wieder durch Unterrichtsstörungen in Form von Clownerien auf. Dies erfreut seine Mitschüler.
Wie muß der Klassenlehrer vorgehen, um das unerwünschte Verhalten von Niklas abzubauen?

18. Beschreiben Sie den Begriff "generalisierter Verstärker".

19. Definieren Sie den Begriff "Kognition".

20. Bestimmen Sie den Begriff "Lernen" im Sinne der Theorie Banduras.

21. Erläutern Sie die Selbststeuerung ausführlich anhand eines Beispiels.

22. Unterscheiden Sie reale Modelle und symbolische Modelle.

23. Erläutern Sie die Bedeutung kognitiver und motivationaler Prozesse für das Modellernen.

24. Beschreiben Sie das verdeckte Modellernen.

25. Beschreiben Sie den Prozeß der stellvertretenden Bestrafung.

26. Erklären Sie das Erlernen des Fußballspielens bei Kindern mit Hilfe der sozial-kognitiven Theorie Banduras.

27. Fallbeispiel Anna:
Die fünfjährige Anna hat eine ausgeprägte Spinnenphobie. Immer wenn sie eine Spinne oder auch nur das Bild einer Spinne sieht, fängt sie zu schreien und zu weinen an. Anna lebt mit ihren Eltern in einem Einfamilienhaus auf dem Land. An den Wochenenden geht sie mit ihrer Mutter sehr oft in den Waschkeller um zu sehen, wie diese die Wäsche aufhängt. Das Fenster ist hier im Sommer zum Lüften Tag und Nacht geöffnet, so daß Spinnen gut Unterschlupf finden. Schon seit Jahren spielt sich nun beim Wäscheaufhängen das gleiche Ritual ab. Die Mutter entdeckt oft in der Nähe der Wäscheleine eine Spinne, fängt zu kreischen und zu schreien an und springt auf den nächsten Stuhl. Daraufhin eilt der Vater, von dem Lärm aufgeschreckt, in den Keller, nimmt die Mutter in den Arm und tröstet sie. Wenn Anna ängstlich auf Spinnen reagiert, wird sie von der Mutter getröstet.
Erklären Sie die Entstehung der Ängstlichkeit bei Anna mit Hilfe der sozial-kognitiven Theorie von Bandura.

3 Entwicklung und Erziehung aus der Sicht der Psychoanalyse

3.1 Grundlagen der psychoanalytischen Theorie

3.1.1 Vorbemerkungen

Geschichtlicher Hintergrund

Mehrere Autoren behaupten – in stark vereinfachter Form – daß der Menschheit bisher drei Erschütterungen widerfuhren, die ihr Weltbild stark veränderten:

- Die Behauptung von KOPERNIKUS, daß sich die Erde und damit der Mensch nicht im Zentrum der Welt befindet (16. Jh.).
- Die Ausführungen von DARWIN, die die Sonderstellung des Menschen in der Natur in Frage stellen (19. Jh.).
- Die Thesen von FREUD, der Mensch sei weitgehend von seinem Unbewußten abhängig, irrational und triebbestimmt (20. Jh.).

Allerdings prägte nicht erst FREUD den Begriff des Unbewußten. Dieser kam schon in Dichtungen und Philosophien des 18./19. Jahrhunderts vor (Schopenhauer, Nietzsche). Die Wiener Literaten um Hofmannsthal und Schnitzler wandten sich in ihren Dramen dem sogenannten Irrationalen zu. Auch Sexualität, speziell die sogenannte Doppelmoral ebenso wie der Traum als Trieberfüllung, waren Hauptthemen zu Freuds Zeit.

FREUDS Theorien passen also in eine gewisse Zeitströmung, die sich gegen das bürgerliche, sexuell verklemmte Klima der Habsburger Monarchie, speziell der sogenannten Wiener Gesellschaft, wandte. Trotzdem war er mehr als nur ein "Aufklärer", er regte die Welt zu einem neuen Denken an (s. ferner Mannoni 1971, S. 7ff.).

Zur Person Sigmund Freuds

FREUD wurde am 6. 5. 1856 in Freiberg/Mähren geboren und starb am 23. 9. 1939 in London im Exil. Seit seinem vierten Lebensjahr lebte die Familie in Wien. Sein Vater, ein jüdischer Wollhändler, wird als starke Autorität bezeichnet. FREUD war das erste von insgesamt acht Kindern aus der zweiten Ehe seines Vaters mit einer um 20 Jahre jüngeren Frau. Diese Frau bewunderte ihren Sohn Sigmund sehr und verschaffte ihm in der Familie viele Privilegien.

Nach dem Studium der Medizin und Neurologie wandte er sich zunächst der Forschung in einem physiologischen Labor zu. Wegen fehlender Aufstiegschancen dort arbeitete er in verschiedenen Krankenhäusern als Psychiater und Neurologe. Ein Stipendium führte ihn 1885 zu einer Reise in die berühmte Salpetrière, einer psychiatrischen Klinik in Paris, zu Direktor CHARCOT, der damals ein weltberühmter Neurologe war. CHARCOT verblüffte die Fachwelt, weil er die *Hysterie*[21] weder als Einbildung noch als typisch "weiblich" ansah.

Hysterie war für ihn eine *Neurose*[22], d. h. *eine Erkrankung der Nervenbahnen.* Mit Hilfe der Hypnose[23] konnte er bei hysterischen Patienten Symptome herbeiführen bzw. sie zum Verschwinden bringen. Trotzdem suchte CHARCOT nach Erklärungen auf *physischer* Ebene, so daß Freuds Fragen nach *psychischen* Ursachen unbeantwortet blieben.

3.1.2 Die Anfänge der Psychoanalyse

FREUD eröffnete 1886 in Wien eine Praxis als Nervenarzt. Kurz vorher, 1885, veröffentlichte er zusammen mit dem Psychiater BREUER, seinem alten Freund und "Lehrer", die "Studien über Hysterie", die auf dem berühmten Fall der Anna O. beruhen. Anna O. war Patientin von Breuer. Jedoch führte Breuer über diesen Fall viele Fachgespräche mit Freud.

Fallbeispiel Anna O.[24]:

> Anna O. kam in die Praxis von Breuer wegen ihr unerklärlicher hysterischer Symptome: Lähmungen, Seh- und Sprachstörungen. Als Methode wandte Breuer die sogenannte Katharsis an (griech. Reinigung, bei Plato: Reinigung der Seele). Anna sollte sich in einem Trancezustand durch das Aussprechen von unerfreulichen, furchterregenden Situationen von ihren Ängsten befreien. Die "Sprechkur" sollte sie auf traumatische Erlebnisse in ihrer Kindheit zurückführen. Konnte sie sich an diese erinnern, so würden auch die Symptome verschwinden. Die Devise war: Nicht Verdrängung, sondern Konfrontation führt zur Heilung!

Hinter diesem Vorgehen steckt folgende *These:* Ein unerfreuliches, verletzendes Ereignis ist gekoppelt mit einer sogenannten Erregungssumme (Affektbeitrag). Kann der Affekt nicht abreagiert werden, wird die gesamte Situation ins Unbewußte verdrängt. Die psychische Erregung, die eindeutig sexuell getönt ist, bleibt aber als solche erhalten und verwandelt (konvertiert) sich in körperliche Symptome. Daher stammt der Begriff Konversionshysterie. Unter Konversionshysterie versteht man also eine organisch-körperliche Erkrankung, deren Ursachen eindeutig psychischer Natur sind.
Neu an dieser Methode war, daß die Hauptperson in dieser Therapie die Patientin darstellte. Der Therapeut war in erster Linie Beobachter, teilweise auch Regisseur.

Breuer brach die Therapie aus persönlichen Gründen ab und entließ die Patientin als geheilt, obwohl sie es tatsächlich noch nicht war. Den möglichen sexuellen Hintergrund der Störungen, den Freud entdeckte, wollte Breuer nicht sehen. Daraufhin kam es zu einem Bruch zwischen den beiden Ärzten.

Obwohl Freud in dieser Zeit außer den Studien über Hysterie auch andere wissenschaftliche Abhandlungen publiziert hatte, zollte ihm die Fachwelt noch nicht die erwünschte Anerkennung. Der so bitter nötige Aufstieg – er mußte seine Frau, sechs Kinder, Eltern und Geschwister ernähren – blieb aus.

Freud begann 1897 seine Selbstanalyse, auch um seine eigenen Machtphantasien zu hinterfragen. Er entdeckte – u. a. mit Hilfe der freien Assoziation – den sexuellen Hintergrund dieser Machtwünsche und gleichzeitig die verschiedenen Arten der Abwehr dagegen.

Nach einer jahrelangen Selbstanalyse fühlte er sich nicht nur von Depressionen befreit, sondern auch um viele Ideen reicher: *Die Psychoanalyse als neue Methode war geboren.*

Alle bisherigen Ansätze, an das Unbewußte heranzukommen, scheiterten an der Distanz zwischen Mensch (Patient) und Wissenschaft. Freud hat diese Schranke durchbrochen, bekommt Zugang zu seinem Unbewußten, reflektiert darüber (Methode der Introspektion, d. h. Innenschau) und ist damit ein Vorbild für seine Patienten.[25]

3.1.3 Begriffsbestimmung: Psychoanalyse

Der Begriff Psychoanalyse wird in zweifacher Hinsicht verstanden: einmal als Behandlungstechnik und zum anderen als umfassende Theorie.

Psychoanalyse als Behandlungstechnik

Um an die Ursachen neurotischer Störungen zu gelangen, bedient sich die Psychoanalyse unterschiedlicher Methoden:
- Freie Assoziation,
- Traumdeutung,
- Hypnose.

Während die **Hypnose** umstritten war und ist, behielten die beiden anderen Methoden bis heute ihren Stellenwert. Bei der **freien Assoziation** soll der Patient in entspanntem Zustand – auf der Couch liegend – seine spontanen Einfälle zu bestimmten Bereichen äußern. Man nimmt an, daß auf diese Weise Denkblockaden aufgelöst und "verschüttete" Emotionen freigesetzt werden. Die **Traumdeutung** bedient sich bestimmter Symbole, die einen Schlüssel zum unbewußten Erleben darstellen. Freud unterscheidet zwischen einem manifesten Traum und dem latenten Traumgedanken.[26]

Psychoanalytische Theorie

Mit diesem Begriff ist das gesamte psychologische und psychopathologische Wissen gemeint; es beruht auf der Auswertung der in der Praxis angewandten Methoden und der Auswertung des klinischen Materials. Freud erhoffte sich aus den auf solchem Weg gewonnenen psychologischen Einsichten, daß sie allmählich zu einer neuen wissenschaftlichen Disziplin zusammenwachsen würden.

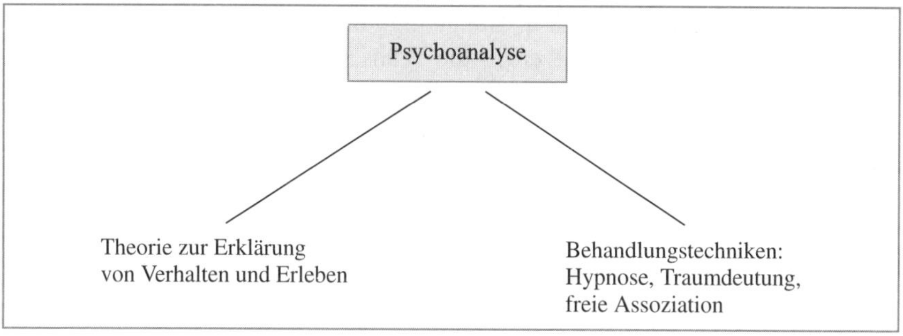

Abb. 1: Psychoanalyse als Theorie und Behandlungstechnik

3.1.4 Grundlegende Annahmen

Psychischer Determinismus

Freud kam aufgrund der Fehlleistungen und Träume seiner Patienten zu der Auffassung, das Seelenleben unterliege psychischen Gesetzmäßigkeiten, d. h. einer Determiniertheit. Diese kausale, d. h. ursächliche Bedingtheit des Seelenlebens erhob er zum zentralen Prinzip seiner Lehre. Nichts ist klein, willkürlich und zufällig in den psychischen Äußerungen, sondern alles hat seinen Grund.

Das Unbewußte

Ein zentraler Begriff in der Psychoanalyse ist das Unbewußte. Es kann in Witzen und Fehlleistungen, wie z. B. "Freudschen Versprechern", zum Ausdruck gebracht werden.

Beispiel:

> Einem Politiker Erich K. wird in den Medien immer wieder vorgeworfen, er sei ein Anhängsel eines anderen Politikers, Dr. S., aus derselben Partei. Erich K. – in seiner Ehre angegriffen – verteidigt sich vor laufender TV-Kamera mit folgenden Worten. "Dr. S. sagt sei' Meinung, und ich sag *sei'* Meinung ...!" Auf das schallende Gelächter der Umstehenden reagiert Erich K. verständnislos. Er hat seinen Versprecher nicht bemerkt.

Das Unbewußte zeigt sich auch in Träumen. In diesen sah Freud eine unbewußte Wunscherfüllung. Allerdings werden die Wünsche so verkleidet bzw. entstellt, daß es einer Interpretation, einer Deutung bedarf.

Beispiel:

> Eine Patientin träumt, daß ein naher Verwandter gestorben sei.
> *Deutung:*
> Dieser Traum stellt für die Patientin keine Wunscherfüllung dar. Erst durch die Analyse stellt sich heraus, daß sie sich an ein Treffen mit einem geliebten Mann bei einem Begräbnis erinnert. Hinter diesem – manifesten – Traum steht der eigentliche Wunsch nach einem erneuten Treffen mit diesem Mann (latenter Traumgedanke).

Das Unbewußte ist gekennzeichnet durch:
- **triebhafte** und **affektive Vorgänge**, sexuelle und aggressive Impulse (z. B. Sympathie und Antipathie zu einer Person, ohne sich klar machen zu können, warum);
- **irrationale Handlungen**, die aus der Sicht eines realitätsangepaßten Erwachsenen unlogisch oder unvernünftig sind (z. B. jemand verpasst den Termin einer besonders wichtigen Verabredung oder einer kaut sich die Finger blutig);
- **primitive**, **chaotische** und **unstrukturierte Vorgänge** (z. B. kann man in Wunschvorstellungen auf schnellstem Wege eine früher erlebte Bedürfnisbefriedigung wiederholen).

Formen des Unbewußten und des Bewußtseins

Freud unterscheidet im **Unbewußten** einen deskriptiven und dynamischen Anteil. Unter "deskriptiv" versteht er das Unbewußte im beschreibenden, allgemeinen Sinne, mit "dynamisch" meint er die Intensität und die Wirksamkeit, die die vom Bewußtsein ferngehaltenen Gedanken aufweisen.
Davon grenzt er das **Vorbewußte** ab: darunter versteht er die Gedanken, die augenblicklich nicht bewußt sind, aber jederzeit bewußtseins*fähig* sind.
Das eigentliche **Bewußtsein** wird von Freud in seiner Bedeutung abgewertet. Es spielt nur die Rolle "eines Sinnesorgans zur Wahrnehmung psychischer Qualitäten" (Freud 1900, GWII/III, S. 620) und wird deshalb Wahrnehmungsbewußtsein genannt.

Freud stellt die verschiedenen Bewußtseinsebenen räumlich dar: Er vergleicht das System des Unbewußten mit einem Vorraum, in dem sich seelische Regungen, d. h. Wünsche und Affekte sexueller und aggressiver Natur, frei bewegen. An diesen Vorraum schließt sich ein zweiter Raum an, in dem vorbewußte, d. h. bewußtseinsfähige Vorgänge stattfinden.
Zwischen diesen beiden Räumen zensiert ein Wächter die Regungen aus dem Unbewußten und läßt nur solche Regungen in den 2. Raum, die ihm genehm sind. Sollten unerlaubte Regungen aus dem Unbewußten bereits zur Schwelle in den 2. Raum vorgedrungen sein, so werden diese vom Wächter sofort zurückgewiesen. Diesen Vorgang nennt Freud "Verdrängung". Der Wächter zensiert nicht nur, sondern setzt auch aktiv einen Widerstand gegen das Bewußtwerden unangenehmer Erlebnisse, Wünsche etc. Dies entspricht dem Widerstand, den der Patient in der Analyse dem Therapeuten entgegensetzt, wenn dieser Verdrängungen aufheben will.
Ein kleiner Teil des 2. Raumes ist quasi durch einen dünnen Vorhang abgetrennt. Hier ist das sogenannte Wahrnehmungsbewußtsein zu Hause (modifiziert nach Freud, GW XI, S. 305 ff.).

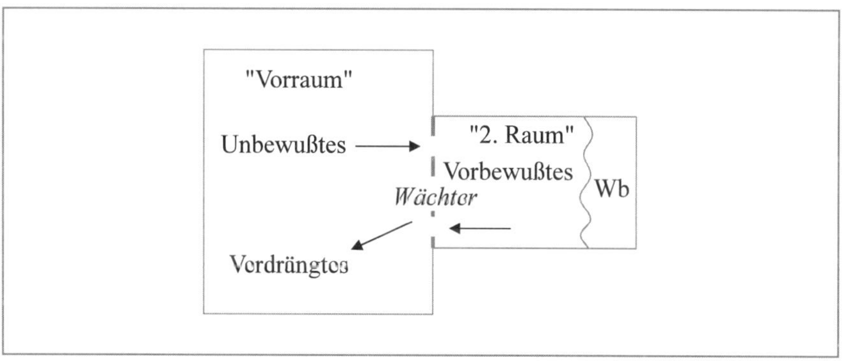

Abb. 2: Erstes, sogenanntes topographisches Modell (Wb: Wahrnehmungsbewußtsein)

3.1.5 Triebtheorie

Mit Hilfe der Trieblehre versuchte Freud für die Psychoanalyse ein sicheres *biologisches* Fundament zu schaffen. Die Lehre vom Unbewußten, vom Widerstand und der Verdrängung dagegen kann man als den *psychologischen* Teil der Psychoanalyse betrachten.

Der Triebbegriff

Die Lehre von den Trieben war für Freud "das wichtigste wie das dunkelste Element der psychologischen Forschung" (Freud 1920, GW XIII, 35). 1915 führte Freud zur Bestimmung des Triebbegriffs die Merkmale Quelle, Ziel, Objekt und Drang ein.

Unter **Quelle** versteht er einen körperlichen Vorgang in einem Organ oder Körperteil. Wichtiger als die Quelle, deren weitere Erforschung er nicht für notwendig hielt, war für ihn das Ziel.

Das **Ziel** ist immer die Befriedigung, die durch "Aufhebung des Reizzustandes an der Triebquelle" erreicht wird.

Unter **Objekt** versteht Freud das, woran sich die Triebhandlung vollzieht. Das können Personen, aber auch Körperteile oder auch Kleidungsstücke, sog. Partialobjekte, sein. Ausschlaggebend ist, wie gut es sich zur Triebbefriedigung eignet.

Den **Drang** schließlich interpretiert Freud als ein motorisches Element. Bezogen auf den Sexualtrieb wird der Drang als Libido (lat. Drang, Begierde) bezeichnet, als eine Energie zunächst nur im *physischen* Sinne analog zum Hunger.

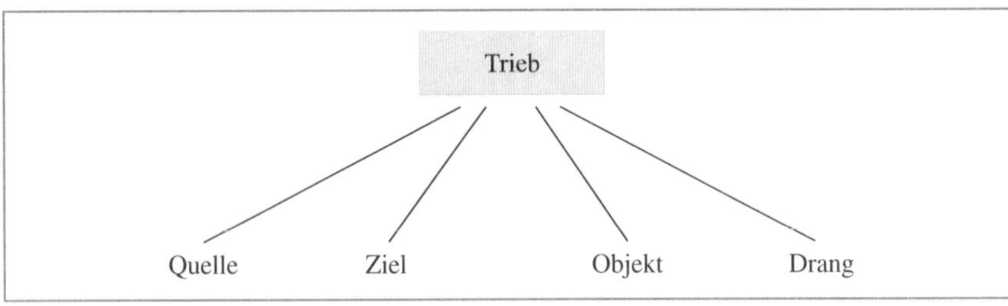

Abb. 3: die vier Merkmale des Triebes

Die *psychische* Seite der Libido[27] berücksichtigt er, indem er den Begriff der **Triebrepräsentanz** einführt. Dieser gliedert sich in Vorstellungen und Affekte. Beide können unabhängig voneinander existieren (z. B. Zwangsneurose s. S. 274).

Triebmodelle

In den Jahren 1910 bis 1920 entwickelte Freud drei Triebmodelle, von denen die ersten beiden kurz und das letzte Modell ausführlicher vorgestellt werden sollen. 1910 entwickelte Freud das erste dualistische Modell: Ich- bzw. Selbsterhaltungstriebe gegenüber den Sexualtrieben. 1915 hebt er den Gegensatz zwischen Sexual- und Selbsterhaltungstrieb wieder auf und stellt eine narzistische (Ich-) Libido einer Objektlibido gegenüber.

Das dritte Modell entwickelte er 1920; der **Lebenstrieb** steht dem **Todestrieb** gegenüber, **Libido** bzw. Eros der **Destrudo** (lat. destruere: zerstören).

Die Kraftäußerung des Eros wird Libido genannt. Unter Eros werden die Sexual- und Selbsterhaltungstriebe zusammengefaßt; diese streben nach Vereinigung. Der Todestrieb, auch Destruktionstrieb genannt, dagegen strebt nach Auflösung.

Sexualtrieb

In der psychoanalytischen Theorie bezeichnet Sexualität nicht allein die Aktivität und die Lust, die vom Funktionieren des Genitalapparates abhängen, sondern eine ganze Reihe von Erregungen und Aktivitäten, die bereits in der Kindheit bestehen und Lust verschaffen; diese sind mannigfaltiger Natur und erschöpfen sich nicht in der Stillung eines physiologischen Bedürfnisses (z. B. Atmung, Nahrungszufuhr, Ausscheidung). Sie enthalten vielmehr alles, was man mit "Lust und Liebe" macht.

Die Sexualtriebe sind "zahlreiche, entstammen vielfältigen organischen Quellen, betätigen sich zunächst unabhängig voneinander (Partialtriebe) und werden später ... zu einer Synthese zusammengefaßt" (Freud 1915c, GW X, S. 218, zit. n. Köhler 1995).

Erst nach der Synthese haben Sexualtriebe auch die Funktion der Fortpflanzung.

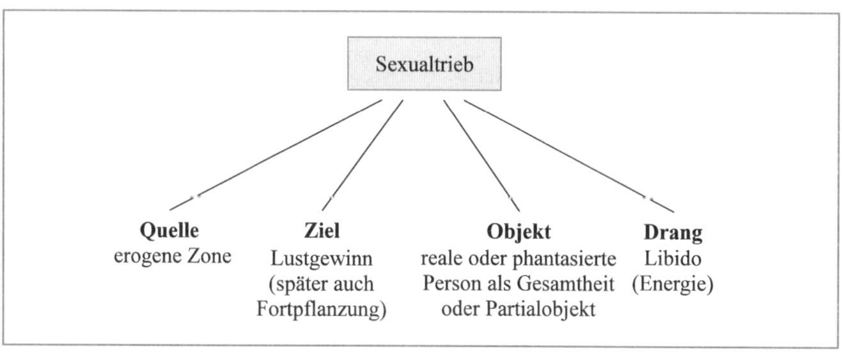

Abb. 4: Merkmale des Sexualtriebes

Todestrieb (Destrudo)[28]

Aus der Annahme, daß alle Triebe Früheres wieder herstellen wollen, kam Freud auf den Todestrieb. "Das Ziel allen Lebens ist der Tod ... das Leblose war früher da als das Lebende" (Freud 1920g, GW XIII, S. 41). Während Destrudo also zerstört, muß Libido erhalten.

Der Todestrieb kommt nach Freud in Destruktions- oder Aggressionstendenzen zum Vorschein. Unter Aggression (lat. aggredi: an eine Sache herangehen, angreifen) versteht man reale oder phantasierte Verhaltensweisen, die darauf abzielen, den anderen oder sich selbst zu schädigen, zu demütigen, zu zwingen, zu vernichten usw. Die Aggression kennt aber nicht nur die heftige und zerstörerische motorische Aktion. In jedem Tun, sei es nun negativ (z. B. in der Verweigerung einer Hilfeleistung) oder sei es positiv (z. B. Geschenk) oder symbolisch (z. B. Ironie) liegt aggressives Potential. Die Psychoanalyse hat der Aggression eine wachsende Bedeutung eingeräumt, indem sie ihre Wirkung schon in der frühen Entwicklung des Menschen aufzeigte und ihre Mischung mit der Sexualität betonte. Der Satz "Ich habe Dich zum Fressen gerne!" ist hierfür ein Beispiel.

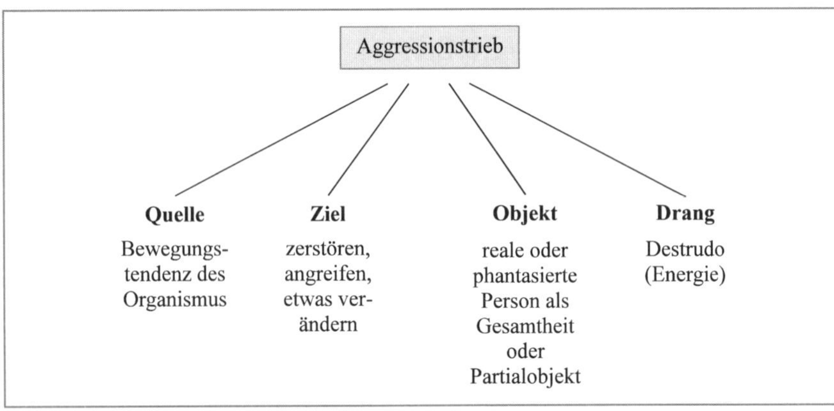

Abb. 5: Merkmale des Aggressionstriebes

3.1.6 Phasen der Triebentwicklung (Phasenmodell) und Fixierung

Wie schon ausgeführt ist der Freudsche Sexualbegriff viel weiter als der umgangssprachliche gefaßt:
- Sexualität existiert auch unabhängig von Fortpflanzung;
- Sexualität umfaßt alle Regungen von Zärtlichkeit und Freundschaft, also solche, die zum Wort "Liebe" gehören (vgl. Sublimierung, s. S. 109).

Diese Loslösung der Sexualität vom engen Bezug zu den Genitalien und die Hinzunahme von Zärtlichkeit in den Sexualbegriff erleichtert das Verständnis der kindlichen Sexualität. Ein zentraler Begriff ist dabei die **erogene**, d. h. **sexuell leicht erregbare Zone**. In bestimmten Zeiträumen stehen bestimmte, empfindliche Körperregionen im Vordergrund: Mundschleimhaut, Afterregion und Genitalzone. Die von den erogenen Zonen ausgehenden Triebe werden Partialtriebe (d. h. Teiltriebe) genannt.

Die orale Phase (1. Lebensjahr)

Die sexuelle Lust ist überwiegend an die Reizung der Mundschleimhaut und der Lippen gebunden, die bei der Nahrungsaufnahme erfolgt. Die Triebbefriedigung erfolgt durch Berühren, Saugen, Lutschen, Essen, Trinken, Kauen, Beißen, Spucken. Die Liebesbeziehung zur Mutter wird durch Einverleiben und Gegessenwerden gekennzeichnet.[29] Die empfundene Lust hat zur Folge, daß das Erlebnis der Befriedigung wiederholt gesucht wird. Es wird z. B. nicht nur an der Mutterbrust oder an der Flasche gesaugt, sondern auch am Schnuller, am Daumen oder an einem Tuch usw.

Störungen zeigen sich in dieser Phase als Folge von Verwöhnung und Versagung, wobei Verwöhnung Reifungsansätze behindern kann und damit das gleiche bewirkt wie Versagung. Versagung besteht z. B. im Hungernlassen, im emotionalen Unbeteiligtsein oder in einem zwanghaft-exakten Stillfahrplan. Verwöhnung kann sich in einem Überangebot (Überfüttern) oder in übertrieben ängstlicher Besorgnis, der sog. Überbehütung, äußern.

Langzeitfolgen zeigen sich später in folgenden Symptomen:
Bei überwiegenden Versagungen Anfälligkeit für eine depressive Neurose (z. B. Lernhemmungen); bei Verwöhnungen exzessives Trinken bzw. Suchtneigung in den verschiedensten Formen, Schlaraffenlandphantasien, Größenwahn u. a.

Die anale Phase (2.–3. Lebensjahr)

Die vorherrschende Zone in der analen Phase ist die Afterregion, d. h. die Ausscheidungsorgane selbst, die Vorgänge, die damit verbunden sind und ihr Produkt. Die typische Triebbefriedigung besteht in der lustvollen Entleerung des Darmes, aber auch im schmerzhaft-lustvollen Zurückhalten des Kots, im Spiel mit dem Kot und in der Sauberkeit, im Hergeben/Schenken oder im Verweigern (Freud: Kot = Geschenk = Geld). Die Exkremente werden vom Kind als Teil seines Körpers angesehen, als eine Leistung, auf die es "stolz" ist. Nun erlangt das Kind auch die Fähigkeit zum Laufen und gewinnt damit einen vergrößerten Bewegungs- und Wahrnehmungsradius.

In dieser Phase steht die Auseinandersetzung der eigenen Person (Ich) mit der Realität im Vordergrund. Das Kind erobert sich die Welt motorisch und sprachlich; lernt, Bedürfnisse aufzuschieben und sich vom Objekt, d. h. von der reagierenden Bezugsperson abzugrenzen. Es lernt Nein zu sagen, großzügig, selbständig und durchsetzungsfähig zu werden. Störungen ergeben sich aufgrund übertriebener Reinlichkeitserziehung (Dressurakte, zu frühe Forderungen, zu pingelige Hygiene) und Einengung beim motorischen Expansionsdrang des Kindes (körperliche Bestrafung, Einschüchterung, Schuldgefühlzuweisung).

Langzeitfolgen zeigen sich im sogenannten analen Charakter: Geiz, Pedanterie, Eigensinn (sog. Trias); Züge einer zwanghaften Neurose: Übergefügigkeit, Heimtücke, sadistische Rachewünsche uvm.

Die phallische Phase (3. – 6. Lebensjahr)

Die Genitalregion (griech. phallos: Pfahl) wird zur erogenen Zone, d. h. die typische Triebbefriedigung erfolgt durch das Spiel mit den Genitalien, das Urinieren, das Zeigen der eigenen Geschlechtsteile und das Betrachten bei den anderen. Letzteres entspricht den Partialtrieben Zeige- und Schautrieb. Diese machen später einen Teil der reifen Sexualität aus. Bleibt ein Mensch aber auf dieser frühkindlichen Stufe stehen, kann er zum Exhibitionisten oder Voyeur werden. Die Alternative des Kindes heißt zu dieser Zeit: einen Phallus haben oder kastriert sein, d. h. das Vorhandensein oder das Fehlen eines solchen. Dieses Vorherrschen des Phallus bei beiden Geschlechtern entspricht bei Freud der Tatsache, daß das kleine Mädchen die Existenz der Vagina ignoriert. Der Kastrationskomplex nimmt zwar bei Buben und Mädchen unterschiedliche Formen an, bleibt aber in beiden Fällen auf den Phallus ausgerichtet, der als vom Körper ablösbar verstanden wird und auch umgewandelt werden kann.

In der Zeit der phallischen Phase wird der **Ödipuskonflikt**, wie er aus der Ödipussage bekannt ist, in seinem Höhepunkt erlebt: Todeswunsch gegenüber dem Rivalen als Person des gleichen Geschlechts und sexueller Wunsch gegenüber der Person des entgegengesetzten Geschlechts. In seiner umgekehrten Form stellt er sich dar als Liebe für das gleichgeschlechtliche Elternteil und eifersüchtiger Haß auf das gegengeschlechtliche Elternteil.

Auf den Buben bezogen heißt das, daß er beim Spiel mit den Genitalien Phantasien über den Einbezug seiner Mutter hat. Der Vater tadelt ihn bei diesem Spiel. Der Bub empfindet ihn als Rivalen in seinen Gefühlen für die Mutter. Er stellt fest, daß die Mutter keinen Penis hat und befürchtet, er könne vom Vater für sein Spiel wie auch seine Mutter kastriert werden. Schließlich gibt der Bub nach und identifiziert sich mit dem Vater. Nach Freud bildet sich in dieser Phase das Über-Ich als Erbe dieser für die Kindheit so bedeutungsvollen Gefühlsbindung (vgl. Freud 1933, S. 70).
Beim Mädchen läuft der Konflikt ungleich komplizierter ab (vgl. Elhardt 1994, S. 102ff.).

Abschließend sollte erwähnt werden, daß sich Freud keine scharfe Trennung zwischen den Phasen vorgestellt hat: Das Ende einer Phase überlappt sich mit dem Anfang der nächsten Phase. Wichtig ist auch, daß das erfolgreiche Durchlaufen einer Phase von der Bewältigung der vorangegangenen abhängt. Eine Störung in der oralen Phase zieht meist eine Störung in der analen Phase nach sich usw.

Nach dem Ende der phallischen Phase erfolgt die sog. sexuelle Latenzperiode (lat. latens: verborgen). Die sexuellen Energien werden in dieser Zeit (etwa ab 6 Jahren bis zur Pubertät) sublimiert (s. S. 109), d. h. auf andere nicht-sexuelle Ziele umgeleitet. Dies wird durch schulische Aktivitäten wie Lesen, Schreiben, Rechnen etc. gefördert. Mit Beginn der Pubertät (heutzutage etwa mit 11, 12 Jahren) setzt das Sexualleben wieder neu ein. Freud spricht deshalb von einem "zweizeitigen Ansatz" der Sexualität (Freud, zit. nach Köhler, 1995, S. 90). Allmählich werden – entsprechend der körperlichen Reifung – die Partialtriebe unter das "Primat der Genitalien" (Freud, zit. nach Köhler, 1995 S. 92) untergeordnet.

Die sexuelle Betätigung, die in der frühen Kindheit eher autoerotisch, d. h. weitgehend auf den eigenen Körper ausgerichtet war, wird jetzt auf einen Partner übertragen. Gleichzeitig enthält diese reife Sexualität auch das Ziel der Fortpflanzung.

Fixierung

Unter Fixierung versteht Freud das Hängenbleiben der Libido in einer Entwicklungsphase, die dem Alter entsprechend eigentlich überwunden sein sollte. Dies ist bedingt durch nicht angemessen gelöste Konflikte. Er sieht darin eine "Zurücklassung von Libido-Depots auf einer früheren Entwicklungsstufe, während das Gros der Libido vorwärtsschreitet" (Freud, zit. nach Elhardt 1994, S. 61).

Fixierungen können gebildet werden einmal durch besonderen Lustgewinn, der z. B. in der oralen Phase erzielt wurde (z. B. lange Stillperioden, über ein Jahr dauernd) oder durch fehlenden Lustgewinn (abruptes Abstillen nach ein paar Wochen). Fixierungen können auf jeder Stufe der Libidoentwicklung entstehen (oral, anal, phallisch-ödipal).
Es geht also um die Vorherrschaft einer erogenen Zone (bei dem Beispiel oben Mundschleimhaut) und des damit verbundenen Partialtriebes über die Entwicklungsphase hinaus.

Fixierung ist eng mit **Regression** (lat. regredi: zurückweichen, hier: auf eine frühere Stufe, s. S. 112) verbunden. Je stärker die Fixierungen sind, um so eher wird der Mensch bei äußeren Schwierigkeiten mit Regression reagieren.

Beispiel:

> Ein 6jähriger Bub bekommt eine kleine Schwester, fühlt sich zurückgesetzt und verlangt die Flasche (Regression auf die orale Phase), oder er macht in die Hose (Regression auf die anale Phase).

Fixierung und Regression sind für Freud auch Voraussetzungen für das Entstehen einer **Neurose** (s. S. 273).
Eine Zwangsneurose z. B. enthält eine Fixierung auf der analen Stufe. So kann krankhafter Geiz bedeuten, daß jemand so an seinem Besitz hängt, wie er in der analen Phase an seinen Exkrementen festgehalten hat (vgl. analer Charakter, S. 100). Bedingungen für eine Libido-Fixierung und damit auch für das Entstehen einer Neurose sind nach Freud:
- vererbte Sexualkonstitution;
- Eindrücke aus früher Kindheit (tatsächlich erlebt oder phantasiert).

Später kommt eine Versagung von außen (d. h. von der Umwelt) und innen (d. h. vom Ich) hinzu (vgl. Köhler 1995, S. 19).

Präzisere Angaben über Bedingungen, unter denen Fixierungen stattfinden, macht FENICHEL (1945):

- exzessive Befriedigung (Entwicklungsbedingungen wie im Schlaraffenland; sich nicht anstrengen müssen; die gebratenen Tauben fliegen in den geöffneten Mund);
- exzessive Versagung (starke Verhaltenskontrolle durch Gebote und Verbote; Betonung der Disziplin und des Bedürfnisaufschubs; Fehlen emotionaler Wärme);
- unvorhersehbarer Wechsel zwischen Befriedigung und Versagung ("Heiß-Kalt"-Erziehung, als Folge tritt emotionale Unsicherheit auf);
- Koppelung von Versagung und Tröstung (z. B. durch strengen, verbietenden Vater und tröstende Mutter erzeugte Inkonsequenz).

3.1.7 Instanzenmodell der Persönlichkeit

Als Persönlichkeit bezeichnet Freud die Gesamtheit der stabilen psychischen Eigenheiten eines Individuums, durch die es sich mit seinen Trieben, Emotionen (insbesondere der Angst) und der Wirklichkeit auseinandersetzt. Als Bestandteile der Persönlichkeit sind uns bereits die Bewußtseinsebenen Bewußtes, Vorbewußtes, Unbewußtes (vgl. Kap. 3.1.5) bekannt. Ebenso wurde die Dynamik der Persönlichkeit im Verhalten der Triebe angesprochen (vgl. Kap. 3.1.6)

Im folgenden wird der Blick auf die Strukturelemente der Persönlichkeit gelenkt: Es, Ich und Über-Ich.

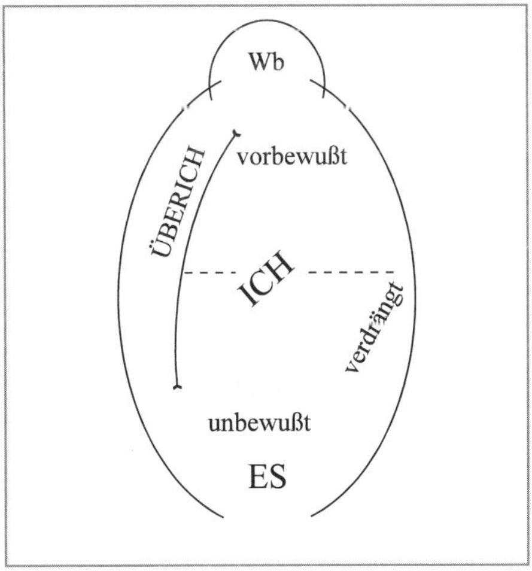

Abb. 6: Instanzenmodell: Struktur und Topographie der Psyche (modifiziert nach Freud 1989, S. 515) (In Freuds Skizze wird zugleich der Verdrängungsprozeß veranschaulicht; statt "Wahrnehmungs-Bewußtsein" [Wb] wird in der Regel "Bewußtsein" verwendet.)

Nach Freud besteht das psychische Leben des Menschen in einer ständigen Auseinandersetzung zwischen den drei Instanzen Es, Ich und Über-Ich, die hinsichtlich ihrer besonderen Funktion unterschieden werden und in ihrer Gesamtheit als der "psychische Apparat" bezeichnet werden. Diese Vorstellung von drei existierenden Instanzen hat selbstverständlich nur Modellcharakter.

Das ES

Das Es als die älteste Instanz ist die ursprüngliche, unbewußte Basis der Psyche, beherrscht von primären Bedürfnissen (Trieben) wie Hunger, Schlaf usw. Im Es findet sich alles, was vererbt und damit von Geburt an vorhanden ist. Gemäß dem herrschenden Lustprinzip strebt das Es nach sofortiger blinder Entladung der Libido. Freud vergleicht das Es mit einem "Chaos, einem Kessel voll brodelnder Erregungen". Weiter heißt es: "Das Es ist der dunkle unzugängliche Teil unserer Persönlichkeit" (Freud 1969, Bd. 1, S. 511).
Die Vorgänge im Es sind unmoralisch, irrational und dulden keinen Aufschub. Freud spricht hier von **Primärprozessen**.[30]

Primärprozeßhaftes Denken kennen wir aus Träumen, bei denen meist Raum- und Zeitverhältnisse aufgelöst sind, Widersprüchliches nebeneinander steht und bildhaftes, archaisches Denken vorherrscht (d. h. urtümliches, magisches Denken, was auch bei Naturvölkern vorhanden ist). Wollen wir z. B. einen Traum in Worte fassen und der Reihe nach (logisch aufgebaut) erzählen, entgleitet er uns häufig.

Im ersten Lebensjahr ist das Kind weitgehend Es-bestimmt. Durch den Kontakt zur Außenwelt und die Unterscheidung zwischen "Ich" und "Nicht-Ich" werden Teile des Es modifiziert. Erste Anfänge des Ichs entstehen. Die Erfahrungen, daß nicht alle Bedürfnisse sofort befriedigt werden können, gehören schon zur Realität. So sind orale Frustrationen (z. B. Baby schreit, Mutter macht die Flasche fertig, muß sie anschließend noch abkühlen) ein erster Bestandteil der Ich-Bildung.

Das ICH

Das Ich, das seine Energie aus dem Es bezieht, hat die Aufgabe übernommen, eine Beziehung zur Außenwelt herzustellen. Ohne das Ich würde das Es nur nach blinder Entladung seiner Triebe streben, was auch zur Vernichtung führen könnte. Das Ich beobachtet also die Außenwelt, nimmt sie möglichst naturgetreu wahr, erinnert sich an sie und handelt. Zwischen Bedürfnis und Handlung wird also die Denkarbeit eingesetzt. Diese Denkarbeit ist möglich, weil eine Realitätsprüfung (Erfahrungen werden erinnert) stattfindet. Eine wichtige Aufgabe des Ich ist auch, zwischen äußeren Reizen und inneren Impulsen zu unterscheiden.

Die wichtigsten Aufgaben des Ich (Ich-Funktionen) sind also das Wahrnehmen, Erinnern, Denken, Fühlen, die willkürlichen Bewegungen, das Unterscheiden. Das Ich handelt nach dem Realitätsprinzip (Realität: Außenwelt, auch Umweltbedingungen, tatsächliche Gegebenheiten). Die bewußten und vorbewußten Prozesse nennt Freud **Sekundärprozesse**[30], d. h. sie laufen geordnet, logisch und an Worte gebunden ab.

Das Ich dient drei "Herren": Dem Es, dem Über-Ich und der Außenwelt. Das Ich hat die Aufgabe, die Triebimpulse des Es unter Beachtung der Gebote und Verbote des Über-Ichs und der Beschränkungen der sozialen und physischen Außenwelt zu einem möglichst günstigen Zeitpunkt und unter möglichst günstigen Umständen zu befriedigen bzw. aufzuschieben oder umzulenken. "Man könnte das Verhältnis des Ichs zum Es mit dem des *Reiters* zu seinem *Pferd* bezeichnen. Das Pferd gibt die Energie für die Lokomotion [Fortbewegung; *Anm. d. Verf.*] her, der Reiter hat das Vorrecht, das Ziel zu bestimmen, die Bewegung des starken Tiers zu leiten. Aber zwischen Ich und Es ereignet sich allzu häufig der nicht-ideale Fall, daß der Reiter das Roß dahin führen muß, wohin es selbst gehen will" (Freud 1933 und Freud, GW XIII, 1968, S. 253 und XV, S. 83).

Entwicklungsgeschichtlich erfährt die Ich-Entwicklung zwar einen großen Schub in der analen Phase (Ich kann, Ich will ... laufen, sprechen); gerade hier wird aber die Vorherrschaft des Es noch deutlich (Trotzanfälle!).

Das Ich nimmt bewußt die Außenwelt wahr und kann sich auf sie einstellen durch Anpassen und Verändern. Gelingt diese Anpassung oder Veränderung nicht, kommt es zu einer Hemmung. Diese Hemmung kann in Form einer Verdrängung von Bedürfnissen geschehen. Dieser Vorgang läuft unbewußt ab. **Verdrängung** ist nach Freud die ursprünglichste Form eines Abwehrmechanismus (s. S. 107). Dadurch sollen Ängste, die im Ich entstehen, gebunden werden. Verdrängte Erlebnisse behalten allerdings ihre Energie.

Beispiel:

> So kann sich z. B. eine Frau darüber beklagen, daß sie sich nur mit viel älteren Männern anfreundet, mit denen sie eigentlich nicht auskommt (es kommt häufig zu Streitigkeiten). Unbewußt kann in diesen Handlungen der Wunsch zum Ausdruck kommen, einen ungelösten verdrängten Konflikt mit ihrem Vater zu verarbeiten.

Das ÜBER-ICH

Unter dem Über-Ich versteht Freud zunächst den Träger des Ich-Ideals. Das Ich-Ideal entsteht durch Identifizierung mit den Eltern nach Auflösung des Ödipuskomplexes. Später werden Ich-Ideale (Vorbilder) außerhalb der Familie gesucht. Zugleich verkörpert das Über-Ich das Gewissen, das nur durch Selbstbeobachtung erfaßt werden kann. Die Ansprüche des Über-Ichs gehorchen dem Moralitätsprinzip (ist ein Denken oder eine Handlung gut oder böse, erlaubt oder unerlaubt?). Genetisch betrachtet ist das Über-Ich die jüngste Instanz und vergleichbar der eines Richters, Zensors oder *Reitlehrers* (um bei Freuds Gleichnis von Pferd und Reiter zu bleiben).

Das Verhältnis zwischen dem Über-Ich und den anderen Instanzen ist nicht friedlich, sondern konfliktträchtig. "Das Über-Ich legt den strengsten moralischen Maßstab an das ihm hilflos preisgegebene Ich an ..., und wir erfassen mit einem Blick, daß unser moralisches Schuldgefühl der Ausdruck der Spannung zwischen Ich und Über-Ich ist" (Freud 1933). Freud erkannte, daß der Mensch sein Gewissen erst entwickeln muß; das kleine Kind bezeichnet er als amoralisch.

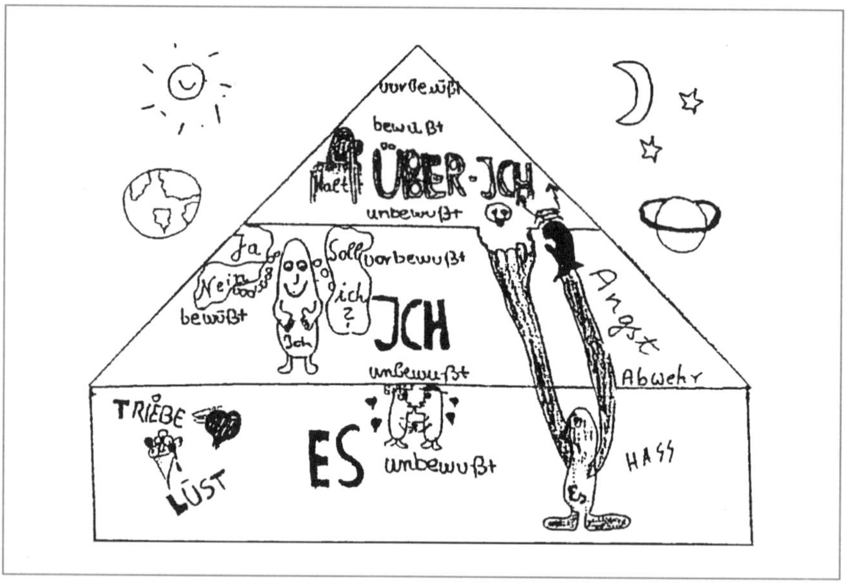

Abb. 7: Zeichnung zum Instanzenmodell von A. Brenner (S11N), Juli 1995, Städt. FOS, München.

3.1.8 Die Abwehrmechanismen

Das Ich sollte als Regisseur die Ansprüche und Funktionen von Es, Realität und Über-Ich gegeneinander ausgleichen und eine autonome, sinnvolle Aktivität entfalten.

Beispiel:

> Während des Unterrichts ist ein Schüler sehr müde, er hat die letzte Nacht sehr schlecht geschlafen (ES). Der Lehrer ist streng, die Noten in dem Fach sehr wichtig (ÜBER-ICH). Heute ist die letzte Stunde vor der Schulaufgabe. Die anderen Schüler passen gut auf (Realität). Der Schüler entschließt sich, so gut mitzuschreiben wie er kann, wenn er schon nicht fähig ist, sich momentan am Unterricht zu beteiligen (ICH).

Die Ansprüche der Instanzen führen dann zu Konflikten, wenn ein Ausgleich der Instanzen mißlingt. Im angegebenen Beispiel würde das bedeuten, daß der Schüler den Unterricht durch dauerndes Rauslaufen oder lautes Reden mit dem Nachbarn stört.

Das Ich ist auch die Stätte der Angst und als solche aufgerufen, durch seine Funktionen schützende Gegenmaßnahmen zu mobilisieren in Form der sog. Abwehrmechanismen. Diese sollen Impulse, die vom Es und vom Über-Ich ausgehen, ungefährlicher machen. Die Abwehr größerer Unlust und Angst durch psychische Schutzmechanismen verläuft überwiegend unbewußt; diese Vorgänge schleifen sich in früher Kindheit bereits reflexhaft ein und funktionieren automatisch. Später sind sie durch Gewohnheiten verfestigt.

Spricht Freud ursprünglich nur von der Verdrängung als Abwehr, so kennen wir heute eine ganze Reihe unterschiedlicher Abwehroperationen. Die Abwehrmechanismen sind nicht von vornherein krankhafte Phänomene, sondern erfüllen häufig lebenswichtige Funktionen. Jeder Mensch neigt zu bestimmten Abwehrformen, die auch zur Entlastung dienen können.

Verdrängung

Der erste Abwehrmechanismus, den Freud entdeckt, ist die Verdrängung. "Sie ist etwas ganz Besonderes", ein "Grundpfeiler" der Psychoanalyse (vgl. Freud, GW XIII, S. 223).

Das Ich zeigt die obengenannten Konflikte mit *Angst* an. Die Verdrängung wird von Freud wie folgt definiert: "... jener Vorgang, durch welchen ein bewußtseinsfähiger Akt, also einer, der dem **System Vbw** [Vorbewußtes: das bewußtseinsfähige Unbewußte; *Anm. d. Verf.*] angehört, unbewußt gemacht wird, also in das **System Ubw** [Unbewußtes; *Anm. d. Verf.*] zurückgeschoben wird. Und ebenso nennen wir es Verdrängung, wenn der unbewußte seelische Akt überhaupt nicht ins nächste vorbewußte System zugelassen, sondern an der Schwelle von der Zensur zurückgewiesen wird" (Freud, GW 1978, XI, S. 354; vgl. Abb. 2 und 6 dieses Kapitels).

Diese Verdrängung kann aber nicht endgültig sein, da einerseits die entsprechende Libido nicht abgeführt und andererseits wegen fortlaufender Libido-Produktion der Druck von seiten des Es immer größer wird und er sich notwendigerweise irgendwie einmal durchsetzen wird.

Beispiel:

> Luise hat gesehen, daß ihre Mutter Obstsalat als Nachtisch im Kühlschrank aufbewahrt; sie bekommt plötzlich große Lust zu naschen, öffnet in einem unbeobachteten Moment den Kühlschrank und nimmt sich rasch einige Löffel Obstsalat aus der Schüssel.

Wieso ist hier Verdrängung wirksam?
Luise fällt im Moment des Entscheidens – soll ich naschen oder warten bis zum Nachtisch – dieses Verbot der Mutter überhaupt nicht ein. Sie verdrängt in diesem Fall den Über-Ich Impuls.
Andererseits könnte Luise auch auf das Naschen verzichten, weil sie sich daran erinnert (Ich-Funktion), daß ihre Mutter Naschen verboten hat (Ich im Bündnis mit Über-Ich); Luises oraler Triebwunsch (Es-Impuls) nach Obstsalat wird nicht mehr erlebt und sie interessiert sich für Obstsalat gar nicht mehr: sie verdrängt den Es-Impuls.

Verschiebung

Hier geht es um die Verschiebung eines Affektes von einer psychischen Vorstellung auf die andere.

Beispiel:

> Ein Mann hat Ärger mit dem Chef im Büro; er kommt nach Hause, meckert über das Essen; seine Frau ist sauer und schimpft wegen Nichtigkeiten die Kinder, diese ärgern schließlich den Hund ...

Die Folge ist, daß der Mann zwar seine Wut ausgelassen, aber den Konflikt mit dem Chef nicht gelöst hat. Darüber hinaus hat er sich und seiner Familie neue Streitpunkte geliefert.

Sublimierung

Triebansprüche, die aus dem Es kommen, z. B. perverse Anteile der Sexualerregung oder aggressive Impulse werden vom Ich unterdrückt; diese gehemmten, aber starken Kräfte werden auf sozial und kulturell höherstehende Ziele umgelenkt.
- Beruflich: z. B. sadistische Impulse münden in der Berufswahl eines Chirurgen oder Scharfrichters; ein brennend an der Sexualität seiner Eltern interessiertes Kind wird seinen Voyeurismus demnach durch die Ausübung des Berufs eines Psychoanalytikers sublimieren können.
- Künstlerisch: Libidinöse Impulse werden z. B. in Tanzkunst (Ballett) umgewandelt.
- Sportlich: Aggressive Impulse werden in sportliche Aktivitäten (Boxen, Ringen, Eishockey) umgelenkt.

Projektion

Hier werden einer anderen Person unbewußt eigene Gefühle und Impulse zugeschrieben. Anteile des eigenen Selbst werden einem Gegenüber, einem anderen Objekt unterstellt, wobei der Betreffende fest davon überzeugt ist, daß sein Gegenüber genau so ist, wie er es wahrnimmt. Die Projektion dient der Vermeidung von Angst und Scham und der Aufrechterhaltung eines mit dem eigenen Selbstverständnis vereinbarten Bildes von sich selbst. Man kann die idealische Projektion von der Schattenprojektion unterscheiden.

Idealische Projektion

Idealische Wunschvorstellungen werden anderen zugeschrieben, um sich selbst aufzuwerten. Dabei wird der andere durch die "Projektionsbrille" gesehen.

Beispiel:

> Ein als Pianist wenig erfolgreicher Vater sieht in seinem 5jährigen Sohn den zukünftigen, berühmten Pianisten, oder eine Mutter möchte ihr 3jähriges Töchterchen unbedingt zur Eisprinzessin machen, wovon sie immer erfolglos seit ihrer Kindheit träumte.

Dies muß nicht zwangsläufig zu einer Störung führen. Hat das Kind eine entsprechende Begabung und selbst den Wunsch, eine solche Karriere einzuschlagen, sind die Bedürfnisse von Eltern *und* Kind befriedigt.

Schattenprojektion

Unannehmbare Wunschvorstellungen (Phantasien) werden anderen zugeschrieben, weil sie dort besser bekämpft werden können (z. B. Nicht ich bin homosexuell, sondern mein Gegenüber). Diese Projektion kann sich kollektiv auf eine Gruppe richten. Bevorzugt werden Minderheiten/Randgruppen, die eine Sündenbockfunktion einnehmen.

Beispiele:

- Eine Frau, die unbewußt den Wunsch hat, ihren Mann zu betrügen, spioniert diesem nach und bezichtigt ihn – grundlos – eines Seitensprungs.
- Ein Politiker einer konservativen Partei zeichnet sich dadurch aus, daß er jahrelang genauestens kontrolliert, wohin die Steuergelder für Selbsthilfegruppen fließen. Für alles läßt er sich peinlichst genau Aufstellungen geben. In Zweifelsfällen streicht er sogar die Gelder. Es stellt sich heraus, daß dieser Politiker, der Firmeninhaber und zugleich Vorsitzender eines Vereins ist, diesen um viel Geld betrogen hat. Vereinsbeiträge und Spenden in Millionenhöhe wurden benutzt, um die eigene Firma zu sanieren.

Erklärung für beide Beispiele:
Das eigene Fehlverhalten wird nach außen verlagert: "Nicht *ich* tue etwas Unerlaubtes, sondern *Du*!" Dadurch wird der Mensch von Schuldgefühlen entlastet und kann sogar den anderen für sein eigenes Fehlverhalten bestrafen.

Identifizierung

Sie besteht in der Übernahme der Normen und Wertvorstellungen einer anderen Person, insbesondere einer Elternfigur, und ist für die Herausbildung der kindlichen Persönlichkeit entscheidend. Am bekanntesten ist Freuds Auffassung, daß ein Kind eine aus verschiedenen Gründen nicht mehr lebbare Liebesbeziehung mit einer Elternfigur dadurch zu bewältigen versucht, indem es sich unbewußt mit für es wichtigen Eigenschaften von Vater und Mutter identifiziert und auf diese Weise die Liebesbeziehung in sich aufbewahrt. Aber auch die Identifizierung mit den erotischen und kraftvollen Eigenschaften des mächtigen gleichgeschlechtlichen Rivalen in der frühen Kindheit (ödipale Konstellation) ist nach Freud ein Anreiz für das Kind, so werden zu wollen wie der beneidete Elternteil.

Beispiel:

> Ein Kind will draußen spielen, soll aber vorher die Hausaufgaben machen. Als es protestieren will, bekommt es durch ein Telefonat mit, daß seine Mutter sich zu einem Kinobesuch verabredet. Sie macht im Gespräch deutlich, daß sie bis dahin ein Kapitel ihrer Seminararbeit abgeschlossen hat. Das Kind identifiziert sich mit der Mutter und beide machen sich an die Arbeit.

Die Identifizierung mit dem Angreifer

Die Identifizierung mit dem Angreifer (A. Freud 1936) ist eine Sonderform der Identifizierung. Sie dient häufig der Bewältigung eines traumatischen Erlebnisses und setzt dem passiv Erlittenen eine aktive Reaktion entgegen. Das Subjekt, das sich einer äußeren Gefahr gegenüber sieht (z. B. Kritik durch eine Autorität), identifiziert sich mit seinem Angreifer, indem es die Überzeugung des Angreifers verinnerlicht oder sein Verhalten imitiert. In dieser zwischenmenschlichen Beziehung ist das Subjekt in der schwächeren Position (es wird z. B. kritisiert, gedemütigt, bedroht, gequält) und mindert durch eine Art bewundernder Unterwerfung (auch einhergehend mit Selbstverachtung) gegenüber dem Angreifer die Gefahr bzw. die Angst (z. B. Opfer bei Geiselnahme oder im KZ).

Zu unterscheiden von den genannten Abwehrformen ist die *primäre Identifizierung* als ursprüngliche Form der affektiven Bindung an ein Objekt. Hierbei handelt es sich um eine präödipale Identifizierung. In der oralen Phase des Individuums sind Objektbesetzung und Identifikation nicht voneinander zu unterscheiden. Die Identifikation mit seiner Mutter stellt in der frühen Kindheit gleichzeitig die Beziehung zu ihr dar. Die Bindung des Kindes an seine Mutter wird häufig auch orale Einverleibung genannt.

Regression

Um Über-Ich-Ansprüchen zu entgehen, kommt es häufig zur Regression, d. h. zu einem Zurückfallen auf vorangehende Entwicklungszustände, die als überwunden gelten sollten (z. B. Einnässen eines 6jährigen, manchmal "Weinen durch die Blase" genannt, wenn er sich zurückgesetzt fühlt.)

Regression hängt eng mit Fixierung zusammen (s. S. 102). Im sogenannten normalen Leben regrediert der Mensch auch: im Urlaub, im Fasching bzw. Karneval, beim Zusammensein mit kleinen Kindern. Unter Alkoholeinfluß kann das Zurückfallen auf eine kindliche Stufe ebenfalls beobachtet werden.

Konversion

Bei den Konversionserscheinungen werden konflikthafte, verdrängte Vorstellungsinhalte in einem Organ zum Ausdruck gebracht. Diese äußern sich in somatischen (z. B. Magengeschwür), motorischen (Lähmung) oder in Empfindungen betreffenden (Schmerzen, Schmerzlosigkeit) Symptomen. Konversion ist nach Freud eine neurotische Verarbeitungsform der Hysterie.

Rationalisierung

Darunter versteht man die Rechtfertigung einer Handlung mit nachträglichen Scheinbegründungen. Sie wird nicht zu den klassischen zehn Abwehrmechanismen gezählt. (Sie wurde von Jones 1908 in den psychoanalytischen Sprachgebrauch eingeführt; vgl. Laplanche und Pontalis 1972). Das Subjekt versucht Lükken und Brüche im individuellen Begründungszusammenhang (z. B. für eine Handlung oder ein Ereignis) zu glätten; diese Operation geht auf unbewußte Handlungsmotive zurück.

Die Rationalisierung ist nicht direkt gegen die Triebbefriedigung gerichtet, sondern verschleiert eher die verschiedenen Elemente des Abwehrkonflikts. Sie stellt daher keinen Abwehrmechanismus im engeren Sinne dar.

Ein klassisches Beispiel für eine Rationalisierung ist der strenge, strafende Vater, der zur Erklärung seines autoritären Erziehungsstils angibt: "Ohrfeigen haben noch nie jemandem geschadet".

Verleugnung

Verleugnung besteht in der Weigerung, die Realität einer traumatisierenden Wahrnehmung anzuerkennen, insbesondere die Penislosigkeit der Frau. Kinder leugnen diesen Mangel, glauben, doch ein Glied zu sehen.
A. Freud sieht in der Verleugnung eine Art Vorstufe der Abwehr. Indem der Mensch sozusagen den Kopf in den Sand steckt, nimmt er einen Teil der *äußeren* Realität, die Angst macht, gar nicht erst wahr.
Zur Erinnerung: Bei der Verdrängung wird die *innere* Realität blockiert, unerlebbar gemacht.

Reaktionsbildung

Die Reaktionsbildung richtet sich gegen einen nicht akzeptierten Triebimpuls (z. B. Haß); die daraus resultierende Angst mobilisiert den gegenteiligen Antrieb. Statt des eigentlichen Hasses wird betonte Zärtlichkeit erlebt und gelebt. Voraussetzung dafür ist eine besonders starke Bedrohung des primären Impulses durch Ängste oder ein besonders strenges Über-Ich.

Reaktionsbildung besteht somit in der Verkehrung ins Gegenteil. Die Betonung liegt dabei auf der Übertreibung. Außerdem zeichnet sie sich durch besondere Starrheit und Rigidität aus, die situationsgerechtes elastisches Handeln unmöglich macht. So können übertriebenes Mitleid oder Überfürsorge die dahinterliegenden Aggressionen zudecken; auffällige Tollkühnheit kann eine Reaktionsbildung gegen starke Angst werden, die sonst mit Scham und Verlust der Selbstachtung einherginge, z. B. aufgrund früher Demütigungen.

3.1.9 Psychoanalytische Angstauffassung

Freud unterscheidet in seiner Lehre die Realangst von der sog. neurotischen Angst. Was aber ist nun Angst?

Freud betont die Vieldeutigkeit des Begriffs, der mit Furcht und Schreck eng gekoppelt ist: **Furcht** ist immer objektbezogen, **Schreck** tritt auf, wenn etwas Unvorhergesehenes passiert, also keine **Angstbereitschaft** vorhanden ist.

Angst wird als subjektiver Zustand definiert, der eng verbunden ist mit **Affekten**. Affekte beinhalten motorische Aktionen, die Wahrnehmungen derselben und Empfindungen von Lust und Unlust.

Freud interessierte sich vor allem für die Affekte, die mit einem frühen bedeutungsvollen Erlebnis zusammenhängen. Jeder Angstaffekt erinnert an die Wiederholung der Geburt. Die Enge des Geburtskanals (Angst: lat. angustus: eng), verbunden mit einer enormen Reizsteigerung während und nach der Geburt, erzeugt Angst. Gleichzeitig vollzieht sich bei der Geburt auch die leibliche Trennung von der Mutter.
Obwohl Freud also im Geburtsakt das Vorbild des Angstaffekts sieht, lehnt er doch die Theorie vom "Geburtstrauma" von O. RANK ab.[31]

Realangst

Unter Realangst versteht er die Reaktion der Wahrnehmung einer *äußeren* Gefahr und damit einer erwarteten Schädigung. Sie ist mit einem Fluchtreflex verbunden und bei allen Menschen vorhanden. Die Realangst ist jedoch abhängig von unseren Erfahrungen und unserer Kultur.
Freud bezweifelt allerdings die Zweckmäßigkeit dieser Angst, vor allem, wenn sie übermäßig stark ausfällt und eher lähmt als zu sinnvollen Handlungen befähigt. Als zweckmäßig betrachtet Freud die Angst*bereitschaft,* die die Sinne schärft und motorische Spannung erzeugt.
Die Realangst ist eine Reaktion des Ichs – meist Flucht – auf eine *äußere* Gefahr. Sie läuft bewußt ab und stellt für die Person ein Signal dar (siehe Angsttheorie).

Neurotische Angst

Wann bezeichnet man einen Menschen als krankhaft (neurotisch) ängstlich? Freud unterscheidet drei verschiedene Formen von auffälligen Ängsten, die uns begegnen:
- Eine **allgemeine Ängstlichkeit**, die sich auch durch Schüchternheit und Gehemmtheit ausdrücken kann. Sie tritt generell als Persönlichkeitszug auf und ist nicht an bestimmte Situationen gebunden.
- **Phobien**, d. h. an Objekte oder Personen gebundene Ängste, **die wir zwar verstehen**, deren Intensität wir aber übertrieben finden (Spinnenphobie, Mäusephobie).
- **Phobien, die uns fremd sind**, die wir nicht mehr nachvollziehen können. Dazu gehört z. B. die sog. Agoraphobie (griech. agora: Volksversammlung, Marktplatz), d. h. die Angst, einen großen Platz zu überqueren.

Alle diese Ängste haben nicht mehr ihren Ursprung in äußeren Gefahren wie die Realangst, sondern in *inneren Gefahren*. Diesen Gefahren kann man nicht mehr durch Flucht, sondern durch Abwehr, z. B. Verdrängung oder Verschiebung, begegnen.[32]

Bei **Phobien** (auch Angsthysterien genannt) unterscheidet Freud zwei Phasen: Zunächst wird Unerwünschtes (z. B. Sexualität) verdrängt. Dabei kann Energie nicht abgeführt werden, es kommt zum sog. Libido-Stau. Diese gestaute Energiemenge wird in Angst umgewandelt. (*Wie* das vor sich gehen soll, kann Freud nicht beantworten. Jedenfalls handelt es sich um einen somatischen, also körperlichen Prozeß). Diese Angst wird an eine beliebige äußere Gefahr, z. B. einen engen Raum, einen großen Platz, einen hohen Berg etc. gekoppelt. Dann sichert der Phobiker alle Handlungen so ab, daß keine Konfrontation mit dieser neuen Gefahr möglich ist. Auch eine Phobie bindet also die Angst.

Beispiel:

> Ein Mann hat eine Agoraphobie. Erklärung: Er fürchtet sich vor seinen eigenen Sexualwünschen, die in ihm aufsteigen, sobald er die Straße betritt. Er könnte z. B. den Versuchungen durch Prostituierte erliegen und sich eine Geschlechtskrankheit holen (d. h. kastriert werden). Durch die unbewußte Verschiebung, die er vornimmt, verallgemeinert er seine Angst auf alle öffentlichen Plätze. Es ist leichter, sich vor diesen äußeren Gegebenheiten zu schützen, als sich gegen die Gefahr aus dem eigenen Es zu wehren.

Angsttheorien

Freud unterscheidet nicht nur die Realangst von der neurotischen Angst, sondern er stellte im Laufe von ca. 30 Jahren zwei unterschiedliche Angsttheorien auf: In seiner ersten Angsttheorie 1895 sah er in der Angst die Folge von aufgestauter Triebenergie (Libido). Durch nicht ausgelebte Sexualität sammeln sich danach quasi Giftstoffe im Körper an. Sie wird auch toxikologische Angst genannt. Angst entsteht hier als *Folge* einer Libido-Abwehr.

Mit der Entwicklung des Instanzenmodells veränderte Freud seine Auffassung von Angst (1926): Das Ich hat nun die Aufgabe, eine Gefahr wahrzunehmen bzw. vorauszuahnen und mit Angst zu reagieren. Diese Angst nennt er jetzt **Signalangst**. Bei äußeren Gefahren ist die Reaktion des Ich meist die Flucht (s. Realangst S. 114). Den inneren Gefahren, die entstehen, wenn Triebansprüche durchgesetzt werden sollen, kann man sich nicht durch Flucht entziehen. Das Ich setzt **Abwehrmechanismen** ein, um die Angst zu verringern. Die Angst ist damit die *Ursache* der Abwehr geworden.

Die Aufgabe der Signalangst ist es, ein erlebtes Trauma im Sinne einer Ansammlung von Bedürfnisspannung vorwegzunehmen. Mit Hilfe der sog. Ich-Funktionen kann es in abgeschwächter Form durchlebt werden. Angst ist also sowohl eine Reaktion auf ein Trauma als auch eine Reaktion auf eine äußere Gefahr.
Das heißt: Angst hat die Bedeutung eines Signals dafür, daß die Wiederholung eines traumatischen Erlebnisses in der frühen Kindheit droht. Um sich das zu ersparen, reagiert das Ich mit Abwehr. Es geht also um eine Kette: Frühkindliches Trauma – Angst als Signal für eine Wiederkehr – Abwehr. (Neuere Analytiker wie Elhardt betonen, daß als Folge der Abwehr erneute Angst auftritt, es sich also um einen Kreislauf handelt; vgl. hierzu Elhardt 1994). Zu starke Reize von innen oder außen erzeugen dagegen *automatische* Angst. Der Ausdruck beinhaltet die Unfähigkeit der Person, ein traumatisches Erlebnis zu bewältigen oder einer äußeren Gefahr angemessen zu begegnen (Schwaches Ich).

Angstentwicklung beim Kind

Freud stellt die Behauptung in Frage, daß kindliche Ängste sog. Urängste und damit phylogenetisch (die Stammesgeschichte betreffend) bedingt seien. Er sieht bei kindlichen Ängsten eher eine Verwandtschaft zu neurotischen Ängsten als zu Realängsten. Bei echten Gefahren, z. B. sich aus dem Fenster des 4. Stockes zu lehnen, auf einem wackeligen Steg über einen Fluß zu gehen ..., zeigen kleine Kinder meist keine Angst, obwohl das fürs Überleben sinnvoll wäre. Stattdessen müssen ihnen diese "Realängste" weitgehend anerzogen werden. Das kleine Kind ängstigt sich zuerst vor fremden Personen. Seine Enttäuschung, daß seine Sehnsucht nach der Mutter nicht gestillt wird (Sehnsucht im Sinne von Libido) wandelt sich in Angst um. So ist die Angst vor der Dunkelheit in erster Linie eine Angst vor dem Verlassenwerden.

Beispiel:

> Ein Kind ruft ins Nebenzimmer: "Tante, sag etwas!" Die Tante antwortet: "Du kannst mich ja gar nicht sehen ...!" Kind: "Wenn jemand spricht, wird es heller!" (modifiziert nach Freud 1969, S. 393).

Aus Sehnsucht nach Zuwendung wird also Angst. Das haben kindliche Ängste und neurotische Ängste gemeinsam: Libido verwandelt sich in Angst.

Angstinhalte

Die wesentlichen Angstinhalte[33] beim Kind sind:

- **Angst vor dem Objektverlust**, d. h. die Angst vor dem Verlust der Mutter, auch als Trennungsangst erlebt: sie ist eine in der Entwicklung sehr früh entstehende Angst. Das Baby braucht Monate, um eine tragfähige Objektbeziehung aufzubauen. R. SPITZ zeigte auf, welche verheerenden Folgen das "Alleingelassenwerden" für das Kind hat (s. auch S. 123ff.).
- **Angst vor dem Verlust der mütterlichen Liebe und Zuwendung**: Ist eine stabile Objektbeziehung aufgebaut, hat das Kind immer noch Angst, nämlich die Angst, die Liebe zu verlieren. Völlig erspart werden kann keinem Kind diese Angst. Aber Eltern, die häufig mit Liebesentzug strafen oder stark verwöhnen, erzeugen diese Angst vermehrt.
- **Angst vor dem Verlust des Penis**, auch als Kastrationsangst bezeichnet: Die Angst vor tatsächlicher bevorstehender Kastration bei Buben oder die phantasierte Kastration bei Mädchen ist auch in übertragenem Sinn zu verstehen: Kastration als Beschneidung der Entfaltungsmöglichkeiten. Diese Angst ist nicht ganz so bedrohlich wie die beiden erstgenannten.
- **Angst vor dem Verlust der Wertschätzung des eigenen Über-Ichs** (sog. Gewissensangst: Sie ist keine Angst mehr vor äußeren Gefahren – wie die drei erstgenannten Ängste – sondern eine Angst vor *inneren* Gefahren. Hier geht es um Schuldgefühle, um die Angst, vor dem eigenen Über-Ich nicht bestehen zu können. Starke Gewissensängste können zu Depressionen führen.

Beispiel:

> Erinnern wir uns an Luise (s. S. 108), die gesehen hat, daß ihre Mutter Nachtisch im Kühlschrank aufbewahrt hat. Sie möchte unbedingt naschen (Es-Impuls), zögert aber (Ich), weil sie sich erinnert (Ich), daß Mutter es verboten hat (Über-Ich), sie hat Angst vor Strafe (Realangst). Sie wartet ab, bis alle den Nachtisch essen (realitätsangepaßter Triebaufschub, vom Ich ausgehend). Wenn sie aber beim Nachtisch erlebt: "Ich bin böse, ich darf eigentlich keinen Nachtisch essen", dann bestraft sich Luise schon für den früheren Wunsch, zu naschen. Dieser Wunsch unterliegt einem Über-Ich-Strafimpuls (innere Angst). Kinder, die eine dermaßen große Angst vor ihrem Über-Ich haben, daß sie sich häufig für einen verbotenen Gedanken oder Wunsch bestrafen, können wir als gestört ansehen.

3.2 Kritische Würdigung des psychoanalytischen Modells

Stärken

(1) Verglichen mit anderen (Persönlichkeits-)Theorien gilt die Theorie Freuds als besonders umfassend: Sie lenkt den Blick auf eine Vielzahl von Details im menschlichen Verhalten (vgl. Pervin, 1993; s. ferner Miller, 1993).
(2) Hervorzuheben ist die Vernetzung der unterschiedlichen Bereiche: Instanzen mit Triebtheorie, Angst und Abwehrmechanismen, psychosexuelle Entwicklung (Phasenmodell) mit Instanzen, Triebtheorie und Angst.
(3) Dabei sind die Erkenntnisse über frühkindliche Erfahrungen und unbewußte Wünsche bzw. Affekte von besonders praktischer Bedeutung in der Kinderpsychiatrie, in der Erziehungsberatung und im Alltag.
(4) Sie hat eine Reihe von Techniken entwickelt (freie Assoziation, Traumdeutung), die für Forschung und Theorie eine Vielzahl von Anregungen bieten.
(5) Freuds Vorgehen der Deutung und Interpretation von Zusammenhängen läßt der Kreativität viel Freiraum.
(6) Die Behauptung, der Mensch sei ein geschlossenes Energiesystem ist kühn und interessant.

Schwächen

(1) Im Laufe seiner langen Forschungen (er schrieb über 30 Bände) änderte Freud seine Theorie bzw. seine Begriffsdefinitionen. Das schafft häufig Mißverständnisse (das Instanzenmodell löst das topographische Modell ab, es gibt unterschiedliche Angsttheorien und verschiedene Triebmodelle, dabei bleibt der Aggressionstrieb unklar).
(2) Eine wissenschaftliche Überprüfung seiner Theorien gestaltet sich als schwierig: Zweifel an der Deutung eines Psychoanalytikers wird als psychischer Widerstand gegen die Psychoanalyse bloßgestellt. (Nach Freud können nur Psychoanalytiker die Deutung anderer Psychoanalytiker kritisieren!)
(3) Die psychoanalytischen Thesen werden aufgrund der Analyse neurotischer Patienten aufgestellt. Allerdings erheben diese Thesen den Anspruch auch für sog. "normale", nicht-neurotische Menschen zu gelten.
(4) Das Bild der Frau wird absolut unvollständig und einseitig dargestellt. Ihre Bedeutung wird reduziert auf Begriffe wie Penisneid und Angst vor tatsächlich erfolgter bzw. phantasierter "Kastration". (So sehr Freud seine Zeit in bezug auf Sexualmoral auch kritisierte, so unreflektiert übernahm er doch ein gängiges Frauenklischee.)

(5) Freud interpretiert nur Vergangenes, er macht keine Vorhersagen, wie wir es heute von einer wissenschaftlichen Theorie erwarten. Er beschränkt sich auf die Methode der Beobachtung. Experimentelle Überprüfungen einige seiner Thesen, die es damals schon gab, interessierten ihn nicht.
(6) Die Behauptung, der Mensch sei ein geschlossenes Energiesystem, entstammt der Physiologie. Die Übertragung körperlicher Vorgänge auf psychische Qualitäten ist äußerst umstritten.

Weitere Stärken und Schwächen der Theorie Freuds werden diskutiert in: Cremerius 1993; Eagle 1993; Grawe u. a. 1994; Gmelin 1975; Jaeggi 1993; Köhler 1993; Mertens 1995; Miller 1993; Pervin 1993; Pohen und Bautz-Holzherr 1995; Zimmer 1986).

3.3 Die Bedeutung der Psychoanalyse für die Erziehung und Entwicklung

3.3.1 Historische Zusammenhänge

Ende der 60er Jahre entstanden – meist aus Elterninitiativen – sog. antiautoritäre Kinderläden.[34] Sie nahmen für sich u. a. in Anspruch, psychoanalytische Thesen in die Praxis umzusetzen. Die Kinder brauchten sich nur an wenige Regeln zu halten, sie durften sich beschmieren, die Wände anmalen (s. anale Phase!); sie durften ungehindert nackt umherlaufen und Doktor spielen (s. phallische Phase), die Erzieher kritisieren und sollten weitgehend ihre Konflikte selbst austragen. Dieser Erziehungsstil verstand sich als Antwort auf herrschende Autoritätsverhältnisse. Die Kinder sollten "autonom" erzogen werden.

Warum die Kinderläden letztlich scheiterten, kann an dieser Stelle nicht erörtert werden. Der Psychoanalytiker H. E. RICHTER (Direktor des Frankfurter S. Freud Institutes) weist darauf hin, daß die Eltern mit Hilfe dieser Kinderläden häufig ihre eigene Autoritätsproblematik mit ihren Eltern und dem Staat zu verarbeiten suchten. Sie waren und sind die Generation, deren Eltern passiv oder aktiv den NS-Staat ermöglicht hatten. Dieser Eltern-Eltern-Konflikt und die Unzufriedenheit mit der neuen Demokratie nach dem Kriege, die ihnen ihrer Meinung nach zu wenig Freiraum ließ, waren einige Gründe für die Einrichtung der Kinderläden.

Die Forderung, Psychoanalyse in die Praxis umzusetzen, ist allerdings nicht erst in den 60er Jahren entstanden. Freud erwartet selbst, "das Verhältnis zwischen Erziehung und psychoanalytischer Bemühung werde voraussichtlich in nicht ferner Zeit einer grundlegenden Untersuchung unterzogen werden" (Freud in Aichhorn, 1925).

Auch die Psychoanalytikerinnen MELANIE KLEIN und ANNA FREUD forderten 1921 analytisch geschulte Erzieher.

Bahnbrechende Arbeiten erfolgten unter anderem mit Verwahrlosten (A. Aichhorn), mit Prostituierten und deren Kindern (L. Pongratz) und mit Autisten (B. Bettelheim). Psychoanalytisch orientiertes Vorgehen bezog sich hier auf eine bestimmte Problemgruppe und war weitgehend therapeutisch ausgerichtet.

1924 wurde von dem britischen Pädagogen ALEXANDER NEILL (1889 – 1973) die Internatsschule Summerhill in Leiston (Suffolk) gegründet. Neill, der sich zum obersten Erziehungsziel den "glücklichen Menschen" setzt, beruft sich dabei weitgehend auf den Psychoanalytiker W. REICH (1897 – 1957). Im Mittelpunkt steht die Kritik am **Zwang** der Erziehung. Zwang wird nach Reich durch zwei fundamentale Erziehungsfehler ausgeübt:

- Strenge Unterdrückung der Triebäußerungen des Kindes,
- nachlässige Beaufsichtigung oder starke Verwöhnung.

Ersteres führt zu starken Hemmungen in sexueller und sozialer Hinsicht, letzteres bringt Triebe des Kindes voll zur Geltung. Dies wiederum kann zu späten, harten Strafen führen. Auf diese Weise können sich Psychopathen entwickeln. Summerhill gilt auch heute unter der Leitung von Neills Tochter als weitgehend repressionsfreie Schule, auf der die meisten Regeln gemeinsam von Schülern und Lehrern erarbeitet werden. Eine Auswirkung dieses Erziehungsstils auf andere Schulen fand jedoch kaum statt.

Psychoanalytisch orientierte Hilfe wird in erster Linie in vielen Erziehungs-, Ehe- und Lebensberatungsstellen und Therapieeinrichtungen angeboten. Gründe für die letztlich unzureichende, teils ja auch mißglückte Umsetzung der Psychoanalyse in Schulen und Kindergärten mögen auch folgende Umstände sein: Nicht nur auffällige Erziehungsfehler schädigen das Kind – diese kann man vielleicht verhüten oder korrigieren – sondern auch *unbewußte Reaktionen* der Erzieher wirken sich negativ aus. Letztere hat man kaum unter Kontrolle, es sei denn, man ließe eine eingehende Reflexion seiner Person zu (z. B. in Form einer Supervision, vgl. Anm. 40).

Hinzu kommt, daß ein einfaches Ursache-Wirkung-Schema fehl am Platze ist. Die Thesen des Psychoanalytikers S. BERNFELD (1892 – 1953), der die Genese (Entwicklung) in der Persönlichkeit des Kindes betonte, faßt HÖCHSTETTER wie folgt zusammen: "Die Eigentätigkeit des Kindes, die individuelle Erlebnisfähigkeit und Reaktionsaffinität (Affinität: Nähe, Verwandtschaft) erschweren die präzise Erfassung von Umwelteinflüssen und ihren Wirkungen und führen zu einer multifaktoriellen Entwicklungstheorie" (Höchstetter 1972, S. 23).

Trotz dieser aufgezeigten Problematik bleibt eine Tatsache unumstritten: Dank der psychoanalytischen Forschung wird die Bedeutung der ersten Lebensjahre für die gesamte Persönlichkeitsentwicklung erkannt.

Die gefühlsmäßigen Beziehungen des Kindes zu seiner Mutter[35] (d. h. dem affektiven Klima) im ersten Lebensjahr wird von vielen Autoren der Psychoanalyse (z. B. R. Spitz, A. Freud, E. Erikson, M. Mahler, Schultz-Henke u. a.) die größte Bedeutung zugeschrieben.

Im folgenden soll auf die Thesen von ERIKSON, SPITZ und SCHULTZ-HENKE (letztere zitiert und erweitert von Elhardt) eingegangen werden. Einen Zusammenhang zwischen dem sog. Urvertrauen und der Ich-Identität stellt Erikson her.

3.3.2 Die Bedeutung der ersten Lebensjahre

Urvertrauen und Ich-Identität

Im ersten Lebensjahr bildet sich beim Kind das Grundgefühl des Urvertrauens bzw. Urmißtrauens aus; es bleibt für das ganze Leben eine "Quelle der Urangst und der Hoffnung" (Erikson 1968, S. 74). Am frühesten beweist das Kind sein Vertrauen zur Gesellschaft dadurch, daß es keine Ernährungsschwierigkeiten, Schlafstörungen und Spannungszustände im Verdauungstrakt hat (vgl. Erikson 1968, S. 241). Als erste Vertrauensleistung des Kindes kann man ansehen, wenn das Kind es zuläßt, daß sich die Mutter aus seinem Gesichtsfeld entfernt, ohne größere Angst oder Wut zu äußern, "weil die Mutter inzwischen außer einer zuverlässig zu erwartenden äußeren Erscheinung, auch zu einer inneren Gewißheit geworden ist. Das Erleben des Konstanten, Kontinuierlichen und Gleichartigen der Erscheinungen liefert dem Kind ein erstes Gefühl der Ich-Identität" (Erikson 1968, zit. n. Höchstetter 1974, S. 27). Unter Ich-Identität versteht Erikson folgendes:

- Wahrnehmung der eigenen Gleichheit und Kontinuität in der Zeit und
- Wahrnehmung, daß auch andere diese Gleichheit und Kontinuität erkennen.

Damit ist ausgedrückt, daß es nicht nur um die bloße Existenz, sondern um die **Qualität der Existenz** geht (vgl. Wyss 1991, S. 423).

Die Identität entwickelt sich stufenweise von der Geburt bis zur Adoleszenz (Jugendalter). Neben dem Urvertrauen zählt er die Autonomie und die Initiative zu den Grundpfeilern einer gesunden menschlichen Existenz.

Nach ERIKSON hängt die Summe von Vertrauen, die aus seinen frühesten Erfahrungen stammt, nicht absolut von der Quantität an Nahrung und Liebesbeziehung ab, sondern von der *Qualität* der Mutter-Kind-Beziehung. Es kommt auf die einfühlende Befriedigung der individuellen Bedürfnisse des Kindes an und auf die Vermittlung eines starken Gefühls der persönlichen Zuverlässigkeit (vgl. Höchstetter 1974, S. 27).

Das Urvertrauen als Grundlage des Identitätsgefühls darf nicht als Gradmesser für Gesellschaftsanpassung verstanden werden, sondern als eine psychische Fähigkeit, die auch gegen die Widerstände einer inhumanen Gesellschaft kontinuierlich bestehen kann (Höchstetter 1974, S. 28). Urvertrauen und Urmißtrauen sind keine sich absolut ausschließenden Gefühle. Auch unter den günstigsten Umständen scheint in dieser Phase ein Gefühl innerer Spaltung und eine Sehnsucht nach einem verlorenen Paradies aufzutreten (Erikson 1968, S. 244). Gegen die Gefühle, verlassen oder beraubt zu sein, muß sich das Urvertrauen ein ganzes Leben lang behaupten.

Entstehung der ersten Objektbeziehungen (1. Lebensjahr)

Während Erikson das Urvertrauen herausstellt, betont R. SPITZ den langsamen Aufbau der ersten Objektbeziehungen im 1. Lebensjahr.
In den ersten Lebenswochen hängt die Wahrnehmung der Umwelt mit dem unbefriedigten Triebanspruch zusammen: Der Trieb führt zur Wahrnehmung und dadurch kann die Umwelt erlebt werden. Nahrung bekommen und Mutter sind eins, fallen im Erleben zusammen (vgl. Elhardt 1994, S. 72). Erst nach und nach nimmt das Kleinkind die Außenwelt wahr, lächelt auch andere Personen an (auch Masken!). Dabei lernt es zu unterscheiden, bis es mit ca. 8 Monaten zu fremdeln beginnt: Es vergleicht das fremde Gesicht mit dem Erinnerungsbild der Mutter und zeigt Angst. Diese Angst zeigt, daß sich die ersten Ich-Funktionen (Wahrnehmung, Erinnern, usw.) bilden.
RENE SPITZ betont die Bedeutung der menschlichen Wärme und angemessener Umweltreize vor allem im ersten Lebensjahr.

Der amerikanische Kinderarzt und Psychiater wurde u. a. berühmt durch folgende Untersuchung des **Hospitalismus**: Er führte ab 1940 systematische Beobachtungen von 164 Kindern über mindestens das 1. Lebensjahr durch, teilweise auch darüber hinaus. Die Kinder waren in zwei Heimen untergebracht. Das eine war ein Säuglingsheim in einem Frauengefängnis, in dem großenteils junge, ledige Mütter inhaftiert waren; im anderen Falle handelte es sich um ein Findelhaus in einer Großstadt, in dem z. T. Waisenkinder, z. T. Kinder unehelicher Mütter, z. T. Kinder, deren Mütter sie nicht selbst versorgen konnten, untergebracht waren. Wichtig ist, daß in beiden Heimen die räumliche Lage, die Verpflegung, die hygienischen Verhältnisse, die ärztliche Versorgung, die Kleidung der Kinder usw. gleich gut waren.

Entscheidende *Unterschiede* gab es in der *Art der Betreuung* der Kinder:

- Im *Säuglingsheim* des Gefängnisses wurden 69 Kinder im ganzen Beobachtungszeitraum, also mindestens 1 Jahr lang, von ihren Müttern voll versorgt, gefüttert, gepflegt. Eine Oberschwester und drei Helferinnen standen den Müttern dabei zur Seite.
- Im *Findelhaus* wurden 91 Kinder größtenteils nur in den ersten drei Monaten von ihren Müttern oder von Ammen versorgt. Nach drei Monaten wurden sie in große Räume verlegt, wo nun eine Schwester mindestens je acht Kleinkinder zu betreuen hatte. R. Spitz betont jedoch: Die Betreuerinnen waren besonders bemühte, liebevolle Kinderschwestern.
- Nach dem 6. Monat wurden die Kinder in Zimmer mit vier bis fünf Betten verlegt; die Betten waren ringsherum verglast, sie erlaubten den Kindern, zu anderen Kindern hinüberzusehen.
- Im Findelhaus dagegen herrschte der Brauch, Bettücher über die Seitengitter zu hängen, so daß die Kinder voneinander abgeschlossen waren. Erst wenn sie stehen konnten, gelang es ihnen, zu anderen Kindern hinüberzusehen.

Untersuchungsmethode:

RENE SPITZ entwickelte nun für seine systematischen Beobachtungen einen Katalog von Merkmalen der kindlichen Entwicklung, so z. B. Größenwachstum, Zunahme an Gewicht, Reaktionen auf Lichtreize und akustische Reize, Bewegungsfähigkeit, wie etwa das Wenden des Kopfes, die Fähigkeit der Babys, nach etwas zu greifen und es festhalten zu können.

Für diese Merkmale wurden Punkte verteilt. So wurden z. B. die Gewichtszunahmen von 50g pro Monat mit einem Punkt, die Zunahme um 60g mit zwei Punkten usw. bewertet. Da entsprechende Durchschnittswerte vorlagen, die in der amerikanischen Kindermedizin durch die Untersuchung einer großen Zahl von Kindern gewonnen worden waren, konnte man Vergleiche anstellen. Die durchschnittliche Entwicklung war mit 100 Punkten angesetzt.

RENE SPITZ erhielt folgende *Ergebnisse*:

– In den ersten 4 Monaten lag der Entwicklungsquotient (EQ) im *Säuglingsheim* bei 101,5 Punkten.	– Im *Findelhaus* lag der EQ in diesem Zeitraum bei 105 Punkten.
– In der Zeit zwischen dem 8. und 12. Lebensmonat lag der EQ im Säuglingsheim jetzt bei 124 Punkten.	– Im Findelhaus lag der EQ in diesem Zeitraum bei 72 Punkten.

Die Untersuchungen wurden bei einigen Kindern fortgeführt:

– Am Ende des 2. Lebensjahres blieb der EQ im Säuglingsheim weit über dem Durchschnitt.	– Der EQ sank im Findelhaus auf 45 Punkte ab, d. h. ein Kind von 2 Jahren hatte einen Entwicklungsstand von 10 Monaten, (d. h. es war hochgradig minderbegabt). Außerdem waren die Kinder höchst krankheitsanfällig und wiesen eine hohe Sterblichkeitsrate auf. Psychisch zeigten die Kinder Retardierungen (Entwicklungsverzögerungen) auf allen Gebieten.
– Extreme Auffälligkeiten wurden nicht beobachtet.	– Stereotype Bewegungen, übertriebene Scheu vor Personen und Gegenständen, aber auch Distanzlosigkeit traten auf. Manche Kinder schrien auch unaufhörlich vor Angst.

Spitz faßt zusammen: "Das Säuglingsheim stellt jedem Kind eine potenzierte Mutter zur Verfügung, eine Mutter, die dem Kind alles gibt, was ihm eine gute Mutter zu geben pflegt, und darüber hinaus noch alles übrige, was sie hat". Für die Kinder im Findelhaus dagegen gilt: "Das Findelhaus gibt dem Kind nicht nur keine Mutter, auch keine Ersatzmutter, sondern nur ein Achtel einer Schwester" (Spitz, zit. n. Klafki 1972, Bd. 1, S. 75).

Selbständigkeit und Autonomie (2. und 3. Lebensjahr)

ERIKSON stellt die Entwicklung der Autonomie in den Zusammenhang mit der Kontrolle über die Schließmuskeln, der sog. Analität.

Durch die Reifung des Muskelsystems beginnt das Kind etwa Ende des zweiten Lebensjahrs Festhalten und Loslassen der Exkremente zu koordinieren. Diese Vorgänge passieren im Körper des Kindes relativ unabhängig von den Eltern. Die Entleerung von Darm und Blase wird dabei von einem Gefühl des Wohlbefindens begleitet. Die Entlastung der von der Entleerung erlebten Druck- und Spannungsgefühle wird als angenehm empfunden. Dieses festhalten und Loslassen bezieht sich nicht nur auf körperliche Vorgänge, sondern kann auch im übertragenen Sinne verstanden werden. Es bezieht sich allgemein auf den Umgang mit der Dingwelt. So kann man auf dem Spielplatz gut beobachten, wie kleine Kinder einmal krampfhaft an ihren Förmchen festhalten, nichts abgeben wollen, zum anderen aber unaufgefordert Spielsachen hergeben; dies geschieht manchmal in schnellem Wechsel. Die Aufgabe der Erzieher ist, diese Autonomie und den Stolz zu schützen. Sehr stark eingreifende, rigide Eltern erzeugen beim Kind das Gegenteil von Autonomie, nämlich Scham und Zweifel.

Ein frühes, strenges Sauberkeitstraining macht das Kind machtlos gegenüber dem eigenen Körper und machtlos gegenüber dem Erwartungsdruck der Eltern. Es zweifelt an sich und seinen Fähigkeiten und regrediert unter Umständen, möchte wieder "Baby" sein.

Eine andere Reaktion von Kind auf zuviel Druck der Eltern kann auch Feindseligkeit oder Zudringlichkeit sein (vgl. Höchstetter 1974; Erikson 1966, S. 112).

Ebenso ungünstig kann es sich auswirken, wenn Eltern dem Kind beibringen nichts vom Spielzeug abzugeben (nach dem Motto: "das war teuer, das gehört nur dir") oder das Kind zwingen, etwas abzugeben (nach dem Motto: "alles was dir gehört, gehört auch anderen"). Auch andere Psychoanalytiker, wie ELHARDT z. B. heben das Streben nach Selbständigkeit heraus.

Nach ELHARDT können beim Kind folgende Erlebniskategorien unterschieden werden:

- *Hergeben bzw. Verweigern:*
  Das Kind kann seine Exkremente als Eigenbesitz zurückhalten und sich den Herausgabeforderungen der Eltern verweigern; es erlebt zudem bewußt, daß es die Exkremente aber auch zum Geschenk machen kann, was das Kind mit Stolz erfüllt. Die Möglichkeit des Nein-Sagens gibt ihm ein Machtgefühl, die Macht, sich unabhängig von den Eltern zu machen und den eigenen Willen

durchzusetzen. Durch Abgrenzung und Eingehen auf die Erwartungen der Umwelt, je nach Bedarf, erlebt das Kind ein Stück Einflußnahme und Selbständigkeit.

- *Gehenlassen* oder *Selbstkontrolle:*
  Dem Kind wird jetzt erstmals abverlangt, sich zu beherrschen und sich zu kontrollieren. Ordnung und Sauberkeit werden gefordert.
- *Selbst etwas produzieren:*
  Das Kind kann die Exkremente aber auch zum Geschenk machen und erlebt das Gefühl, selbst etwas "gemacht" oder schöpferisch gestaltet zu haben, indem es seine Exkremente stolz den Eltern präsentiert.

- Die Fähigkeit des Kindes, sich selbständig *fortzubewegen*, verschafft ihm weitere Möglichkeiten bei seinem Versuch, die Welt zu erobern. Das Kind kann an weiter weg liegende Gegenstände herangehen und sich auch wieder von dort entfernen; es kann seine Gliedmaßen planvoll einsetzen, es spürt die Macht der Muskulatur beim Schlagen auf Objekte oder Kaputtmachen von Dingen. Es reißt sich von der Hand der Mutter los und rennt in die entgegengesetzte Richtung. Es erlebt Eigenmacht, Selbständigkeit und das Gefühl der Freiheit.

- In der *sprachlichen Entwicklung* finden ebenfalls Abgrenzungserlebnisse statt. Ein "Nein" des Kindes, häufig von den Eltern als Trotz und als "böse" interpretiert, ist in diesem Alter ein Schritt des Kindes auf dem Weg zu einer selbständigen Persönlichkeit; Dinge zu unterscheiden ("Hund" und "Katze") oder Bedürfnisse zu artikulieren "will das nicht, will das!" (bestimmte Schokoladensorten) geben dem Kind die erforderliche Kompetenz bei seiner ständigen Auseinandersetzung mit der Umwelt.
  Es sollte hinzugefügt werden, daß diese Auseinandersetzung den Erzieher auf eine harte Probe stellen kann. Wenn Kinder sich spontan in eine Pfütze werfen, um ein Eis zu bekommen oder an der Kasse in der Warteschlange unentwegt und lautstark um Süßigkeiten (die ja dort zu finden sind) betteln, verlangt das von den Eltern viel Gelassenheit und Konsequenz.

Initiative (4. und 5. Lebensjahr)

Das dritte Stadium nennt ERIKSON die Entwicklung eigener Initiative. Das Kind weiß um sein eigenes Ich, aber es muß herausfinden, was für eine Person es ist und was es werden will. Es identifiziert sich dabei mit den eigenen Eltern, auch um an ihrer Macht teilhaben zu können. Dabei kommen ihm Entwicklungsschübe in der Motorik und Sprache zugute. Diese beiden Bereiche erweitern seine Vorstellungswelt, können aber auch Angst machen. Die Sprache der Erwachsenen ist oft unklar und verschwommen, die Bewegungsfreiheit wird häufig eingeschränkt (z. B. durch Autoverkehr).

Die Erzieher sollten die Initiative bei Spielideen, Freundschaften, Basteln etc. fördern.

Kinder, die keine Initiative entwickeln dürfen, bekommen leicht Schuldgefühle. Sie fühlen sich minderwertig, klein, zu nichts nutze.

3.3.3 Eltern-Kind-Beziehung (Rollentheorie)

Der Psychoanalytiker H. E. RICHTER (geb. 1923) betrachtet die Entwicklungs- und Erziehungssituation aus einem anderen Blickwinkel. Er orientiert sich weniger am Kind als Individuum, sondern berücksichtigt die Stellung des Kindes in der Familie. Er untersucht die von den Eltern dem Kind zugewiesene **Rolle** (vgl. Richter 1973, S. 71 ff.). Unter kindlicher Rolle versteht er die Gesamtheit der unbewußten elterlichen Erwartungsphantasien, die vom Kind erfüllt werden sollten:
Was suchen die Eltern im Kind?
Wie sind ihre Phantasien beschaffen?
Wie nimmt das Kind diese Phantasien auf?
Wie verarbeitet das Kind die Phantasien in seinen Beziehungen zu den Eltern und in seinen Identifikationen?
Welches ist das Leitmotiv der Eltern bei den auf das Kind gerichteten Wünschen? (vgl. Richter 1973, S. 72).

Es scheint, daß viele Eltern das Kind in ihren eigenen neurotischen Konflikt hineinsaugen und das Kind ihnen auf diese Weise zu einer Entlastung ihrer Konfliktspannung verhilft. Die Rolle des Kindes dient dazu, die eigenen Konflikte der Eltern zu bewältigen. Richter vergleicht die Rollenübertragung der Eltern auf das Kind mit der Übertragung, die zwischen Patient und Analytiker stattfindet.

Dabei werden im Kind nicht nur die eigenen Bedürfnisse angemeldet und nachgeholt, sondern alte Enttäuschungen leben neu auf, unerfüllte Wünsche sollen erfüllt und selbst erfahrene Verzichtleistungen sollen auch vom Kind erlitten werden.

Richter hat solche typischen **Rollenübertragungen** bzw. **-vorschriften** in Anlehnung an Freud (1982, Studienausgabe Bd. 3, S. 56) zusammengestellt:

(1) Das Kind als Ersatz für einen anderen Partner
- Das Kind als Ersatz für eine Elternfigur (s. u.),
- das Kind als Gattenersatz,
- das Kind als Ersatz für eine Geschwisterfigur,
- das Kind als Großelternersatz.

Eltern, die die fehlende Mutterliebe in der Kindheit nicht bewältigt haben, erwarten von ihrem Kind übergroße Liebe. Sie benutzen das Kind, um etwas zu bekommen, was ihnen eigentlich ihre Eltern hätten geben sollen. Das Kind kann meist diesen Wünschen nicht nachkommen. Es braucht ja selbst erst Zuwendung, um diese dann abgeben zu können. Das muß notgedrungen zur gegenseitigen Enttäuschung führen. So kann das Kind psychisch krank werden.

(2) Das Kind als Ersatz für einen Aspekt des eigenen elterlichen Selbst
- Das Kind als Abbild schlechthin (das Kind als die eigene Kopie, d. h. das Kind muß dem Selbstbild, das Vater oder Mutter von sich haben, entsprechen),
- das Kind als Ersatz des idealen Selbst (Wie wäre ich selbst gerne),
- das Kind als Ersatz der negativen Identität (So möchte ich um keinen Preis sein; Kind als "Sündenbock"; vgl. Richter 1973, S. 81).

Beispiel für das Kind als Ersatz des idealen Selbst :

Ein 33jähriger Student fällt zweimal durch die Abschlußprüfung. Er gilt als äußerst gehemmt und hat große Konzentrationsschwierigkeiten. Sein Vater leidet seit seiner Jugendzeit darunter, kein Abitur gemacht zu haben. Mit unnachgiebiger Strenge peitscht er seinen Sohn, der schlecht in der Schule war, zum Abitur. Diesem war jede Lernsituation eine Qual. (Richter 1972, S. 171 – 172).

Mit diesem Fallbeispiel will Richter deutlich machen, daß manche Erziehungsziele weniger auf das Kind ausgerichtet, als von der eigenen Erziehungsgeschichte der Eltern bestimmt sind.

3.3.4 Sexualerziehung

Da Freud der Sexualität eine besondere Bedeutung in der Entwicklung und Erziehung beimißt, soll dieser Bereich gesondert angesprochen werden.

Die Psychoanalyse hat nachzuweisen versucht, daß die gesamte Persönlichkeitsentwicklung von der frühkindlichen Sexualerziehung bestimmt wird. Sie versucht, einen kausalen Zusammenhang herzustellen zwischen dem Schicksal der sexuellen Neugier in der frühen Kindheit und späterer sexueller Perversion und zerstörerischer Aggression.

Die Psychoanalyse versucht, durch generelle Aufklärung der Erzieher zu erreichen, daß die Kinder eine angstfreie Haltung zu ihrer Sexualität erreichen können:

- Der Genitalbereich wird nicht als Tabuzone angesehen; dies bedeutet: kein "Pfui" der Mutter, wenn das Kind beim Baden an den Genitalien spielt; kein Onanierverbot usw. (vgl. Schmidt, zit. n. Höchstetter 1974, S. 107).
- Sexualität sollte nicht unter dem Vorzeichen der Sünde und des Sittenverfalls gesehen werden.
- Das Kind soll in seinen Geschlechtsakt-Theorien nicht bestätigt werden (Die sexuelle Vereinigung wird als Rauferei der Eltern gesehen u. a.).
- Das Kind soll nicht durch Geburtsakt-Theorien fehlinformiert werden (Kinder kommen aus dem Mund, After oder Nabel; Überlieferung des Storchmärchens).
- Aufklärung erreicht allerdings bestenfalls einen Kompromiß zwischen den Tendenzen des Erziehers und den Trieben des Kindes. Buben wollen manchmal nicht wahrhaben, daß nur Frauen Kinder bekommen können (vgl. Bernfeld 1969, zit. n. Höchstetter 1974).
- Erzieher sollen das Interesse des Kindes abwarten, ihm nicht vorauseilen. Andererseits sollen die natürliche Wißbegier und der Forscherdrang des Kindes nicht abgewürgt werden. Die von Eltern und/oder Erziehern vorgebrachten Märchen können dazu führen, daß das Kind sein Wissen ins Unbewußte verdrängen muß.

3.4 Kritik an der psychoanalytisch orientierten Pädagogik

Stärken des psychoanalytischen Ansatzes in der Pädagogik

(1) Psychoanalytisch orientierte Erziehung im Elternhaus, eventuell auch im Kindergarten, kann die Entstehung von Neurosen verhindern helfen.

(2) Durch die Triebtheorie und die Phasenlehre wird frühkindliches Erleben im Zusammenhang mit sozialen Beziehungen nachvollziehbar gemacht.

(3) Es ist erfreulich, wenn Erzieher aufgrund der Umsetzung psychoanalytischen Denkens Kommunikationsprobleme mit der eigenen neurotischen Entwicklung verknüpft sehen und diese z. B. in Supervisionsgruppen oder in psychoanalytisch orientierten Fortbildungsveranstaltungen aufarbeiten.

Schwächen des psychoanalytischen Ansatzes in der Pädagogik

(1) Die unmittelbare Umsetzung psychoanalytischen Denkens in der pädagogischen Praxis führt häufig zu überzogenen Erwartungen. Diese Kinder sind nicht angstfreier oder etwa weniger neurotischen Konflikten ausgesetzt als andere Kinder.

(2) Die psychoanalytische Theorie ist in einer spezifischen Situation, nämlich der psychoanalytischen therapeutischen Situation entstanden; sie verlangt eine hohe Wahrnehmungs-, Beurteilungs- und Deutungskunst des dafür ausgebildeten Psychoanalytikers; eine Übertragung auf die pädagogische Situation wie Kindergarten und Schule erscheint zweifelhaft. In der Schule muß zudem berücksichtigt werden, daß Lehrer wie Schüler in ein festes System eingebunden sind.

(3) Erzieher, Lehrer und Sozialpädagogen hoffen auf der Grundlage eines erweiterten psychoanalytischen Wissens, welches sie sich mittels Fortbildung angeeignet haben, ihre berufliche Unzufriedenheit in den Griff zu bekommen und mit den ihnen anvertrauten jungen Menschen fruchtbar umgehen zu können. Handlungsanweisung liefert ihnen die Psychoanalyse allerdings nicht!

3.5 Zusammenfassung

Der Begriff Psychoanalyse wird in zweifacher Hinsicht verstanden: einmal als Behandlungstechnik (der Psychotherapie) und zum anderen als umfassende Theorie.

Ein zentraler Begriff in der Psychoanalyse ist das **Unbewußte**. Träume sind der Königsweg zum Unbewußten. Außerdem unterscheidet Freud noch das **Vorbewußte** und das eigentliche **Bewußtsein**.

Triebtheorie

Im Organismus existieren zwei **Grundtriebe**: der Lebens- bzw. Sexualtrieb *und* der Todes- bzw. Aggressionstrieb.

Triebe und ihre Abkömmlinge haben eine **Quelle**. Beim Sexualtrieb sind dies die erogenen Zonen (Hautoberfläche, vor allem Mund, Afterregion und die Genitalien). Beim Aggressionstrieb kann man als Quelle die Aktivität und die Bewegungstendenz des Menschen annehmen. Triebe haben ein **Ziel**. Sie können sich auf das eigene Selbst richten (in Form z. B. des Narzißmus bzw. der Selbstdestruktion) oder auf Objekte (d. h. Personen, Tiere oder Dinge) der Außenwelt. Letztere können wirklich vorhanden oder phantasiert sein.

Im Laufe der Entwicklung verlagert sich die Energie auf wechselnde **Objekte**: Die Objekte werden libidinös oder aggressiv besetzt, d. h. eine bestimmte psychische Energie (z. B. sexuelle Triebenergie) ist an eine Vorstellung (Wahl des Liebesobjektes nach dem Vorbild der eigenen Person: Was man selbst war, ist oder sein möchte), an einen Teil des Körpers (z. B. Mund, Daumen, Penis), an ein Objekt (z. B. Mutter, Vater, Liebespartner/in) usw. gebunden.

Bleibt dieser Wandel aus und erhalten sich die ursprünglichen Objekt-Besetzungen und die mit ihnen verbundenen Triebbefriedigungen, dann spricht man von Fixierung (s. S. 102). Eine Rückkehr zu früheren Besetzungen wird als **Regression** (s. S. 112) bezeichnet.

Triebe enthalten einen **Drang**: der Sexualtrieb die Libido, der Aggressionstrieb die Destrudo.

Die Triebenergie des Aggressionstriebs (Destrudo), die nicht nach außen fließen kann, wendet sich gegen die eigene Person (Selbstvernichtungstendenz: Depression, Somatisierung, Selbstmord). Eine Ablenkung der Triebenergie nach außen dient damit der Selbsterhaltung.

Sind keine realen Bedrohungen gegeben, so müssen solche erfunden werden, z. B. durch Vorurteilsbildung (Propaganda) und durch Aufbau eines Feindbildes (z. B. gegenüber Fremdvolk, Minorität, Rasse). Den Beweis dafür, daß Aggression ein Grundtrieb ist, liefert die Geschichte. Deshalb gilt es, nicht die Aggression zu beseitigen, sondern sie abzulenken, meint Freud. Dies geschieht durch **Sublimierung**, d. h. Umlenkung bzw. Verfeinerung der Aggression in gesellschaftlich geschätzte Aktivitäten (z. B. berufliche Tätigkeit, Sport, künstlerische Aktivität, intellektuelle Arbeit).

Phasenmodell

Die wesentliche Entwicklung des Menschen ist bis zum 6. Lebensjahr abgeschlossen. Sie erfolgt über die orale, anale und phallisch-ödipale Phase.
Einen Überblick über die psycho-sexuelle Entwicklung nach Freud vermittelt nachstehende Übersicht.

Alter	Phase	Erogene Zone	Partialtrieb
1. Lebensjahr	oral	Mundschleimhaut	saugen, lutschen, beißen
2.–3. Lebensjahr	anal	Afterregion	hergeben, behalten ...
3.–6. Lebensjahr	phallisch-ödipal	Genitalzone	zeigen, schauen
6. Lebensjahr bis Pubertät	Latenzperiode	–	–

- In allen Phasen können Störungen entstehen.
- In der Latenzperiode werden Triebe sublimiert (Schule).
- Erst ab der Pubertät "erwacht" die Sexualität wieder. Jetzt vereinigen sich die Partialtriebe zur geschlechtlichen Liebe.
- Das Verharren bei einer Phase nennt man **Fixierung**. Ursache hierfür ist ein Überangebot oder ein Mangel an Reizen in der jeweiligen Phase.

Instanzenmodell

Im sog. Instanzenmodell unterscheidet Freud das Es, das Ich und das Über-Ich.

	Es	**Ich**	**Über-Ich**
Inhalt	Triebe, Wünsche, verdrängte Erlebnisse (unbewußt)	denken, erinnern, wahrnehmen, fühlen, bewegen usw. (bewußt und vorbewußt) Angst Abwehrmechanismen (weitgehend unbewußt)	Ich-Ideal (Vorbild) Verbote, Gebote (Gewissen) (bewußt, vorbewußt und unbewußt)
Ziel	Sofortige Triebbefriedigung ohne "wenn" und "aber" Maximierung von Lust, Vermeidung von Unlust	Realitätsanpassung Vermittlerrolle zwischen Es und Über-Ich, abwägen, aufschieben ...	Anpassung an Regeln, Normen, Gesetze durch Vorbilder, Vermeidung von Schuldgefühlen
Bild	Schlaraffenland tun und lassen, was man will fünfe gerade sein lassen	Erzieher im Kindergarten, der den Wochenplan nach eigenen Ideen und den Bedürfnissen der Kinder sowie dem Wetter ausrichtet	strenger Hausmeister, Staatsanwalt usw., aber auch Idole wie Mutter Teresa, Mahatma Gandhi u. a.
Aussage	"ich will jetzt"	"ich muß entscheiden"	"ich darf (nicht)"

Abwehrmechanismen

Das Ich setzt Abwehrmechanismen ein, um es vor bedrohlichen, unerträglichen Triebansprüchen von außen oder innen zu schützen. Die Abwehr geschieht im unbewußten Teil des Ich. Es werden je nach Persönlichkeitsstruktur verschiedene Abwehrmechanismen eingesetzt: Verdrängung, Verschiebung, Sublimierung, Projektion, Identifizierung, Regression, Konversion, Rationalisierung, Verleugnung und Reaktionsbildung.

Formen der Angst

Ursache für Abwehr ist Angst (2. Angsttheorie von Freud).
Dabei wird zwischen **Realangst**, der Angst vor einer äußeren Gefahr und der **neurotischen Angst**, der Angst vor einer inneren Gefahr, unterschieden. Außerdem trennt Freud die Signalangst von der automatischen Angst:

Signalangst

- entsteht, wenn Gefahr **droht** oder **erwartet** wird (bestimmte Gefahren sind seit frühester Kindheit vorhanden und bestehen als Trauma weiter);
- hat die Aufgabe, bestimmte Es-Impulse in Schach zu halten;
- ist eine abgeschwächte Form der Angst und spielt in der normalen und neurotischen Entwicklung eine Rolle.

Automatische Angst

- entsteht, wenn der Mensch den Ansturm von Reizen (meist von innen, dem Es) nicht mehr bewältigen kann;
- entsteht vor allem bei der Wiederkehr von traumatischen Ereignissen;
- ist charakteristisch für die frühe Kindheit, weil hier das Ich noch relativ schwach ist.

ERIKSON, SPITZ und andere Psychoanalytiker weisen auf die zentrale Bedeutung des 1. Lebensjahres hin. Hier entstehen die ersten Objektbeziehungen (Spitz) und damit das **Urvertrauen** bzw. **Urmißtrauen** (Erikson) als zentrales Gefühl im Menschen. Eine liebevolle Zuwendung durch konstante Bezugspersonen ist neben der notwendigen Grundversorgung für eine ungestörte Entwicklung unerläßlich. Das Finden der eigenen Identität zieht sich bei Erikson wie ein roter Faden durch die ganze Entwicklung.

Streben nach **Autonomie** (Erikson) bzw. Selbständigkeit zeichnet die nächste Entwicklungsstufe (2.–3. Lebensjahr) aus. Durch Sprache, Motorik und Entdeckerfreude erweitert das Kind seinen Radius. Abgeben, Schenken, Behalten und Verweigern (Elhardt) sind Eigenschaften, die eingeübt werden. Restriktive Erziehungsmaßnahmen können zu Scham und Zweifel (Erikson), aber auch zu übertriebenem Besitzstreben (Elhardt) führen.

Initiative ergreifen ist nach ERIKSON das zentrale Thema im 4. und 5. Lebensjahr, hier spielt die Identifikation mit den Eltern, später Freunden etc. eine Rolle. Wird die Initiative in bezug auf Spielideen, Freundschaften etc. von den Eltern gehemmt, kann bei den Kindern das Gefühl der Minderwertigkeit aufkommen.

RICHTER betont im Familiengefüge die **Rollenzuweisung**, die die Eltern den Kindern zukommen lassen. Rolle wird als unbewußte Erwartungsphantasie definiert. Kinder fungieren als Ersatz für den Ehepartner, das ideale Selbst etc. Eltern tragen so ihre Konflikte "auf dem Rücken" ihrer Kinder aus.

Freud betont die Bedeutung der Sexualerziehung schon in der frühen Kindheit.

Aufgaben

28. Was versteht man unter "Psychoanalyse"?

29. Wie kam Freud auf die Annahme des sog. Unbewußten?

30. Von welchen Bewußtseinsebenen geht Freud aus?

31. Wodurch unterscheidet sich die kindliche von der sog. erwachsenen Sexualität?

32. Setzen Sie im folgenden Beispiel für jede Zahl in Klammern die entsprechende Instanz ein. Begründen Sie kurz Ihre Wahl.
Regine (14 Jahre) will ins Kino, sie möchte unbedingt einen bestimmten Krimi sehen (1). Da fällt ihr ein, daß sie nicht genügend Geld hat (2). Ihre Eltern sind nicht zu Hause. Sie weiß aber, daß ihre Mutter Geld für "Notfälle" in der Küche versteckt hat (3). Einen Moment spielt sie mit dem Gedanken, sich heimlich von dem Geld etwas zu nehmen, um sich den Wunsch zu erfüllen (4). Dann jedoch erschrickt sie: Das wäre ja Diebstahl ... (5). Als die Mutter nach Hause kommt und die Tochter zum Kinobesuch (Krimi) einladen will, wehrt diese ab und sagt: "Ach, nein, ich habe keine Lust (6)."

33. Welche Abwehrmechanismen kommen in folgenden Aufgaben zum Tragen?
a) Ein Lehrer gibt ständig die korrigierten Schulaufgaben erst nach ca. sechs bis acht Wochen heraus. Gleichzeitig bestraft er Schüler und Schülerinnen für jede vergessene Hausaufgabe mit einem Verweis. Der Bitte um Aufschub bei Referaten kommt er grundsätzlich nicht nach.
b) Ein Schüler P. wird im Unterricht ausgefragt. Er weiß nicht viel, trotzdem ist er sauer über die Note "5". Da er sich mit dem Lehrer jedoch nicht anlegen will, schluckt er seinen Ärger hinunter. Kurz darauf will ein Mitschüler einen Stift von ihm haben. P. schnauzt ihn an: "Bring Dir doch selber Deine Sachen mit ..."

34. Worin liegt der Unterschied zwischen Realangst und neurotischer Angst?

35. Erklären Sie folgenden Vorgang mit entsprechenden Fachbegriffen:
Eine Mutter spielt liebevoll mit ihrem Baby. Ihr älterer Sohn K. (5 Jahre) will mitspielen. Die Mutter reagiert abweisend: "Dafür bist Du noch zu klein, geh lieber wieder in Dein Zimmer."
Abends verlangt K. plötzlich von seiner Mutter gefüttert zu werden, ja sogar aus der Flasche zu trinken ...

36. Zeigen Sie auf, welche Voraussetzungen notwendig sind, damit sich beim Kind das Grundgefühl des Urvertrauens herausbildet.

37. Unter welchen pädagogischen Bedingungen kommt es zu Fixierungen? (Bitte erläutern Sie dies!)

4 Soziale Arbeit: Sozialarbeit und Sozialpädagogik

4.1 Einführung

Die Begriffe "Sozialpädagogik" und "Sozialarbeit" werden heute weitgehend synonym verwendet. Als Oberbegriff wird dafür immer häufiger der Ausdruck "Soziale Arbeit" benutzt (vgl. Erler 1993, Müller 1988 b, 1993).

Wenn man die Geschichte zurückverfolgt, findet man relativ klar getrennte Ursprünge von Sozialarbeit und Sozialpädagogik (vgl. Müller 1988 b). **Sozialarbeit** hat ihre Wurzeln in der Armutsverwaltung, die zu Beginn der Neuzeit (Ende 15., Anfang 16. Jh.) in den Städten entstand. Um das Bettelwesen einzudämmen, wurden sogenannte Bettel- und Armenordnungen erlassen, die Regeln für die Vergabe von Almosen aufstellten. Im 17. Jh. wurde staatlicherseits das Betteln ganz verboten und Zucht- und Arbeitshäuser eingerichtet. Diese Anstalten dienten sowohl der Disziplinierung von Randgruppen der Gesellschaft als auch einer Arbeitserziehung, um die Insassen arbeitsfähig und -willig zu machen (vgl. Erler 1993). Im 19. Jh. nahm im Zuge der industriellen Revolution die Armut trotz rasanten Wirtschaftswachstums derart zu, daß zur Bewältigung dieses sozialen Problems effektivere Lösungen notwendig wurden. Das war der Beginn bürokratisch durchgeführter Sozialarbeit mit ihrer ersten Aufgabe: der Armenfürsorge.

Die ersten Einrichtungen der **Sozialpädagogik** waren zu Beginn des 19. Jahrhunderts Erziehungsheime und Kindergärten. Erziehungsheime wurden von der Kirche, später auch von Kommunen unterhalten und dienten dazu, elternlose

Kinder zu versorgen (vgl. Müller 1988 b). Kindergärten wurden von bürgerlichen Vereinen und der Kirche gegründet, um der Verwahrlosung der Kinder vorzubeugen, älteren Kindern den Schulbesuch zu ermöglichen – sie mußten nun nicht mehr auf ihre kleinen Geschwister aufpassen – und Arbeiterkindern eine christliche Erziehung zukommen zu lassen (vgl. Grossmann 1994). Die Familien der industriellen Lohnarbeiter im 19. Jh. lebten am oder unter dem Existenzminimum. Sie konnten sich nur über Wasser halten, wenn alle Familienmitglieder zum Gelderwerb beitrugen. Kleinkinder wurden dadurch häufig von Geschwistern beaufsichtigt, mit höherem Alter mußten die Kinder selbst arbeiten oder trieben sich auf der Straße herum (vgl. Sieder 1987). Die Sozialpädagogik entwickelte ihre Aufgabe als Erziehung außerhalb von Schule und Familie.

Aus diesen beiden Entwicklungslinien läßt sich ableiten, was heute tendenziell unter Sozialpädagogik und Sozialarbeit verstanden wird.

4.1.1 Begriffsbestimmung: Sozialpädagogik und Sozialarbeit

Sozialpädagogik – als Teilgebiet der Pädagogik (vgl. Kap. 1.6) – kann man definieren als Theorie und Praxis der **Kinder-** und **Jugendhilfe**. Kinder- und Jugendhilfe beinhaltet Hilfen und Unterstützung bei der Erziehung und Sozialisation[36] von Kindern und Jugendlichen außerhalb der Familie, der Schule und der beruflichen Bildung (vgl. Mollenhauer 1988, BMJFFG 1990, Lauer 1994). Von staatlicher Seite werden ihre Institutionen und Aufgaben im Kinder- und Jugendhilfegesetz festgelegt (vgl. Kap. 4.1.3). Typische Einrichtungen sind beispielsweise Tageseinrichtungen für Kinder (Krippen, Kindergärten, Horte), Einrichtungen der Jugendarbeit (Jugendfreizeitstätten, Jugendgruppen von Verbänden) und die unterschiedlichsten Einrichtungen der Erziehungshilfe (Erziehungsberatung, ambulante Hilfen der Jugendämter, Fremdunterbringung in Heimen etc.).

Sozialarbeit bezieht sich dagegen eher auf **Hilfen für Erwachsene**, die durch Benachteiligung oder persönliche Krisen und Konflikte ohne Unterstützung ihr Leben nicht bewältigen können (vgl. Müller 1988 b). Typische Einrichtungen der Sozialarbeit wären der Allgemeine Sozialdienst, Beratungsstellen jeglicher Art sowie Einrichtungen, die sich mit sozialen Randgruppen (Obdachlose, Straffällige) oder alten und kranken Menschen sowie deren Angehörigen, beschäftigen.

In vielen Arbeitsfeldern überschneiden sich jedoch die Arbeitsbereiche der Sozialpädagogik und Sozialarbeit. So kommen beispielsweise sämtliche Unterstützungen für benachteiligte Familien sowohl der Sozialisation und Erziehung des Kindes als auch der Lebensbewältigung der Erwachsenen zugute. Deshalb wird die begriffliche Trennung heute kaum mehr aufrechterhalten und unter "Soziale Arbeit" zusammengefaßt (vgl. Abb. 1).

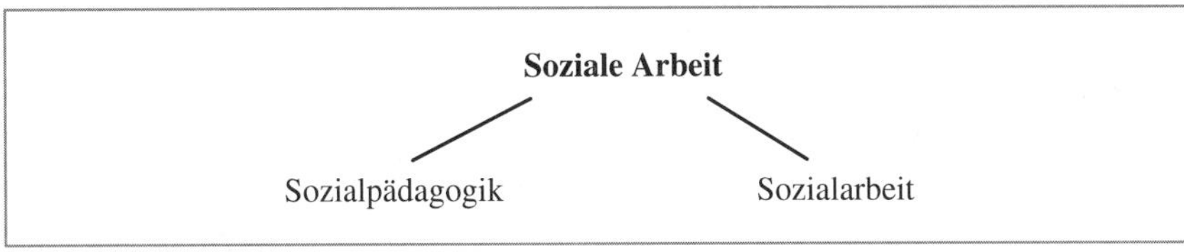

Abb. 1: Das Verhältnis von Sozialer Arbeit, Sozialpädagogik und Sozialarbeit

4.1.2 Begriffsbestimmung: Soziale Arbeit

Soziale Arbeit als übergeordneter Begriff läßt sich nun folgendermaßen umreißen[37]:

- Soziale Arbeit versucht **soziale** und damit gesellschaftlich bedingte **Problem-** und **Mangellagen** von Personen positiv zu verändern. Beispiele für solche Problem- und Mangellagen sind Arbeitslosigkeit, Armut, Drogenabhängigkeit, Behinderung, Ehescheidung, aber auch das Leben in unwirtlichen Städten, das Fehlen von Spielräumen für Kinder oder das Zunehmen der Freizeit in unserer Gesellschaft. Alle diese Probleme sind letztendlich durch gesellschaftliche Bedingungen bzw. gesellschaftliche Veränderungen mit verursacht. Dadurch unterscheidet sich Soziale Arbeit beispielsweise von medizinischer Hilfe.
- Soziale Arbeit setzt am **einzelnen und dessen überschaubarer Umgebung** an. Damit grenzt sie sich ab von politischen Tätigkeiten in Parteien und Parlamenten (z. B. betreibt der Politiker, der sich für die Pflegeversicherung einsetzt, keine Soziale Arbeit). Innerhalb der Kommune kann sie jedoch durchaus aktiv werden.
- Soziale Arbeit greift nur da ein, wo soziale Probleme nicht durch Gelderwerb, durch Versicherungen oder durch Unterstützung aus der Familie und Nachbarschaft aufgefangen werden können. Beispielsweise ist die materielle Unterstützung mit Arbeitslosengeld keine Soziale Arbeit; die Beratung der Familie aufgrund ihrer psychischen Belastungen jedoch schon.
- Von Sozialer Arbeit sprechen wir nur dann, wenn sie beruflich (professionell) ausgeübt wird. Damit soll Soziale Arbeit abgegrenzt werden von privaten Hilfeleistungen.

- Die Soziale Arbeit ist zwei Zielen verpflichtet: Einmal soll das soziale Problem gelöst bzw. der Mangel ausgeglichen werden, gleichzeitig sollen die betroffenen Personen dazu befähigt werden, ihre Probleme in Zukunft selbständig zu lösen (Hilfe zur Selbsthilfe).
- Soziale Arbeit bezieht ihr Wissen aus unterschiedlichen Bezugstheorien: Der Pädagogik (Wissen über Erziehung), der Psychologie (Wissen über therapeutisches Vorgehen), der Philosophie (Nachdenken über Ziele und Menschenbilder der Sozialen Arbeit), der Soziologie (Wissen über das Funktionieren unserer Gesellschaft) und Ökonomie (Wissen über unser Wirtschaftssystem) sowie der Politikwissenschaft (Wissen über unser politisches System).

Zusammenfassend läßt sich sagen: Soziale Arbeit bezeichnet die Theorie und Praxis solcher beruflichen Tätigkeiten, die darauf abzielen, soziale Problem- und Mangellagen von Personen positiv zu verändern, sofern jene nicht durch Gelderwerb, Versicherungen oder familiäre Unterstützung behoben werden können (vgl. Erler 1993).

4.1.3 Das Kinder- und Jugendhilfegesetz (KJHG) als Grundlage der Sozialpädagogik

Das KJHG gilt im gesamten Deutschland seit dem 1. 1. 1991 und löste das bis dahin geltende Jugendwohlfahrtsgesetz (JWG) ab. Die Neuordnung war dringend nötig geworden, da sich in der Praxis ein erheblicher Wandel der Kinder- und Jugendhilfe vollzogen hatte. Einige Neuerungen sollen nun dargestellt werden.

Für eine vertiefte Auseinandersetzung mit dem KJHG sei auf den Gesetzestext oder einführende Schriften verwiesen (z. B. Junge u. Lendermann 1990; Textor 1992).

Wichtige Grundsätze des KJHG

Elternvorrecht

Das KJHG formuliert in § 1:

(1) Jeder junge Mensch hat ein Recht auf Förderung seiner Entwicklung und auf Erziehung zu einer eigenverantwortlichen und gemeinschaftsfähigen Persönlichkeit.

(2) Pflege und Erziehung der Kinder sind das natürliche Recht der Eltern und die zuvörderst ihnen obliegende Pflicht. Über ihre Betätigung wacht die staatliche Gemeinschaft.

Diese einleitenden Sätze machen deutlich, daß – als oberstes Prinzip – junge Menschen ein Recht auf Erziehung haben, wobei die Erziehung vorrangig von den Eltern geleistet wird (Vorrang des Elternrechts). Kinder- und Jugendhilfe hat dabei die Aufgabe, "die Erziehung in der Familie zu unterstützen, zu ergänzen und in Einzelfällen zu ersetzen" (Junge und Lendermann 1990, S. 14). Damit ist sie in erster Linie ein Angebot für die Erziehungsberechtigten, erst in zweiter Linie für den jungen Menschen selbst. Gegen den Willen der Eltern darf das Elternrecht nur unter bestimmten Voraussetzungen beschränkt werden. Der einschneidendste Eingriff wird im 3. Kapitel, Abschnitt 1 des KJHG beschrieben: Die Herausnahme des Kindes bei dringender und aktueller Gefährdung des Kindswohls (z. B. schwere Kindesmißhandlung). Das Vormundschaftsgericht muß bei solchen Fällen unbedingt eingeschaltet werden.

Leistungsberechtigte

In § 6 KJHG wird festgelegt:

(1) Leistungen nach diesem Buch werden jungen Menschen, Müttern, Vätern und Personensorgeberechtigten von Kindern und Jugendlichen gewährt, die ihren tatsächlichen Aufenthalt im Geltungsbereich dieses Gesetzbuches haben. [...]

Mit dieser Aussage wird noch einmal darauf hingewiesen, daß nicht nur der junge Mensch, sondern vor allem seine Erziehungsberechtigten von der Jugendhilfe angesprochen werden. Des weiteren wird deutlich gemacht, daß auch Ausländer diese Leistungen in Anspruch nehmen können, sofern sie sich rechtmäßig und dauerhaft in Deutschland aufhalten. Wie lange jedoch ist man ein junger Mensch? Das KJHG zählt darunter alle, die noch nicht 27 Jahre alt sind. Damit können auch Volljährige in begründeten Einzelfällen noch Hilfe erhalten, was auch eine Nachbetreuung, z. B. nach Straffälligkeit, einschließt. Mit diesen Regelungen trägt das Gesetz zum einen der Tatsache Rechnung, daß wir eine hohe Anzahl ausländischer Mitbürger haben, zum anderen der Erkenntnis, daß der Übergang vom Jugendlichen zum Erwachsenen fließend und nicht mit 18 oder 21 beendet ist.

Gleichberechtigung von Jungen und Mädchen

Ausdrücklich festgelegt wird das Ziel, die Gleichberechtigung zwischen Jungen und Mädchen zu fördern und individuell auf deren unterschiedliche Lebenslagen einzugehen. Der Gesetzgeber stellt damit fest, daß Gleichberechtigung der Geschlechter in unserer Gesellschaft noch nicht erreicht ist. Tageseinrichtungen für Kinder und Einrichtungen beispielsweise der Jugendarbeit müssen diese Problematik bewußt in ihre Arbeit aufnehmen.

Verstärkung der vorbeugenden Hilfen (Prävention)

Die Bedeutung der Vorbeugung wird in der gesamten Sozialen Arbeit zunehmend in den Vordergrund gerückt. Auch das KJHG hebt diese Aufgabe hervor. Am Beispiel des erzieherischen Kinder- und Jugendschutzes (Kap. 1, Abschn. 1 des KJHG) läßt sich dies gut aufzeigen.
"Der Jugendhilfe kommt im Rahmen des präventiven Kinder- und Jugendschutzes die erzieherische Aufgabe zu, Gefährdungen von Kindern und Jugendlichen vorzubeugen und entgegenzuwirken und durch Information, Beratung und erzieherische Impulse positive Akzente in der Sozialisation zu setzen." So zitieren Junge und Lendermann eine Bundestagsdrucksache (1990, S. 53) zur Gesetzesbegründung. Im KJHG wird der erzieherische (vorbeugende) Jugendschutz erstmals in einem eigenen Paragraphen aufgeführt und erhält damit mehr Gewicht.

Differenzierung der Erziehungshilfen

Das KJHG beschreibt konkret eine Vielzahl verschiedener Erziehungshilfen. Diese reichen von Erziehungsberatung und Gruppenarbeit über ambulante Hilfen (z. B. Erziehungsbeistandschaft) bis zur Heimerziehung. Dieses differenzierte Angebot erleichtert es, eine der Situation angemessene Unterstützung zu finden.

Kooperation aller Beteiligter

"Kinder und Jugendliche sind entsprechend ihrem Entwicklungsstand an allen sie betreffenden Entscheidungen der öffentlichen Jugendhilfe zu beteiligen [...]. (§ 8 KJHG).
Mit diesem Grundsatz möchte man vermeiden, das Kind als Erziehungsobjekt darzustellen, über dessen Kopf hinweg entschieden wird. Stattdessen soll das Kind unter Berücksichtigung seines Alters als eigenständige Person mit seiner subjektiven Sichtweise und eigenen Wünschen respektiert werden.
Wenn eine Familie Erziehungshilfen in Anspruch nimmt, bei denen das Kind außerhalb der Familie betreut wird, müssen selbstverständlich ebenso die Erziehungsberechtigten bei der Auswahl der Einrichtung beteiligt werden. Darüber hinaus soll die außerhäusliche Erziehungseinrichtung mit den Eltern zum Wohl

des Kindes zusammenarbeiten. Bei länger andauernden Erziehungshilfen ist vorgesehen, daß mehrere Fachkräfte gemeinsam mit den Eltern und dem Kind einen Hilfeplan aufstellen.
Diese Vorschriften zur Kooperation aller Beteiligter dienen dazu, in das Familienleben eingreifende Entscheidungen auf eine möglichst breite Basis zu stellen. Nur wenn Kinder, Eltern und Experten an einem Strang ziehen, können Erziehungshilfen ihre volle Wirksamkeit entfalten.

4.2 Aufgaben der Sozialpädagogik (am Beispiel von Institutionen)

Um eine konkretere Vorstellung einiger Aufgaben zu vermitteln, werden hier exemplarisch der Kindergarten (4.2.2) und die Erziehungsberatungsstelle (4.2.3) dargestellt.

4.2.1 Überblick über sozialpädagogische Institutionen

In Anlehnung an Jordan und Sengling (1992) lassen sich die typischen Institutionen der Sozialpädagogik in drei Bereiche einteilen: Institutionen der allgemeinen Förderung, Beratungs- und Unterstützungsinstitutionen, Institutionen der Erziehungshilfe (vgl. untenstehende Tabelle).

Allgemeine Förderung	Beratung und Unterstützung	Hilfen zur Erziehung
Kindertagesstätten, Kinderkrippen, Kindergärten, Kinderhorte Betreute Spielplätze, Mobile Spielbetreuung Jugendfreizeitstätten, Jugendzentren, Verbandliche Jugendgruppen, Jugendbildungsstätten Einrichtungen der Kinder- und Jugenderholung Familienbildungsstätten	Erziehungsberatungsstellen, Familienzentren Beratungsstellen und Notdienste für Kinder und Jugendliche, Drogenberatungsstellen Institutionen der Schulsozialarbeit Institutionen der Jugendsozialarbeit	Jugendämter mit ihren Angeboten an ambulanten Hilfen (z. B. Erziehungsbeistandschaft, sozialpädagogische Familienhilfe) heilpädagogische Tagesstätten Erziehungsheime, betreute Wohngruppen, Kinderdörfer sonder- bzw. heilpädagogische Heime Jugendgerichtshilfe

Allgemeine Förderung

Hierunter werden solche Einrichtungen zusammengefaßt, in denen Kinder und Jugendliche mit einer "Normalbiographie" gefördert werden. Es handelt sich also um Institutionen, die prinzipiell für alle Kinder und Jugendlichen zugänglich sind, ohne daß eine Problemlage vorhanden ist. Sie wirken somit vorbeugend. Familienbildungsstätten wurden hier aufgenommen, da Kinder und Jugendliche durch Kursangebote für Eltern indirekt gefördert werden. Die Themen solcher Kurse sind z. B. Ernährung und Pflege des Kindes oder spezielle Erziehungsfragen.

Beratungs- und Unterstützungsinstitutionen

Diese Institutionen bieten Leistungen für solche Familien bzw. Kinder und Jugendliche an, die spezifische Probleme aufweisen (Erziehungsschwierigkeiten, persönliche Krisen von Kindern und Jugendlichen, Drogenprobleme, Schulprobleme, Probleme beim Eintritt in das Berufsleben etc.). Solche Beratungs- und Unterstützungsangebote beruhen auf der Freiwilligkeit des Klienten.

Institutionen der Erziehungshilfe

Hierunter fallen diejenigen Institutionen, die bei schwerwiegenden Problemen und Krisen tätig werden. Eine zentrale Stellung nimmt dabei das Jugendamt ein, das als Behörde bestimmte Maßnahmen anordnen kann. Zum Teil werden diese Maßnahmen vom Jugendamt selbst durchgeführt (Erziehungsbeistandschaft, sozialpädagogische Familienhilfe, Jugendgerichtshilfe), zum Teil werden sie von anderen Einrichtungen übernommen (Erziehungsheim, Wohngruppen, heilpädagogische Tagesstätten, sonderpädagogische Heime).

4.2.2 Der Kindergarten

Der Begriff "Kindergarten" wurde von FRIEDRICH FRÖBEL (1782–1862) geprägt, der auch als "Vater" der Kindergartenpädagogik gilt: Er war der erste, der ein spezifisch pädagogisches Konzept für den Kindergarten entwickelte, praktisch umsetzte und für dessen Verbreitung sorgte (vgl. Grossmann 1994; Reble 1989). Es gab zwar bereits seit dem 18. Jh. sogenannte Kleinkinderschulen und Bewahranstalten, die jedoch eher dazu dienten, möglichst vielen Familienmitgliedern Erwerbstätigkeit zu ermöglichen und Arbeiterkinder an bürgerliche Wertvorstellungen heranzuführen. Fröbel kam nun das Verdienst zu, das Kind in den

Mittelpunkt zu stellen und den Wert des Spiels hervorzuheben. Er entwickelte auf der Grundlage seiner eigenen Philosophie "Spielgaben" für das Kind, um über die Kindergärten die Erziehung in den Familien zu verbessern[38]. Die Gedanken Fröbels wurden dann im Laufe des 19. Jahrhunderts auch von den Kleinkinderschulen und Bewahranstalten übernommen und zum festen Bestandteil der Kindergartenpädagogik.

Eine ebenso einflußreiche Konzeption der Kleinkinderziehung entwickelte die italienische Ärztin MARIA MONTESSORI (1870 – 1952). Noch heute arbeiten viele Kindergärten nach ihren Prinzipien, die vor allem die Freiheit und Eigenaktivität des Kindes hervorheben. Die Erzieher beeinflussen dabei das Kind nur indirekt, indem sie räumliche und organisatorische Bedingungen schaffen sowie Materialien bereitstellen, die die Selbsttätigkeit des Kindes anregen (vgl. Heiland 1991; Holtstiege 1989).

Ende der sechziger Jahre dieses Jahrhunderts wurde die Bedeutung des Kindergartens endgültig festgeschrieben, indem ihm der Deutsche Bildungsrat (eine Regierungskommission) einen eigenständigen Bildungsauftrag zuerkannte. Seitdem wurden unterschiedliche wissenschaftlich begründete Konzeptionen und didaktische Materialien entwickelt und alternative Formen der Kleinkinderziehung erprobt.

Heute ist es schwierig, von **dem** Kindergarten zu sprechen. In den letzten 20 Jahren entstand eine Vielzahl verschiedener vorschulischer Betreuungsformen, die sich in ihrer Arbeit teilweise erheblich voneinander unterscheiden: traditionelle Kindergärten, Elterninitiativ-Kindergärten, sonderpädagogische Kindergärten, Integrationskindergärten, altersübergreifende Kindertagesstätten etc. (vgl. Becker-Textor 1993).

Die gesellschaftliche Bedeutung des Kindergartens

Die Situation von Familien mit Kindern hat sich in den letzten Jahrzehnten erheblich gewandelt (vgl. auch 4.3.1). Immer weniger Familien haben mehr als ein Kind, immer mehr Mütter (manchmal auch Väter) erziehen ihre Kinder alleine, in immer mehr Familien wollen Frauen Berufstätigkeit und Kinder vereinbaren (gleichzeitig sind jedoch nur wenige Väter bereit, Erziehungsurlaub zu nehmen, teilzeit zu arbeiten oder auf Karriere zu verzichten, um die berufstätige Ehefrau zu entlasten). Aber auch die Umgebung von Kindern hat sich verändert: Für Kinder gibt es immer weniger Raum, der ohne Gefahr zum Spielen geeignet ist, und es wird immer schwieriger, in der Nachbarschaft Spielgruppen zu finden.

Aufgrund dieser Entwicklung sind Kindergärten in unserer Gesellschaft unentbehrlich geworden. Sie ermöglichen es erst, daß Frauen trotz Kindern nicht zu lange aus dem Erwerbsleben ausscheiden müssen und daß alleinerziehende Väter und Mütter überhaupt arbeiten können. Gleichzeitig bieten sie den Kindern die Möglichkeit, Gruppenerfahrungen außerhalb der Familie zu machen. Was früher in größeren Geschwistergruppen und auf der Straße geschah, verlagert sich heute aufgrund einer kinderfeindlichen Umwelt zunehmend in Einrichtungen wie den Kindergarten (vgl. BMJFFG 1990).

Rechtliche Grundlagen des Kindergartens

In den meisten Bundesländern werden die Kindergärten dem Bereich der Kinder- und Jugendhilfe zugeordnet, wodurch sie unter das KJHG fallen. Das KJHG erläutert in § 22 "Grundsätze zur Förderung von Kindern in Tageseinrichtungen":

(1) In Kindergärten, Horten und anderen Einrichtungen, in denen sich Kinder für einen Teil des Tages oder ganztags aufhalten (Tageseinrichtungen), soll die Entwicklung des Kindes zu einer eigenverantwortlichen und gemeinschaftsfähigen Persönlichkeit gefördert werden.

(2) Die Aufgabe umfaßt die Betreuung, Bildung und Erziehung des Kindes. Das Leistungsangebot soll sich pädagogisch und organisatorisch an den Bedürfnissen der Kinder und ihrer Familien orientieren.

(3) Bei der Wahrnehmung ihrer Aufgaben sollen die in den Einrichtungen tätigen Fachkräfte und anderen Mitarbeiter mit den Erziehungsberechtigten zum Wohl der Kinder zusammenarbeiten. Die Erziehungsberechtigten sind an den Entscheidungen in wesentlichen Angelegenheiten der Tageseinrichtung zu beteiligen.

Der erste Satz formuliert allgemeine Zielsetzungen. Im zweiten Satz wird darauf hingewiesen, daß sich die Einrichtungen an den Bedürfnissen der Kinder und Eltern orientieren sollen. Damit wird der gesellschaftlichen Bedeutung des Kindergartens Rechnung getragen, da z. B. für Berufstätige die Öffnungszeiten flexibel gehalten werden müssen. Im dritten Satz wird der Zusammenarbeit mit den Eltern ein besonderes Gewicht gegeben. Alle weiteren gesetzlichen Regelungen sind Angelegenheit der Bundesländer. Bei der Vorbereitung des KJHG wurde auch diskutiert, ob ein Rechtsanspruch auf einen Kindergartenplatz aufgenommen werden soll. Dies scheiterte jedoch am Widerspruch der Länder, die den Rechtsanspruch nicht für finanzierbar hielten (vgl. Junge u. Lendermann 1990). Inzwischen besteht allerdings ein Rechtsanspruch.

Bayern ist eines der wenigen Länder, die den Kindergarten nicht als Einrichtung der Kinder- und Jugendhilfe, sondern als Bildungseinrichtung definieren. Hier wurde bereits 1972 ein **Kindergartengesetz (BayKiG)** erlassen, das außerhalb des KJHG steht. Das BayKiG definiert in seinem ersten Artikel die Einrichtung des Kindergartens:

Artikel 1:

(1) Kindergärten sind Einrichtungen im vorschulischen Bereich. Sie dienen der Erziehung und Bildung der Kinder vom vollendeten 3. Lebensjahr bis zum Beginn der Schulpflicht.

(2) Der Besuch des Kindergartens ist freiwillig.

Artikel 7 beschreibt grundlegende Aufgaben des Kindergartens:

(1) Der Kindergarten unterstützt und ergänzt die familiäre Erziehung, um den Kindern nach Maßgabe wissenschaftlicher Forschungsergebnisse beste Entwicklungs- und Bildungschancen zu vermitteln. Er bietet kindgemäße Bildungsmöglichkeiten an, gewährt allgemeine und individuelle erzieherische Hilfen, fördert die Persönlichkeitsentfaltung sowie soziale Verhaltensweisen und versucht, Entwicklungsmängel auszugleichen. Er berät die Eltern in Erziehungsfragen.

(2) Der Kindergarten hat darüber hinaus die Aufgabe, den Kindern entsprechend ihrer Entwicklung den Zugang zur Schule zu erleichtern; er hat dabei auch die besonderen Bedürfnisse der vom Schulbesuch zurückgestellten Kinder zu berücksichtigen.

Die Aussagen des Gesetzestextes werden hier noch einmal schematisch dargestellt:

Begriff:	Kindergarten als freiwillige, vorschulische Einrichtung für Kinder von drei Jahren bis zum Schuleintritt
Ziel: Aufgaben:	optimale Entwicklungs- und Bildungschancen für das Kind Ergänzung und Unterstützung der Familienerziehung durch • kindgemäße Bildung • allgemeine und individuelle erzieherische Hilfen • Förderung der Persönlichkeitsentfaltung • Förderung des Sozialverhaltens • Ausgleich von Entwicklungsmängeln • Vorbereitung auf die Schule • Beratung der Eltern

Konkretisiert werden diese Aufgaben in der Durchführungsverordnung zum BayKiG. Sie legen "Mindestanforderungen" an einen Kindergarten fest. Demnach gehören zu den zwingenden Aufgaben des Kindergartens:
§ 4 Religiöse Erziehung
§ 5 Sozialerziehung
§ 6 Elementare Kommunikations- und Kreativitätserziehung
§ 7 Erziehung zu Umwelt- und Naturverständnis
§ 8 Gesundheitserziehung
§ 9 Spiel als Prinzip der Kindergartenpädagogik
§ 10 Zusammenarbeit mit Elternhaus und Grundschule

Typische Organisationsform

Die Organisation des Kindergartens hängt in hohem Maße von rechtlichen Bestimmungen ab. Die Kinder befinden sich meist in altersgemischten Gruppen, wobei eine Gruppe aus höchstens 25 Kindern bestehen darf. Pro Gruppe werden eine Erzieherin und eine Kinderpflegerin öffentlich bezuschußt (vgl. BayKiG). Ein/e Erzieher/in, manchmal auch ein/e Diplom-Sozialpädagoge/in fungiert in der Regel als Leiter/in des Kindergartens. Das Personal kann ergänzt werden durch Berufspraktikant/innen z. B. der Fachakademie für Sozialpädagogik. Träger von Kindergärten sind in Bayern überwiegend die Kirchen und an zweiter Stelle die Gemeinden. Weitere Träger können sonstige Wohlfahrtsverbände (Arbeiterwohlfahrt etc.) und private Initiativen sein. Folgende Abbildung soll die typische Organisationsform verdeutlichen.

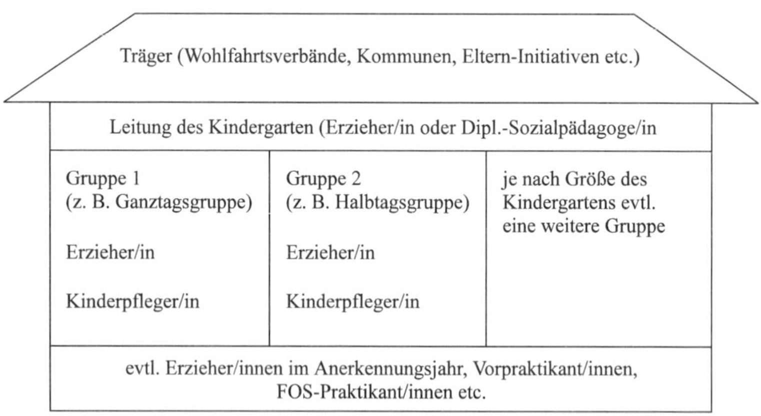

Abb. 2: Typische Struktur eines Kindergartens

Förderung des Kindes im Kindergarten

Es sollen hier nur zwei Aspekte ausführlicher behandelt werden: die Förderung des Kindes durch das Spiel (als indirekte Förderung) und die Förderung des Kindes durch situationsorientiertes Lernen (als gezielte Förderung).

Das Spiel im Kindergarten

Wenn man Kinder einen Tag lang im Kindergarten beobachtet, wird man feststellen, daß sie dort die überwiegende Zeit mit Spielen verbringen. Das Spiel ist die wichtigste und bevorzugte Aktivität von Kindern dieses Alters. Dies hat bereits Fröbel erkannt, und dem hat auch das Bayerische Kindergartengesetz entsprochen, indem das **Spiel als Prinzip der Kindergartenpädagogik** ausdrücklich erwähnt wird.

OERTER (1987) unterscheidet folgende Formen des Spiels, die im Kindergartenalter vorkommen:

- Informationsspiel, Explorationsspiel: Bei diesen Spielen werden Gegenstände hinsichtlich ihrer Funktion und Beschaffenheit sowie ihres Aufbaus erkundet. Beispiel hierfür wäre das Auseinandernehmen eines Spielzeugautos.
- Konstruktionsspiel: Dabei benützt das Kind Gegenstände, um etwas herzustellen, z. B. etwas basteln, aus Lego etwas bauen etc.
- Symbolspiel: Diese Spiele sind typisch für das Kindergartenalter. Die Kinder verwenden Gegenstände nach ihren Wunsch- und Phantasievorstellungen und führen die dazugehörigen Handlungen aus. Beispielsweise wird der Stock zum Pferd und der Junge zum Cowboy, die Puppe wird zum eigenen Kind und von der kleinen "Mutter" versorgt, das Spielzeugauto wird zum Feuerwehrauto und das Kind zum Feuerwehrmann.
- Rollenspiele: Es ist im Prinzip eine Erweiterung des Symbolspiels. Im Rollenspiel spielen mehrere Kinder zusammen, wobei jedes Kind eine fiktive Rolle einnimmt. Typische Beispiele wären das Spiel Vater-Mutter-Kind, Einkaufen im Kaufladen, Superman und Schurken etc.
- Regelspiele: Hierzu zählen Wettkampfspiele, die nach vorher festgelegten Regeln gespielt werden (Wettlauf, Memory, Brettspiele etc.).

Die zahlreichen und komplexen Erfahrungen, die das Kind im Spiel macht, können hier nur exemplarisch angedeutet werden (vgl. Oerter 1987; Einsiedler 1994).

Im **Informations- und im Konstruktionsspiel** erfährt das Kind etwas über die Beschaffenheit und Funktion der Gegenstände in unserer Umwelt. Es lernt beispielsweise, wie der Komposthaufen beschaffen ist, welche Funktionen eine Schere haben kann (schneiden, stechen, Wurfgeschoß etc.) oder welche Eigenschaften ein Bauklotz hat. Das Kind baut dadurch Wissen auf, das für die Bewältigung des alltäglichen Lebens notwendig ist. Durch Konstruktionsspiele entwikkelt sich zudem das räumliche Vorstellungsvermögen.

Symbolspiele dienen ebenso der Erfahrung von Gegenständen. Darüber hinaus übt das Kind bei solchen Spielen den regelgerechten Umgang damit (z. B. den "richtigen" Umgang mit Kochtöpfen in der Puppenecke; die tatsächlichen Vorgänge rund ums Flugzeug, wie Einsteigen, Starten, Landen etc.). Da im Symbolspiel Gegenstände in einer veränderten Bedeutung verwendet werden, übt es außerdem abstraktes (vom Gegenstand losgelöstes) Denken.

Auch wenn die obengenannten Spiele häufig allein oder nebeneinander gespielt werden, ist die Gruppe sehr wichtig, da die Kinder sich gegenseitig nachahmen (Lernen am Modell, vgl. Kap. 2.4).

Bei **Rollenspielen** müssen sich die Kinder in das Denken und Handeln anderer Person hineinversetzen können (Fähigkeit zur Perspektivenübernahme). Das ist eine wichtige Voraussetzung, um soziale Beziehungen, die auf Gegenseitigkeit beruhen (z. B. Freundschaft), aufzubauen. Darüber hinaus sind die Kinder gezwungen, über die Verteilung der Rollen zu verhandeln und sich zu einigen. Sprache und Kommunikation werden dadurch maßgeblich gefördert.

In **Regelspielen** schließlich lernen Kinder das Akzeptieren von sozialen Regeln, Frustrationstoleranz, aber auch Durchsetzungsfähigkeit und strategisches Denken.

Für alle Spielformen gilt, daß Kinder in ihnen lernen, ihre Umwelt zu kontrollieren und auf sie einwirken zu können (Selbstwirksamkeit im Sinne von Bandura – vgl. Kap. 2.4.7). Sie erwerben Selbstvertrauen und verlieren zunehmend an Hilflosigkeit (vgl. Oerter 1987).

Zusammenfassend soll die Bedeutung unterschiedlicher Spielformen für Entwicklung und Sozialisation von Kindergartenkindern in folgender Tabelle erläutert werden:

Spielform	**Funktion für Entwicklung und Sozialisation**	
Informationsspiele	Wissenserwerb über Beschaffenheit und Funktion von Gegenständen	*Für die meisten Spiele gilt:* Kreativität, Motorik, Selbstwirksamkeit, Selbstvertrauen usw. werden gefördert.
Konstruktionsspiele	Wie Informationsspiel; außerdem: räumliches Vorstellungsvermögen	
Symbolspiele	Erwerb von kulturtypischen Handlungsabläufen; abstraktes Denken	
Rollenspiele	Perspektivenübernahme Sprache und Kommunikation	
Regelspiele	Akzeptieren von sozialen Regeln soziale Kompetenzen	

Für den Pädagogen ist die Spielförderung eine einfache und schwierige Aufgabe zugleich (vgl. Einsiedler 1994). Er muß den Kindern ausreichende und geeignete Räume und Materialien sowie Zeit zum Spielen zur Verfügung stellen (indirekte Spielförderung). Lange Zeit war es umstritten, inwieweit sich Erzieher in das Kinderspiel "fördernd einmischen" sollen. Untersuchungen haben jedoch gezeigt, daß vor allem Kinder, die ihr Spielmaterial nicht nutzen können, der Anregung und Unterstützung im Spiel bedürfen (direkte Spielförderung).

Situationsorientiertes Lernen

Die erste Hälfte der 70er Jahre war eine Zeit intensiver bildungspolitischer Diskussionen und Reformversuche. Auch der Kindergarten wurde in die damalige Aufbruchstimmung einbezogen. In diesen Jahren wurde unter wissenschaftlicher Begleitung ein Konzept situationsorientierten Lernens in mehreren Modellkindergärten entwickelt, das die Kindergartenarbeit erneuern sollte.

Der situationsorientierte Ansatz läßt sich nach KRENZ (1991) wiedergeben:

(1) "Die pädagogische Arbeit steht unter dem Ziel, Kinder verschiedener sozialer Herkunft und mit unterschiedlicher Lerngeschichte zu befähigen, in Situationen ihres gegenwärtigen und zukünftigen Lebens möglichst autonom und kompetent denken und handeln zu können" (Arbeitsgruppe Vorschulerziehung 1976, zit. nach Grossmann 1994, S. 117).
Es geht also darum, daß Kinder in **realen Lebenssituationen** eigenständig Erfahrungen machen und **eigenständig lernen**, mit ihnen umzugehen (Betonung der Eigenaktivität). Zusätzlich wird darauf hingewiesen, daß Kinder aus allen sozialen Gruppierungen unterstützt werden sollen.

(2) Lernen in realen Lebenssituationen beinhaltet eine Orientierung am Leben außerhalb des Kindergartens. Die pädagogische Arbeit soll nicht auf einer abgeschlossenen "Insel" stattfinden, sondern sich mit **Alltagssituationen** beschäftigen, die von Kindern als wichtig erlebt werden. Beispielsweise erzählt ein Kind, daß es sich verlaufen hat oder daß seine Eltern als Ausländer angepöbelt wurden. Andere Situationsanlässe wären der Krankenhausaufenthalt eines Kindes oder auch im Fernsehen erlebte Ereignisse.

(3) Durch dieses situationsorientierte Lernen sollen die zu fördernden Bereiche (Sprache, Intelligenz, Sozialverhalten, Kreativität etc.) nicht getrennt, sondern **ganzheitlich** in ihrem Zusammenhang gefördert werden.

(4) Die bisherigen Aussagen legen es nahe, daß Kinder zum Lernen auch den Kindergarten verlassen (z. B. Besuch der Familie eines ausländischen Kindes, eines Krankenhauses, der Arbeitsstelle eines Elternteils etc.).

(5) Im situationsorientierten Ansatz sollen längerfristige **Projekte** gemeinsam mit den Kindern geplant und durchgeführt werden (z. B. wie sieht die Umgebung unseres Kindergartens aus, was passiert mit dem Müll, was passiert in einem Krankenhaus, was mache ich, wenn ich mich verlaufen habe, was gibt es im Wald etc.). Dadurch kann mehr Eigenmotivation, mehr Spontaneität und größere Selbstbestimmung erzielt werden als bei "aufgedrängten" Förderangeboten.

(6) Situationsorientiertes Lernen soll **integrierend** sein, und zwar hinsichtlich verschiedener Altersgruppen, Jungen und Mädchen, hinsichtlich Kinder ausländischer Mitbürger und Kinder mit Problemen und Behinderungen.

Diese Arbeit erfordert u. a. ein **verändertes Rollenverständnis des Erziehers**, der sich eher als Begleiter und Mitlernender verstehen soll; sie erfordert eine Öffnung der Einrichtung für das Leben in der Gemeinde (Kindergarten als Nachbarschaftszentrum, vgl. 4.6.3) und schließlich eine aktive und lebendige Elternarbeit und Elternmitarbeit.

Auf das Mündigkeitskonzept von H. ROTH bezogen (vgl. Kap. 1.5.2) erwerben Kinder durch den Situationsansatz
- Sachkompetenz, indem sie etwas über Ereignisse im realen Leben erfahren;
- Selbstkompetenz, indem sie durch Mitbestimmung entscheidungsfähig werden, durch Erfolgserlebnisse Selbstvertrauen gewinnen und durch die Anerkennung ihrer Bedürfnisse und Interessen sich selbst akzeptieren lernen;
- Sozialkompetenz, indem sie gemeinsam mit anderen Kindern lernen und indem auch soziale Situationen Anlässe für Projekte sein können.

Probleme und Grenzen der Kindergartenarbeit[39]

Schwierige Kinder

Wie bereits bei der gesellschaftlichen Bedeutung der Kindergartenerziehung erwähnt, haben sich die Lebensbedingungen von Kindern erheblich verändert. Eingeschränkte Bewegungsfreiheit, bestimmte familiäre Bedingungen und der wachsende Einfluß von Massenmedien haben den Umgang mit Kindern im Kindergarten sicher nicht erleichtert. Erzieher/innen müssen oft mit belasteten und verhaltensauffälligen Kindern umgehen, ohne immer in der Lage zu sein, adäquat darauf zu reagieren (aufgrund ungünstiger Rahmenbedingungen, siehe unten).

Schwierige Eltern

Von Erziehern wird beklagt, daß Eltern immer höhere Erwartungen an den Kindergarten stellen. Erzieher sollen reparieren, was in der Familie schief läuft. Dadurch werden intensivere Formen der Elternarbeit notwendig, die wiederum die Erzieher überlasten. Gleichzeitig gibt es Eltern, die kein Interesse an der Zusammenarbeit mit dem Kindergarten haben und deshalb kaum zur Mitarbeit motiviert werden können.

Schwierige Rahmenbedingungen

Problematische Rahmenbedingungen aufgrund der Finanzknappheit der Kommunen und Länder setzen einer modernen Kindergartenarbeit wahrscheinlich die unüberwindlichsten Grenzen. Die Gruppen sind in der Regel immer noch zu groß, die Personalausstattung ist immer noch nicht ausreichend. Die Verdienst- und Aufstiegsmöglichkeiten von Erzieher/innen sind ein kaum beachteter Skandal. Für die Arbeit mit schwierigen Kindern und Eltern, für konzeptionelle Weiterentwicklung benötigen die Erzieher/innen Zeit, Fortbildung und Supervision[40], was ihnen jedoch häufig nicht zur Verfügung steht.

4.2.3 Die Erziehungsberatungsstelle

Ebenso wenig wie d e n Kindergarten, gibt es d i e Erziehungsberatungsstelle (EB). Jede Stelle hat ein eigenes Konzept, das auf die örtliche Situation zugeschnitten ist.

Erziehungsberatung ist ein Teil der Kinder- und Jugendhilfe. Das KJHG erwähnt ausdrücklich die **institutionelle Erziehungsberatung** in § 28:

> "Erziehungsberatungsstellen und andere Beratungsdienste und -einrichtungen sollen Kinder, Jugendliche, Eltern und andere Erziehungsberechtigte bei der Klärung und Bewältigung individueller und familienbezogener Probleme und der zugrundeliegenden Faktoren, bei der Lösung von Erziehungsfragen sowie bei der Trennung und Scheidung unterstützen. Dabei sollen Fachkräfte verschiedener Fachrichtungen zusammenwirken, die mit unterschiedlichen methodischen Ansätzen vertraut sind."

In diesen Sätzen sind die wesentlichen Themen der Erziehungsberatung sowie die Notwendigkeit der interdisziplinären Zusammenarbeit (d. h. zwischen mehreren Wissenschaftsdisziplinen) angesprochen.

Erziehungsberatungsstellen arbeiten teilweise unter freier, teilweise unter öffentlicher Trägerschaft. In Bayern sind ca. drei Viertel der EB in freier Trägerschaft (Kirchen, Verbände, Vereine etc.).

Durchschnittlich sind Erziehungsberatungsstellen mit drei Vollzeit- und zwei Teilzeitkräften besetzt. Die **Berufsgruppen**, die in EB arbeiten, verteilen sich wie folgt: ca. 50 % der Vollzeitkräfte und 50 % der Teilzeitkräfte sind Diplom-Psychologen, die zweitstärkste Berufsgruppe sind Sozialarbeiter/Sozialpädagogen mit ca. 31 % der Vollzeit- und ca. 26 % der Teilzeitkräfte. Der verbleibende Rest besteht aus Kinder- und Jugendpsychotherapeuten, Heilpädagogen, Diplom-Pädagogen, Ärzten und sonstigen Fachkräften (alle Daten aus Menne 1993).

Ziele und Arbeitsformen der Erziehungsberatung

Grundsätzlich läßt sich die Arbeit in Erziehungsberatungsstellen in drei Bereiche einteilen (Informationen für Erziehungsberatungsstellen 1994a; 1994b):
- auf den Einzelfall bezogene individuelle Hilfen (Fallarbeit)
- präventive und auf die Region bezogene Angebote
- weitere Aufgaben

Individuelle Hilfen

Darunter versteht man Hilfen für Familien durch Beratung und Therapie. Typische Anlässe für Beratung sind Verhaltensauffälligkeiten (Ängste, Aggressivität etc.) und Schulprobleme von Kindern, Kindesmißhandlung, Trennung bzw. Scheidung der Eltern.

Folgende Arbeitsformen mit ihren jeweiligen Zielsetzungen können unterschieden werden:

(1) **Diagnostik**
Bevor dem Klienten Hilfe zuteil werden kann, muß abgeklärt werden, welche Problematik vorliegt und worauf sie zurückzuführen ist. Eine Diagnose wird in der Regel mit Hilfe von Gesprächen (mit dem Kind und deren Bezugsperson), Verhaltensbeobachtung und Tests erstellt.

(2) **Beratung der Eltern** in Erziehungsfragen
Hier geht es darum, mit Eltern, die Erziehungsschwierigkeiten haben, Lösungen zur Verbesserung der familiären Situation zu erarbeiten und sie bei ihren Problemlösungsversuchen zu unterstützen. Beispielsweise werden Regeln ausgehandelt, was die Familienmitglieder miteinander tun können oder wie ein Familienmitglied entlastet werden kann.

(3) **Therapie der Eltern bzw. der Familie**
Die Übergänge zwischen Beratung und Therapie sind in der Praxis fließend. Von Therapie spricht man dann, wenn grundlegende Veränderungen der Persönlichkeit bzw. der Familienbeziehungen angestrebt werden. Jede zweite Erziehungsberatungsstelle geht dabei familientherapeutisch vor (vgl. Menne 1993). Die Familientherapie ist eine therapeutische Richtung, die die Familie als System betrachtet. Wenn ein Kind auffällig wird, geht man davon aus, daß dies ein Symptom für gestörte Familienbeziehungen ist. Das auffällige Kind wird deshalb auch Symptomträger genannt. Aus diesem Grund versucht die Familientherapie möglichst alle Familienmitglieder einzubeziehen und die Rollen und Beziehungen in der Familie zu verändern. Andere Therapieformen werden in Kap. 2.2.4, 2.2.8, 4.4.3 und 5.4.4 ausführlich beschrieben.

(4) **Therapeutische Arbeit mit den Kindern**
Sie kann ergänzend zur Beratung und Therapie der gesamten Familie eingesetzt werden, um Defizite beim Kind auszugleichen (z. B. emotionale Störungen nach Mißhandlung). Dort können beispielsweise durch Spieltherapie Erlebnisse verarbeitet oder durch Verhaltenstherapie bestimmte Fertigkeiten trainiert werden (z. B. soziale Verhaltensweisen). Dies geschieht sowohl in Form von Einzelbetreuung als auch in Form von therapeutischen Kindergruppen.

(5) **Durchführung von Helferkonferenzen**
Darunter versteht man Besprechungen, an denen sowohl die Familie als auch Mitarbeiter aller Einrichtungen, die mit der Familie zu tun haben (z. B. Kindergarten, Schule und Jugendamt) beteiligt sind. In solchen Konferenzen sollen die Sichtweisen aller Betroffenen offengelegt und mögliche Hilfemaßnahmen besprochen werden.

(6) **Sozial- und Rechtsberatung**
Manche Erziehungsberatungsstellen integrieren diese Beratungsform in ihre Arbeit, um die Klienten auch in Rechtsfragen zu unterstützen. Diese Beratung wird beispielsweise notwendig, wenn eine Familie verschuldet ist, wenn rechtliche Probleme im Zusammenhang mit der Ehescheidung auftauchen, oder wenn es darum geht, welche Sozialleistungen jemandem zustehen. Mit solchen Hilfen können Familien entlastet werden, was sich wiederum auf die Familienbeziehungen auswirkt.

Grundlegendes Ziel dieser Arbeitsformen ist zum einen die Lösung des Problems, das die Familie an die Einrichtung heranträgt, und zum anderen die Befähigung der Familie, ihre Probleme in Zukunft selbst zu lösen (Hilfe zur Selbsthilfe).

Präventive und auf die Region bezogene Aufgaben

Bei der Erläuterung des KJHG wurde darauf hingewiesen, daß präventive Formen Sozialer Arbeit immer mehr an Gewicht bekommen. Dem verschließen sich auch die Erziehungsberatungsstellen nicht. Unter Prävention sollen hier alle Maßnahmen verstanden werden, die zu einer Verbesserung der Lebensbedingungen von Kindern und Jugendlichen sowie ihrer Familien beitragen (vgl. dazu Kap. 4.6.3).

Dieser Aufgabenbereich umfaßt zwei Gebiete:
- Offene Angebote für Kinder, Jugendliche und Familien
- Arbeit in Gremien und Multiplikatorenarbeit.

Offene und Gruppenangebote:
Offen kann man solche Angebote nennen, die für alle Bewohner des jeweiligen Einzugsgebietes zugänglich sind. (z. B. Elterntreffs, Familienfahrten, Nachbarschaftsfeste oder -flohmärkte). Gruppenangebote wären z. B. Bastelgruppen für Vater und Kind, Gruppen für Alleinerziehende, Kreativgruppen und Kursangebote für Kinder oder Eltern, Mädchengruppen etc.
Ziele dieser Angebote sind zum einen, die Lebensqualität der Bewohner des Stadtteils zu erhöhen, indem Kontakte zwischen den Bewohnern geschaffen werden (z. B. Feste, Flohmärkte). Zum anderen werden Berührungsängste der Bewohner zur Beratungsstelle abgebaut. GMÜR u. a. (1986) beschreiben, wie eine Familie über Treffpunktangebote, in denen sie Vertrauen zu den Mitarbeitern gewann, den Schritt zu einer Beratung wagte. Dadurch können Erziehungsprobleme möglicherweise frühzeitig bearbeitet werden. Diese Hemmschwelle, eine

Beratung in Anspruch zu nehmen, ist vor allem bei sozial benachteiligten Familien festzustellen (vgl. auch Weber und Friebel 1986, Menne 1993). Schließlich können bestimmte Gruppenangebote Entlastungen für Familien schaffen (z. B. Gruppe für Alleinerziehende) und Kompetenzen von Eltern und Kindern stärken (z. B. Bastelgruppe für Vater und Kind).

Arbeit in Gremien und Multiplikatorenarbeit:
Soziale Einrichtungen schließen sich in **Gremien** zusammen, um beispielsweise kommunalpolitisch aktiv zu werden (Vernetzung der regionalen Sozialeinrichtungen). MÜLLER (1993) beschreibt die Arbeit einer Konferenz – bestehend aus Personen, die im Sozialbereich aktiv sind (hauptamtlich Tätige, Vertreter von Bürgerinitiativen und des Ausländerbeirats). Diese Konferenz setzte sich in jährlich 6 – 8 Sitzungen mit aktuellen Themen auseinander, wie "Planung von sozialen Einrichtungen", "Verbesserung der Spielmöglichkeiten für Kinder", "Bau einer Umgehungsstraße um den Ort" oder "Einflußmöglichkeiten von Kindern und Jugendlichen in der Gemeinde". Durch diese Zusammenarbeit können sich soziale Einrichtungen in politische Fragen einmischen und gemeinsam dafür kämpfen, daß sich die Lebensbedingungen im Ort verbessern (**präventiver Gedanke**, vgl. auch Kap. 4.6.3). In anderen Gremien wird dagegen themenbezogen (z. B. Gremium zum Thema sexueller Mißbrauch) oder institutionsbezogen gearbeitet (z. B. alle Erziehungsberatungsstellen einer Region).
Unter **Multiplikatorenarbeit** versteht man die Zusammenarbeit mit Personen und Institutionen, die in einem unmittelbaren Erziehungsverhältnis zum Kind stehen. Erziehungsberatungsstellen arbeiten mit Schulen, Kinderkrippen, -gärten und -horten zusammen, um die Beratungsstelle bekannt zu machen, aber auch, um Fortbildungsangebote durchzuführen (z. B. Einführung in die Gesprächsführung), an gemeinsamen Arbeitsgruppen teilzunehmen (z. B. Arbeitskreis Beratungslehrer/innen) oder bei bestimmten Fällen Supervision für Erzieher/innen anzubieten (vgl. Tätigkeitsbericht Familienzentrum Neuperlach 1992). Multiplikatorenarbeit zielt ebenfalls auf Prävention ab, da die Lehrer und Erzieher von der Fachkompetenz der Berater profitieren, ihren Umgang mit schwierigen Kindern und Jugendlichen verbessern und bei Problemkindern frühzeitiger mit der Erziehungsberatungsstelle zusammenarbeiten können.

Weitere Aufgaben

Zu den weiteren Aufgaben gehören regelmäßige Fallbesprechungen der Mitarbeiter (interdisziplinäre Zusammenarbeit), Fallkonferenzen mit Mitarbeitern anderer Einrichtungen, regelmäßige Weiterbildung und Supervision.

Zusammenfassend sollen die Aufgaben einer Erziehungsberatungsstelle in folgender Abbildung dargestellt werden, wobei vorhandene Überschneidungen deutlich gemacht werden:

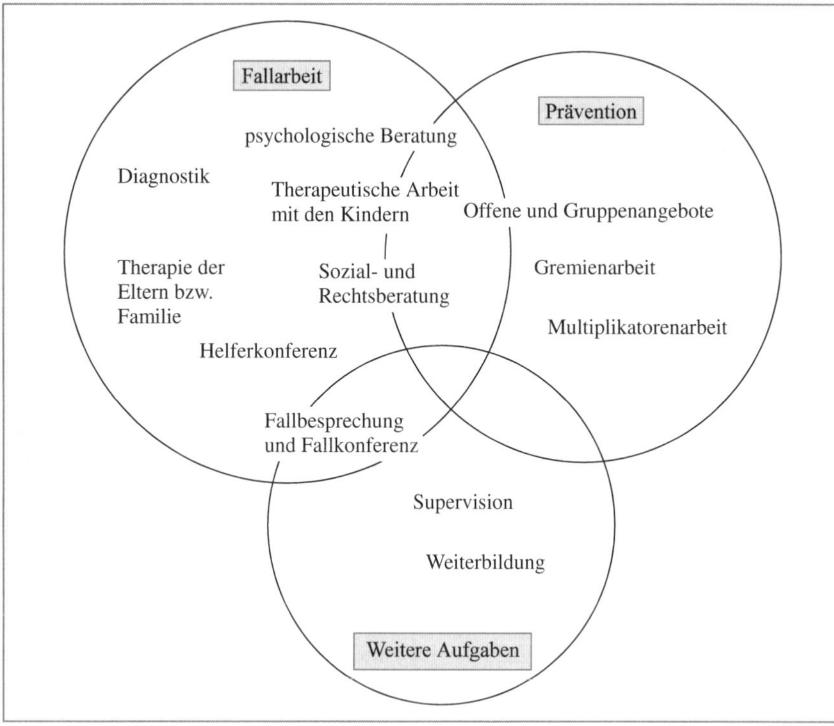

Abb. 3: Aufgabenbereiche einer Erziehungsberatungsstelle

Probleme und Grenzen

Probleme und Grenzen der Erziehungsberatung liegen zum ersten an einer unzureichenden flächendeckenden Versorgung. Es gibt immer noch zu wenig Einrichtungen und zu wenig Mitarbeiter. Als Folge davon müssen sich die Klienten häufig mit einem Platz auf der Warteliste zufriedengeben, was abschreckend und demotivierend sein kann. Für die Mitarbeiter der Beratungsstelle bedeutet dies eine erhebliche Belastung. Gleichzeitig besteht die Gefahr, daß die wichtigen präventiven Angebote nicht mehr im notwendigen Umfang durchgeführt werden können.

Zum zweiten setzen die Klienten selbst der Beratungsarbeit Grenzen. Trotz offener Angebote finden viele Familien nicht den Weg in die Beratung oder ihnen fehlt die Motivation, tatsächlich an der Familiensituation etwas zu ändern. Andere Familien wiederum haben Belastungen erfahren, die durch Beratung nicht aufgehoben werden können (z. B. Arbeitslosigkeit, Armut). Bei der Arbeit mit ausländischen Familien können Sprachprobleme oder unüberbrückbare kulturelle Unterschiede (z. B. hinsichtlich der Förderung von Mädchen) auftauchen. Diese ständige Konfrontation mit zwischenmenschlichen Problemen ist eine weitere Belastungsquelle für den Berater. Hinzu kommt, daß der Erfolg der Beratung nicht immer unmittelbar sichtbar wird, da sich der Kontakt mit dem Klienten nach der Behandlung meist vorläufig verliert (vgl. Strätling-Tölle 1990).

4.3 Formen menschlichen Zusammenlebens und darin auftretende Probleme

4.3.1 Formen des Zusammenlebens

Familie und familienähnliche Lebensformen

Im Prinzip haben viele Menschen die Vorstellung, daß eine Familie aus einer Mutter, einem Vater und mindestens einem Kind besteht (sogenannte Kleinfamilie). Wenn man jedoch genauer hinsieht, gibt es eine Vielzahl von Familienformen bzw. familienähnlichen Lebensformen, die sich in ihrer Struktur teilweise erheblich unterscheiden. Einleitend soll eine Definition vorgestellt werden (vereinfacht nach NAVE-HERZ 1994).

Damit man von einer Familie sprechen kann, ist es notwendig, daß
- mindestens zwei Generationen vorhanden sind,
- für die Sozialisation der jüngeren Generation gesorgt wird,
- ein besonderes Kooperations- und Solidaritätsverhältnis vorhanden ist, das sich von anderen Gruppen unterscheidet.

Damit umfaßt der Begriff "Familie" beispielsweise:
- eheliche und nicht-eheliche Lebensgemeinschaften, sofern sie Kinder aufziehen,
- alleinerziehende Mütter und Väter,
- Lebensgemeinschaften, die durch Wiederheirat nach Scheidung zustandekommen, sofern wiederum Kinder vorhanden sind.

Es ist interessant, daß diese Definition das Zusammenleben nicht für notwendig hält (z. B. Eltern, die getrennt wohnen, aber ein Paar bilden, sind demnach auch Familie, Paare ohne Kinder werden jedoch nicht als Familie bezeichnet). Damit wird deutlich, wie schwierig eine klare Abgrenzung ist. Soziologie und Psychologie bemühen sich jedoch, die gesellschaftlichen Veränderungen zu berücksichtigen, indem sie möglichst viele Formen des Zusammenlebens unter den Begriff Familie zusammenfassen. Was vor 30 Jahren als abweichend und "alternativ" galt, ist heute vielfach üblich.

Zusammenfassend soll damit **Familie** als **Lebensgemeinschaft** (im weitesten Sinne) von **mindestens einem Elternteil** mit einem oder mehreren **Heranwachsenden** verstanden werden.

Familienformen

Trennung und Scheidung (ca. jede dritte Ehe wird geschieden), Wiederheirat (bei ca. 66 % der Geschiedenen), Bedeutungsverlust der Ehe (ca. 1 Mio nicht-eheliche Lebensgemeinschaften[41]), Rückgang der Kinderzahlen, zunehmende Berufstätigkeit der Frau – dies sind alles Bedingungen, die eine "Pluralisierung" (Vermehrung) der Familienformen hervorgebracht haben. Einige Formen sollen nun aufgezählt werden (ohne Anspruch auf Vollständigkeit):
- verheiratete und unverheiratete Eltern-Familien
- Ein-Eltern-Familien (Vater-Kind oder Mutter-Kind)
- Stieffamilien (Familien, in denen ein oder beide Partner bereits eine Ehe hinter sich haben)
- geschiedene Eltern, die gemeinsam das Sorgerecht für das Kind haben
- geschiedene Eltern, wobei ein Elternteil Besuchsrecht hat
- geschiedene Eltern, die durch das gemeinsame Kind verbunden sind, aber eigene Beziehungen haben
- aufgrund von Berufstätigkeit getrenntlebende Familien

Eine einzige Person kann dabei in ihrem Lebenslauf mehrere Familienformen durchleben (z. B. unverheiratete Elternfamilie – verheiratete Elternfamilie – Ein-Eltern-Familie nach Scheidung – erneute Beziehung ohne Heirat etc.).

Andere Formen des Zusammenlebens

Wohngemeinschaften:
Wohngemeinschaft (WG) ist ein Sammelbegriff für sehr unterschiedliche Lebensformen von einer größeren Zahl zum Teil nicht verwandter Personen in einem Haushalt.

Wohngemeinschaften können aus mehreren Paaren, Paaren und Einzelpersonen oder nur aus Einzelpersonen bestehen. Kinder gibt es in etwa jeder vierten bis fünften WG. Diese Lebensform entwickelte sich Ende der sechziger, Anfang der siebziger Jahre aus der Studentenbewegung heraus und war ursprünglich eine bewußte und gesellschaftskritische Alternative zur bürgerlichen Familie (vgl. Sieder 1987). Die damals herrschenden Vorurteile (Gruppensex, Drogenkonsum in WG's) sind jedoch weitgehend verschwunden. Heute findet man am häufigsten die studentischen Wohngemeinschaften. 1981 lebten zwar nur 5 % aller 15–24jährigen, jedoch 18 % der Studenten in Wohngemeinschaften. Es ist zu vermuten, daß diese Zahlen in den neunziger Jahren noch höher liegen. Für viele junge Menschen ist das Leben in einer WG eine Übergangsphase zwischen Verlassen des Elternhauses und Gründung einer eigenen Familie. Eine WG bietet die Möglichkeit, unabhängig und trotzdem eingebunden in eine Gruppe zu leben. Gleichzeitig können verschiedene Formen der Zusammenarbeit im Haushalt oder bei der Kindererziehung erprobt werden. Zusammengefaßt kann man sagen, daß die studentische Wohngemeinschaft Experimentierfeld ist und sowohl Unabhängigkeit als auch Nähe erlaubt (vgl. Sieder 1987).
Als Ergänzung sei noch darauf hingewiesen, daß inzwischen auch alte Menschen die Vorteile von Wohngemeinschaften nutzen (Senioren-WG, altersgemischte WG), um das Leben im Heim zu vermeiden.
Die Probleme, die in Wohngemeinschaften auftreten können, liegen jedoch ebenso auf der Hand. Beispielsweise können unterschiedliche Einstellungen und Werthaltungen oder unterschiedliche Erwartungen an die Intensität des Zusammenlebens diese Lebensform auseinanderbrechen lassen.

Institutionen:
Viele Menschen verbringen eine längere Zeit ihres Lebens in Institutionen. Dies können Internate, Heime oder andere betreute Wohnformen (z. B. Wohngruppen) für Kinder und Jugendliche, aber auch Behindertenheime, Altenheime oder Gefängnisse sein. Viele dieser Einrichtungen bringen gewisse Vorteile für die Bewohner (wenn man vom Gefängnis absieht), aber auch erhebliche Belastungen mit sich:

- Kinder und Jugendliche mit spezifischen Problemen (z. B. gestörte Familienbeziehungen, Verlust der Familie) können in **Heimen** und **Wohngruppen** gezielt therapeutisch betreut werden; gleichzeitig brauchen diese Kinder und Jugendliche emotionale Bindungen zu verläßlichen Bezugspersonen, was durch professionelle Erzieher (die zudem hin und wieder den Arbeitsplatz wechseln) nur unzureichend geleistet werden kann (vgl. Sengling 1989).

- Behinderte Menschen können in entsprechenden Einrichtungen intensiv gefördert und gepflegt werden und dort sinnvolle Arbeiten bewältigen; gleichzeitig besteht die Gefahr, daß große **Behinderteneinrichtungen** zu Ghettos werden.
- Alte Menschen können in **Altenheimen** medizinisch und pflegerisch optimal versorgt werden; gleichzeitig haben Untersuchungen ergeben, daß viele alte Menschen sich einsam fühlen, da sie keinen Kontakt zu anderen Bewohnern herstellen können. Sie empfinden es als Nachteil, daß sie nur mit älteren Menschen zusammen sind und klagen über Interesselosigkeit der Mitbewohner (vgl. Kruse u. a. 1992).

Leben auf der Straße:
Das Zusammenleben von Obdachlosen und Nichtseßhaften im Freien ist auch eine "alternative Lebensform", die in der Regel aufgrund von Arbeitslosigkeit, Armut und Wohnungsverlust zustande kommt. Obdachlose werden Menschen genannt, die keinen festen Wohnsitz aufweisen können. Nichtseßhafte verbringen darüber hinaus ihr Leben in Wanderschaft ("Landstreicher"). Diese Personen leben teilweise vorübergehend in speziellen Unterkünften, teilweise verbringen sie die Nächte im Freien. Viele Nichtseßhafte haben sich so sehr mit ihrer Situation abgefunden, daß sie selbst nicht mehr willens sind, ihr Leben zu verändern (vgl. Danckwerts 1988).

Einpersonenhaushalte:
Inzwischen sind ca. 35 % aller Haushalte sogenannte Einpersonenhaushalte, in Großstädten ist der Prozentsatz teilweise erheblich höher (vgl. Erler 1993). Fast die Hälfte dieses Personenkreises sind jedoch Witwer und Witwen (vgl. Sieder 1987) und folglich keine eigentlichen "Singles". Unter **Singles** versteht man (meist jüngere) Menschen, die bewußt allein leben wollen (ca. 10 % aller 30- bis 40jährigen; SZ vom 7. 1. 1995). Nach Sieder gibt es allerdings keine statistischen Angaben darüber, wieviele Singles tatsächlich keinen Partner haben[42].
Ein Single kann im Privatleben zwar ein Maximum an Freiheit, Unabhängigkeit und Selbständigkeit verwirklichen, muß jedoch erheblich mehr Anstrengungen aufwenden, um soziale Kontakte aufzubauen und aufrechtzuerhalten. Wenn dies nicht gelingt, wird die Freiheit mit Einsamkeit erkauft (vgl. Beck 1990).

Das Zusammenleben von Menschen verschiedener Kulturen

Zusammenleben findet nicht nur im engsten Kreis, sondern auch in der Nachbarschaft und im gesellschaftlichen Leben statt.

Inzwischen (Stand der Daten: 1992) leben in Deutschland ca. 6,5 Millionen Ausländer (vgl. Hopf u. Tenorth 1994, SZ vom 15. 6. 1994). Sie sind überwiegend Gastarbeiter und deren Familien. Gastarbeiter wurden zwischen 1955 und 1973 angeworben, um den Arbeitskräftemangel im Nachkriegs-Deutschland auszugleichen (vgl. Hamburger 1994). Die stärkste Nationalitätengruppe sind Türken (29 % der Ausländer), gefolgt von Einwanderern aus dem ehemaligen Jugoslawien, aus Italien, Griechenland und Polen (vgl. Hopf u. Tenorth 1994).

Unterschiedliche Kulturen treffen jedoch auch beim Zusammenleben mit folgenden Gruppen aufeinander:

- **Asylbewerber** sind solche Personen, die in Deutschland Asyl beantragt haben, deren Verfahren jedoch noch nicht abgeschlossen sind. Rechtlich werden sie nicht als Ausländer bezeichnet. Sie leben in speziellen Unterkünften (teilweise Sammellager), dürfen die Stadt, in der sie leben, nicht verlassen und haben keine Arbeitserlaubnis.
- **Flüchtlinge** sind aus einem Kriegsgebiet (z. B. dem ehemaligen Jugoslawien) geflohen und haben eine vorübergehende Aufenthaltsgenehmigung erhalten.
- **Aussiedler** haben zwar die deutsche Staatsangehörigkeit, sind aber Zuwanderer meist aus osteuropäischen Ländern.

Allen diesen Gruppen ist gemein, daß sie einem anderen Sprach- und Kulturkreis entstammen und sich aufgrund mangelhafter Sprachkenntnisse, anderer Einstellungen und Lebensweisen im Alltag nicht so gut zurechtfinden. Sie werden in unserer Gesellschaft sowohl von Mitmenschen als auch von staatlicher Seite ausgegrenzt und sind einem öffentlichen Druck ausgesetzt, sich anpassen zu müssen (vgl. Hopf und Tenorth 1994). Zudem haben Anschläge und Ausschreitungen gegenüber Ausländern die Gewaltbereitschaft rechtsradikaler Gruppierungen demonstriert.

Spezifische Probleme entstehen beispielsweise bei Ausländern der zweiten und dritten Generation (Kinder und Enkel der damals eingewanderten Gastarbeiter). Sie wachsen zwar in der Familie teilweise noch mit traditionellen Werten auf, erfahren jedoch durch Schule und Jugendarbeit Werte unserer westeuropäischen Gesellschaft (vgl. Nauck 1994).

Asylbewerber und Flüchtlinge erhalten dagegen von staatlicher Seite bewußt keine Hilfe bei der Integration, da ihr Aufenthalt in Deutschland nicht gesichert ist. Sie leben oft mehrere Jahre in ihren Unterkünften, ohne jeglichen Anschluß zur deutschen Bevölkerung. Hier muß man eher von einem "Nicht-Zusammenleben" sprechen.

4.3.2 Gewalt gegen Kinder in der Familie

Nach einer Umfrage der Zeitschrift "Eltern" gaben zwei Drittel der Befragten an, ihre Kinder körperlich zu bestrafen (nach Engfer 1989). Sind wir ein Volk von Kindesmißhandlern? Oder sind Ohrfeigen notwendige Erziehungsmittel, die man nicht als gewalttätig einstufen sollte? Ist nicht Liebesentzug grausamer als eine Ohrfeige? Das erste große Problem bei diesem Thema ist die Definition des Begriffs "Gewalt". Üblicherweise bezeichnet man als **Gewalt** "jede aktive Handlung (oder auch Duldung bzw. Unterlassung), die an der Durchsetzung des eigenen Zieles bei einer anderen Person orientiert ist, ohne Rücksicht auf damit verbundene physische oder psychische Schäden bei dieser." (Nave-Herz 1994, S. 78). Nach dieser Definition findet Gewalt gegen Kinder statt, wenn sie Schäden davontragen. Viel mehr Klarheit bekommt man dadurch nicht. Ab wann kann man von Schäden sprechen und wie dauerhaft müssen sie sein? Das Definitionsproblem ist bis heute nicht gelöst. Es wird immer eine breite Grauzone geben, in der nicht eindeutig entscheidbar ist, ob es sich um Gewalt gegen das Kind handelt. Deshalb ist es auch schwierig, verläßliche Zahlen über die Verbreitung von Gewalt zu erhalten.

Formen der Gewalt

Gewalt gegen Kinder ist nicht nur schwierig abzugrenzen, sondern kann auch ganz unterschiedliche Formen annehmen. ENGFER (1986; 1989) unterscheidet vier Formen der Gewaltanwendung:

(1) Körperliche Gewalt gegen Kinder. Darunter fallen Stöße, Schläge, Tritte etc.
(2) Psychische Formen der Gewalt gegen Kinder: "Hiermit sind alle elterlichen Äußerungen gemeint, die das Kind ängstigen, es herabsetzen oder überfordern und ihm das Gefühl der eigenen Wertlosigkeit vermitteln" (Engfer 1989, S. 241). Beispiele hierfür wären Liebesentzug, Isolierung des Kindes von seiner Umwelt etc.
(3) Sexueller Mißbrauch von Kindern: Sexueller Mißbrauch des Kindes ist nicht nur Geschlechtsverkehr mit einem Kind bzw. sexuelle Stimulierung durch das Kind. Unter sexuellem Mißbrauch versteht man ebenso gravierende Übertretungen von Regeln, die die Sexualität betreffen (z. B. ein Vater zeigt sich seiner Tochter nackt, obwohl dies in der Familie nicht üblich ist).
(4) Vernachlässigung von Kindern: Diese Form der Gewalt ist dann gegeben, wenn die Eltern die notwendigen Maßnahmen zur Pflege und Erziehung unterlassen (z. B. mangelhafte Ernährung, unzureichende emotionale Zuwendung).

Natürlich lassen sich die hier aufgeführten Formen von Gewalt nicht immer klar voneinander trennen. Körperliche Gewalt ist immer auch psychische Gewalt, sexueller Mißbrauch kann mit körperlicher Gewalt einhergehen, Vernachlässigung mit körperlichen Strafen etc.

Folgen für das Kind

Kinder, die Gewalt erfahren, zeigen **Entwicklungsrückstände** im kognitiven (v. a. sprachlichen) und motorischen Bereich, da vielbestrafte Kinder in ihrem Erkundungsdrang durch die massiven Bestrafungen gehemmt werden. Außerdem entwickeln sie ein **niedriges Selbstwertgefühl**, was sich sowohl in Leistungssituationen als auch in sozialen Beziehungen zeigt. Schließlich reagieren sie entweder mit **Ängstlichkeit**, Passivität und Überanpassung **oder** aber mit **Aggressivität** und Ungehorsam.
Inwieweit diese Folgen dauerhaft bestehen bleiben und zu einer gestörten Erwachsenenpersönlichkeit führen, hängt von vielen anderen Faktoren ab (vertrauensvolle Beziehung zu anderen Erwachsenen, wie z. B. Erzieher oder Jugendbetreuer; schulische Erfolgserfahrungen; therapeutische Behandlung). Das Risiko einer "Karriere" als "Problemfall" ist jedoch erhöht (vgl. Engfer 1986; 1989).

Ursachen von Gewalt gegen Kinder

Es gibt inzwischen einige Untersuchungen, die sich mit Ursachen von Kindesmißhandlung beschäftigt haben. Im folgenden sollen die wichtigsten Bedingungen dargestellt werden, wobei der Schwerpunkt auf Ursachen aktiver (v. a. körperlicher) Gewalt gelegt wird. Die Ausführungen orientieren sich dabei weitgehend an Engfer (1986; 1989).

Gewalterfahrungen in der eigenen Kindheit

Wenn mißhandelte Kinder als Erwachsene wiederum ihre Kinder mit Gewalt erziehen, spricht man von mehrgenerationaler Weitergabe der Gewalt. Diese These ist zwar weit verbreitet, läßt sich so allgemein jedoch nicht aufrechterhalten. Nur etwa ein Drittel aller mißhandelten Kinder geben als Eltern die erfahrene Gewalt an ihre Kinder weiter. Gleichzeitig gibt es Eltern, die ihre Kinder mißhandeln, ohne selbst gewalttätig erzogen worden zu sein. Es besteht also keine automatische Weitergabe der Gewalt an die nächste Generation. Dennoch gelten eigene Gewalterfahrungen als bedeutsamer Risikofaktor.

Gesellschaftliche Bedingungen von Gewalt gegen Kinder

In der Bundesrepublik werden zwar entwürdigende Erziehungsmaßnahmen verboten. Schläge in angemessenem Umfang sind jedoch in der Familie nicht strafbar. Dem entspricht auch die landläufige Meinung, daß "eine Ohrfeige noch niemandem geschadet habe". Solange Gewalt gegen Kinder in einer Gesellschaft nicht geächtet wird, solange körperliche aber auch psychische Gewalt als Erziehungsmittel akzeptiert sind, werden Eltern ermutigt, ihre Kinder dementsprechend zu behandeln.
Im Zusammenhang mit sexuellem Mißbrauch in Familien wird darauf hingewiesen, daß die in unserer Kultur herrschenden Vorstellungen von Männlichkeit mitverursachend sind. Männer sollen mächtig, durchsetzungsfähig, sexuell potent und erfolgreich sein. Da Ideal und Realität häufig nicht übereinstimmen, werden Kinder aufgrund ihrer gegebenen Unterlegenheit zu Sexualobjekten, die die Überlegenheit des Täters nicht in Frage stellen können (vgl. Bange 1993).

Lebensbelastungen

ENGFER weist darauf hin, daß nur bestimmte Lebensbelastungen gewaltfördernd sind, und zwar "Arbeitslosigkeit, Überforderung durch rasch aufeinanderfolgende Geburten und durch die Betreuung mehrerer Kleinkinder, Krankheiten und massive Partnerschaftskonflikte" (1989, S. 251). Dabei löst vor allem eine Kumulation (Anhäufung) von Alltagsproblemen, die aus den genannten Krisen entstehen, gewalttätiges Erzieherverhalten aus. Da jedoch nicht alle belasteten Familien ihre Kinder mißhandeln, müssen weitere Bedingungen wie bestimmte Persönlichkeitsmerkmale oder mangelnde Qualität der sozialen Unterstützung gegeben sein.

Fehlende soziale Unterstützung

Wenn ein Elternteil mit seinen Lebensbelastungen weder vom Partner noch von anderen Menschen soziale Unterstützung erhält, diese Person vielleicht sogar als Zusatzbelastung erlebt, steigt das Risiko der Gewaltanwendung.

Persönlichkeitsmerkmale und Einstellungen

Zu körperlicher Mißhandlung neigen vor allem Personen, die auf Streß mit hoher Erregung und Ärger reagieren, wobei sie diesen Ärger nicht mehr kontrollieren können. Zudem kennzeichnet sie häufig eine positive Einstellung zu körperlichen

Strafen. Bei Tätern, die ihre Kinder sexuell mißbraucht haben, werden mangelndes Selbstwertgefühl und Versagensängstlichkeit genannt (vgl. Bange 1993; Richter-Appelt und Ladendorf 1993).

Gestörte Eltern-Kind-Interaktion

PATTERSON (zit. n. Engfer 1989) entwickelte einen Ansatz, der nicht nur Bedingungen auflistet, die das Risiko einer Kindesmißhandlung erhöhen, sondern die Interaktion zwischen Elternteil und Kind genau unter die Lupe nimmt. Er beschreibt diese Interaktion als Machtkampf, in den sich das gewalttätige Elternteil und das Kind verstricken. Bestimmte Eltern versuchen von ihrem Kind Gehorsam zu erzwingen, indem sie es unter Druck setzen. Das Kind reagiert darauf mit Gegenwehr, mit Ungehorsam, Wutanfällen und Provokationen, was wiederum härtere Bestrafungen zur Folge hat. Diese Machtkämpfe eskalieren bis zu schweren Mißhandlungen. Man findet solche Vorgänge vor allem bei Elternteilen,

- die nicht genau wissen, was sie von ihren Kindern erwarten sollen,
- häufig dem Kind drohen, ohne konsequent zu sein, und
- das Kind mit der Zeit nur noch negativ wahrnehmen.

Auf der Seite des Kindes rufen solche Merkmale, die die Eltern überfordern (z. B. häufige Krankheit, schwieriges Temperament), die beschriebenen Machtkämpfe hervor.

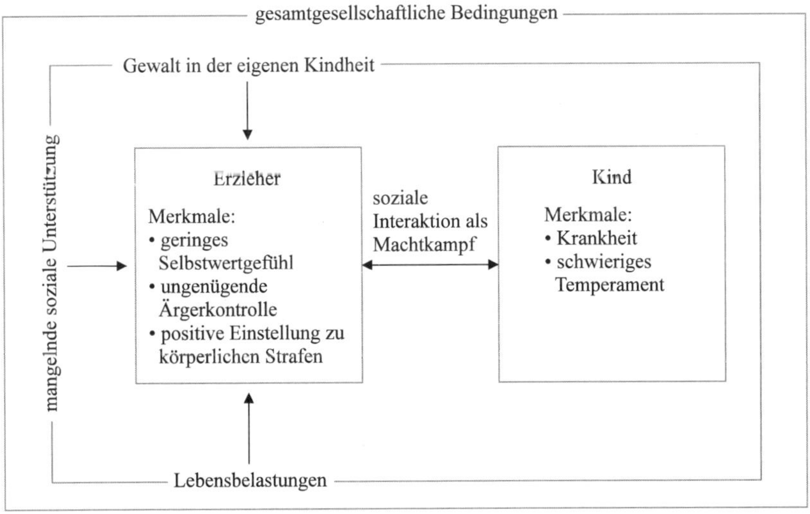

Abb. 4: Bedingungen von Kindesmißhandlung

Zusammenfassend läßt sich sagen, daß in der Regel mehrere Ursachen vorhanden sind, wenn Kinder mißhandelt werden. In Abbildung 4 werden die beschriebenen Ursachen/Bedingungen noch einmal geordnet dargestellt.

4.3.3 Die Problembetrachtung in der Sozialen Arbeit

In der Sozialen Arbeit gibt es verschiedene Möglichkeiten, soziale Probleme zu betrachten. Jede dieser Sichtweisen legt bestimmte Interventionen nahe. Das soll am Beispiel der Gewalt gegen Kinder erläutert werden.

Das Problem wird innerhalb einer Person gesehen

Diese Sichtweise rückt die Person des Täters in den Vordergrund. Kindesmißhandlung wäre die Folge einer gestörten Persönlichkeitsstruktur des gewalttätigen Elternteils. Eine solche Auffassung vertraten beispielsweise ältere psychoanalytische Theorien. Man spricht hier von einem "medizinischen Modell", da ein Problem als Krankheit eines Menschen definiert wird. Soziale Arbeit müßte demzufolge mit dem betreffenden Elternteil eine persönlichkeitsverändernde Therapie durchführen, um das Problem zu lösen (vgl. Engfer 1986).

Das Problem wird in der Umwelt gesehen

Vor allem soziologische Erklärungen betonen, daß sowohl die gesellschaftliche Tolerierung von Gewalt als auch Belastungen der Familien zu Kindesmißhandlungen führen. Diese Sichtweise rückt die Bedeutung der Umwelt für das Handeln des Menschen in den Vordergrund. Soziale Arbeit müßte folglich die Lebensbedingungen einer gewalttätigen Familie verbessern, um das Problem zu lösen (vgl. Engfer 1986).

Das Problem wird in der Auseinandersetzung zwischen Person und Umwelt gesehen

Diese Sichtweise wird heute von nahezu allen aktuellen Ansätzen akzeptiert. Gewalt in der Familie entsteht aus der Wechselwirkung zwischen Merkmalen der Täterpersönlichkeit (positive Einstellung zu Gewalt, geringe Ärgerkontrolle) und unterschiedlichen Umweltbedingungen (Belastungen, fehlende Unterstützung, schwieriges Kind etc.). Soziale Arbeit müßte demnach sowohl die Umwelt, als auch die Person und deren typische Auseinandersetzung mit der Umwelt verän-

dern (z. B. die Art der Interaktion mit dem Kind oder die Art und Weise des Umgangs mit Lebensbelastungen; vgl. Engfer 1986). Das soll jedoch im Abschnitt 4.5 (ökologischer Ansatz) genauer erläutert werden.
Soziale Probleme haben in der Regel mehrere Ursachen. Das Zusammentreffen mehrerer Ursachen wird auch **Multikausalität** genannt (multi: viele; causa: Ursache).

4.4 Handlungskonzepte der Sozialen Arbeit

4.4.1 Der Begriff "Handlungskonzept"

Sozialpädagogen/Sozialarbeiter müssen täglich mit den unterschiedlichsten Menschen und deren vielfältigen Problemen umgehen. Sie versuchen in Krisen zu helfen, außerfamiliäre Erziehung zu organisieren, das Umfeld von Menschen zu verbessern. Doch wie ist dies zu leisten? Dafür erwarten sie von der Wissenschaft Theorien, die Vorgehensweisen für die Praxis aufzeigen und begründen. Die Antwort auf die obengestellte Frage liefern Handlungskonzepte. In Handlungskonzepten geht es somit erst einmal um die Anleitung sozialpädagogischen/sozialarbeiterischen **Handelns**. Unter sozialpädagogischem/sozialarbeiterischem Handeln versteht man im weitesten Sinn die zielgerichtete Beeinflussung von Personen, Situationen oder ganz allgemein Problemlagen, die der Gegenstandsbereich der Sozialpädagogik/Sozialarbeit festlegt (vgl. Kapitel 4.1). Handlungskonzepte sind **praxisanleitende Theorien** und **Modelle**.
Welche Aussagen enthält ein "Handlungskonzept"?

In Anlehnung an GEISSLER u. HEGE (1992) versteht man unter einem Handlungskonzept ein Modell, in dem beschrieben wird:
- welche Ziele angestrebt werden sollen,
- auf welche Inhalte das sozialpädagogische Handeln bezogen ist,
- welche Methoden und Techniken angewendet werden sollen, um das Ziel zu erreichen.

Ziele

Sie geben Antwort auf die Frage, was durch das Handeln des Sozialpädagogen erreicht werden soll. Wenn ein Kind mit Verhaltensstörungen behandelt wird, muß geklärt sein, wie sich das Kind nach seiner Behandlung verhalten soll.

Inhalte

Unter Inhalt versteht man hier das Problemfeld, das mit dem Handlungskonzept bearbeitet werden kann. Nicht jedes Konzept ist für jedes Problem geeignet. Eine psychoanalytische Beratung (zur Psychoanalyse siehe Kap. 3) würde bei einer obdachlosen Familie, in der weder Mutter noch Vater Arbeit haben, am Problem vorbeigehen. Durch diese Beratungsform können allenfalls persönliche Konflikte bearbeitet werden. In der Verhaltenstherapie wäre die systematische Desensibilisierung (vgl. Kap. 2.2.4) eine spezifische Technik zum Abbau von Ängsten.

Methoden und Techniken

Eine **Methode** ist das Verfahren, der Weg, um zum Ziel zu gelangen (vgl. Buchka 1992).

Techniken sind dann Einzelelemente von Methoden. Sie sind die konkreten Handlungsmöglichkeiten des Sozialarbeiters/Sozialpädagogen. Der Königsweg der Psychoanalyse wäre das Bewußtmachen und Neuerleben von verdrängten Konflikten und Erfahrungen. Techniken dazu wären die Traumdeutung oder die Deutung von freien Assoziationen. Die Methode der Verhaltenstherapie ist Verlernen, Umlernen oder Neulernen von Verhalten. Techniken der Verhaltenstherapie sind z. B. die systematische Desensibilisierung, Verstärkung oder Modellierung von Verhalten.

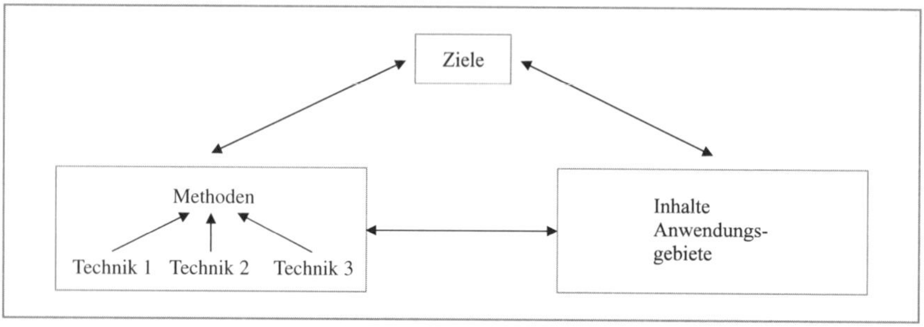

Abb. 5: Ziele, Inhalte und Methoden/Techniken als Elemente eines Handlungskonzeptes

Handlungskonzepte leisten nicht nur die Beschreibung von Zielen, Inhalten und Methoden/Techniken, sondern stellen darüber hinaus diese Elemente in einen begründeten Zusammenhang.

Allgemeines Prozeßmodell von Handlungskonzepten

Handlungskonzepte können ebenso anhand eines Prozeßmodells beschrieben werden. Darin wird das praktische Vorgehen in **Teilschritte** aufgegliedert, in denen der Sozialpädagoge/-arbeiter jeweils bestimmte Aufgaben zu erfüllen hat:

(1) **Analysieren** der Situation: Hier wird die Situation, die es zu verändern gilt, wahrgenommen, beschrieben und mit Theorien erklärt.

(2) **Planen** des Vorgehens: In dieser Phase werden Ziele, Inhalte, Methoden und Techniken für die Problemlösung festgelegt sowie organisatorische Voraussetzungen dafür geschaffen.

(3) **Handeln**: Dies umfaßt die praktische Durchführung der geplanten Vorgehensweise.

(4) **Auswerten**: Die Auswertung dient dazu, Erfolg und Mißerfolg des Vorgehens differenziert festzustellen.

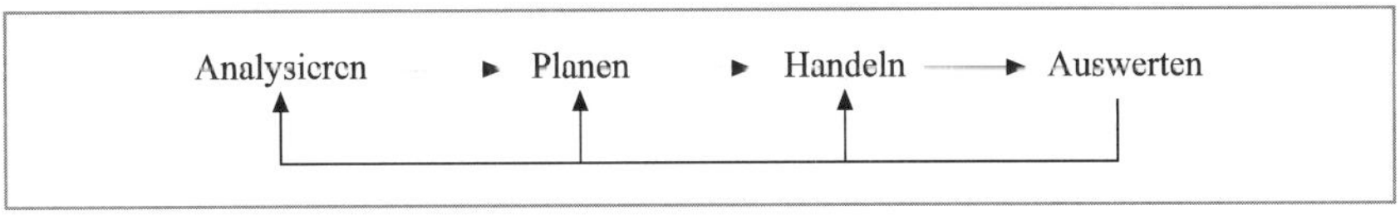

Bei der Interpretation des Schaubildes muß beachtet werden, daß es sich in der Regel nicht um einen einmaligen Ablauf handelt, sondern daß diese Aufgaben mehrfach hintereinander vollzogen werden müssen und in der konkreten Intervention nicht immer klar getrennt werden können.

4.4.2 Handlungskonzepte im Überblick

Die einschlägige Fachliteratur bietet eine große Anzahl unterschiedlichster Handlungskonzepte an. Teilweise wurden sie speziell für die Soziale Arbeit entwickelt, teilweise aus anderen Wissenschaften (vor allem der Psychologie) übernommen. Der folgende Überblick erhebt keinen Anspruch auf Vollständigkeit, sondern soll die Einordnung der ausführlich beschriebenen Konzepte erleichtern und auf weitere Ansätze verweisen.

Als erstes lassen sie sich nach den **drei grundlegenden Arbeitsformen** der Sozialen Arbeit (auch klassische oder "primäre Methoden" genannt) gliedern:

- soziale Einzelhilfe
- soziale Gruppenarbeit
- Gemeinwesenarbeit

Soziale Einzelhilfe ("case work")

Die soziale Einzelhilfe beschäftigt sich mit den Problemen einzelner Personen oder Familien. Sie hat zum Ziel, mittels einer "helfenden Beziehung" zum Klienten eine individuelle Lösung des Problems herbeizuführen (vgl. Buchka 1992; Neuffer 1990; Martin 1992).

Folgende Tabelle soll einen Überblick über die Handlungskonzepte der sozialen Einzelhilfe vermitteln:

Handlungskonzepte	Beispiele
psychoanalytische Konzepte (vgl. Kap. 3)	– pychoanalytische Beratung (Argelander) – psychoanalytisch orientierte "case work" (Hollis)
humanistische Konzepte	– die klientenzentrierte Gesprächsführung/Beratung (Rogers); vgl. Kap. 4.4.3 – Gestaltsberatung/-therapie (Perls)
verhaltens-therapeutische Konzepte	– systematische Desensibilisierung (Wolpe); vgl. Kap. 2.2.4 – operante Methoden (Skinner); vgl. Kap. 2.2.4 – Modellernen (Bandura); vgl. Kap. 2.4.8 – Selbstmanagement (Kanfer)
systemtheoretische Konzepte	– Familientherapie nach Stierlin – erfahrungszentrierte Familientherapie (Satir) – strukturelle Familientherapie (Minuchin)
ökologische Konzepte	– das "Life Model" (Germain u. Gitterman); vgl. Kap. 4.5.3 – Unterstützungsmanagement (Wendt)

Soziale Gruppenarbeit

Soziale Gruppenarbeit ist ein Sammelbegriff für solche Konzepte, bei denen "Kenntnisse, Meinungen und Verhaltensweisen von Individuen in Kleingruppen zum Gegenstand und gleichzeitig zum Medium sozialpädagogischer Einflußnahme gemacht werden" (Müller 1988 a, S. 257). Allerdings sind die Konzepte der Gruppenarbeit nicht so klar formuliert wie diejenigen der Einzelhilfe, sondern eher ein buntes Gemisch aus einzelnen Methoden und Verfahren.

Gemeinwesenarbeit

Unter Gemeinwesenarbeit fallen solche Handlungskonzepte, die Veränderungen in Nachbarschaften, Stadtteilen und Gemeinden zum Ziel haben (vgl. Kap. 4.6).

Die Einteilung in Einzelhilfe, Gruppenarbeit und Gemeinwesenarbeit wird jedoch inzwischen häufig kritisiert, da sie der heutigen Vielfalt an Arbeitsformen und Handlungskonzepten nicht mehr gerecht wird. Im nächsten Abschnitt (4.4.3) wird entsprechend dem Lehrplan ein Konzept der sozialen Einzelhilfe ausführlich dargestellt.

4.4.3 Die klientenzentrierte Beratung

Das Handlungskonzept der klientenzentrierten Beratung stammt ursprünglich aus der Psychologie. Es wurde als Psychotherapieform von CARL ROGERS (1902 – 1987) unter dem Namen Gesprächspsychotherapie (Synonyme: klientenzentrierte Therapie, personenzentrierte Therapie) entwickelt. Carl Rogers zählt zu den Vertretern der Humanistischen Psychologie. Diese Richtung der Psychologie zeichnet sich durch ein bestimmtes Menschenbild aus: Der Mensch als selbstverantwortliches, freies, nach Selbstverwirklichung strebendes und zielgerichtet handelndes Wesen, das eine Ganzheit aus Vernunft und Gefühl, Leib und Seele darstellt (vgl. Kriz 1991). Die Darstellung des gesamten Konzepts folgt dabei weitgehend Alterhoff (1994), Kriz (1991), Höder (1992) und Rogers (1983).

Die Persönlichkeitstheorie von Carl Rogers

Die Aktualisierungstendenz

Dem humanistischen Menschenbild entsprechend nimmt Rogers an, "... daß dem Menschen eine Tendenz zur Entwicklung aller seiner Fähigkeiten innewohnt, die der Entfaltung oder Förderung seines Organismus, seiner Geist und Körper umfassenden Gesamtperson dienen" (Rogers zit. nach Alterhoff 1994, S. 44). Diese Tendenz nennt er **Aktualisierungstendenz**. Sie ist eine konstruktive, positiv ausgerichtete Lebenskraft, die den Menschen antreibt und sein Verhalten steuert. Rogers glaubte, daß selbst unter ungünstigsten Umständen im Leben eines Menschen eine Kraft wirkt, die ihm eine Entwicklung zu einem freien, autonomen und sich selbst verwirklichenden Menschen ermöglicht.

Das Selbst(konzept)

Ein weiterer wichtiger Begriff ist das **Selbst** bzw. **Selbstkonzept**, das den Ansatzpunkt dieses Beratungskonzeptes bildet. Darunter versteht Rogers die Gesamtheit aller Wahrnehmungen eines Menschen, die mit der eigenen Person zu tun haben. Es ist das Bild, das ich von mir habe (z. B. "ich bin ängstlich", "Mathematik liegt mir nicht").

Dieses Selbst ist eine relativ festgefügte und stabile Einheit, die sich jedoch auch immer in Veränderung befindet. Zudem besitzt der Mensch ein **Selbst-Ideal**, d. h. eine Vorstellung darüber, wie er sich sein Selbst wünscht. Bei einer gesunden Persönlichkeit herrscht weitgehende Übereinstimmung zwischen Selbst und Selbst-Ideal.

Anwendungsbereich, Ziel und Einsatzgebiete der klientenzentrierten Beratung

Handlungskonzepte sind nicht für jeden Problembereich und zu jedem Zeitpunkt einer Intervention anwendbar. Im folgenden Abschnitt soll dargestellt werden, welche Probleme mittels der klientenzentrierten Beratung gelöst werden können und welches Ziel im Interventionsverlauf verfolgt wird. Schließlich soll ihr Einsatzgebiet an Beispielen verdeutlicht werden.

Inkongruenz als grundlegendes Problem

Nach Rogers gibt es drei Formen, wie wir unsere Umwelt erfahren und erleben, mit spezifischen Reaktionen der Person:
- irrelevante Erfahrungen
- kongruente Erfahrung
- inkongruente Erfahrung

Irrelevante Erfahrungen: Erfahrungen, die in keiner wahrgenommenen Beziehung zum Selbstkonzept stehen	Erfahrung wird ignoriert.
Beispiel: Ich gehe durch die Fußgängerzone und sehe viele Menschen, die ich nicht kenne.	Beispiel: Diese Menschen sind mir gleichgültig, diese Erfahrung kümmert mich nicht weiter.
Kongruente Erfahrungen: Erfahrungen, die als für das Selbstkonzept bedeutsam wahrgenommen werden	Die Erfahrung wird bewußt erlebt und in das Selbstkonzept integriert.
Beispiel: Ich treffe in der Fußgängerzone einen Freund, der mich freudig begrüßt.	Beispiel: Ich freue mich und kann diese Erfahrung gut in mein Selbstkonzept integrieren ("Ich werde von dieser Person gemocht").

Inkongruente Erfahrungen: Erfahrungen, die nicht übereinstimmend mit dem Selbstkonzept wahrgenommen werden, aber eine erkennbare Bedeutung dafür besitzen	Die Erfahrung wird geleugnet oder verzerrt wahrgenommen.
Beispiel: Ich treffe einen Menschen, von dem ich glaube, daß er mich mag. Er sieht mir kurz ins Gesicht und geht dann achtlos an mir vorbei.	Beispiel: Leugnung: Er ist nicht achtlos vorbeigegangen; er hat mich nicht erkannt. Verzerrte Wahrnehmung: Er ist wohl schlecht gelaunt und hat selbst Probleme; das **kann** nichts mit mir zu tun haben.

Bei der dritten Form der Verarbeitung spricht man von einer **Inkongruenz** zwischen dem Selbst und der Erfahrung. Voraussetzung dafür ist ein starres Selbst, das keine Ausnahmen und Schwächen bei sich zuläßt ("Ich möchte immer beachtet werden"). Diese Person nimmt etwas wahr, was sich nicht in das Selbstkonzept einfügen läßt und deshalb geleugnet bzw. verzerrt wahrgenommen werden muß. Inkongruenz führt nach Rogers zu Angst- und Spannungszuständen. Zu seinem eigenen Schutz wird das Selbst noch starrer organisiert werden ("Es kann unter keinen Umständen sein, daß mich jemand nicht beachtet"). Ein starres Selbst führt jedoch wiederum dazu, daß Erfahrungen nicht adäquat in das Selbst integriert werden können. Diesen Teufelskreis nennt Rogers **psychische Fehlanpassung**. Abbildung 6 soll den Sachverhalt veranschaulichen:

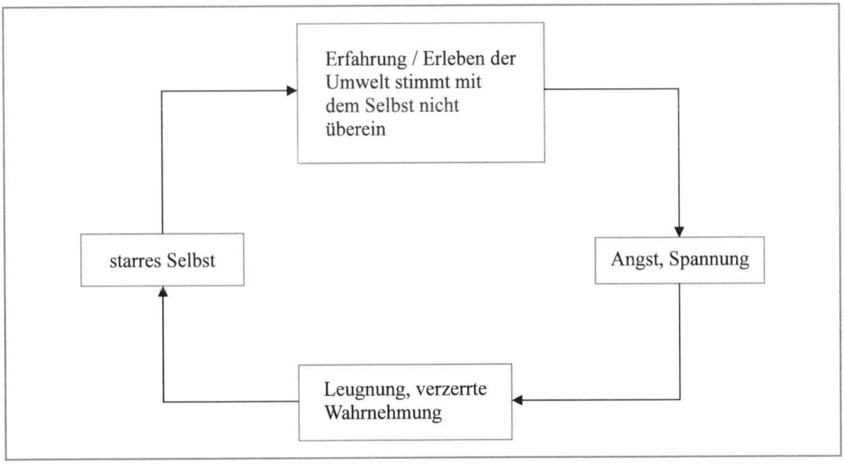

Abb. 6: Psychische Fehlanpassung

Die kongruente Persönlichkeit als Ziel der Beratung

Ziel der klientenzentrierten Beratung ist nun eine Persönlichkeit, die ihre Erfahrungen und Erlebnisse ohne größere Probleme in ihr Selbst integrieren kann (Kongruenz zwischen Erfahrung und Selbst, vgl. 2. in S. 174). Voraussetzung dafür ist ein flexibles Selbstkonzept, das Ausnahmen und persönliche Schwächen akzeptiert ("Manchmal verärgere ich Menschen, die mich dann durch Mißachtung strafen"). Gerade dies ermöglicht die Integration sämtlicher Erfahrungen mit der Umwelt. Es besteht ein inneres Gleichgewicht zwischen Erfahrung und dem Bild von der eigenen Person. Dieses Gleichgewicht wird bewußt erlebt. Rogers spricht hier von **psychischer Anpassung** (hier also nicht im Sinn von Anpassung an gesellschaftliche Verhältnisse).

Einsatzgebiete der klientenzentrierten Beratung

Dieses Handlungskonzept kann in nahezu allen Institutionen eingesetzt werden, die Menschen mit persönlichen Schwierigkeiten, wie Ängsten, Unsicherheit und Unzufriedenheit, freiwillig aufsuchen. Exemplarisch seien hier nur Erziehungs- und Familienberatungsstellen, Sozialdienste für alte und kranke Menschen und Einrichtungen der Jugendarbeit genannt. Darüber hinaus ist das Konzept der klientenzentrierten Beratung für alle Situationen geeignet, in denen eine helfende Beziehung zum Klienten aufgebaut werden soll (z. B. in der Elternarbeit von Kindergärten, Heimen etc.). Es kann daher innerhalb von anderen Konzepten in der Phase der Kontaktaufnahme zum Klienten eingesetzt werden.

Förderung der Selbstexploration als Methode

Selbstexploration des Hilfesuchenden ist **der** Königsweg der klientenzentrierten Beratung, der zu einer psychisch angepaßten Persönlichkeit führt (Alterhoff 1994). Es ist ein Weg, den der Klient selbst beschreiten muß, in dem er selbst aktiv werden muß (deshalb klientenzentriert). Der Berater kann durch sein Verhalten nur Bedingungen schaffen, die die Selbstexploration fördern (vgl. im nächsten Abschnitt "Grundhaltungen des Beraters"). Aus diesem Grund wird diese Beratungsform auch "nicht-direktiv", d. h. nicht steuernd, genannt.

Der Begriff Selbstexploration

Selbstexploration läßt sich wörtlich mit "Selbsterforschung" oder "Selbsterkundung" übersetzen. Alterhoff zitiert eine Definition des Begriffs von R. Tauschs: "Unter 'Selbstexploration' soll verstanden werden, daß der Klient über sich selbst, besonders über seine spezifisch persönlichen Erlebnisse spricht, sich über sie klarer wird oder daß er sich wenigstens um Klarheit bemüht" (Tausch 1973, zit. n. Alterhoff 1994, S. 144 f.).

Selbstexploration ist das **Erforschen und Bewußtmachen**
(1) der persönlichen Art und Weise die Umwelt zu erfahren und zu erleben (vor allem der beteiligten Gefühle)
(2) des eigenen Selbstkonzepts und des Ideal-Selbsts.

Beispiel:

> Eine junge Frau erforscht ihre aggressiven Gefühle ihrem Freund gegenüber.
> Klientin: "Ich glaube, daß ich so aggressiv werde, weil ich mir ohnmächtig vorkomme gegenüber meinem Freund, daß ich mich gegen ihn nicht wehren kann. Es wird mir jetzt deutlich, daß das alles irgendwie zusammenhängen muß."
> Berater: "Sie spüren, daß ganz unterschiedliche Gefühle dabei eine Rolle spielen müssen, daß das Gefühl der Ohnmacht oder Wehrlosigkeit dem der Aggression vorausgeht."
> Klientin: "Ja, das erscheint mir jetzt selbstverständlich, aber in der Situation selber ist das ganz anders, da fühle ich nur Wut. Aber wenn ich jetzt darüber nachdenke, spüre ich immer klarer, daß da noch etwas anderes sein muß, etwas mir bisher Unbekanntes." (Alterhoff 1994, S. 147 f.)

Effekte der Selbstexploration

Psychische Fehlanpassung ist die Inkongruenz zwischen dem Erfahren/Erleben der Umwelt und dem eigenen Selbst. Durch Selbstexploration wird sich der Klient dieser Inkongruenz zunehmend bewußt und erlebt sie als Widersprüchlichkeit. Er beginnt nun sein Selbstkonzept zu verändern, umzuorganisieren und flexibler zu gestalten (ursprünglich: "Ich muß immer nett zu anderen Menschen sein"; verändert: "Ich bin zwar ein netter Mensch, darf jedoch auch einmal schlechter Laune sein"). Diese Veränderungen erlauben es ihm, auf Leugnung und Verzerrung der Wahrnehmung zu verzichten und die Umwelt wieder adäquat zu erleben. Dadurch gewinnt er nach und nach Achtung vor sich selbst und lernt auch seine Schwächen zu akzeptieren. Als Folge der **Neuorganisation des Selbst** erlebt der Klient eine **Kongruenz** (Übereinstimmung) zwischen Erfahrung und Selbst. Dies äußert sich beispielsweise in folgenden Merkmalen:

- Er hat Selbstvertrauen.
- Er wirkt in seinem Verhalten auf andere reifer.
- Er hat befriedigendere Beziehungen zu anderen Menschen.
- Sein Verhalten ist in wechselnden Situationen flexibler und kreativer (vgl. Alterhoff 1994).

Die Grundhaltungen des Beraters und ihre Auswirkungen

In der klientenzentrierten Beratung werden drei Grundhaltungen beschrieben, die es dem Hilfesuchenden ermöglichen, das eigene Erleben und das eigene Selbst zu erforschen (Selbstexploration). Man könnte diese Grundhaltungen auch die "Techniken" des Handlungskonzepts nennen. Aufgrund des humanistischen Menschenbildes wird jedoch der Ausdruck "Technik" vermieden, da der Berater die geforderten Verhaltensweisen nicht aus praktischer Notwendigkeit anwenden, sondern aus einer persönlichen Haltung dem Klienten gegenüber "leben" soll. Diese drei Grundhaltungen (auch "Therapeutenvariablen" genannt) sind: "Einfühlendes Verstehen", "Echtheit und Selbstkongruenz" und "Emotionale Wärme und Wertschätzung" (vgl. Alterhoff 1994; Rogers 1983). Sie werden zwar isoliert dargestellt, entfalten ihre helfende Wirkung jedoch nur als Einheit.

Einfühlendes Verstehen

Einfühlendes Verstehen (Synonyme: aktives Zuhören, empathisches Verstehen, spiegeln) bedeutet, die subjektiv erlebte Welt des Klienten zu erfassen, insbesondere dessen emotionale Anteile.

Der Helfer versucht herauszufinden,
- wie der andere die Welt und sich selbst wahrnimmt,
- welche persönliche Bedeutung bestimmte Ereignisse haben,
- welche Gefühle sie auslösen,
- welche Gefühle der Klient sich selbst gegenüber empfindet,
- welche Wünsche, Vorlieben und Ziele er hat.

Sich einzufühlen reicht jedoch nicht aus, um den Ratsuchenden bei seiner Selbstexploration zu unterstützen. Es entfaltet erst seine Wirkung, wenn der Berater dem Gesprächspartner in einfacher Form mitteilt, was er verstanden hat ("Verbalisieren emotionaler Erlebnisinhalte").

Die Umsetzung dieser Grundhaltung kann am besten anhand eines Gesprächsausschnitts verdeutlicht werden (aus Höder 1992, S. 37):

Klient: "Wenn ich an die Prüfung in vier Wochen denke, dann wird mir ganz schlecht. Ich glaube, ich lasse mir Beruhigungsmittel verschreiben."
Therapeut: "Sie geraten da fast in Panik, und Sie glauben, daß Sie es nicht schaffen!?"
Klient: "Letzten Endes glaube ich schon, daß ich es schaffen werde, aber ich habe einen Horror vor der vielen Vorbereitungszeit, die da auf mich zukommt."
Klient: "Ja, es ist der Arbeitsaufwand, vor dem Sie Angst haben, und Sie sehen kaum eine Möglichkeit außer Beruhigungsmitteln!?"
Klient: "Na ja, ich könnte mich ja einer Arbeitsgruppe anschließen."

Was beachtet der Berater, um "einfühlendes Verstehen" zu verwirklichen?

(1) Er gibt keine Ratschläge, wie "Gehen Sie doch in eine Arbeitsgruppe!", sondern konzentriert sich auf das **Zuhören** und teilt mit, was bei ihm angekommen ist.

(2) Er wiederholt nicht nur, was der Betroffene äußert, sondern versucht herauszufinden, was "zwischen den Zeilen" steht, welche **Gefühle** hinter einer sachlichen Aussage stehen. Dabei wird er auch auf **non-verbale Zeichen** (Mimik, Gestik, Tonfall etc.) des Gesprächspartners achten. In der ersten Äußerung drängt sich dem Berater die Interpretation auf, daß der Klient große Angst vor einem Versagen in der Prüfung hat. In seiner Formulierung geht er sowohl auf das Denken ("Sie glauben, daß Sie es nicht schaffen") als auch auf die damit verbundenen Gefühle ein ("Sie geraten in Panik").

(3) Die Antwort wird nicht in Form eines definitiven "Expertenurteils" formuliert (z. B. "Sie haben Versagensangst"). Vielmehr ist sie eine **Hypothese**, die angeboten wird und auch zurückgewiesen werden kann. Damit tastet sich der Berater kontinuierlich an die inneren Vorgänge des Gesprächspartners heran. In unserem Beispiel akzeptiert der Klient, daß er fast Panik empfindet, macht jedoch deutlich, daß es der Arbeitsaufwand ist, der ihm Angst macht.

(4) Er geht nicht auf Vergangenes ein (z. B. "Sie hatten schon öfter solche Ängste!?"), sondern beschäftigt sich mit den Gedanken und Gefühlen, die in der **Gegenwart** aktuell sind (Konzentration auf das "Hier und Jetzt").

Wie **wirkt** einfühlendes Verstehen?
Einfühlendes Verstehen durchbricht die empfundene Isolation des Betroffenen. Der Klient kann sich so geben, wie er ist, fühlt sich verstanden und nicht mehr

allein. Er gewinnt Selbstvertrauen, um sich mit der eigenen Situation konstruktiv zu beschäftigen (Förderung der Selbstexploration) und übernimmt Verantwortung für sein Denken und Handeln. Er beginnt sein Problem aktiv zu bewältigen.

Echtheit und Selbstkongruenz

Nur ein Berater, der seine Umweltbeziehungen und Gefühle möglichst unverzerrt und ohne Leugnung wahrnehmen kann (kongruentes Erleben), ist zu effektiver Hilfeleistung fähig. Der Begriff "Echtheit" verweist auf einen zusätzlichen Aspekt der Kongruenz. Der Berater kann **offen** und **klar** verbalisieren, was er während des Gesprächs in seinem Inneren unverfälscht wahrnimmt. Er spricht diese Empfindungen in **Ich-Form** an (z. B. "ich bin verärgert, daß Sie zu spät kommen") und vermeidet Urteile über den Klienten (z. B. "Sie sind unzuverlässig"). Echtheit bedeutet jedoch nicht, daß der Helfer möglichst oft seine Gefühle äußert, sondern jene nur dann einbringt, wenn es für die helfende Beziehung wichtig ist. Falls er etwas anspricht, muß dem Klienten deutlich werden, mit ihm werde **ehrlich** umgegangen. ALTERHOFF (1994, S. 112f.) zählt einige Situationen auf, in denen der Berater etwas von sich mitteilt:

"– Ein Helfer, der sich über sichtbare Fortschritte im Wohlbefinden seines Klienten freut, könnte sagen: 'Ich bin richtig erleichtert, daß es Ihnen besser geht.'
– Ein Helfer, der bei einem vielredenden Klienten kaum zu Wort kommt und sich jedesmal regelrecht durchsetzen muß, wenn er etwas sagen will, wird dem Klienten mitteilen, welche Gefühle dessen Verhalten in ihm auslöst, z. B. 'Ich spüre bei mit eine zunehmende Ungeduld, die mich hindert, genau zuzuhören, weil ich sehr viel Anstrengung brauche, um etwas sagen zu können'."

Wie **wirkt** Selbstkongruenz/Echtheit?
Der Klient erlebt seinen Berater als glaubwürdige und offene Vertrauensperson, wodurch er seine Ängstlichkeit abbauen kann. Er entwickelt zunehmend Selbstsicherheit und beginnt, persönlicheres von sich zu erzählen. Er braucht nicht zu fürchten, daß sein Denken, Fühlen und Verhalten insgeheim verurteilt werden könnte. Er erhält ehrliche Rückmeldung darüber, wie seine Art bei anderen ankommt und welche Gefühle sie auslöst. Sein Selbstbild wird dadurch realistischer. Schließlich ist der Berater Verhaltensmodell. Dessen Kongruenz und Echtheit demonstrieren dem Klienten, wie man sich dem inneren Erleben zuwendet, dies ehrlich mitteilt, und wie man sich ohne Fassade zeigen kann.

Emotionale Wärme und Wertschätzung

Mit emotionaler Wärme besitzt der Berater eine positive und **wohlwollende Einstellung** dem Klienten gegenüber. Seine Einstellung zeigt er, indem er an der Person seines Gesprächspartners **aktiv interessiert** ist und sich ihm voll zuwendet. Gleichzeitig **akzeptiert** er den Klienten **bedingungslos** in dessen Art. Der Ratsuchende hat das Gefühl, er wird als Mensch zu jedem Zeitpunkt – und nicht nur, wenn er sich in bestimmter Weise verhält – respektiert. Bedingungslose Wertschätzung bedeutet, daß der Berater sowohl positive (Lob) als auch negative (Kritik) Bewertungen der Gedanken und Gefühle des Gesprächspartners unterläßt, um dem Klienten eine eigene Einschätzung zu ermöglichen. Das heißt jedoch nicht, daß er dessen Äußerungen durchwegs neutral betrachtet. Beispielsweise mißbilligt es ein Helfer, wenn ein Vater von seinen aggressiven Impulsen seinem Kind gegenüber berichtet. Trotzdem wird er dem Vater mit Achtung gegenübertreten. Hier wird jedoch deutlich, daß die Forderung nach Echtheit zu der Forderung nach uneingeschränkter Wertschätzung in Widerspruch treten kann.
Unbedingt muß darauf hingewiesen werden, daß es sich bei dieser Grundhaltung um eine Idealvorstellung handelt, die letztendlich nie vollkommen verwirklicht werden kann.

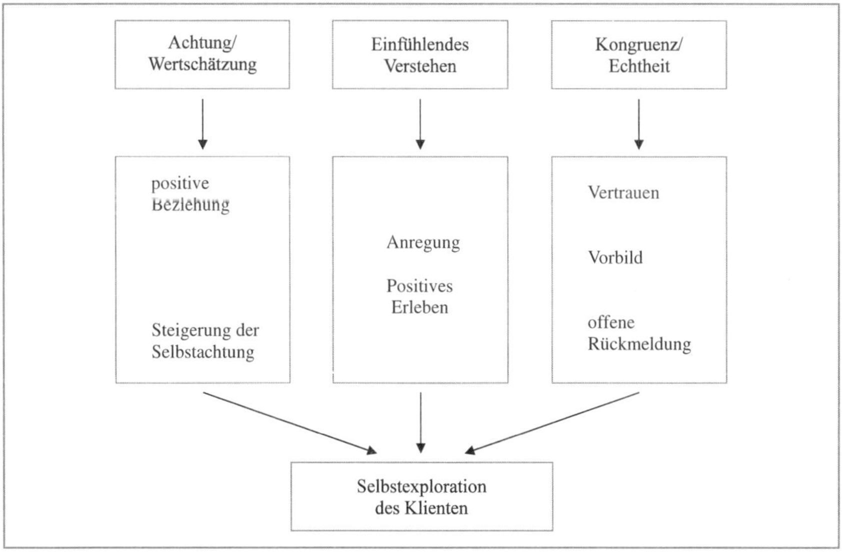

Abb. 7: Die Grundhaltungen und ihre Wirkung (modifiziert nach Revenstorf 1983, S. 28)

Wie **wirkt** "emotionale Wärme/Wertschätzung"?
Sie dient in erster Linie dem Aufbau einer positiven Beziehung zwischen Berater und Klient – einer unverzichtbaren Voraussetzung für Veränderungsbereitschaft beim Hilfesuchenden. Des weiteren bietet sie dem Klienten ein Gefühl von Sicherheit und hebt dessen Selbstachtung, womit wiederum die Selbstexploration unterstützt wird.

Abschließend sei noch darauf hingewiesen, daß die Grundhaltungen der klientenzentrierten Beratung ihre Wirkung in allen Lebensbereichen des Menschen entfalten (Schule, Partnerschaft, Arbeitsplatz etc.). Sie werden deshalb auch als allgemeinmenschliche Qualitäten zur Gestaltung von Beziehungen bezeichnet.

Der Beratungsprozeß

In Kapitel 4.4.1 wurde ein allgemeines Prozeßmodell sozialpädagogischen Handelns dargestellt. Wie läßt sich nun dieses Prozeßmodell mit dem Handlungskonzept der klientenzentrierten Beratung in Verbindung bringen?

Der Berater hat in erster Linie eine **nicht-direktive Rolle** im Interventionsprozeß. Er spielt nicht den Experten, der eine bestimmte Störung diagnostiziert, einen Behandlungsplan erstellt, gewisse Behandlungstechniken einsetzt und bestimmt, wann die Störung beseitigt ist. Vielmehr fördert er mittels der Therapeutenvariablen (Grundhaltungen) die Selbstexploration, d. h. der **Klient analysiert selbst** seine Situation, setzt sich **Ziele**, entwickelt **eigene Handlungsmöglichkeiten** und **bewertet** das, was er erreicht hat. Im dargestellten Konzept werden die Aufgaben im Prozeßmodell an den Klienten übergeben. Der Berater hat die Funktion, die Bedingungen für effektive Selbstaufklärung zu schaffen.

4.5 Ökologische Konzepte der Sozialen Arbeit

4.5.1 Grundlegende Annahmen und Begriffe

Möglicherweise werden Sie sich fragen, was Ökologie mit Sozialer Arbeit zu tun hat. In der Allgemeinsprache verbindet man mit dem Begriff doch so etwas wie Umwelt- und Naturschutz oder gesunde Ernährung. Die Wissenschaft verwendet "Ökologie" jedoch in einer umfassenderen Bedeutung (vgl. Wendt 1990; Miller 1986; Tretter 1988).

Der Begriff "Ökologie" wurde bereits im 19. Jh. als Fachbegriff in die Biologie eingeführt. Man versteht darunter die Wissenschaft, die sich mit den Wechselbeziehungen der Organismen und ihrer unbelebten und belebten Umwelt befaßt. Bald wurde der Ökologiebegriff auf die Humanwissenschaften (Wissenschaften vom Menschen) übertragen. Auch Menschen leben in einer belebten (sozialen) und einer unbelebten (materiellen, physikalischen) Umwelt. Sie sind ebenso wie andere Lebewesen untrennbar mit ihrer sozialen und materiellen bzw. physikalischen Umwelt verbunden: Jeder von uns braucht beispielsweise Nahrung, Schutz vor Kälte und vor allem emotionale Beziehungen zu anderen Menschen. Darüber hinaus hat der Mensch eine kulturelle Umwelt in Form von Sprache, Werten und Normen geschaffen (zum Umweltbegriff vgl. Kap. 1.4.3). Der ökologische Ansatz der Sozialen Arbeit beschäftigt sich folglich mit den Wechselbeziehungen der Menschen und ihrer sozialen, materiellen, physikalischen und kulturellen Umwelt. Er bietet daher eine **grundlegend neue, ganzheitliche Sichtweise** von sozialen Problemen.

Schlüsselbegriffe ökologischen Denkens: Transaktion und Anpassung

Für die wechselseitige Beeinflussung von Personen und ihrer Umwelt hat die Psychologie den Begriff **"Transaktion"** (auch "dynamische Interaktion") eingeführt. Lantermann (1983, S. 400; vgl. auch Germain u. Gitterman 1986) definiert den Begriff folgendermaßen:

> "'Transaktion' meint die **wechselseitige Beeinflussung von Person und Situation**, indem das Verhalten einer Person auf die Situation einwirkt und dieser Eingriff rückwirkend bei der Person Veränderungen hervorruft."

Beispiel:

Anton, 15 Jahre, ist in der 8. Klasse des Gymnasiums durchgefallen und kommt daher in eine neue Klasse. Als er am ersten Tag den Klassenraum betritt, wird er erstaunt angesehen, da die Schüler nicht über den Neuzugang informiert sind. Anton versucht zwar, sich zu anderen Schülern zu gesellen, interpretiert jedoch deren erstaunte Blicke als Abweisung. Schließlich setzt er sich abseits von seinen Mitschülern an eine einzelne Bank.

Folgende Abbildung erläutert diese Wechselwirkung von Person und Umwelt anhand des Fallbeispiels.

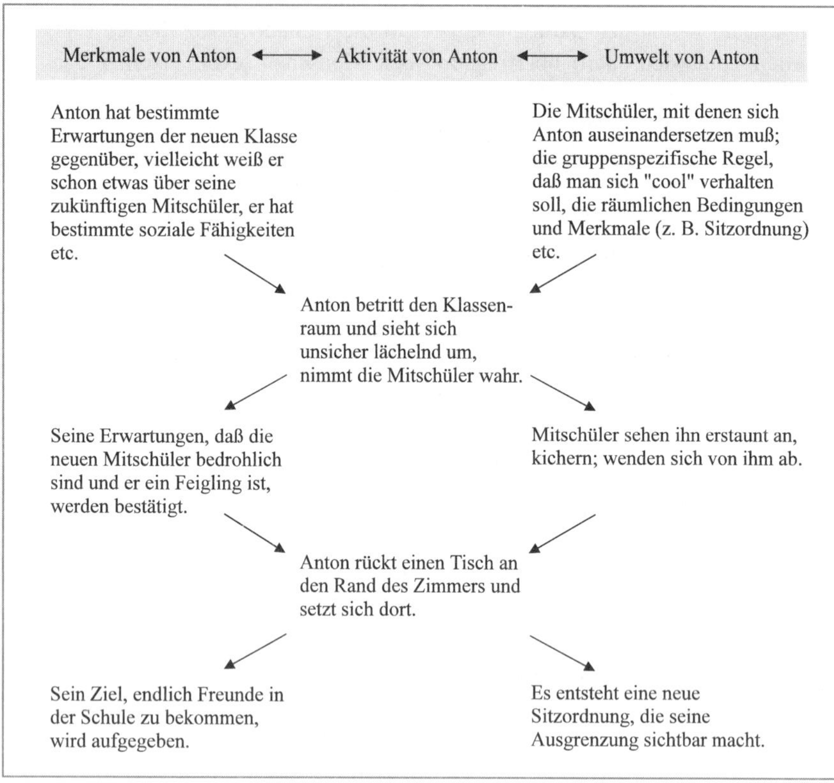

Abb. 8: Person-Umwelt-Transaktion im Fallbeispiel "Anton"

Auf der einen Seite steht die **Umwelt** in Form einer Situation, die an eine Person Anforderungen stellt, ihr Handlungsmöglichkeiten bietet oder sie zu bestimmten Aktivitäten drängt. Auf der anderen Seite steht die **Persönlichkeitsstruktur**, d. h. die Ziele, die Fähigkeiten, die Einstellungen und Eigenschaften einer Person. Mittels der Aktivitäten einer Person (innerpsychisch: wahrnehmen, denken, urteilen; Verhalten und Handeln) werden ständig Informationen zwischen der Person und ihrer Umwelt ausgetauscht. Dadurch werden sowohl die Persönlichkeit als auch die Umwelt kontinuierlich verändert (vgl. Lazarus u. Launier 1981; Nolting u. Paulus 1994).

In diesem Beziehungsgefüge ist es nicht mehr sinnvoll, von Ursachen und Wirkungen zu sprechen. Vielmehr ist in der Transaktion jedes Element sowohl "Opfer" (Wirkung) als auch "Täter" (Ursache). In unserem Fallbeispiel ist nicht zu entscheiden, ob das Verhalten von Anton die abweisende Reaktion der Mitschüler hervorruft oder umgekehrt.

Für die **Soziale Arbeit** bedeutet das, daß **Wechselwirkungen** die Ursache von sozialen Problemen sind. Bei der Analyse eines Problems müssen die Transaktionen zwischen Person und Umwelt betrachtet werden. Die Sichtweise, daß das Problem in der Person **oder** in der Umwelt liegt, erweist sich als ungenügend. Verändert werden müssen folglich sowohl die Person als auch die Umwelt, vor allem jedoch die Art der Auseinandersetzung zwischen Person und Umwelt (vgl. Kap. 4.3.3).
In unserem Beispiel würde es nicht ausreichen, Anton oder seine Mitschüler (soziale Umwelt) zum Problemfall zu machen. Das Problem entsteht erst durch die Transaktion zwischen den Schülern.

Die Wechselwirkungen zwischen der Person und ihrer Umwelt führen zu Anpassungsprozessen, wodurch eine Stabilität im System gewährleistet wird.

Unter **Anpassung** versteht man einen Vorgang, der zu einer mehr oder weniger gelungenen Übereinstimmung zwischen den Bedürfnissen und Zielen eines Menschen einerseits und den Anforderungen bzw. Möglichkeiten aus der Umwelt andererseits führt.

Diese Übereinstimmung kann durch persönlichen Wandel und durch Veränderungen in der Umwelt hergestellt werden (vgl. Germain u. Gitterman 1986). Anpassung bedeutet folglich nicht nur Unterordnung unter bestehende Verhältnisse, sondern auch aktive Gestaltung der Umwelt nach den eigenen Bedürfnissen.

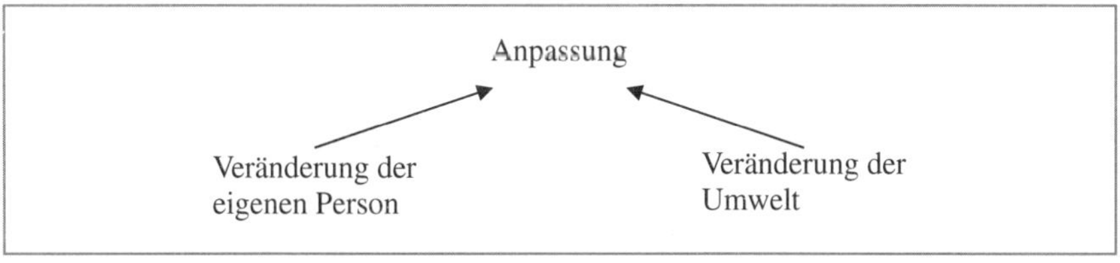

Abb. 9: Möglichkeiten der Anpassung

In unserem Beispiel haben sich zwischen Anton und seiner Umwelt folgende Anpassungsprozesse vollzogen: Er schraubt sein Bedürfnis nach Anerkennung zurück (persönlicher Wandel), indem er sich zurückzieht, und provoziert gleichzeitig seine Mitschüler, ihn noch weiter abzuwerten und festigt seine Außenseiterposition durch die Wahl des Sitzplatzes (Veränderung der Umwelt). Dadurch wurde ein Gleichgewicht im Klassenzimmer hergestellt – auch wenn das Gleichgewicht labil ist.

Für die **Soziale Arbeit** bedeutet das, gelungene Anpassung für eine Person herbeizuführen. Der Klient muß in die Lage versetzt werden, sich mit seiner Umwelt erfolgreich auseinanderzusetzen. Gleichzeitig muß die Umwelt so verändert werden, daß sie eine erfolgreiche Bewältigung zuläßt. Man unterscheidet zwischen gelungener und mißlungener Anpassung, je nachdem, wie gut die beteiligten Personen ihre Bedürfnisse befriedigen können. In unserem Beispiel ist aus der Sicht von Anton die Anpassung mißlungen, da er seine Bedürfnisse letztendlich nicht befriedigen kann. Das vorhandene Gleichgewicht wird ihn kaum glücklich machen.

Bioökologische Grundbegriffe: Habitat und Nische

Ökologische Analysen der Person-Umwelt-Beziehung benutzen manchmal die aus der Biologie stammenden Begriffe Habitat und Nische und übertragen sie auf den Humanbereich (vgl. Willi 1988; Wendt 1990), um die Person-Umwelt-Beziehungen zu beschreiben.

Unter dem **Habitat** des Menschen versteht man die **objektiven Lebensbedingungen** eines Menschen, es beschreibt die Orte, an denen er sich aufhält. Das Habitat besteht sowohl aus materiellen als auch aus sozialen Gegebenheiten. Zur materiellen Umgebung gehören z. B. die Stadt, in der man wohnt, die Wohnung, der Arbeitsplatz bzw. die Schule eines Schülers. Soziale Gegebenheiten sind die Personen, mit denen jemand zu tun hat (Familie, Lehrer, Freunde, Nachbarn). Das Habitat eines Menschen kann dessen Lebensführung unterstützen oder beeinträchtigen.

Beispiel:

> Das Wohnen in einer anonymen Trabantenstadt oder die starke Kontrolle in einem Dorf (jeder weiß, was der andere macht) können die Kommunikation mit Nachbarn beeinträchtigen.
> Engagierte Lehrer und ein eigenes Zimmer können das Lernen für das Fachabitur unterstützen.

Der Begriff **soziale Nische** bezeichnet dagegen die **Beziehungen**, die eine Person zu ihrer Umwelt herstellt, die Beziehungen, die sie tatsächlich nutzt. Soziale Nischen können dann das Familienleben, die Beziehungen am Arbeitsplatz oder im Sportverein sein. Jeder Mensch hat dabei in der Regel mehrere "Partialnischen" (d. h. Teilnischen).

Die Nischen eines Menschen sind das Ergebnis von Person-Umwelt-Transaktionen. Die Umwelt bietet bestimmte Beziehungen an, die dann von einer Person ausgefüllt werden können oder auch nicht. Beispielsweise bieten Jugendzentren eine Nische für Jugendliche an, die jedoch von einem großen Teil nicht angenommen wird. Die dörfliche Jugend hat dagegen vielleicht nicht die Möglichkeit, sich in einem Jugendzentrum "einzunisten". Sie wählen als Nische kirchliche Gruppen oder die freiwillige Feuerwehr.

Bedeutung für die Soziale Arbeit

Zuerst können für eine Person deren objektive Umweltgegebenheiten beschrieben werden (Habitat). Dann kann man analysieren, welche Beziehungen diese Umwelt einer Person anbietet und welche Nische diese Person aufgrund ihrer Ziele und Fähigkeiten tatsächlich besetzt. Ziel Sozialer Arbeit muß es nun sein, die Person zu befähigen, ihren Bedürfnissen entsprechende Nischen zu besetzen, und die Umwelt so zu verändern, daß diese befriedigende Beziehungen (Nischen) anbietet.

Unser Beispiel soll noch einmal als Ausgangspunkt dienen: Anton kann die Nische "Beziehung zu Mitschülern" nicht einnehmen, da seine soziale Kompetenz nicht ausreicht und die Mitschüler ihm diese Beziehung eher schwer machen. Es wäre nicht verwunderlich, wenn Anton sich andere Nischen sucht, in denen er Anerkennung findet. Diese andere Nische kann unproblematisch sein (z. B. Pfadfindergruppe), aber auch höchst gefährlich (Drogenszene, rechtsradikale Gruppen).

4.5.2 Die Umweltsysteme nach Bronfenbrenner

Eine Erweiterung und Differenzierung der bioökologischen Begriffe bietet die Entwicklungstheorie von BRONFENBRENNER (1981). Seine Theorie beschreibt den Menschen, wie er in verschachtelte Umweltsysteme eingebunden ist. Bronfenbrenner unterscheidet Mikro-, Meso-, Exo- und Makrosysteme, die wie Zwiebelschalen um das Individuum gelagert sind.

Mikrosystem

Mikrosysteme sind soziale Systeme, deren Elemente zwischenmenschliche **Beziehungen, zielgerichtete Aktivitäten** und **Rollen** sind, wie sie von einer Person subjektiv erlebt werden.

Mikrosysteme entstehen dabei immer in einem bestimmten **Lebensbereich**; Lebensbereiche sind Orte (mit ihren materiellen und physikalischen Merkmalen sowie den dort sich befindenden Menschen), an denen eine Person leicht Interaktionen aufnehmen kann (Wohnung, Arbeitsplatz, Schulgebäude, Sportverein, Stammtisch, Jugendzentrum etc.).

Beispiel:

> Die vierjährige Tina gehört zu drei Mikrosystemen. Einer ihrer Lebensbereiche ist die Wohnung der Familie mit sämtlichen materiellen Merkmalen (Größe der Wohnung, Einrichtung, Spielzeug etc.). In diesem Lebensbereich hat sie aus ihrer Sicht enge emotionale Beziehungen zu ihren Eltern und Geschwistern, entfaltet sie gewisse zielgerichtete Aktivitäten (z. B. spielen, helfen, schlafen, beobachten etc.) und bestehen gegenseitige Rollenerwartungen (z. B. das Kind soll gehorchen, bestimmte Dinge selbständig erledigen, die Eltern sollen sich um das Kind kümmern, ihm etwas beibringen). Ein anderer Lebensbereich ist der Kindergarten, in dem Beziehungen, Aktivitäten und Rollen sich in gewisser Weise von denen der Familie unterscheiden. Beispielsweise sind die Beziehungen zwischen Kind und Erzieher weniger emotional. Schließlich könnte der Spielplatz ein dritter Lebensbereich sein, auf dem Tina Beziehungen zu Nachbarskindern pflegt.

Das Mesosystem

"Ein Mesosystem umfaßt die **Wechselbeziehungen** zwischen den Lebensbereichen," an denen eine Person beteiligt ist (vgl. Bronfenbrenner 1981, S. 41).

Beispiel:

> Aus der Sicht eines Kindes ist das Mesosystem die Wechselbeziehung zwischen den Mikrosystemen Familie und Kindergarten. Aus der Sicht eines Jugendlichen kann dies das Verhältnis zwischen Schule, Familie und Sportverein sein.

Das Mesosystem ist folglich ein System, das aus mindestens zwei Mikrosystemen besteht. Durch das Mesosystem entsteht ein sogenanntes **soziales Netzwerk**, also ein Geflecht sozialer Beziehungen, das mehrere Lebensbereiche umfaßt.

BRONFENBRENNER unterscheidet vier Arten von Verbindungen zwischen Mikrosystemen:

(1) *Direkte Verbindung:* Eine Person ist an mehreren Lebensbereichen beteiligt (z. B. Kind ist Teil der Familie und des Kindergartens, Kind bringt anderes Kind mit nach Hause).

(2) *Indirekte Verbindung:* Dies ist eine Verbindung über eine dritte Person (z. B. ein Nachbar bringt das Kind in den Kindergarten).

(3) *Kommunikation zwischen den Lebensbereichen:* Es werden absichtlich Informationen zwischen den Lebensbereichen ausgetauscht (z. B. Gespräche, schriftliche Mitteilungen zwischen Mutter und Erzieherin).

(4) *Kenntnisse über andere Lebensbereiche:* Dies sind Informationen, die über einen anderen Lebensbereich vorhanden sind. Diese Informationen können durch Kommunikation oder auch über Bücher erworben sein (z. B. eine Mutter liest regelmäßig eine Zeitschrift, in der Artikel über Kindergärten erscheinen).

All diese Verbindungen können für eine Person förderlich oder hemmend sein.

Exosysteme

> "Unter Exosystemen verstehen wir einen Lebensbereich oder mehrere Lebensbereiche, an denen ... (eine) ... Person nicht selbst beteiligt ist, in denen aber Ereignisse stattfinden, die beeinflussen, was in ihrem Lebensbereich geschieht, oder die davon beeinflußt werden" (Bronfenbrenner 1981, S. 42).

Das Exosystem beeinflußt eine Person **immer nur indirekt** (bzw. wird beeinflußt).

Beispiele:

- Aus der Sicht eines Kindes ist der Arbeitsplatz des Vaters ein Exosystem, da Ereignisse in diesem Lebensbereich, wie Probleme des Vaters mit Kollegen, indirekt das Kind beeinflussen können.
- Umgekehrt können Probleme des Vaters mit dem Kind das Arbeitsleben beeinträchtigen.
- Weitere Beispiele für Exosysteme aus der Sicht eines Kindes oder Jugendlichen wären die außerschulischen Lebensbereiche eines Lehrers oder die ehemalige Familie des Stiefvaters.

Zum Exosystem gehören jedoch auch weiter entfernte Lebensbereiche, wie die großen Institutionen einer Gesellschaft.

Beispiele:

- Die Entscheidung einer Bank ihre Zinsen zu erhöhen, beeinflußt Familien, die einen Kredit aufnehmen wollen oder müssen.
- Die Verabschiedung eines neuen Steuergesetzes im Bundestag beeinflußt nahezu alle Menschen in unserem Land.
- Die Entscheidung eines Konzerns, einige Niederlassungen ins Ausland zu verlegen, verändert das Leben aller Angestellten dieser Niederlassungen.

Allen diesen Beispielen ist gemein, daß die betroffenen Personen keine direkte Verbindung (soziale Interaktion) zum Exosystem haben. Ebenso wie beim Mesosytem können diese Verbindungen förderlich und hemmend wirken.

Das Makrosystem

Das Makrosystem bezeichnet die **Gemeinsamkeiten**, die die bisher genannten Systeme **innerhalb einer Kultur oder Subkultur** aufweisen.
Solche Gemeinsamkeiten können die Weltanschauung einer Religionsgemeinschaft sein (z. B. die Einstellung von aktiven Katholiken zu Ehe und Familie), es können Gemeinsamkeiten innerhalb einer Gesellschaft sein (z. B. unser Rechtssystem mit seinen Gesetzen) oder es können die Gemeinsamkeiten einer gesamten Kultur sein (z. B. die Bedeutung individueller Freiheit in der westlichen Kultur).

Vereinfacht gesagt umfaßt das Makrosystem die grundlegenden politischen und ökonomischen Bedingungen, die Normen und Werte, die in einer Subkultur, Gesellschaft oder Gesamtkultur vorhanden sind.

Beispiel:

> Durch die Wiedervereinigung der beiden deutschen Staaten wurden die politischen und wirtschaftlichen Bedingungen so verändert (Demokratie und Marktwirtschaft statt sozialistischem System), daß dies Auswirkungen auf die Persönlichkeitsentwicklung vieler Menschen hat (Arbeitslosigkeit, verändertes Bildungssystem etc.). Nahezu alle Lebensbereiche in den "neuen" Bundesländern wurden durch diese Ereignisse verändert.

Das Makrosystem sind hier die Werte der Demokratie und der Marktwirtschaft sowie deren typische Organisationsformen (z. B. Leistungsprinzip, Wettbewerbsorientierung, individuelle Freiheit). Von diesen Werten sind sämtliche Lebensbereiche unserer Gesellschaft durchdrungen.

Anhand der dargestellten Systeme lassen sich die Umweltbedingungen, mit denen sich eine Person auseinanderzusetzen hat, differenziert beschreiben. Der Theorie von Bronfenbrenner kommt zudem das Verdienst zu, den Blick nicht nur auf die unmittelbare Umgebung eines Menschen, sondern ebenso auf die Bedeutung "weit entfernter" Bedingungen zu richten. Sie ist deshalb für die Soziale Arbeit so nützlich, weil sie die Zusammenhänge zwischen Individuum und Gesellschaft hervorhebt.

4.5.3 Das "Life Model" als ökologisches Handlungskonzept

Die beiden amerikanischen Sozialwissenschaftler CAREL B. GERMAIN und ALEX GITTERMAN haben ein Handlungskonzept auf der Basis ökologischer Grundbegriffe vorgelegt: Das "Life Model" der Sozialen Arbeit (vgl. Germain u. Gitterman 1983; 1986). Zunächst die Grundaussagen des Modells in leicht veränderter und erweiterter Form:

Grundaussagen[43]

Germain und Gitterman gehen davon aus, daß die Lebensgestaltung eines Menschen von drei Faktoren (sie nennen sie auch "Zonen") beeinflußt wird:

- Lebensereignisse
- Umweltbedingungen
- Qualität der zwischenmenschlichen Beziehungen

Lebensereignisse

Unter Lebensereignissen versteht man solche im Leben einer Person eintretenden Ereignisse, die eine **Veränderung in der Lebenssituation** der Person mit sich bringen. Man unterscheidet dabei zwischen normativen und nicht-normativen Lebensereignissen. Erstere treten im Lebenslauf von fast allen Personen einer Gesellschaft oder Kultur auf (z. B. Pubertät, Eintritt ins Berufsleben, Heirat, Geburt eines Kindes). Nicht-normative Lebensereignisse treten dagegen nur bei manchen Personen oder aufgrund besonderer Umstände auf. Beispiele hierfür sind Ehescheidung, ein Lottogewinn, eine schwere Krankheit, ein Unfall, den man glücklich überlebt hat, oder eine Naturkatastrophe.

Lebensereignisse	
normativ: Beispiele: • Eintritt in den Kindergarten • Übergang zur Schule • Pubertät • Schulabschluß • Eintritt in den Beruf • Heirat • Geburt eines Kindes • Austritt aus dem Berufsleben	*nicht-normativ:* Beispiele: • Schwere Krankheit • Behinderung • Erbschaft • Lottogewinn • Arbeitslosigkeit • Ehescheidung • Tod einer nahestehenden Person • Umzug in ein Altenheim

Abb. 10: Überblick über Lebensereignisse

Lebensereignisse können den Anpassungszustand zwischen einer Person und ihrer Umwelt aus dem Gleichgewicht bringen. Die Person muß folglich aktiv werden, einen neuen Anpassungszustand wieder herzustellen.

Dieses Ungleichgewicht wird als **Streß** bezeichnet, wenn diejenige Person mit ihren Fähigkeiten und Ressourcen[44] bis zu ihrer Grenze oder darüber gefordert oder in ihrem Wohlbefinden bedroht wird (Lazarus u. Folkman 1984, zit. n. Semmer 1988, S. 745). Bei der Bestimmung des Begriffs Streß muß dabei grundsätzlich unterschieden werden zwischen:
- den **Umweltbedingungen** bzw. Situationen, die Streß auslösen (hier das Lebensereignis), und
- den **Reaktionen des Individuums**, d. h. den Folgen für die Person.

Beispiele für streßauslösende Bedingungen und Streßreaktionen faßt untenstehende Tabelle (vgl. Udris u. Frese 1988) zusammen.

Umwelt/Situation	**Folgen für die Person**
Streßreize, Stressoren[45]: • normative und nicht-normative Lebensereignisse (vgl. Abb. 10) • täglicher Ärger, wie z. B. Streitereien, unangenehme Arbeiten, eigene Ungeschicklichkeiten etc.	*Belastungen:* • erhöhte Herzfrequenz • Blutdrucksteigerung • Anspannung • Ärgergefühle • Leistungsschwankung • Krankheit • erhöhter Zigarettenkonsum etc.

Streß kann nach LAZARUS und LAUNIER (1981, s. ferner auch Ulich 1982, Semmer 1988) sehr unterschiedlich erlebt werden:
Wenn eine Person glaubt, daß sie mit ihren Fähigkeiten und Ressourcen **nicht** in der Lage ist, die Anforderungen eines (Lebens-)Ereignisses zu bewältigen, wird sie dieses Ereignis als **Schädigung** oder **Bedrohung** einschätzen (negativer Streß). Dabei kann es sein, daß die Anforderungen der Umwelt tatsächlich hoch und die eigenen Fähigkeiten und Ressourcen tatsächlich gering sind. Streßreaktionen entstehen jedoch auch, wenn diese Person nur glaubt, die Anforderungen seien größer als die eigenen Möglichkeiten. Angst, Wut, Hilflosigkeit und Verzweiflung sind Gefühle, die auf diese Einschätzung folgen.

Beispiel:

> Frau Müller wurde von ihrem Mann verlassen (Lebensereignis als Streßreiz). Sie vermißt ihren Mann sehr und weiß nicht, wie sie ohne ihn ihr Leben gestalten und ihre Kinder ernähren soll (Einschätzung als Schädigung/Bedrohung). Sie ist verzweifelt und depressiv (Streßreaktion).

Wenn eine Person dagegen die Anforderungen zwar als hoch wahrnimmt, jedoch überzeugt ist, das Problem mit einer gewissen Wahrscheinlichkeit bewältigen zu können, wird sie dieses (Lebens-)Ereignis als **Herausforderung** einschätzen (positiver Streß). Damit einher gehen sowohl angenehme als auch unangenehme Gefühle.

Beispiel:

Susi wechselt nach der Realschule auf die Fachoberschule (Lebensereignis als Streßreiz). Sie glaubt zwar, daß das Fachabitur eine ziemlich schwierige Sache wird; mit einer Portion Fleiß und Ausdauer stehen ihrer Meinung nach die Chancen jedoch gar nicht so schlecht, daß sie es schaffen wird (Einschätzung als Herausforderung). Deshalb ist sie zuversichtlich, auch wenn sie manchmal etwas angespannt ist und Angst verspürt (Streßreaktion).

Umweltbedingungen

GERMAIN und GITTERMAN (1983) unterscheiden grundsätzlich die **soziale** von der **physischen** Umwelt. Erstere umfaßt Personen, Organisationen, Gemeinden und Gesellschaften, letztere "umfaßt die natürliche Welt der Tiere, Pflanzen und der Landschaft und die von den Menschen strukturierte Welt" (ebd. S. 134). Umweltbedingungen können die Lebensgestaltung eines Menschen unterstützen oder beeinträchtigen.

Soziale Umwelt:
Die Autoren gehen hier besonders auf den Einfluß von **Organisationen** in einer Gesellschaft und auf die Bedeutung von **sozialen Netzwerken** (vgl. auch Kap. 4.5.2 und 4.6.3) ein. Organisationen (z. B. Schulen, Ämter, Gesundheitseinrichtungen wie Altenheime und Krankenhäuser) sind in unserer Gesellschaft üblicherweise komplex und bürokratisch aufgebaut. Wenn Menschen mit einer solchen Organisation in Berührung kommen, hat das häufig negative Auswirkungen auf deren Lebensgestaltung.

Beispiel:

In sozialen Organisationen wird die Arbeit zwischen den Angestellten häufig sehr stark aufgeteilt, so daß jeder nur für bestimmte Bereiche zuständig ist. Viele FOS-Praktikant/innen haben in Altenheimen und Krankenhäusern die Erfahrung gemacht, nur für Pflege und nicht für psychosoziale Betreuung zuständig zu sein. Dadurch erleben viele alte Menschen Isolation statt sozialer Unterstützung. Das kann bei alten Menschen zu Streß führen.

Positiven Einfluß auf die Lebensführung eines alten Menschen kann dagegen ein ambulanter Sozialdienst nehmen, der diese Menschen in ihrer Wohnung pflegerisch betreut.

Nicht nur die Struktur sozialer Organisationen wirkt sich auf die Lebensgestaltung aus, sondern auch die Qualität sozialer Netzwerke. Wenn andere Personen, die einem nahestehen, leicht erreichbar sind, kann man von diesen Personen sehr viel Unterstützung erhalten. Wenn jedoch ein soziales Netzwerk weitgehend fehlt, ist dies eine Quelle für Belastung und Streß.

Physische Umwelt als Streßauslöser:
Grundsätzlich läßt sich zwischen einer vom Menschen produzierten und einer natürlichen physischen Umwelt unterscheiden. Vom Menschen produziert sind alle möglichen Alltagsgegenstände, unsere Wohnung, unser Stadtbild. Zur natürlichen Umwelt gehören z. B. Landschaften und das Klima (wobei diese Faktoren auch nicht mehr vom Menschen unbeeinflußt sind).
Die physische Umwelt beeinflußt uns z. B. über die Art und Struktur eines Lebensraums. Eine Hochhaussiedlung wirkt sich anders auf unsere Lebensgestaltung als eine kleinstädtische oder dörfliche Umgebung. Ein verzweigtes Straßennetz in der Stadt ermöglicht uns zwar die Freiheit, mit dem Auto alles zu erreichen, produziert jedoch durch den Verkehr Lärm und Abgase.

Qualität zwischenmenschlicher (interpersonaler) Beziehungen

Ein dritter Faktor, der unser Leben beeinflußt, ist die Qualität der Beziehungen in Primärgruppen (Familien bzw. familienähnliche Lebensformen) oder sonstigen Gruppen (Schulklassen, Kollegen am Arbeitsplatz, Freundeskreis etc.).

In unserer Gesellschaft haben sich verschiedene Formen des familiären Zusammenlebens entwickelt (vgl. Kap. 4.3.1). Jede dieser Familienformen hat bestimmte Merkmale, die die Beziehungen zwischen den Familienmitgliedern belasten, aber auch unterstützen können. Personen, die einen Partner haben, aber allein leben, entlasten ihre Beziehung von Routine und Alltagstrott, erleben jedoch nicht die Vertrautheit des Zusammenlebens. Alleinerziehende Mütter und Väter belasten die Beziehung zum Kind zwar nicht mit Eheproblemen, laufen jedoch Gefahr, das Kind zum "Partnerersatz" zu machen.

Alle diese Faktoren beeinflussen sich gegenseitig. Belastungen in einem Bereich können z. B. durch günstige Bedingungen in einem anderen Bereich aufgehoben werden. Ebenso können sich mehrere günstige bzw. ungünstige Bedingungen gegenseitig verstärken.

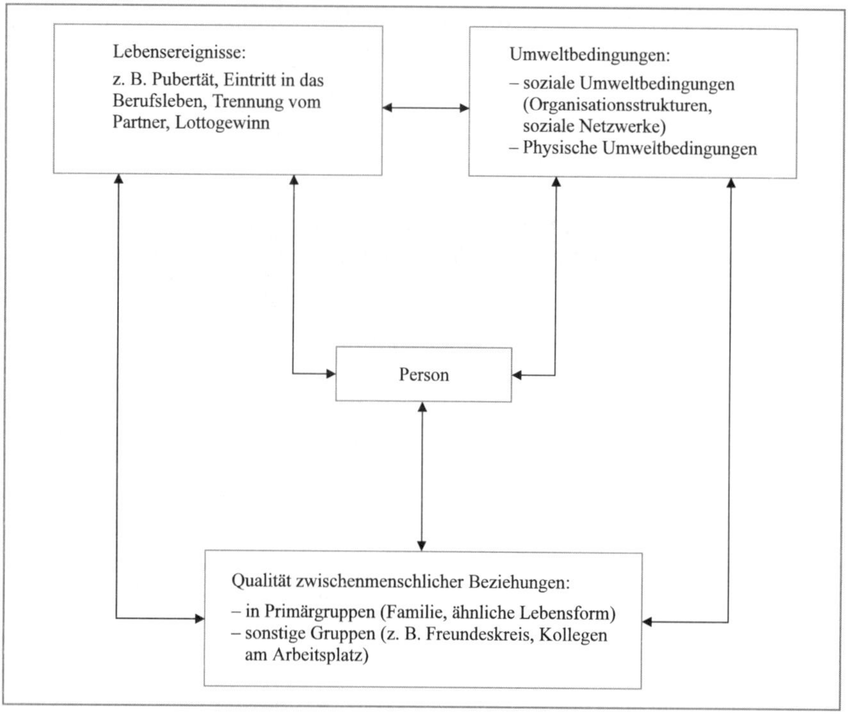

Abb. 11: Bedingungen der Lebensgestaltung eines Menschen (modifiziert nach Germain u. Gitterman 1983, S. 12)

An folgendem Fallbeispiel sollen die beschriebenen Faktoren noch einmal aufgezeigt werden:

Beispiel:

> Sabine wechselte nach bestandener Abschlußprüfung an die Fachhochschule in einer Großstadt, wo sie – 300 km von ihrem Heimatort entfernt – in einer Wohngemeinschaft mit einer anderen Studentin lebt. Das Zimmer ist ziemlich klein und liegt an einer Hauptverkehrsstraße. Sabine bewohnte vorher in einer Kleinstadt im Elternhaus ein eigenes Zimmer mit Blick auf einen Wald in ruhiger Lage, bei gesunder Landluft. Dort konnte sie regelmäßig mit ihrem Hund spazierengehen oder sich einfach auf das Mountain Bike schwingen. Außerdem hatte sie einen großen Freundes-

und Bekanntenkreis; am Wochenende war immer etwas los bzw. wurde "etwas losgemacht". Zu ihrem Kummer ist keine ihrer Freundinnen mitgekommen, sogar ihre beste Freundin Jeanette hat den Studienplatz an einer anderen FH in der Nähe des Heimatortes vorgezogen. Sabines Freund Stefan will erst zwei Semester später in die Großstadt nachfolgen. Bis jetzt ist sie von der neuen Umgebung völlig enttäuscht und findet sie "echt beschissen". An der FH herrscht ein anonymer Massenbetrieb: überfüllte Hörsäle, volle Mensa, unzureichende Ausstattung der Bibliothek, Hektik überall. Es besteht völlige Unklarheit darüber, welche Vorlesungen besucht und welche Prüfungen abgelegt werden sollen. Persönliche Kontakte konnte Sabine bisher kaum herstellen. Sie sitzt deshalb den ganzen Abend zu Hause herum. Zudem traut sich Sabine noch nicht, ihren Eltern die unerfreuliche Lage zu schildern. Die Eltern kritisierten nämlich von Beginn an Sabines Vorhaben, unbedingt in die unwirtliche Großstadt zu ziehen. Ansonsten kann sie sich nur mit ihrem Freund und ihrer Freundin am Telephon aussprechen. Ihrer Mitbewohnerin gegenüber klagt sie über eine chronische Erkältung, Schlafstörungen, Ängste und fehlende Kontakte zu anderen Menschen. Andererseits sei sie jedoch froh, nicht mehr unter ständiger Kontrolle der Eltern zu leben.

Lebensereignisse:
Der Aufbau eines selbständig geführten Lebens als Studentin ist für Sabine ein Schritt in das Erwachsenenleben und damit ein **normatives Lebensereignis**. Der Umzug in eine fremde Stadt hat darüber hinaus den Charakter eines einschneidenden **nicht-normativen Lebensereignisses**. Diese Veränderungen im Person-Umwelt-System lassen sich folgendermaßen beschreiben: Früher war sie Schülerin, eingebunden in die Familie. In der Schule hatte sie einen festen Stundenplan und klar vorgegebene Pflichten, in der Familie hatte sie als Tochter eine eher untergeordnete Position und mußte sich den dort herrschenden Regeln anpassen. Nun ist sie Studentin, die allein lebt. Von ihr wird jetzt erwartet, daß sie Verantwortung zeigt und ihr Leben selbst gestalten kann. In der FH muß sie selbständig für den Besuch der Vorlesungen sorgen und für Prüfungen lernen, auch wenn kein Zwang vorhanden ist. Positiv wird von ihr jedoch erlebt, daß sie mehr Freiheit als in der Familie genießt. Insgesamt reagiert sie jedoch mit Streß (Schlaflosigkeit, Ängste etc.), da sie offensichtlich die veränderte Situation nicht ohne weiteres bewältigen kann.

Umweltbedingungen:
Die FH bietet als anonyme **Massenorganisation** ungünstige Voraussetzungen, die Lebensgestaltung von Sabine zu unterstützen. Die Informationen zur Studienplanung (soziale Umwelt) sind unzureichend, die Bibliothek ist schlecht ausgestattet (physische Umwelt). In ihrer beengten Wohnung ist sie erheblichem Straßenlärm und Autoabgasen ausgesetzt (physische Umwelt). Zudem konnte Sabine noch kein neues **soziales Netzwerk** (soziale Umwelt) aufbauen. Unterstützt wird sie immerhin von ihrer Freundin Jeanette sowie ihrem Freund Stefan, auch wenn die Unterstützung aufgrund der weiten Entfernung nur eingeschränkt funktionieren kann. Wenn sie den Kontakt zu ihrer Mitbewohnerin ausbaut, könnte dies jedoch ein Ansatzpunkt für einen neuen Freundeskreis werden.

Qualität zwischenmenschlicher Beziehungen:
Die Beziehung zu Sabines Eltern ist offensichtlich gestört, da sie nicht mit ihnen über ihre Probleme sprechen kann. Der Auszug von zu Hause macht für sie ihre Lebenssituation sogar erträglicher, da sie der Überwachung durch die Eltern entgeht.

Sabine wird nun versuchen, ihre Lebensprobleme mit Hilfe vorhandener Unterstützungsmöglichkeiten selbständig zu lösen. Beispielsweise kann sie in eine Gruppe (z. B. Sportverein) gehen, um Kontakte zu gewinnen oder gar den Studienort wechseln. Gelingt ihr das nicht, wird sie möglicherweise eine Beratungsstelle aufsuchen, um mit Hilfe eines Sozialpädagogen/Sozialarbeiters ihr Leben zu bewältigen. Deshalb soll nun das "Life Model" als Handlungskonzept beschrieben werden.

Das "Life Model" als Handlungskonzept

Analyse

In diesem ersten Schritt erstellt der Sozialarbeiter gemeinsam mit dem Klienten eine Diagnose. Er erfaßt die Streßreaktionen des Klienten sowie die streßverursachenden Faktoren. Gleichzeitig werden diejenigen Lebensbedingungen herausgearbeitet, die den Klienten unterstützen. Grundlage für diese Problemanalyse ist das oben ausgeführte Schema. Dafür kann der Sozialarbeiter vorhandene Daten (z. B. Akten) und die aus den Gesprächen gewonnenen Informationen nutzen. Wichtig ist dabei, daß sich der Sozialarbeiter nicht als "mächtiger Experte" darstellt, der weiß, woran es dem Klienten fehlt, sondern als Helfer, der die Nöte und Bedürfnisse des Betroffenen ernst nimmt. Der Sozialpädagoge/Sozialarbeiter wird somit zum weiteren Faktor, der die Lebensgestaltung einer Person (Klient) beeinflußt (vgl. Abb. 12).

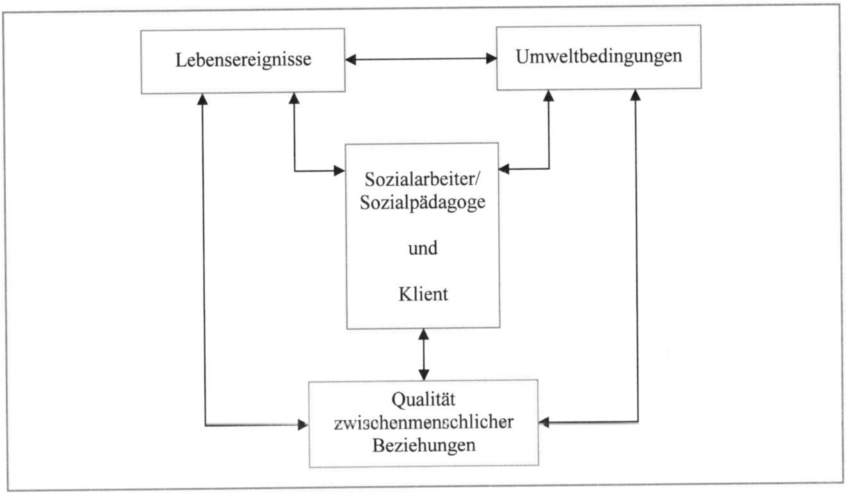

Abb. 12: Das "Life Model" zur Analyse von Belastungen eines Klienten

Planung und Handlung

Diese beiden Aufgaben werden gemeinsam erläutert, da Handlung die Ausführung eines Plans ist und somit keine wesentlich anderen Aspekte enthält.
Während der Planung werden Ziele, Methoden und Techniken für die Bearbeitung eines Problemfalles festgelegt.

Ziel:
Übergreifendes Ziel des "Life Model" ist es, eine gelungene Anpassung zwischen dem Hilfesuchenden und seiner Umwelt herzustellen, indem die Anpassungsfähigkeit des einzelnen sowie die Beschaffenheit seiner Umwelt verbessert und aufeinander abgestimmt werden. In unserem Fallbeispiel müßte zum einen die Fähigkeit Sabines verbessert werden, aktiv ihr Leben in der neuen Stadt zu gestalten, zum anderen müßte z. B. auf die Fachhochschule eingewirkt werden, neue Studenten besser zu informieren und ihnen Kontaktmöglichkeiten zu bieten.

Methode und Techniken:
Die Methode ist der Weg zum Ziel. Der ökologischen Sichtweise entsprechend ist die Methode des "Life Model" das Einleiten von Transaktionen, d. h. einer Auseinandersetzung von Person und Umwelt, die das obengenannte Ziel herstel-

len. In unserem Fallbeispiel müßte Sabine beginnen, ihre Isolation zu verlassen, um nach Kontakten zu suchen und sich aktiv mit ihrer Studiensituation auseinandersetzen.

Als Techniken des Sozialarbeiters beschreiben die Autoren sechs verschiedene Rollen, die je nach Problemstellung angewendet werden können: die Rolle des Motivators, Vermittlers, Lehrers, Anwalts, Förderers und Organisators.

Die Rolle des Motivators:
In der Rolle des Motivators bringt der Sozialarbeiter den Klienten dazu, sich mit seinen Belastungen, seinen Stressoren auseinanderzusetzen. Er unterstützt ihn, sich seinem Problem zu stellen, statt vor ihm davonzulaufen.

Die Rolle des Lehrers:
Wenn der Klient sich mit seinem Problem auseinandersetzen will, fehlen ihm häufig Kompetenzen oder Informationen, die zur Bewältigung notwendig sind. Diese müssen dann vom Sozialarbeiter vermittelt werden.

Die Rolle des Förderers:
Während des Bewältigungsprozesses muß der Klient unterstützt werden, seine Entscheidungsfreiheit und seine vorhandenen Kompetenzen zu nutzen. Darüber hinaus müssen die Aktivitäten des Klienten begleitet und bestärkt werden.

Die Rolle des Vermittlers:
Sie ist notwendig, wenn zwischen dem Klienten und anderen Personen oder zwischen Klient und einer Organisation Probleme entstanden sind. Durch Vermittlung sollen die Bedürfnisse beider Parteien besser aufeinander abgestimmt werden.

Die Rolle des Anwaltes:
Sollte der Vermittlungsversuch zwischen einem Klienten und einer Organisation nicht zum gewünschten Erfolg führen, kann der Sozialarbeiter auch Druck auf die Organisation ausüben (z. B. Einschalten der Presse) und somit eine parteiliche Rolle einnehmen.

Die Rolle des Organisators:
Sie kann der Sozialarbeiter dann übernehmen, wenn beispielsweise für verschiedene Klienten mit dem gleichen Problem eine Selbsthilfegruppe aufgebaut, oder wenn in einer Gemeinde die Gründung einer Bürgerinitiative unterstützt werden soll.

Alle diese Rollen stellen quasi die "Techniken" des Handlungskonzepts von Germain und Gitterman dar.

Auswerten

In diesem Schritt unterscheidet sich das "Life Model" nicht von anderen Konzepten. Es wird überprüft, inwieweit eine gelungene Anpassung erreicht wurde.

4.6 Das Arbeitsprinzip der Gemeinwesenarbeit (GWA)

Dieses Kapitel beschäftigt sich mit einer Arbeitsform sozialarbeiterischen Handelns, die früher als dritte Methode[46] neben der Einzelhilfe und der Gruppenarbeit galt (vgl. Kap. 4.4.2), inzwischen jedoch zum grundlegenden Arbeitsprinzip Sozialer Arbeit wurde.

4.6.1 Von der dritten Methode zum Arbeitsprinzip

Der Begriff Gemeinwesenarbeit bezeichnet im weitesten Sinn solche Formen sozialer Arbeit, die sich nicht nur mit einem einzelnen oder einer abgegrenzten Gruppe, sondern mit einem ganzen Gemeinwesen beschäftigen, um dort Veränderungen herbeizuführen. Unter einem **Gemeinwesen** versteht man dabei ein konkretes Gebiet mit seinen Menschen, die darin auf bestimmte Weise zusammenleben (vgl. Wendt 1989). Beispiele für Gemeinwesen sind das Dorf, der Stadtteil, die Stadt, eine ganze Region. In manchen Ansätzen wird deshalb auch von stadtteilbezogener oder Milieuarbeit gesprochen.

In den sechziger Jahren wurde die Gemeinwesenarbeit in Deutschland aus den USA übernommen. Die gesellschaftliche Situation war zum einen durch Stagnation des Wirtschaftswachstums gekennzeichnet, was vorhandene soziale Probleme (z. B. Obdachlosigkeit) verschärfte. Zum anderen entstanden neue soziale Probleme: Viele Innenstädte wurden saniert, wodurch billiger Wohnraum zerstört wurde und die dort lebenden Bevölkerungsgruppen (Arbeiter, alte Menschen) in Trabantensiedlungen am Rande der Stadt ziehen mußten (z. B. München-Neuperlach). Dies waren natürlich Probleme, denen mit Einzelhilfe und Gruppenarbeit nicht beizukommen war. Hier mußte vor allem politische Arbeit verrichtet werden. Zwischen 1965 und 1975 entstanden viele Projekte der Gemeinwesenarbeit:

- In Obdachlosensiedlungen wurden die Bewohner aktiviert, ihr Gemeinwesen neu zu gestalten;
- in Altbauvierteln wurden die Bewohner unterstützt, sich gegen Luxussanierungen der Wohnungen und Umsiedlung der Bewohner zu wehren;
- in Neubaugebieten wurde versucht, eine tatsächliche Gemeinschaft im Stadtteil herzustellen.

Gemeinwesenarbeit wurde damals verstanden als eigenständige Methode zur Verbesserung der Lebensbedingungen in einem Gemeinwesen, wobei die Bewohner einbezogen und aktiviert werden sollten. Je nach Konzept sollten diese Ziele durch Verhandlungen zwischen den Interessengruppen (z. B. Stadtplaner und Bewohner eines Altbauviertels) oder durch aggressive Aktionen der Betroffenen erreicht werden (Demonstrationen, sit-in etc.). Mitte der siebziger Jahre verschwand jedoch das Interesse an der Gemeinwesenarbeit. Sowohl wirtschaftliche (Ölkrise 1973/74) als auch politische Gründe (GWA war unbequem für die Politiker) waren dafür ausschlaggebend (vgl. Mohrlok u. a. 1993).

Dennoch hinterließ der Gedanke der GWA Spuren und wurde in den unterschiedlichsten Arbeitsgebieten Ende der siebziger Jahre wieder aufgenommen:

- **Soziale Dienste** (Allgemeiner Sozialdienst, Jugendamt, ...) sollten dezentralisiert und **bürgernäher** gestaltet werden.
- Verschiedene **Institutionen** (Altenheime, Jugendzentren, psychiatrische Einrichtungen) versuchten sich stärker **ins Gemeinwesen einzubinden**.
- **Bürgerinitiativen und Selbsthilfegruppen** übernahmen Ansätze der GWA (vgl. Boulet, Krauss u. Oelschlägel 1980).

Aufgrund dieser Entwicklungen schlugen BOULET, KRAUSS und OELSCHLÄGEL (1980) vor, Gemeinwesenarbeit nicht als gesonderte Arbeitsform, sondern als **Grundprinzip sozialpädagogischen/sozialarbeiterischen Handelns** zu betrachten. Sie meinten damit, daß soziale Einrichtungen und soziale Dienste sich nicht von ihrem Stadtteil, ihrer Gemeinde abkapseln, sondern auf das sie umgebende Gemeinwesen Einfluß nehmen, zu **Nachbarschaftszentren** werden sollten. Wie Gemeinwesenarbeit konkret aussehen kann, soll zuerst am Beispiel eines Nachbarschaftstreffs in einem Armenviertel dargestellt werden (vgl. Oelschlägel 1994 b).

4.6.2 Ein Nachbarschaftstreff in Duisburg-Bruckhausen als Beispiel für GWA

Bruckhausen ist ein Stadtteil von Duisburg mit ca. 6000 Einwohnern. Ein großer Teil der dort lebenden Bevölkerung sind sozial schwache Familien. OELSCHLÄGEL geht davon aus, "daß etwa die Hälfte der deutschen Bevölkerung Bruckhausens von Sozialhilfe, Arbeitslosenhilfe oder niedrigen Renten lebt, also arm ist. Die registrierte Arbeitslosigkeit wurde auf 20 % geschätzt" (1994 b, S. 57). Darüber hinaus weist Bruckhausen einen überdurchschnittlich hohen Ausländeranteil auf. Es handelt sich also um einen typischen sozialen Brennpunkt (Viertel, in dem überwiegend sozial Benachteiligte leben).

In diesem Stadtteil initiierten Bruckhausener Bürger, dort arbeitende Angehörige sozialer Berufe und Studenten der Universität Duisburg einen Nachbarschaftstreff. Das Gebäude wurde selbst renoviert und im Mai 1987 eröffnet. Träger ist ein dafür gegründeter Verein. Mittelpunkt des Nachbarschaftstreffs ist ein Café, das täglich von 9 – 16.30 Uhr geöffnet ist. Es wird – jährlich wechselnd – von einer arbeitslosen Stadtteilbewohnerin betreut, die dafür bezahlt wird. Das Café ist offen für alle Nachbarn, um sich informell zu treffen oder sich Rat zu holen. Desweiteren treffen sich verschiedene Gruppen im Haus: Sprachkurse, Selbsthilfegruppen, gesellige Gruppen und ein Stammtisch, der sich mit politischen Fragen und möglichen Aktionen beschäftigt. Auf kulturellem Gebiet werden zum einen jährlich ein großes Nachbarschaftsfest organisiert, zum anderen werden hin und wieder Lesungen, kleine Konzerte oder Ausstellungen angeboten.

Eine besondere Bedeutung hat der Nachbarschaftstreff für Arbeitslose. Sie können sich im Café beraten lassen, für sie werden Freizeitaktivitäten angeboten und einige können in zwei Beschäftigungsinitiativen unterkommen: in einer Nachbarschaftswerkstatt, die Reparaturen im Stadtteil ausführt, und in der Nachbarschaftsküche, deren Essen im Café mittags angeboten wird. Darüber hinaus arbeitet der Nachbarschaftstreff mit anderen Beschäftigungsprojekten zusammen.

Schließlich ist noch die Stadtteilkonferenz zu nennen, die vom Nachbarschaftstreff initiiert wurde. Dort treffen sich, "ca. 30 Vereine, Vereinigungen und Institutionen einschließlich der für Bruckhausen zuständigen kommunalen Dienststellen" (Oelschlägel 1994 b, S. 59), um Angelegenheiten des Stadtteils zu besprechen.

4.6.3 Grundannahmen, Aufgaben und Ziele gemeinwesenorientierter Arbeit

Es gibt keine klar ausformulierte Theorie der Gemeinwesenarbeit. Deshalb spricht man auch vom Arbeitsprinzip der GWA. Mit dem Begriff Arbeitsprinzip soll deutlich gemacht werden, daß es sich eher um Richtlinien und Grundsätze handelt, die aus der Praxis für die Praxis gewonnen wurden. Im folgenden möchte ich das Arbeitsprinzip GWA in Anlehnung an die Arbeiten von OELSCHLÄGEL (1985; 1994 a; 1994 b) darstellen – ergänzt mit Begriffen aus verwandten Ansätzen wie der stadtteilbezogenen Arbeit (vgl. Hinte 1985) und der Milieuarbeit (vgl. Ebbe und Friese 1989).

Ausgehend von drei Grundannahmen der GWA werden zentrale Aufgaben am oben skizzierten Beispiel erläutert. Diese drei Grundannahmen sind:
- Einflußnahme auf ein bestimmtes Gemeinwesen
- der Mensch als handlungsfähiges Subjekt
- ganzheitlich-ökologische Sichtweise.

1. Grundannahme: GWA nimmt Einfluß auf ein Gemeinwesen

Wenn eine soziale Einrichtung gemeinwesenorientiert arbeitet, dann will sie nicht nur einzelne Personen, sondern ein ganzes Gemeinwesen verändern. Dabei läßt sich das Gemeinwesen von drei Seiten betrachten (vgl. Wendt 1989):
- Im **territorialen** Sinn besteht ein Gemeinwesen aus einem geographischen Raum, der bestimmte Lebensbedingungen schafft (Nachbarschaft, ein Stadtteil, ein Dorf etc.).
- Im **funktionalen** Sinn besteht ein Gemeinwesen aus Einrichtungen, die für das Gemeinwesen eine wichtige Funktion haben: Erziehungseinrichtungen, Freizeiteinrichtungen, Verkehr, Konsumeinrichtungen etc.
- Im **kategorialen** Sinn besteht ein Gemeinwesen aus verschiedenen Bevölkerungsgruppen (Kinder, Jugendliche, Arbeitslose, Arbeiter, Ausländer, Alte etc.).

Als **Aufgabe** läßt sich daraus ableiten, daß soziale Einrichtungen sich für den Stadtteil, für die Gemeinde öffnen sollen. Was ist nun die "**Öffnung**" einer Einrichtung? Es ist ein häufig verwendetes Schlagwort (Öffnet die Altersheime, öffnet die Schule, offene Beratungsarbeit ...) und bedeutet im allgemeinen folgendes: Viele soziale Einrichtungen waren in der Vergangenheit sehr isoliert in der Gemeinde bzw. im Stadtteil. Alte Menschen lebten in ihrem Heim wie in einem Ghetto, zwischen der Erziehung im Kindergarten und dem Leben draußen gab es kaum Verbindungspunkte, die Mitarbeiter von Beratungsstellen warteten in ihrem Büro auf die Klienten. Öffnung bedeutet, die Grenzen zwischen der Einrichtung und dem Gemeindeleben aufzubrechen und **Verbindungen zu schaffen**. Beispielsweise sollen Altersheime Angebote für Alte und Junge machen, der Kindergarten soll in das Gemeindeleben eingreifen (vgl. Kap. 4.2.2) und Erziehungsberatungsstellen sollen unverbindliche Gruppenangebote oder Feste für den Stadtteil anbieten (vgl. Kap. 4.2.3). Gleichzeitig sollen die Grenzen zwischen den Einrichtungen abgerissen werden. Altersheime arbeiten mit Kindergärten zusammen und Kindergärten mit Erziehungsberatungsstellen.

Der Nachbarschaftstreff Bruckhausen ist entsprechend der obigen Einteilung in drei Richtungen offen:

- Im **territorialen** Sinn wird dort GWA geleistet, indem über das Café, kulturelle Veranstaltungen oder Feiern Angebote für alle Bewohner des Stadtteils gemacht werden. Der Nachbarschaftstreff verändert mit seinen Angeboten die Lebensbedingungen der Bewohner und damit das Gemeinwesen.
- Im **funktionalen** Sinn wird GWA durch die Zusammenarbeit der verschiedenen Einrichtungen in der Stadtteilkonferenz geleistet. Die Verbesserung der Zusammenarbeit ermöglicht eine effektivere Bearbeitung von sozialen Problemen, wie das Beispiel der Zusammenarbeit mit Beschäftigungsprojekten zeigt.
- Im **kategorialen** Sinn wird GWA durch spezielle Angebote für die Gruppe der Arbeitslosen geleistet. Sie erhalten im Nachbarschaftstreff Informationen und Beratung, sie können an Freizeitaktivitäten teilnehmen und werden in Beschäftigungsprojekte vermittelt.

2. Grundannahme:
GWA betrachtet den Menschen als prinzipiell handlungsfähiges Subjekt

Gemeinwesenarbeit geht grundsätzlich davon aus, daß Menschen Ziele haben, lernfähig sind und prinzipiell in der Lage, ihr Leben selbst in die Hand zu nehmen. Sie sind nicht nur Opfer ihrer Verhältnisse, sondern können diese auch verändern. Allerdings sind ihre Handlungsmöglichkeiten häufig durch Benachteiligung (z. B. Armut, Arbeitslosigkeit) erheblich eingeschränkt.

Deshalb lassen sich folgende **Aufgaben** gemeinwesenorientierter Sozialer Arbeit aus dieser Grundannahme ableiten (vgl. Oelschlägel 1984 b):

- Schaffung und Stärkung von Ressourcen für Benachteiligte
- politische Aktivierung der Zielgruppe
- Kulturarbeit

Schaffung und Stärkung von Ressourcen für Benachteiligte

Soziale Arbeit mit benachteiligten Menschen muß diesen etwas geben, damit sie ihre Benachteiligungen vermindern oder aufheben können (Oelschlägel spricht hier von nützlichen Dienstleistungen; vgl. 1994 a). Gleichzeitig müssen vorhandene Ressourcen gestärkt werden. Mit dem Begriff **Ressource** ist all das gemeint, was die Lebenschancen von Personen verbessert. Ressourcen können sein: Geld, billiges Essen, Treffpunkte, Informationen, psychosoziale Unterstützung, Beratung etc. Folglich hat Soziale Arbeit die Aufgabe, Ressourcen bereitzustellen, damit diese Menschen ihr Leben wieder in den Griff bekommen können.

In unserem Beispiel erhalten die Stadtteilbewohner u. a. Beratung im Café, günstigen Mittagstisch, Räume, um sich in Gruppen zu treffen, Arbeit in Beschäftigungsprojekten und psychosoziale Unterstützung durch andere Menschen.
Alle diese Unterstützungen tragen dazu bei, daß Benachteiligte in unserer Gesellschaft ihre Ohnmacht überwinden und wieder handlungsfähig werden können.

Eine ganz besonders wichtige Aufgabe gemeinwesenorientierter Arbeit ist die Schaffung von sogenannten **sozialen Netzwerken**. Unter einem sozialen Netzwerk versteht man die sozialen Beziehungsmuster, an denen eine Person teilnimmt (vgl. Jensen 1989; Sieland 1994). Dazu gehören freundschaftliche Beziehungen, Beziehungen zu Nachbarn, Verwandten oder zu Kollegen. Soziale Netzwerke sind deshalb wichtig für den Menschen, da er in Beziehungen Unterstützung erhält, etwas über seine Umwelt, andere Menschen und über sich selbst erfährt. Soziale Netzwerke sind vor allem dann eine ergiebige Ressource, wenn die Mitmenschen leicht erreichbar sind und die Beziehungen auf Gegenseitigkeit beruhen.

In unserem Beispiel bietet das Café eine Möglichkeit, leicht zu sozialen Kontakten zu kommen. Die Stadtteilbewohner können über das Café ein gut erreichbares soziales Netzwerk aufbauen. Wenn sie sich in eine Selbsthilfegruppe wagen, intensivieren sie sogar noch die gegenseitige Unterstützung (z. B. in einer Gruppe, die sich mit Alkoholmißbrauch auseinandersetzt).

Politische Aktivierung der Zielgruppe

Benachteiligte sollen dazu motiviert werden, ihre Probleme öffentlich auszusprechen und gemeinsam und solidarisch für Lösungen zu kämpfen (**kollektives Handeln**). Die Schwierigkeit dieser Aufgabe liegt darin, daß benachteiligte Menschen bereits viele Frustrationen und Rückschläge erlebt haben und das Risiko politischer Aktionen scheuen. Aktivierung hat nur dort Erfolg, wo diese Menschen den Nutzen einer Aktion sehen. Um den Menschen überhaupt erst Erfolgserlebnisse zu ermöglichen, müssen die Sozialarbeiter im engsten Umfeld der Personen beginnen. Beispiele für einfache Formen der Aktivierung wären die Mitbestimmung der Treffbesucher bei der Programmplanung oder die Teilnahme am politischen Stammtisch. Eine bereits weitergehende Aktivierung fand statt, als sich eine Gruppe zusammenfand, um eine Sendung über den Stadtteil für das

Lokalradio zu produzieren. Der Traum von Sozialarbeitern, daß sich Benachteiligte unserer Gesellschaft zusammenschließen und politisch für ihre Rechte kämpfen, geht jedoch in der Regel nicht in Erfüllung.

Kulturarbeit

Die Handlungsfähigkeit von Menschen soll nicht darauf beschränkt werden, daß man sich mit unmittelbaren Problemen auseinandersetzt. Zu ihr gehört ebenso die Fähigkeit, am kulturellen Leben teilzunehmen. Kulturarbeit wird in jeder Einrichtung ein völlig anderes Gesicht haben. In unserem Nachbarschaftstreff kann Kulturarbeit zweierlei bedeuten:

Genuß von kulturellen Vorführungen:
Arme Menschen haben häufig keinen Zugang zu solchen Formen der Kultur. Kultur ist unvertraut, oft mit Ängsten verbunden ("ich verstehe das nicht") und macht in der Regel das Aufsuchen des Theaters, Konzertsaals oder Museums notwendig. Deshalb wurde in Bruckhausen versucht, diese Kunstformen in den Nachbarschaftstreff zu holen. Dabei sind Aufführungsformen notwendig, bei denen die angesprochenen Ängste abgebaut werden (z. B. kleines Konzert während einer Mitgliederversammlung).

Kultur als Eigenproduktion:
Oelschlägel geht davon aus, "daß Menschen in allen Schichten kulturelle [...] Ausdrucksbedürfnisse haben ...". Dazu müssen allerdings entsprechende Bedingungen geschaffen werden, wie Räume, Zeit, Material und Betreuung. Bei dieser Form von Kulturarbeit sind Videoproduktionen, Malgruppen, das Bauen einer Skulptur und vieles mehr denkbar. Durch Kultur als Eigenproduktion können sich Menschen als kreativ tätig, als erfolgreich und damit als handlungsfähig erleben.

3. Grundannahme: Die ganzheitlich-ökologische Sichtweise des Gemeinwesens

Dem Arbeitsprinzip Gemeinwesenarbeit liegt ein ökologischer Denkansatz zugrunde, wie er in Abschnitt 4.5 dargestellt wurde. Demnach ist der Mensch eingebunden in soziale Beziehungen (soziale Netzwerke), er ist eingebunden in materielle Lebensbedingungen, und er ist Teil des Gemeinwesens, das wiederum Teil von übergreifenden Systemen ist. Das Problem eines Einzelnen ist folglich immer auch ein Problem seiner Umwelt, seines Stadtteils, der Gesellschaft.

Soziale Probleme sollen in dieser Sichtweise nicht isoliert, sondern in ihren Zusammenhängen betrachtet werden. HINTE (1985) nennt dies **"Systemschau"** des Stadtteils.

Zwei **Aufgaben** sollen im Rahmen dieser Grundannahme erläutert werden:
- die Integration unterschiedlicher sozialwissenschaftlicher Methoden und
- die Vernetzung sozialer Einrichtungen.

Methodenintegration

Durch die ganzheitliche Betrachtungsweise müssen verschiedene Arbeitsformen und Methoden eingesetzt werden, um Veränderungen im Stadtteil herbeizuführen. Gemeinwesenorientierte Soziale Arbeit vereint soziale Einzelhilfe, Gruppenarbeit, Netzwerkarbeit (im Sinne einer Herstellung von Netzwerken), sozialplanerische (im Sinne von Planung sozialer Einrichtungen) und kommunalpolitische Tätigkeiten sowie die wissenschaftliche Erforschung Sozialer Arbeit. Der Blick für die Zusammenhänge macht es notwendig, an **allen Ebenen** des ökologischen Systems anzusetzen. Folgende Abbildung soll dies anhand des Modells von Bronfenbrenner (vgl. 4.5.2) verdeutlichen (verändert und erweitert nach Friese 1989, S. 41):

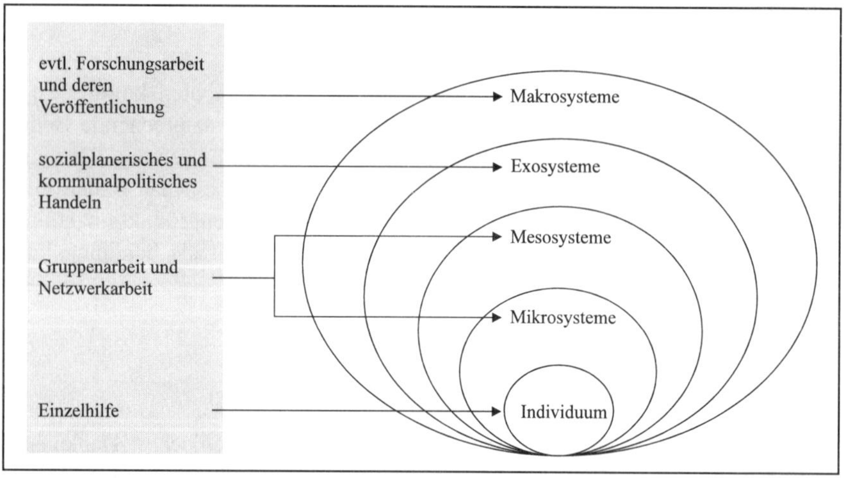

Abb. 13: Ansatzpunkte Sozialer Arbeit im ökologischen System

Die Aufzählung der Arbeitsformen ist nicht vollständig, sondern dient zur Veranschaulichung, welche Ebenen gemeinwesenorientierte Arbeit berücksichtigt.

Der Gedanke der **Methodenintegration** soll nun an unserem Beispiel Bruckhausen erläutert werden. Die Beratungsarbeit im Café setzt selbstverständlich am Individuum an. Die Angebote von geselligen Gruppen, Selbsthilfegruppen oder die Freizeitangebote für Arbeitslose sind der Gruppenarbeit zuzuordnen und schaffen für die Menschen Mikrosysteme und Mesosysteme (Verbindungen zwischen Lebensbereichen). Darüber hinaus ist auch das Bereitstellen von Räumen für selbstorganisierte Treffen eine wichtige Form von Netzwerkarbeit, da auch hier neue Mikro- und Mesosysteme entstehen. Sozialplanerische Arbeit wird zum Beispiel in der Stadtteilkonferenz geleistet, wenn Überlegungen angestellt werden, wie die Soziale Arbeit optimiert werden kann oder welche Angebote im Gemeinwesen noch fehlen. Die Stadtteilkonferenz ist für die Bewohner ein Exosystem, da sie daran nicht teilnehmen, jedoch davon beeinflußt werden. Kommunalpolitische Aktivitäten können von den Bewohnern (z. B. als Folge der Aktivierung) oder von den Sozialarbeitern ausgehen. Beispielsweise setzen sich Bruckhauser Eltern erfolgreich für den Erhalt einer nahegelegenen Sonderschule ein. Ebenso können sich Sozialarbeiter kommunalpolitisch engagieren, wenn sie Einfluß auf Gemeinde- bzw. Stadträte und Bürgermeister nehmen, indem sie über die Medien an die Öffentlichkeit gehen oder selbst parteipolitisch aktiv werden. Damit beeinflussen sie kommunale Entscheidungsgremien, die ebenfalls ein Exosystem für den einzelnen Stadtteilbewohner sind. Die wissenschaftliche Erforschung schließlich fand in Bruckhausen in enger Zusammenarbeit mit der Universität Duisburg statt. Oelschlägel berichtet, daß aus der Arbeit mit dem Nachbarschaftstreff z. B. mehrere Diplomarbeiten hervorgegangen sind. Solche Forschungsergebnisse verbessern zum einen die Praxis, vielleicht können sie zum anderen aber auch durch ihre Veröffentlichung langfristig die Sichtweise von sozialen Problemen in der Gesellschaft verändern. Dann hätte gemeinwesenorientierte Arbeit auch Einfluß auf unser Makrosystem gehabt.

Vernetzung sozialer Einrichtungen

In der Regel ist eine einzelne Institution nicht in der Lage, alle erwähnten Methoden einzusetzen. Viele Institutionen wären dadurch überfordert. Durch Zusammenarbeit in Arbeitskreisen kann jedoch versucht werden, ein großes Spektrum der Arbeitsformen abzudecken. Beispielsweise können Erziehungsberatungsstellen, Kindertagesstätten, Schulen und Einrichtungen der Jugendarbeit zusammenarbeiten, um die Situation von Kindern und Jugendlichen zu verbessern. Krankenhäuser, Altenheime und Sozialstationen können sich zusammentun, um sich für die Verbesserung der Lage alter Menschen einzusetzen. Diese

Zusammenarbeit hat den Vorteil, daß Angebote koordiniert, d. h. aufeinander abgestimmt werden können, daß bei der Betrachtung von Problemen verschiedene Berufsgruppen ihr Wissen einbringen können und daß sich durch ein gemeinsames Vorgehen der Einfluß auf Kommunalpolitiker vergrößert (vgl. auch das Beispiel in Kap. 4.2.3). In unserem Beispiel sind mehrere Beschäftigungsprojekte vernetzt, um effektiver gegen Arbeitslosigkeit kämpfen zu können, ebenso wie viele Institutionen sich in der Stadtteilkonferenz zusammengeschlossen haben, um kommunalpolitisch aktiv zu werden.

Übergreifende Zielvorstellungen der GWA

Durch die beschriebenen Aufgaben möchte das Arbeitsprinzip Gemeinwesenarbeit folgendes oberstes Ziel erreichen: Es sollen **präventiv Lebensbedingungen** geschaffen werden, die dem Menschen ein **selbstbestimmtes** Leben in seinem Gemeinwesen ermöglichen.

Die Zielvorstellung, Lebensbedingungen zu verbessern, macht folgendes deutlich: Das Arbeitsprinzip GWA befaßt sich in erster Linie mit der Umwelt von Menschen und erst in zweiter Linie mit einzelnen Personen. GWA bekämpft damit die Ursachen sozialer Probleme. Insofern beugt GWA den Problemen einzelner Menschen vor (Prävention).

Prävention wird dabei im weitesten Sinn begriffen als
- **primäre Prävention**, d. h. man versucht überhaupt zu verhindern, daß es zu sozialen Problemen kommt (indem man mögliche Ursachen beseitigt),
- **sekundäre Prävention**, d. h. man versucht, bei besonders gefährdeten Gruppen oder Stadtteilen Lebensbedingungen zu schaffen, die die Entwicklung sozialer Probleme verhindert, und als
- **tertiäre Prävention**, d. h. man versucht zu verhindern, daß bestehende soziale Probleme weiter wachsen bzw. zu einem Dauerproblem werden (vgl. z. B. Ebbe u. Friese 1989).

In unserem Beispiel würde es sich um sekundäre und tertiäre Prävention handeln, da sich der Nachbarschaftstreff in einem Armenviertel befindet.

4.7 Zusammenfassung

Sozialarbeit umfaßt Hilfen für Erwachsene, die durch Benachteiligung und/oder persönliche Krisen Unterstützung bei ihrer Lebensbewältigung benötigen. Die **Sozialpädagogik** beinhaltet ein differenziertes Angebot an Hilfen bei der Erziehung und Sozialisation von Kindern und Jugendlichen und wird als Theorie und Praxis der Kinder- und Jugendhilfe definiert.
Sozialpädagogik und Sozialarbeit werden in jüngster Zeit zunehmend unter den Oberbegriff **Soziale Arbeit** zusammengefaßt. Soziale Arbeit bezeichnet Theorie und Praxis derjenigen beruflichen Tätigkeiten, die darauf abzielen, soziale Problem- und Mangellagen von Personen positiv zu verändern, sofern jene nicht durch Gelderwerb, Versicherungen oder familiäre Unterstützung behoben werden können.
Die eher der Sozialpädagogik zugehörigen Aufgaben der Sozialen Arbeit werden in der Bundesrepublik Deutschland durch das **"Kinder- und Jugendhilfegesetz"** (KJHG) geregelt. Zu den Grundsätzen des KJHG gehören u. a. der Vorrang einer differenzierten Unterstützung der Eltern vor der direkten Einwirkung auf das Kind und den Jugendlichen, die Betonung des Präventionsgedankens sowie die Idee der Gleichberechtigung für benachteiligte Kinder und Jugendliche.

In der **Sozialpädagogik** gibt es zahlreiche Einrichtungen, deren Aufgabe die **allgemeine Förderung**, die **Beratung und Unterstützung**, sowie die spezielle **Hilfe bei der Erziehung** ist.
Der **Kindergarten** gewann in den letzten Jahrzehnten aufgrund unterschiedlicher gesellschaftlicher Veränderungen zunehmend an Bedeutung. Dies läßt sich auch an der **rechtlichen Verankerung** im KJHG und im Bayerischen Kindergartengesetz (BayKiG) erkennen. Vor allem das BayKiG bestimmt differenziert die Aufgaben der Kindergärten in Bayern.
Das **Spiel** ist dabei für die soziale, emotionale, kognitive und motorische Entwicklung des Kindes unverzichtbar. Der **situationsorientierte Ansatz** propagiert das Lernen in und für reale, alltägliche Lebenssituationen in längerfristigen Projekten und wendet sich gegen eine fremdbestimmte und realitätsferne Erziehung.
Typische **Probleme** können im Kindergarten von den Kindern selbst, von Eltern und von beschränkten Rahmenbedingungen ausgehen.
Der Aufgabenbereich von **Erziehungsberatungsstellen** umfaßt: Angebot individueller Hilfen, präventive Maßnahmen und weitere Aufgaben. Zu den **individuellen Hilfen** gehören die Diagnostik des Problems und die Beratung bzw. -therapie der gesamten Familie oder einzelner Personen – teilweise in Zusammenar-

beit mit anderen Einrichtungen (Helferkonferenzen). Zusätzlich bieten manche Beratungsstellen Sozial- und Rechtsberatung an. Zu den **präventiven Aufgaben** gehören offene und Gruppenangebote sowie Gremien- und Multiplikatorenarbeit. Unter "**weitere Aufgaben**" fallen Weiterbildung und Supervision der Mitarbeiter und regelmäßige Fallbesprechungen.
Typische **Probleme** in Erziehungsberatungsstellen sind beispielsweise die Überlastung der Mitarbeiter oder mangelnde Motivation der Klienten.

Menschen leben in Familien, familienähnlichen Formen und außerhalb der Familie zusammen. Vor allem in den letzten Jahrzehnten hat sich aufgrund verschiedener gesellschaftlicher Veränderungen eine **Vielzahl von Lebensformen neben der Kleinfamilie** entwickelt. Dadurch wird es immer schwieriger, den Begriff Familie klar zu definieren. Es wurde vorgeschlagen, Familie als Lebensgemeinschaft mindestens eines Elternteils mit einem oder mehreren Heranwachsenden zu verstehen. **Alternative Formen** dazu sind das Leben in Wohngemeinschaften oder als Single. Wiederum andere Menschen verbringen aufgrund von Beeinträchtigungen oder ihres Alters ihr Dasein in **Institutionen** (Erziehungsheim, Behindertenheim, Altenheim) oder gar auf der Straße (Nichtseßhafte). Schließlich wohnen in unserer Gesellschaft Menschen aus unterschiedlichen Kulturen Tür an Tür und müssen ihr Zusammenleben gestalten.
Intensiver betrachtet wurde das Problemfeld "**Gewalt in der Familie**". Grundsätzlich lassen sich physische Gewalt, psychische Gewalt, sexueller Mißbrauch und Vernachlässigung unterscheiden. Alle diese Formen beeinträchtigen das Kind in seiner kognitiven, sozial-emotionalen und motorischen Entwicklung. Als mögliche **Ursachen für Kindesmißhandlung** gelten Gewalterfahrungen des Täters in der eigenen Kindheit, gesellschaftliche Tolerierung von Gewalt, Lebensbelastungen, fehlende soziale Unterstützung sowie Persönlichkeitsmerkmale des Täters und eine daraus resultierende gestörte Eltern-Kind-Interaktion. Im Einzelfall wirken immer mehrere Ursachen zusammen (Multikausalität).
Erklärungsansätze lassen sich grundsätzlich danach einteilen, ob sie die Ursache in der Person, in der Umwelt oder in der Wechselwirkung zwischen Person und Umwelt sehen.

Handlungskonzepte sind Theorien und Modelle für die Praxis, die aus Aussagen über das zu bearbeitende **Problemfeld**, anzustrebende **Ziele** sowie anzuwendende **Methoden und Techniken** bestehen. Handlungskonzepte lassen sich ebenso mit Hilfe eines **Prozeßmodells** beschreiben: Analyse, Planung, Handlung und Auswertung. In der Sozialen Arbeit können Handlungskonzepte der sozialen Einzelhilfe, sozialen Gruppenarbeit und der Gemeinwesenarbeit unterschieden werden.

Zur **klientenzentrierten Beratung** (nach Rogers): Rogers geht davon aus, daß bei vielen Menschen, die mit sich und ihrer Umwelt nicht zurechtkommen, eine **Inkongruenz** zwischen ihrem **Selbstkonzept** und ihren **Umwelterfahrungen** besteht (Inhalt/Problemfeld). Diese Menschen leugnen bestimmte Erfahrungen, oder sie nehmen sich und ihre Umwelt verzerrt wahr, da sie diese Erfahrungen in ihr Selbstkonzept nicht integrieren können. **Ursache** dafür ist in der Regel ein starres Selbst. **Ziel** dieser Beratungsform ist die Herstellung eines flexibleren Selbstkonzepts, um kongruente Erfahrungen zu ermöglichen. Als **Methode** des Ansatzes wird die Förderung der Selbstexploration beschrieben. Damit ist gemeint, daß die Klienten dazu angeregt werden sollen, ihr Inneres zu erforschen und ihren Wahrnehmungsverzerrungen und Leugnungen auf die Spur zu kommen. Der **Berater** kann dies erreichen, wenn er folgende **"Grundhaltungen"** im Gespräch verwirklicht:

- Er soll den Klienten mit seiner Persönlichkeit achten und wertschätzen, um eine positive Beziehung aufzubauen und die Selbstachtung des Klienten zu verbessern;
- er soll einfühlendes Verstehen praktizieren, um beim Klienten positive Gefühle zu wecken und ihn anzuregen, sich selbst zu verstehen;
- er soll Echtheit und Kongruenz demonstrieren, um beim Klienten Vertrauen aufzubauen, ihm offene Rückmeldung zu übermitteln und für ihn Vorbild für Kongruenz zu sein.

Alle diese Beratermerkmale dienen letztendlich dazu, die Selbstexploration des Klienten zu unterstützen.

Zu den Grundbegriffen des **ökologischen Ansatzes** und **ökologischen Handlungskonzeptes** gehören *Transaktion, Anpassung* sowie *Habitat* und *Nische.*

Transaktion: Betrachtet man den Menschen als Teil eines Person-Umwelt-Systems, nennt man die Wechselwirkungen zwischen der Person und seiner Umgebung Transaktion. Durch Transaktion verändern sich sowohl die Person als auch die Umgebung fortlaufend.

Anpassung: Das Ergebnis von Transaktionen in einem Person-Umwelt-System ist eine mehr oder weniger gelungene Anpassung (ein Gleichgewicht) zwischen Person und Umwelt.

Aus bioökologischer Sicht bezeichnet das **Habitat** die objektiven Lebensbedingungen einer Person, während eine **Nische** aus den eingegangenen Beziehungen einer Person zu seiner Umwelt besteht.

Die **Theorie von Bronfenbrenner** unterscheidet vier Umweltsysteme, in denen der Mensch lebt:

- die Mikrosysteme als Beziehungen in unmittelbaren Lebensbereichen, an denen eine Person teilnimmt;
- das Mesosystem als System, das aus den Wechselbeziehungen zwischen den Mikrosystemen besteht;
- die Exosysteme als Lebensbereiche, die einen Menschen indirekt beeinflussen;
- das Makrosystem als politische, gesellschaftliche, ökonomische und kulturelle Bedingungen, unter denen eine Person lebt.

Das **Life Model** ist ein Handlungskonzept auf der Basis ökologischer Grundbegriffe. Ausgangspunkt ist ein Modell, das drei die Lebensgestaltung beeinflussende Bedingungsfaktoren beschreibt: Lebensereignisse, Umweltbedingungen und die Qualität zwischenmenschlicher Beziehungen. Diese Bedingungen können zu Streß führen. Eine Intervention hat zum Ziel, eine gelungene Person-Umwelt-Anpassung herbeizuführen. Dazu müssen Transaktionen eingeleitet werden (Methode). Als Techniken stehen dem Sozialarbeiter/Sozialpädagogen die Rolle des Motivators, des Lehrers, des Förderers, des Vermittlers, des Anwalts und des Organisators zur Verfügung.

Gemeinwesenarbeit wird als **grundlegendes Arbeitsprinzip** jeglicher Sozialer Arbeit betrachtet.
Das bedeutet, daß Soziale Arbeit auf das **Gemeinwesen** Einfluß nimmt, indem sich soziale Institutionen **öffnen**, d. h. Verbindungen schaffen im territorialen, funktionalen und kategorialen Sinn.
Zum zweiten liegt dem Arbeitsprinzip GWA die Vorstellung zugrunde, daß der Mensch auch unter ungünstigsten Bedingungen ein prinzipiell **aktives und handlungsfähiges Wesen** ist, das sein Leben selbst in die Hand nehmen kann. Deshalb müssen soziale Einrichtungen vorhandene **Ressourcen** (z. B. soziale Netzwerke) stärken oder neu schaffen, sowie die Menschen **zu politischem und kulturellem Handeln aktivieren**.
Zum dritten kennzeichnet diesen Ansatz eine **ganzheitlich-ökologische Sichtweise**. Daraus folgt, daß verschiedenste Methoden und Arbeitsformen eingesetzt werden müssen, um die unterschiedlichsten Systemebenen beeinflussen zu können. Zudem sollen mehrere Einrichtungen zusammenarbeiten, um ein Problemfeld ganzheitlich bearbeiten zu können . Übergreifendes **Ziel** aller dieser Aktivitäten ist die Herstellung von Lebensbedingungen, die ein selbstbestimmtes Leben ermöglichen und damit sozialen Problemen vorbeugen.

Aufgaben

38. Nennen Sie Aufgaben des Kindergartens nach dem Bayerischen Kindergartengesetz.

39. Beschreiben Sie, wie durch das Spiel im Kindergarten die Mündigkeit (nach H. Roth) eines Kindes gefördert wird.

40. Beschreiben Sie mögliche präventive Aufgaben einer Erziehungsberatungsstelle.

41. Bestimmen Sie den Begriff "Handlungskonzept".

42. Stellen Sie die Bedeutung der Selbstexploration in der klientenzentrierten Beratung dar.

43. Beschreiben Sie die Grundhaltungen des Beraters (nach Rogers) und ihre Wirkungen auf den Klienten.

44. Erläutern Sie am Fallbeispiel auf S. 196/197, wie sich das "Habitat" und die "Nische" Sabines verändert haben.

45. Fallbeispiel:
Die Familie Müller lebt in einem alten Mietshaus in einer kleinen Drei-Zimmer-Wohnung. Der Ehemann arbeitet als Fernfahrer, wodurch er häufig mehrere Tage von zu Hause weg ist. Seine Frau, zehn Jahre älter, hat bereits eine Ehe hinter sich, aus der zwei Kinder – alle mittlerweile verheiratet – hervorgingen. Frau Müller wird von ihren erwachsenen Kindern gemieden und abgelehnt, da sie die Familie wegen Herrn Müller verlassen hat, was sie sehr belastet. Gelegentlich arbeitet sie als Putzfrau. Das gemeinsame Kind Ralf ist 5 Jahre alt. Er ist der ganze Stolz der Mutter und wird in jeder Hinsicht verwöhnt (z. B. muß er nichts tun, wozu er keine Lust hat). Er braucht für nichts Verantwortung zu übernehmen, da ihm alles abgenommen wird. Im Kindergarten gibt es jedoch erhebliche Probleme, da er sich in der Gruppe nicht einfügen kann. Die Erzieherin kann mit der Mutter jedoch nicht sprechen, weil die eine Begegnung vermeidet und sich auf kein Gespräch einläßt.
Beschreiben Sie anhand des Fallbeispiels Mikrosysteme sowie das Meso- und Exosystem von Ralf.

46. Fallbeispiel:
Frau Huber ist alleinerziehende Mutter und erst kürzlich aus ihrer Arbeitsstelle entlassen worden. Die Entlassung führt sie auf eigenes Versagen zurück, weshalb sie sich nicht vorstellen kann, eine ähnliche Arbeit wieder zu bekommen. Da die ehemaligen Arbeitskolleginnen fast ihre einzigen sozialen Kontakte waren, fühlt sie sich nun sehr einsam. Die Behandlung auf dem Arbeitsamt wird von ihr als erniedrigend empfunden, weil sie dort "wie eine Nummer" abgefertigt wird. Wenn ihre Mutter, mit der sie sich recht gut versteht, nicht wäre, wüßte sie gar keinen Ausweg mehr.
Analysieren Sie dieses Beispiel mit Hilfe des Life Model (Germain und Gitterman).

47. Erläutern Sie den Begriff "Ressourcenarbeit".

48. Beschreiben Sie, wie ein Kindergarten zu einem gemeinwesenorientierten "Nachbarschaftszentrum" umgestaltet werden kann.

5 Gesundheit und Beeinträchtigungen

5.1 Gesundheit und Krankheit

5.1.1 Der Begriff Gesundheit

Getreu dem Leitspruch von Paracelsus (1493–1541): "Gesundheit ist nicht alles, aber ohne Gesundheit ist alles nichts"[47], ist der Mensch auf dauerhafte Erhaltung seiner Gesundheit bedacht.

Aus medizinischer Sicht ist Gesundheit "das geordnete Zusammenspiel normaler Funktionsabläufe und des normalen Stoffwechsels" (Büchner zit. n. Waller 1995, S. 9).

Die Weltgesundheitsorganisation (WHO) definiert umfassender: Gesundheit ist ein Zustand "völligen körperlichen, seelischen und sozialen Wohlbefindens und nicht nur das Fehlen von Krankheit und Gebrechen" (WHO 1946, zit. n. Hurrelmann 1988, S. 16).

Die WHO sieht also Gesundheit als Ganzheit und betont das Wohlbefinden in allen Dimensionen des täglichen Lebens. Gesundheit umfaßt demnach die physischen, psychischen und sozialen Bereiche, deren Gleichgewicht immer wieder neu hergestellt werden muß. Deshalb wird Gesundheit heutzutage nicht mehr als Zustand definiert, sondern als Prozeß. Der Mensch lebt in einer Art Fließgleichgewicht zwischen den beiden Polen Gesundheit und Krankheit; sowohl Gesundheit als auch Krankheit haben verschiedene Ausprägungsgrade.

In der Psychologie wird häufig der Begriff seelische Gesundheit verwendet, zudem werden Kriterienkataloge seelischer Gesundheit diskutiert, von denen hier einer vorgestellt werden soll (modifiziert nach Sieland 1994, S. 67).

1. Positive Einstellung zur eigenen Person (positives Selbstbild, Selbstvertrauen),
2. Wachstum und Selbstverwirklichung,
3. Persönlichkeitsintegration (z. B. psychische Belastbarkeit),
4. Autonomie (Selbständigkeit und Selbstbestimmung),
5. Adäquate Realitätswahrnehmung (hinreichend objektive Selbst- und Fremdwahrnehmung),
6. Anpassungsvermögen (erfolgreiches Problemlösen, soziale Kompetenz).

Die Gesundheit ist beeinträchtigt, wenn sich Anforderungen ergeben, die von der Person momentan nicht erfüllt und bewältigt werden können. Die Beeinträchtigung kann sich dann in Symptomen der Auffälligkeit äußern. Heilen bedeutet demnach, den Menschen körperlich, psychisch und sozial zu mobilisieren und zu stabilisieren. Dabei bilden die jeweiligen sozialen, ökonomischen, ökologischen und kulturellen Lebensbedingungen den Rahmen für ein gesundes Leben. Dies ist ein Ziel nicht nur für den Arzt und seinen Patienten, sondern für alle Menschen und zu jeder Zeit.

Außerdem können Menschen durch eigenes Tun ihre Gesundheit entscheidend fördern, indem sie die Grundregeln für gesundes Leben einhalten (vgl. folgende Liste; nach Waller 1995, S. 55, sowie Zimbardo 1992, S. 470).

1. Nicht rauchen
2. Regelmäßige sportliche Betätigung
3. Mäßiger Alkoholgenuß oder Verzicht auf Alkohol
4. Ausreichend Schlaf pro Nacht (ca. sieben bis acht Stunden)
5. Normalgewicht halten
6. Regelmäßige Mahlzeiten; nicht essen zwischen den Mahlzeiten
7. Verzicht auf Drogen- und Arzneimittelmißbrauch
8. Gesunde Ernährung; keine Fehl-, Über- oder Unterernährung
9. Achtsames Fahrverhalten[48]
10. Kein riskantes Sexualverhalten

Menschen, die diese Regeln beachten, fühlen sich besser, haben weniger Krankheiten und bleiben mit geringerer Wahrscheinlichkeit wegen gesundheitlicher Probleme der Arbeit oder der Schule fern; zudem erreichen sie ein höheres Lebensalter (vgl. Zimbardo 1992).

5.1.2 Erleben von Gesundheit und Krankheit

Die nachfolgende Tabelle (nach Hurrelmann 1988; Faltermeier 1994; Schelp u. a. 1990; Schwarzer 1990; Waller 1995; Zimbardo 1992) bietet einen knappen Überblick über die Bereiche Gesundheit und Krankheit.

Bereiche der Gesundheit	**Zeichen von Krankheit**	**Zeichen von Gesundheit**
körperlich	Schmerz und Unwohlsein Organmängel bzw. -schwächen Müdigkeit, Schwäche geringe Ausdauer	Wohlbefinden intakte Organe hohe Leistungsfähigkeit, Vitalität, physische Kraft, Energie, Ausdauer
seelisch	negative Gefühle wie Angst, Niedergeschlagenheit, geringes Selbstwertgefühl, Selbstunsicherheit geringes Leistungsstreben, Antriebsschwäche, Vermeidungsverhalten, Willensschwäche, Hilflosigkeit	Wohlbefinden, Zufriedenheit, Lebensfreude, hohes Selbstwertgefühl, Selbstsicherheit hohes Leistungsstreben, Aktivität, Interesse, Selbstbehauptung, Willensstärke, Selbstkontrolle
sozial	reduziertes Interesse an der Umwelt, beeinträchtigte Fähigkeit zum Erfüllen von Rollen und Aufgaben, beeinträchtigte Arbeitsfähigkeit, Eindruck der Abhängigkeit	verstärktes Interesse an der Umwelt, Fähigkeit, Rollen und Aufgaben zu erfüllen, erhöhte Produktivität, Eindruck der Unabhängigkeit

Ein Gesundheitsmodell[49]

Ergeben sich für einen Menschen belastende Situationen, *kritische Lebensereignisse* – wie z. B. starke schulische Beanspruchungen bei einem/einer Fachoberschüler/in, so hängt es maßgeblich von den Ressourcen ("Reserven") der Person ab, ob sich diese Belastungen in auffälligem Verhalten bzw. Krankheit äußern oder nicht.

Wir unterstellen, daß die Person über **positive Ressourcen** verfügt, z. B.
- günstige familiäre Verhältnisse,
- intakte Beziehungen zu Freunden, Verwandten, Bekannten,
- günstige materielle Bedingungen, wie z. B. hohes Taschengeld,
- gut eingerichtete Wohnung mit eigenem Zimmer in gesunder Umgebung,
- gesunde Ernährung,
- positives Selbstbild,
- Intelligenz, Kreativität, Optimismus,
- gute körperliche Verfassung.

Derartige positive Ressourcen ermöglichen es der Person, sich Anforderungen gewachsen zu fühlen, sie wirken sich günstig auf die Bewältigung von Belastungen bzw. Streßreize ("Stressoren") aus und stabilisieren die Gesundheit.

Nachteilig hingegen wirken sich **negative Ressourcen** bzw. das Fehlen bestimmter positiver Ressourcen aus, beispielsweise:
- zu kleine, enge Wohnung,
- starker Straßenlärm tagsüber und nachts,
- schlechte Luft (Abgase von Autos und naheliegender Fabrik),
- ungesunde Ernährung,
- pessimistische Lebenseinstellung,
- negatives Selbstbild.

Solche negativen Ressourcen belasten die Gesundheit und das Streßerleben, sie führen zu Verletzlichkeit bzw. *Verwundbarkeit* ("Vulnerabilität") und Anfälligkeit für Krankheit. Sie stellen einen *Risikofaktor* für den betreffenden Menschen dar, ähnlich wie Rauchen, Drogenkonsum, zu wenig Schlaf, Bewegungsmangel.

5.1.3 Wechselwirkung von Körper und Seele

Das *traditionelle biologisch-medizinische Modell* geht von zwei Grundannahmen aus: der Trennung von Körper und Seele sowie dem Körper ("Soma") als alleiniger Grundlage von Krankheiten.

Seit den 20er Jahren setzt sich in zunehmendem Maße die Erkenntnis durch, daß der Zustand des Körpers mit dem der Seele zusammenhängt. So belegen Forschungsergebnisse, daß Anfälligkeit und Widerstandsfähigkeit gegenüber Krankheiten psychisch beeinflußt werden: man entdeckte physiologische Verbindungen zwischen dem Gehirn, dem Nervensystem und dem Immunsystem (vgl. Kropiunigg 1990, Zimbardo 1992). So läßt sich z. B. ein Zusammenhang zwischen Situationen, seelischer Befindlichkeit und Immunsystem aufzeigen, in dem Sinne, daß Empfindungen und Gefühle die Abwehrlage zu beeinflussen vermögen.

Einmal spielen psychische Faktoren bei der Entwicklung vieler Krankheiten (wie z. B. Herzerkrankungen, Krebs, Magengeschwüren, Bluthochdruck, Infektionskrankheiten, Übergewicht, Hautkrankheiten usw.) eine Rolle bzw. haben Krankheiten Auswirkungen auf die psychische Gesundheit. Zum anderen können die Selbststeuerung des Menschen (vgl. Kap. 2.4.6) und eine gesunde Lebensweise (vgl. Kap. 5.1.1, Tab. S. 218) die Gesundheit positiv beeinflussen. In der aktuellen Gesundheitsforschung werden Körper und Psyche als zusammenhängend angesehen und neben biologischen und psychologischen auch soziale Faktoren berücksichtigt.

Dieses Verhältnis führte zur Entwicklung eines **bio-psycho-sozialen Modells** für das menschliche Erleben und Verhalten bzw. für Gesundheit und Krankheit (vgl. Ellgring 1990; Kanfer u. a. 1991, S. 18ff.; Miketta 1991; Sieland 1994).[50]

Bedingungsfaktoren	**Beschreibung**	**Beispiele**
Biologische Faktoren	Einflüsse biologischer Systeme Immunsystem, Körperdrüsen, Hormonsystem, Nervensystem, genetische Systeme	Hunger- und Sättigungsreaktionen akute Infektion, Fieber, Alkohol-, Drogen-, Medikamenteneinflüsse
Psychologische Faktoren	Kognitive Prozesse und Inhalte Selbststeuerung personale Ressourcen Persönlichkeitsmerkmale Einstellungen	Prozesse: Denken, Wahrnehmen, Erinnern, Bewerten Inhalte: Ziele, Wünsche, Pläne Selbstwertgefühl Leistungsstreben Optimismus Lebenszufriedenheit
Soziale Faktoren	materielle, kulturelle und soziale Umwelt	berufliche und partnerschaftliche Situation Wohnqualität, soziale Schicht, Freunde, Bekannte

Tab. 1: Überblick über die verschiedenen Bedingungsfaktoren des bio-psycho-sozialen Modells

Aufgrund dieser Modellvorstellung wird angenommen, daß körperliche Erkrankungen wie auch psychische Störungen auf einer Vielzahl verschiedener Verursachungsbedingungen beruhen, die sich in einem fortwährenden Wechselwirkungsprozeß befinden. An praktisch jeder Krankheit sind demnach sowohl biologische als auch psychische und soziale Faktoren beteiligt. Krankheiten sind somit nie rein somatisch (körperlich) oder rein psychisch bedingt, sondern entstehen in einem Wechselspiel.

Nach dem bio-psycho-sozialen Modell muß somit gelten, daß im Falle einer Erkrankung mindestens drei Faktoren zusammenspielen:
- ein **biologischer Faktor** (z. B. ein Krankheitserreger),
- ein **psychologischer Faktor** (z. B. Streß, unverarbeitete Persönlichkeitskonflikte),
- ein **sozialer Faktor** (z. B. die Arbeitssituation und die sozialen Beziehungen zum Vorgesetzten und zu den Kollegen).

Krankheiten entstehen nach diesem Modell in einem bio-psycho-sozialen Zusammenhang.

Beispiel:

> Eine Person erkrankt an Grippe (Influenza); diese Erkrankung wird durch eine Infektion ausgelöst. Nun fragt man sich, warum gerade diese Person zu diesem Zeitpunkt krank geworden ist. Man untersucht die Bedingungen im sozialen Umfeld und erfährt, daß die Erkrankte Belastungen am Arbeitsplatz ausgesetzt ist (Streß durch Terminarbeit, Spannungen mit dem Chef), die zu Ängsten führen, die wichtigen beruflichen Anforderungen nicht erfüllen zu können; es stellen sich Schlafstörungen ein, Blutdrucksteigerung und Durchfall. Nachdem auch die Konzentrationsfähigkeit nachläßt, unterlaufen der Person Fehler bei der Arbeit, es gibt Ärger mit den Kollegen, es stellen sich Isolierungstendenzen am Arbeitsplatz sowie im Privatleben ein. Schließlich führen die Belastungen zu einer Schwächung des Immunsystems, damit zur Krankheitsanfälligkeit und letztlich zur grippalen Erkrankung.

5.2 Beeinträchtigungen als sonderpädagogisches Problem

Die Praxis einer helfenden, wohltätigen bzw. fürsorglichen Tätigkeit versuchten erstmals 1861 GEORGENS und DEINHARDT im Rahmen einer heilpädagogischen Gesamtwissenschaft zu beschreiben.

Sonderpädagogik (auch Heilpädagogik bzw. Behindertenpädagogik genannt) gilt heute als Teilgebiet der Pädagogik (vgl. Kap. 1.6, s. ferner Bach 1985).

5.2.1 Wesentliche Begriffe der Sonderpädagogik (nach Bach)

Unter Sonderpädagogik versteht BACH Theorie und Praxis der Erziehung bei vorliegenden Beeinträchtigungen; d. h. es geht um die Erziehung von beeinträchtigten Menschen (vgl. Bach 1976, S. 15). Ziel der Sonderpädagogik ist eine optimale Persönlichkeitsentwicklung und Sozialisation.
Die Zu-Erziehenden sollen von der Fremdhilfe zur größtmöglichen Selbsthilfe gelangen und – wenn möglich – zur Mündigkeit (vgl. Kap. 1.5.2).

Beeinträchtigungen

Wenn die Entwicklung eines Menschen (z. B. körperlich, geistig, emotional) erschwert ist, spricht man von Beeinträchtigung. Beeinträchtigungen zeigen sich in den Bereichen des Erziehungsprozesses durch "Unregelhaftigkeiten" (vgl. Bach 1976, S. 8).

Unter den Oberbegriff "Beeinträchtigung" fallen: Behinderungen, Störungen, Gefährdungen. Es werden hierbei verschiedene Ausprägungsgrade von Beeinträchtigungen unterschieden; d. h. Beeinträchtigungen befinden sich jeweils zwischen den Polen absoluten Behindertseins und relativer Gefährdung. Dies wird in Abbildung 1 vorgestellt; die Übergänge sind fließend (vgl. Bach 1976).

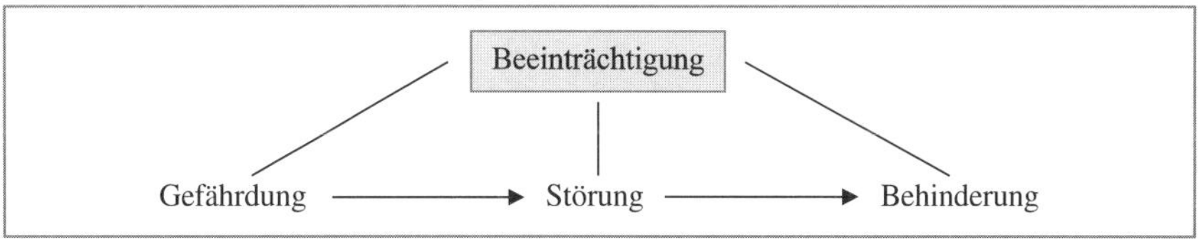

Abb. 1: Formen der Beeinträchtigung (modifiziert nach Bach 1985, S. 10)

BACH unterscheidet Beeinträchtigungen nach einem bestimmten Schweregrad, nach dem Umfang und der Dauer.

Die Sonderpädagogik erstreckt sich auf alle Arten der Beeinträchtigung, also nicht nur auf Behinderungen, sondern ebenso auf Störungen und Gefährdungen; sie umfaßt alle Formen von Beeinträchtigungen, wie z. B. intellektuelle, motorische usw. sowie alle Altersstufen: Säuglingsalter, Kindheit, Jugend, Erwachsenenalter. Beeinträchtigung ist mit einer Abweichung oder einem Verlust von körperlichen, geistigen und/oder seelischen Funktionen oder Strukturen verbunden.

Insbesondere organische Abweichungen können für die Entstehung einer Behinderung maßgebend werden, die sich auf die Bereiche des Sehens, Hörens, der Sprache, der Stütz- und Bewegungsfunktion, der Intelligenz, der Emotionalität usw. auswirken kann. Eine derartige Beeinträchtigung kann auf verschiedene Ursachen zurückgeführt werden, beispielsweise im Bereich der genetischen Ausstattung liegen (vgl. Down-Syndrom)[51].

Insbesondere aber sind es Schädigungen des ZNS, der organischen Entwicklung (Reifung, Fehlbildung), des Stoffwechsels oder der Drüsenfunktion. Sie können hervorgerufen werden durch Verletzungen, Drogen, durch ungünstige soziale Erfahrungen usw.

Behinderungen

Behinderungen werden (nach Bach 1976, S. 20ff.; 1985, S. 8) umschrieben als:
- *umfänglich* (d. h. sie treten in vielen Verhaltensbereichen in Erscheinung: privat, schulisch, beruflich, öffentlich usw.);
- *schwer* (d. h. sie weichen stark von den Regelgegebenheiten ab);
- *langfristig* (d. h. sie gehen nicht in kürzerer Zeit – z. B. zwei Jahren – zurück bzw. können nicht behoben werden).

Der Ausdruck Behinderung meint also "das Attest einer vergleichsweise massiven Beeinträchtigung" (Bleidick 1983, S. 93).

Als Formen der Behinderung werden genannt: Blindheit, Sehbehinderung, Gehörlosigkeit, Hörbehinderung, geistige Behinderung, Lernbehinderung, Körperbehinderung, Sprachbehinderung, Verhaltensbehinderung (vgl. Bach 1976, S. 21).

Störungen

Störungen sind gegeben, wenn die individuellen Einschränkungen nicht allen drei Kriterien – Umfänglichkeit, Schwere, Längerfristigkeit – entsprechen, sondern (nach Bach 1985, S. 8)

- "*partiell* sind, d. h. nur eine oder wenige Verhaltensweisen beeinträchtigen, oder
- *weniger schwer* sind, d. h. nicht erheblich vom Regelbereich abweichen oder
- nur *kurzfristig* bestehen, d. h. in absehbarer Zeit zu beheben sind."

Hierzu zählen u. a. Lernstörungen, Verhaltensstörungen, Sprachstörungen usw. Weitere Ausführungen zu dem – oft unterschiedlich definierten – Begriff der Störung finden sich in den Kapiteln 5.2 und 5.3.

Gefährdungen

Unter Gefährdung bzw. "Bedrohtsein" versteht Bach (1976; 1985) eine somatische oder ökonomische oder soziale Beeinträchtigung, die unter Umständen eine Behinderung oder Störung auslöst bzw. diese verstärkt. Folgende erschwerende Bedingungen können als Gefährdung für die Entwicklung eines Menschen gelten (nach Bach 1976, S. 48):

- *Somatische (körperliche) Bedingungen:* Schwangerschafts- und Geburtsunregelmäßigkeiten ("Risikokinder"), Erkrankungen in der Säuglingszeit usw.
- *Umweltbedingungen:* Längerer Aufenthalt im Säuglingsheim bzw. Krankenhaus, unzureichendes Wohnumfeld (z. B. Unterbringung in Obdachlosensiedlung), schlechte Schulverhältnisse usw.
- *Soziale Bedingungen:* Isolierung durch häufigen Wohnortwechsel, negative Gruppeneinflüsse usw.
- *Familiäre Gegebenheiten:* Schlechte ökonomische Verhältnisse, längere Erkrankungen der Eltern, Arbeitsüberlastung der Eltern, Schwachsinn bzw. Alkoholismus oder Rauschgiftsucht der Eltern, Spracharmut oder zerrüttete Ehe der Eltern usw.

5.2.2 Behinderungen

Behinderung wird – im Sinne der Weltgesundheitsorganisation – als verminderte Bewältigung von Alltagsaktivitäten definiert (vgl. WHO, 1980, zit. n. Dilling u. a. 1993 S. 25).

Differenzierter umschreibt es BLEIDICK:
"Als behindert gelten Personen, die infolge einer Schädigung ihrer körperlichen, seelischen oder geistigen Funktionen soweit beeinträchtigt sind, daß ihre unmittelbaren Lebensverrichtungen oder ihre Teilnahme am Leben der Gesellschaft erschwert werden" (Bleidick 1988, S. 5).

Diese Definition geht von einem weitgefaßten Behinderungsbegriff aus und enthält bestimmte inhaltliche Bestandteile. Sie betreffen (nach Bleidick 1988):

- *Den Anspruch auf Geltung:* Die Behinderung ist ein relativer Tatbestand und abhängig von den Normvorstellungen der Gesellschaft.
- *Die Ursache der Behinderung:* Sie ist Folgeerscheinung einer Schädigung, die vor, während oder nach der Geburt eingetreten sein kann (Beispiele für Schädigungen sind Erbschäden, Verletzungen usw.).
- *Die Bereiche der Behinderung:* Die Behinderung kann vollständig oder teilweise körperliche, geistige und/oder seelische Bereiche betreffen.
- *Die Folgen der Behinderung:* Die unmittelbaren Lebensverrichtungen und/ oder die Teilnahme am Leben der Gesellschaft sind betroffen (s. S. 227).
- *Die Auswirkungen der Behinderung:* Behinderungen ziehen alle irgendwelche Beeinträchtigungen nach sich (s. S. 227).

Behindert sein heißt, daß ein Mensch beim Sehen, Hören, Sprechen, in seinen Stütz- und Bewegungsfunktionen, seiner Intelligenz usw. eingeschränkt ist.

Behinderungen äußern sich in unterschiedlichen Ausprägungen und in unterschiedlichen Bereichen: körperlich, geistig und/oder seelisch (vgl. Myschker 1993, S. 37).

Zudem können auch unterschiedliche Beeinträchtigungen bzw. Behinderungen gleichzeitig auftreten, so daß die Persönlichkeitsentwicklung und Sozialisation eines Menschen erschwert ist. Einen Überblick über die Zusammenhänge der Begriffe "Beeinträchtigung" und "Behinderung" gibt die Abbildung 2.

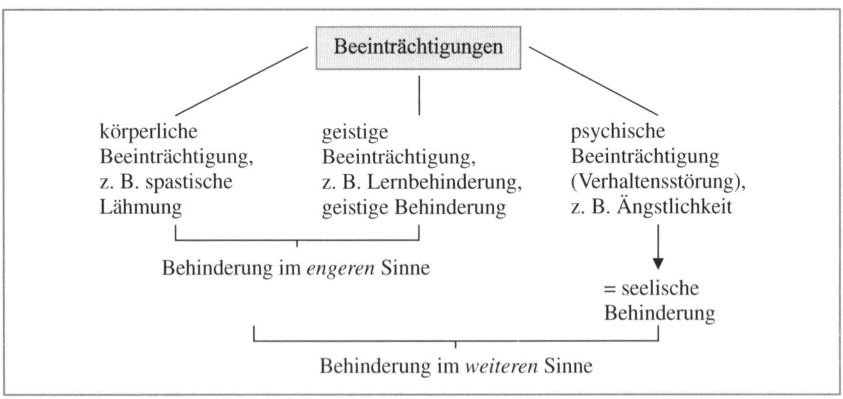

Abb. 2: Beeinträchtigungen und Behinderungen

Der Schweregrad von Behinderungen soll an einigen Beispielen verdeutlicht werden (nach Klauer 1992):
- Hörschäden: schwerhörig, gehörlos;
- Sehschäden: sehbehindert, blind;
- Intelligenzschwäche: schwach begabt, lernbehindert, geistig behindert, schwerst geistig behindert.

Der Grad einer Behinderung ist allerdings nicht nur über objektiv feststellbare Schädigungen zu erfassen (z. B. Hörmessung), sondern auch inwieweit die Behinderung im sozialen Umfeld des Betroffenen zutagetritt (vgl. Relativität der Behinderung).

So kann Stigmatisierung bzw. Etikettierung häufig eine Behinderung erst öffentlich machen: Indem ein behindertes Kind mit abwertenden Merkmalen bedacht wird, erfährt es eine Art Brandmarkung, die zur Wurzel allen Übels wird, zumal sich der Behinderte damit identifiziert.

Beispiele:

> Ein stotterndes Kind wird von anderen (nicht behinderten) Kindern etikettiert "als Typ mit Ladehemmung"; ein ängstliches Kind "als Angsthase"; ein lernbehindertes Kind "als Depp"; die Einweisung in eine Sonderschule verfestigt noch eine derartige Zuschreibung.

"Der Status des Behindertseins ist somit nicht in erster Linie eine Eigenschaft des Individuums, als vielmehr ein soziales Etikett" (Bleidick 1988, S. 19), das über Interaktionen in sozialen Situationen entsteht.

Die Auswirkungen aufgrund einer Behinderung zeigen sich (nach Speck 1988, S. 244 f.) als:
- *persönliche Folgen,* z. B. in Einschränkungen der Unabhängigkeit, Beweglichkeit, Freizeitaktivitäten, sozialen Integration, wirtschaftlichen und beruflichen Möglichkeiten sowie der Mündigkeit;
- *familiäre Folgen,* z. B. durch Pflegebedarf, gestörte soziale Beziehungen, wirtschaftliche Belastungen, Einschränkung der Mobilität;
- *gesellschaftliche Folgen,* z. B. durch Fürsorgeanspruch, gestörte soziale Eingliederung, Produktivitätsverlust, Vorurteile der Gesellschaft, Ausgrenzung;
- *Folgen für die Erziehung,* z. B. spezielle Erziehungsbedürfnisse in Sonderinstitutionen wie Sonderkindergärten, Sonderschulen usw.

Mehrfachbehinderungen im Sinne von Mehrfachschädigungen können in zwei Formen auftreten (vgl. Marx, 1989, S. 1404; Speck 1988, S. 116ff.):

- Es können Schädigungssyndrome vorliegen:, z. B. Taubblindheit oder gleichzeitige geistige und körperliche Behinderung.
- Es können Primär- und Sekundärbehinderungen/Folgebehinderungen gegeben sein, z. B. eine Gehörlosigkeit (als Primärbehinderung), die eine Stummheit (als Sekundärbehinderung) nach sich zieht oder eine Bewegungsstörung wie Klumpfuß (als Primärbehinderung), die eine Verhaltensstörung wie Ängstlichkeit (als Sekundärbehinderung) zur Folge hat.

5.2.3 Komplexität und Problematik sonderpädagogischer Begriffe

Die Sonderpädagogik[52] bedient sich mehrerer, bisweilen miteinander rivalisierender Theorien und Definitionen (vgl. Bleidick 1985; Müller 1991; Speck 1988). Dieser unbefriedigende Zustand schlägt sich auch in den uneinheitlichen Bezeichnungen nieder. So verwenden einige Autoren – wie wir ebenfalls – den Begriff Sonderpädagogik (vgl. Bach, 1976; Hansen und Stein 1994; Klauer 1992; Marx 1989), andere bevorzugen den traditionellen Begriff Heilpädagogik (vgl. Müller 1991; Speck 1988), wieder andere den Begriff Behindertenpädagogik (vgl. Bach 1985; Bleidick und Hagemeister 1986; Jantzen 1974) oder Rehabilitationspädagogik (vgl. Becker 1979).

Zum zentralen Begriff wurde "Beeinträchtigung" durch BACH (1976), der aus Nützlichkeitserwägungen für eine Unterscheidung verschiedener Ausprägungsgrade von Beeinträchtigungen plädiert (vgl. Kap. 5.2.1, Abb. 1). Allerdings findet dieser Begriff nicht nur in der Sonderpädagogik, sondern auch in anderen wissenschaftlichen Disziplinen (z. B. Psychiatrie, Klinische Psychologie) und sogar in der Umgangssprache Anklang und droht somit zu einem "Gummibegriff" zu werden, mit dem man unterschiedliche Dinge bezeichnet.

Die Weltgesundheitsorganisation (WHO) hat die 10. Überarbeitung der internationalen Klassifikation psychischer Störungen (ICD 10) vorgelegt; hier gebraucht man den Begriff "Störung", um Ausdrücke wie "Krankheit", "Erkrankung" oder "psychische Krankheit" zu vermeiden (vgl. Dilling u. a. 1993, S. 22). Mit "Störung" soll ein klinisch erkennbarer Komplex von Symptomen oder Verhaltensauffälligkeiten benannt werden, die mit Belastung und Beeinträchtigung von Funktionen verbunden sind (vgl. Dilling u. a. 1993, S. 23).

Im Gegensatz hierzu steht BACH (1976; 1985), der Störung als partielle oder wenig schwere oder nur kurzfristige Beeinträchtigung definiert (vgl. Kap. 5.2.1). Aber auch Störung ist ein recht allgemeiner Begriff aus der Umgangssprache (Man vergleiche die Begriffe: Unterrichtsstörung, Sprachstörung, Beziehungsstörung, Verdauungsstörung usw.).

Der von BLEIDICK (1985; 1988) gebrauchte Terminus "Behinderung" ist ebenfalls nicht eindeutig. Was Behinderung im einzelnen bedeutet, läßt sich den verschiedenen Theorien bzw. Erklärungsmodellen für Behinderung entnehmen.[53] So legt etwa Bleidick (1988) einen weitgefaßten Behindertenbegriff zugrunde, gleichfalls gehen einige Gesetze (vgl. das Schwerbehindertengesetz) von Behinderungen im weiteren Sinne aus; Bach hingegen befürwortet einen eher engeren Behinderungsbegriff.

Im Sinne der Alltagssprache wiederum kann alles mögliche behindert sein: Das Wachstum, die Freiheit, der Verkehr, der Kontakt, die Entwicklung usw.

Aus diesen Gründen ist es sinnvoll, sich der Problematik dieser Begriffe immer bewußt zu sein. Es empfiehlt sich also, jeden dieser Termini möglichst im Zusammenhang mit dem Namen seines Autors und/oder der betreffenden Theorie zu verwenden.

5.3 Störungen und ihre Entstehung

5.3.1 Begriffsklärung

Psychologen und Psychiater verwenden den Ausdruck "Psychische Störung"[54] – im Gegensatz zum sonderpädagogischen Störungsbegriff von Bach (vgl. Kap. 5.2.1) – für unterschiedliche Phänomene (vgl. den folgenden Überblick):

Psychische Störungen
- Verhaltensstörungen bzw. Verhaltensauffälligkeiten (vgl. S. 230)
- Sprechstörungen
- Schlafstörungen
- Hirnstörungen bzw. Hirnverletzungen
- Schizophrenien
- Geistige Behinderungen usw.

Verhaltensstörung bzw. Verhaltensauffälligkeit sind dem Oberbegriff "Psychische Störung" untergeordnet.

Verhaltensstörung[55] wird in der Literatur unterschiedlich definiert; wir verstehen unter einer **Verhaltensstörung** eine Regelübertretung, die entweder vom Handelnden selbst und/oder von einer außenstehenden Person als störend, belastend bzw. unangenehm beurteilt wird (vgl. Kagerer 1989; S. 1558).

Im folgenden ein Überblick über Verhaltensstörungen:

Verhaltensstörungen
- Phobien
- Panikstörung
- allgemeine Angststörung
- zwanghafte Störung
- soziale Störungen
- Beziehungs- und Interaktionsstörungen
- Depressionen
- Eßstörungen
- Sexualstörungen
- Alkoholismus
- Mißbrauch und Abhängigkeit von Medikamenten und Drogen usw.

Menschen mit einer Verhaltensstörung zeigen problematische Verhaltensweisen, deren wesentliches Merkmal darin besteht, daß es von diesen selbst oder von einer anderen Person als störend empfunden wird. Es gibt verschiedene Möglichkeiten, wodurch bestimmte Verhaltensweisen unerwünscht bzw. störend und damit problematisch bzw. auffällig werden können. Einige dieser Möglichkeiten lassen sich (nach Pfingsten 1985, S. 52f.) durch die Beantwortung einer Frage und einige Beispiele verdeutlichen:

Frage: Für wen wird das Verhalten zum Problem?

(1) Die Verhaltensweise ist für den Klienten bzw. die Klientin selbst problematisch.

Beispiel:

> Die Sekretärin Frau X. leidet darunter, daß sie sich seit der Rückkehr aus dem Urlaub vor zwei Monaten niedergeschlagen fühlt. In ihrer Wohnung kommt sie sich allein, hilflos, minderwertig und nutzlos vor; wichtige private Verpflichtungen schiebt sie vor sich her. (Frau X will z. B. schon lange ihre Eltern einladen und sich mit Freunden treffen.)

(2) Die Verhaltensweise einer Person wird für ihre sozialen Interaktionspartner zum Problem.

Beispiel:

Eine Ehefrau leidet darunter, daß ihr Mann zweimal pro Woche angetrunken vom Büro nach Hause kommt und dann regelmäßig heftig zu streiten beginnt.

In beiden Beispielen sind von den problematischen Verhaltensweisen betroffen:
- die verhaltensgestörte Person selbst und/oder
- der soziale Interaktionspartner.

Eine Beschreibung des beobachteten Verhaltens muß also die Situation und die Interaktionspartner in ihrem Verhalten mit erfassen. Dabei wird ein Verhalten nur deshalb als "gestört" bezeichnet, weil es nicht den Erwartungen der Interaktionspartner entspricht; das Verhalten wird als nicht mehr tolerierbar bewertete Abweichung vom "normalen" Erleben und Verhalten angesehen.

Unter Verhaltensstörungen kann man bestimmte Zustände und Aktivitäten eines Menschen verstehen, die negativ vom Regelhaften abweichen (vgl. Bach 1993, S. 11). Damit stellt sich die Frage nach den Normen; diese hängen von bestimmten gesellschaftlichen Bedingungen und vom situativen Kontext ab. So unterscheidet man z. B. zwischen individueller Norm (vgl. Beispiel 1) und gesellschaftlicher Norm (vgl. Beispiel 2). Normen und Normverstöße, die im situativen Kontext sichtbar werden, zeigen folgende Beispiele:
- Weinen gilt bei traurigen Filmen oder einer Beerdigung als normal, im Supermarkt oder bei einer Besprechung unter Managern als abweichend.
- Lautes Lachen nach einem Witz wird als normal angesehen, auf einer Beerdigung hingegen als abnorm.
- Tötung gilt im Krieg oder bei Notwehr als normal; im Verlauf eines Einbruchs als Verbrechen.

Von einer Verhaltensstörung kann erst gesprochen werden, wenn die Auffälligkeiten bzw. problematischen Verhaltensweisen *immer wieder und dauerhaft* auftreten.

Dabei müssen **vier Merkmale** erfüllt sein:
- *Abweichung von der Norm:* d. h. das Verhalten entspricht nicht zeit- und kulturspezifischen Erwartungen. Dabei spielt auch der situative Kontext eine Rolle.

- *Erworbenheit:* z. B. durch ungünstige soziale Erfahrungen, negative Umwelteinflüsse. Abweichendes Verhalten wird in verschiedenen Lerntheorien (z. B. Bandura) ebenso als erworben bzw. gelernt angesehen wie normales Verhalten.
- *Soziale Relevanz:* Die Störungen wirken sich auf die Beziehungen zu anderen aus, diese sind mitbetroffen, die soziale Interaktion ist gestört.
- *Relative Dauerhaftigkeit:* Nicht eine einmalige Auffälligkeit macht eine Störung aus, sondern dauerhaftes, immer wiederkehrendes abweichendes Fehlverhalten.

Einige Autoren wollen den Begriff "Verhaltensstörung" durch andere ersetzen wie "Problemverhalten" (vgl. Pfingsten 1985, S. 51ff.), "Verhaltensauffälligkeit" (vgl. Schaub und Zenke 1995, S. 360f.) oder "Verhaltensschwierigkeit" (vgl. Ortner und Ortner 1991) und somit Etikettierungen, wie gestört, normal, krank, abnorm, abweichend, zu vermeiden und betonen das, was als auffällig bzw. problematisch in Erscheinung tritt.[56]

"Alle Versuche, den Begriff Verhaltensstörung durch andere Termini, wie z. B. emotionale Störung, Verhaltensauffälligkeit, abweichendes Verhalten, Erziehungsschwierigkeit, Entwicklungsstörung, Verhaltensbehinderung etc. zu ersetzen, haben bisher nicht zu besseren Sprachregelungen geführt" (Goetze und Neukäter 1993, S. VII; s. ferner Bach 1993; Myschker 1993, S. 37ff.; Ortner und Ortner 1991, S. 3).

Wenn wir in diesem Buch von Verhaltensstörungen sprechen, so lehnen wir uns an die Tradition und den herrschenden bzw. internationalen Sprachgebrauch an.

5.3.2 Das bio-psycho-soziale Modell als allgemeiner Erklärungsansatz

Nach diesem Modell entstehen die meisten körperlichen Erkrankungen und psychischen Störungen durch eine Vielzahl verschiedener Ursachen, die sich fortwährend gegenseitig beeinflussen (vgl. Reinert und Wittling, 1980, S. 38; s. ferner Kusch und Petermann 1993; Sieland 1994).
An nahezu jeder Störung können demnach neben biologischen auch psychische und soziale Ursachen beteiligt sein.

Diese multifaktoriellen Erklärungen gelten auch für Verhaltensstörungen. Das Zusammenspiel vieler Faktoren bewirkt eine Störung, deshalb ist es unangebracht, von rein somatischen oder rein psychischen Störungen zu sprechen.[57]

Zu den **biologisch-somatischen Variablen** zählen z. B.
- Zellteilungsfehler z. B. Trisomie 21, führt zum Down-Syndrom (vgl. hierzu Anmerkung 51);
- vorgeburtliche (pränatale) Infektionen wie Röteln oder Sauerstoffmangel während der Geburt (perinatal), die zu schwerwiegenden Ausfallerscheinungen führen können;
- Geburtsgewicht unter 1500 Gramm: Hier kann es zu Entwicklungsverläufen kommen, die bereits im dritten Lebensjahr in Verhaltensprobleme des Kindes münden.

Folgende **Umweltvariablen** sind u. a. zu nennen:
- Beengte Wohnverhältnisse, ungünstige Wohnumgebung mit Luftverschmutzung und Verkehrslärm begünstigen z. B. Verhaltensstörungen. In kleinen Orten treten diese wesentlich seltener auf als in verkehrsreichen Großstädten.
- Erziehungsfehler der Eltern können beim Kind Verhaltensstörungen auslösen.
- Verhaltensstörungen in der Familie sind das Ergebnis von Beziehungsstörungen, die alle Familienmitglieder einbeziehen können.
- Durch gestörtes Eheleben der Eltern, Streitereien oder sogar Scheidung wird ein Kind zwischen den Eltern hin- und hergerissen und leidet darunter.
- Fehlendes Pflegepersonal im Krankenhaus und Altenheim erhöht die Einsamkeit und Angst von Menschen.
- Verbreitete Vorurteile gegenüber Ausländern begünstigen kriminelles Verhalten gegenüber dieser Personengruppe und erzeugen Existenzängste.

Zu den **Personenvariablen** sind beispielsweise zu rechnen:
- Ein negatives Selbstkonzept begünstigt eventuell Ängstlichkeit und Suchtmittelmißbrauch.
- Personen mit erworbenen Ängsten geraten leicht mit der sozialen Umwelt in Konflikt.
- Personen mit verbalen und tätlich aggressiven Verhaltensweisen bereiten anderen Menschen große Probleme und geraten selber in eine zunehmende Isolation.
- Personen, die nicht gelernt haben, sich von den Eltern zu lösen, haben häufig Schwierigkeiten bei der Entwicklung ihrer Selbständigkeit.

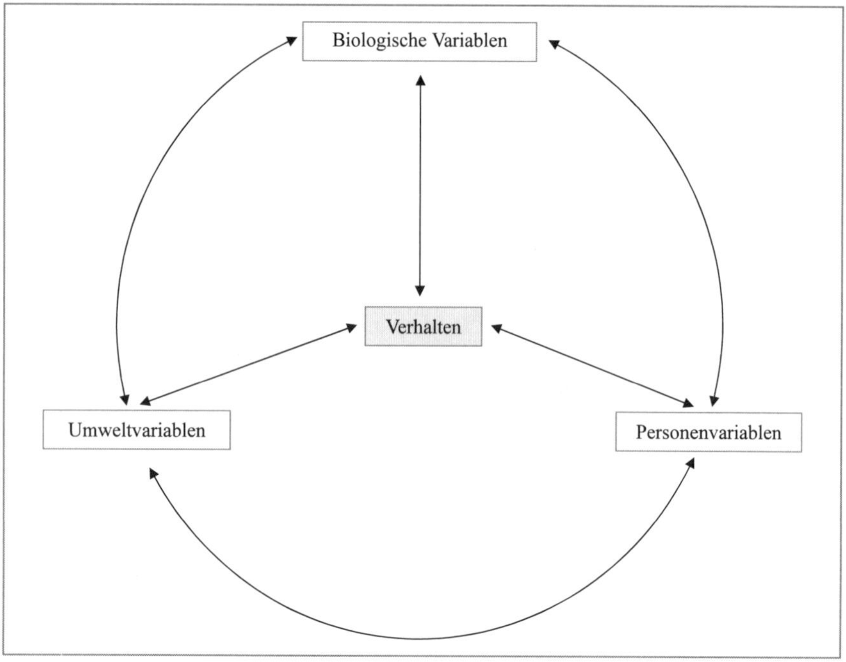

Abb. 3: Das bio-psycho-soziale Modell: Bedingungen und Folgen menschlichen Verhaltens (modifiziert nach Sieland 1994, S. 15)

Diese drei Variablen stehen in einem fortwährenden Wechselwirkungsprozeß, den man als Kreisprozeß auffassen kann (vgl. Sieland, 1994). Umwelt-, personale und biologische Bedingungen führen im ungünstigen Fall zu Defiziten bzw. Verwundbarkeit und im günstigen Fall stärken sie die Widerstandskraft der Person (vgl. Kap. 5.1.2).

Auch Verhaltensstörungen – wie z. B. Aggressivität – lassen sich mit dem bio-psycho-sozialen Modell beschreiben (vgl. Kusch und Petermann 1993; sowie Petermann und Kusch 1993).

Biologische Faktoren können daran beteiligt sein, wenn sich bei einem Kleinkind Merkmale eines "schwierigen Temperaments" zeigen, die sich dann unter Umständen zu einer Verhaltensstörung entwickeln. Dieses Temperament zeigt sich bereits ab dem sechsten Lebensmonat: solche Kinder sind hektisch, schwer zu beruhigen, schwierig zu betreuen und haben eine veränderte Erregungsschwelle für soziale Reize (vgl. Kusch und Petermann 1993, S. 20).

Ferner tragen vor allem **Umweltfaktoren** zur Entstehung von Verhaltensstörungen bei. Eheprobleme, finanzielle Probleme, Arbeitslosigkeit und z. B. mütterliche Depression; depressive Mütter zeigen ein Erziehungsverhalten, das durch Mangel an Sensibilität und sozialer Unterstützung dem Kind gegenüber gekennzeichnet ist.

Personenvariablen: Wichtig ist, wie Kinder Ereignisse und Erlebnisse psychisch verarbeiten. Jede Entwicklungsperiode ist gekennzeichnet durch unterschiedliche kognitive Informationsverarbeitung. Aufgrund persönlicher Erfahrungen im Umgang mit seinen Bezugspersonen zeigt das Kind absichtsvolles Verhalten und bildet Erwartungen aus. Hierbei ist wesentlich, inwieweit die Interaktionen des Kindes mit den Bezugspersonen untereinander erfolgreich oder gestört verlaufen.

Die Entwicklung der Selbstkontrolle beginnt im Vorschulalter. Die Steuerung emotionaler Zustände entwickelt sich aus der Mutter-Kind-Beziehung; sie ist verknüpft mit intellektuellen und sprachlichen Kompetenzen. Bekanntlich bilden sich die emotionalen Reaktionen von Kindern in der Familie heraus, wobei sie sich an den Eltern orientieren. So wirken sich die Interaktionen des Kindes mit seiner depressiven Mutter als störend für die Entwicklung der emotionalen Regulation des Kindes aus und damit nachteilig für die Entwicklung der Selbststeuerung überhaupt (vgl. Kusch und Petermann 1993).

Bei dreijährigen Kindern konnte beobachtet werden: Hyperaktivität, Unaufmerksamkeit, Störungen in der Selbstkontrolle.

In der Familie von Kindern mit dem o. a. Problemverhalten (Aggressivität) zeigte sich häufig: Depression der Mutter, ein geringer ehelicher Zusammenhalt, strafendes Erzieherverhalten, Uneinigkeit der Eltern über die Kindeserziehung, Mangel an emotionaler Wärme.

Außerdem ergeben sich Zusammenhänge von Entwicklungs- und Verhaltensstörungen. So kann ein "schwieriges" Kleinkind im Kindergartenalter durch hyperaktives Verhalten auffallen, in der Grundschule dann massive Formen der Aggression zeigen und bereits im beginnenden Jugendalter zu Delinquenz neigen.

Einzelne Störungen sollte man nicht mehr isoliert betrachten, da Verhaltensstörungen im zeitlichen Verlauf ineinander übergehen können. Daher sollte auf eine frühe Intervention (Behandlung) besonders geachtet werden.[58]

5.4 Beispiel: Angst und Angststörung

5.4.1 Was ist Angst?

Angst ist ein Gefühl, das jeder kennt. Sie wird durch die Wahrnehmung gefährlicher Situationen ausgelöst und führt in der Folge zu entsprechendem Verhalten. Wenn z. B. beim Überqueren einer Straße plötzlich ein Auto laut hupend und mit großer Geschwindigkeit auf Sie zukommt, läßt Sie eine automatische Angstreaktion rasch zur Seite springen und rettet Ihnen so möglicherweise das Leben. Die typischen und oft sehr schnell eintretenden körperlichen Veränderungen, die mit Angst verbunden sind, dienen der Vorbereitung des Körpers auf schnelles Handeln: z. B. rasch weglaufen, wenn man plötzlich einer gefährlichen Situation gegenübersteht. Dabei erhöht sich schlagartig die Herztätigkeit und die Muskeln spannen sich.

Angst ist ein nützliches Alarmsignal: Es warnt den Organismus und erhöht die Aufmerksamkeit. In einer gefährlichen Situation, z. B. beim Autofahren auf Glatteis, klopft unser Herz schneller, wir verhalten uns vorsichtiger und konzentrierter und bewahren uns so vor einer möglicherweise lebensgefährlichen Situation.

In manchen Fällen verlieren Ängste ihre sinnvolle, verhaltenssteuernde Funktion; reagiert beispielsweise eine Person in einer objektiv ungefährlichen Situation (beim Benutzen eines Aufzugs, beim Anblick einer Spinne oder eines Hundes) mit überstarker Angst, so erlebt sie *pathologische Angst* (krankhafte Angst).[59]

Zusammenfassend läßt sich sagen:

- Angst ist ein Gefühl, das zumeist als unangenehmer bzw. bedrohlicher Erregungszustand erlebt wird.
- Angst richtet sich zumeist auf Zukünftiges.
- Das Gefühl von Angst ist von subjektiv erlebten körperlichen Prozessen begleitet.

Von **pathologischer Angst** spricht man dann, wenn folgende Kritierien zutreffen (vgl. Reinecker 1993, S. 5):

- Die Angstreaktionen sind der Situation nicht angemessen.
- Die Angstreaktionen halten lange an.
- Das Individuum besitzt keine Möglichkeit zur Erklärung, zur Verringerung oder zur Bewältigung der Angst.
- Die Angstzustände führen zu einer massiven Beeinträchtigung der persönlichen Lebensführung.

Beispiel:

> Ein 40jähriger Mann zeigt seit Jahren massive Ängste vor zahnärztlichen Eingriffen: Diese Ängste hindern ihn daran, die längst fällige Behandlung beim Zahnarzt durchführen zu lassen. Der Mann ist nicht in der Lage, die Angst in den Griff zu bekommen; er ist damit in seinem Beruf, in seiner Partnerschaft und in seinem Freizeitverhalten durch chronische Zahnschmerzen und Mißbrauch von schmerzstillenden Mitteln eingeschränkt (nach Reinecker 1990, S. 50).

Angst äußert sich (nach Reinecker 1993, S. 6) in drei Dimensionen:
- *subjektiv-verbal*[60]: durch Gedanken und Befürchtungen (wie "ich werde sterben ...", "ich werde umfallen ...", "alle schauen mich an ...", "ich werde mich blamieren ...", "es wird etwas Schlimmes geschehen ...", "ich muß hier raus ...");
- *im Verhalten:* durch Strategien der Vermeidung und der Flucht (z. B. Hinausschieben einer Prüfung, Vermeiden eines Treffens mit Kollegen, Flucht aus einem vollbesetzten Bus oder Lift);
- *körperlich:* durch Zittern, Schwitzen, feuchtkalte Hände, Übelkeit, trockenen Mund, Durchfall, Harndrang, starkes Herzklopfen, Schwindelgefühle, Bauchschmerzen usw. (vgl. hierzu Überblick S. 239).

5.4.2 Unterscheidungen des Angstbegriffs

SPIELBERGER (1980) unterscheidet zwischen Eigenschaftsangst und Zustandsangst.

Bei **Eigenschaftsangst** ist Angstneigung ein Charakterzug, der sich unabhängig von bestimmten Situationen zeigt als individuelle Eigenschaft des angstanfälligen Typus. Es bestehen Unterschiede in der personalen Disposition, die Welt generell als bedrohlich zu erleben – Ängstlichkeit als ein persönliches Merkmal. Sehr ängstliche Menschen (Eigenschaftsangst) finden die Welt gefahrvoller und bedrohlicher als Menschen, die weniger ängstlich sind. Solche Menschen reagieren auf ihr Grundgefühl, bedroht zu sein, mit häufigeren und starken Ängsten.

Andererseits kennt man situativ erlebte **Zustandsängste**, z. B. in einer bestimmten Streßsituation. Demnach gibt es ganz bedeutsame Unterschiede, wie häufig und in welcher Intensität solche Angstzustände von verschiedenen Menschen erlebt werden. Den Unterschied zwischen *Angst als Persönlichkeitsmerkmal* bzw. Eigenschaft und *Angst als emotionales Durchgangsstadium* soll ein Beispiel verdeutlichen.

Beispiel:

> Die Aussage "Herr X. ist ängstlich" kann einmal interpretiert werden, daß Herr X. gerade jetzt Angst hat, d. h. er befindet sich in diesem Augenblick in diesem unangenehmen Gefühlszustand. Wenn Herr X. dagegen eine ängstliche Person ist, so dürfte sein durchschnittlicher Angstpegel höher sein als bei den meisten anderen Menschen; er erlebt häufig Ängste; Ängstlichkeit ist hier ein Persönlichkeitsmerkmal von Herrn X.

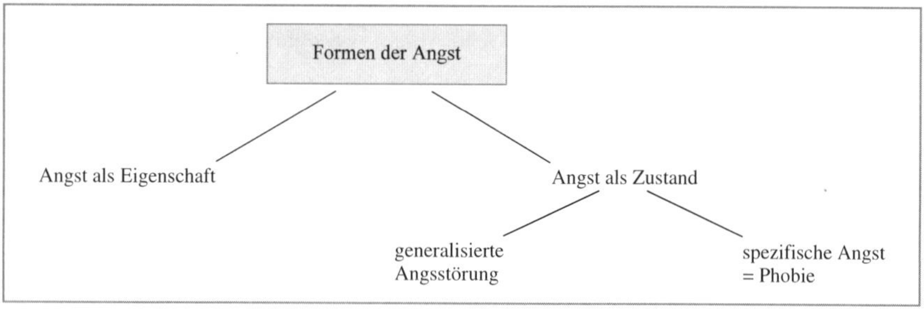

Abb. 4: Verkürzter Überblick über Angststörungen (modifiziert nach Sims und Snaith 1993, S. 14 und S. 20)

Eine **generalisierte Angststörung** dauert mindestens einen Monat und äußert sich in motorischer Unruhe, Hyperaktivität, Erwartungsangst und erhöhter Wachsamkeit (vgl. Sims und Snaith 1993, S. 18).

Als **Phobien** gelten Störungen mit abnorm gesteigerter Furcht vor bestimmten Objekten oder Situationen, die normalerweise eine solche Angst nicht auslösen. Phobien sind unbegründete Ängste und werden subjektiv erlebt (vgl. Sims und Snaith 1993, S. 19). Man unterscheidet: Agoraphobien, soziale Phobien und einfache Phobien (vgl. Reinecker 1993, S. 11).
Agoraphobie (agora: Marktplatz) ist eine wiederkehrende Angst vor überfüllten öffentlichen Plätzen, aber auch Geschäften, Supermärkten, Verkehrsmitteln usw.
Eine *soziale Phobie* ist die unbegründete aber anhaltende Angst einer Person, im Mittelpunkt der Aufmerksamkeit zu stehen. Die Angst ist verbunden mit der Befürchtung, sich auf eine irgendwie blamable Weise zu verhalten.

Bei den *einfachen Phobien* besteht eine unbegründete und anhaltende Angst vor besonderen Objekten oder Situationen, z. B. Ängste vor Tieren (Schlangen, Spinnen, Katzen, Hunden, Insekten usw.). Hierzu gehören auch Angst vor Aufzügen, Flugphobien, Angst vor Krankheiten (Krebs, Aids usw.), Angst vor engen Räumen (Klaustrophobie), Höhenangst, Angst vor Donner, Angst vor Dunkelheit u. a.

Diagnostische Kriterien für Angststörungen

Die Angst-Symptome (Störungsmerkmale) haben einen Symptomträger (den Patienten bzw. Klienten). Man unterscheidet folgende Symptome der Angst (vgl. Sims und Snaith 1993, S. 22):

(1) *Motorische Spannung:*
- Zittern, unwillkürliches Zucken, sich wacklig auf den Beinen fühlen,
- Muskelspannung,
- Unruhe,
- leichte Ermüdbarkeit und Erschöpfung.

(2) *Vegetative Hyperaktivität:*
- Beklemmungs-, Erstickungsgefühle oder Atemnot,
- Herzklopfen und beschleunigter Puls,
- Schwitzen oder kalte, klamme Hände,
- trockener Mund,
- Benommenheit oder Schwindel,
- Übelkeit, Durchfall oder Bauchschmerzen,
- Hitzewallungen oder Kälteschauer,
- Harndrang oder häufiges Wasserlassen,
- Schluckbeschwerden ("Kloß im Hals"),
- Anspannung ("ständig auf dem Sprung sein"),
- übertriebene Schreckhaftigkeit,
- Konzentrationsstörungen, Ablenkbarkeit aus Angst, "Blackout" wegen Angst,
- Einschlaf- oder Durchschlafstörungen,
- Reizbarkeit.

Sind von den insgesamt 18 Symptomen mindestens sechs bei einem Klienten gegeben, kann man von einer Angststörung sprechen – vorausgesetzt, sie lassen sich nicht auf körperliche Ursachen wie Schilddrüsen- oder Lungenerkrankungen oder chronisch erhöhten Coffeinkonsum zurückführen.

5.4.3 Entstehung von Angst: Theoretische Modelle

Die Erkenntnisse der **Lerntheorien** (vgl. Kap. 2) lassen sich auf die Entstehung von Angst anwenden.

Seit der Studie von WATSON und RAYNER wurde immer wieder betont, daß der Erwerb phobischer Ängste nach dem Muster der **klassischen Konditionierung** verläuft (vgl. Kap. 2.2.2).

Die **operante Konditionierung** (vgl. Kap. 2.2.3) erklärt den Erwerb von Angst über die beiden Verstärkungsarten. Einmal kann ängstliches Verhalten *positiv verstärkt* werden, wodurch sich ein entsprechender Aufbau ängstlichen Verhaltens ergibt. Bei *negativer Verstärkung* wird durch die Angstreaktion ein unangenehmer Reiz beseitigt bzw. verringert.

Beispiel:

> Ein Kind rennt vor einem großen, bellenden Hund weg. (Flucht)

Andererseits kann sich jemand so verhalten, daß ein unangenehmer Reiz bzw. eine angstauslösende Situation vermieden werden.

Beispiel:

> Ein Kind weiß, daß es auf dem Weg zur Schule mehrere Vorgärten mit bellenden oder knurrenden Hunden passieren muß. Es macht einen Umweg und geht so den aversiven Reizen (Hunden) aus dem Weg. (Vermeidung)

MOWRER hat beide Konditionierungstheorien miteinander verknüpft und zum sogenannten **Zwei-Faktoren-Modell** erweitert (vgl. Kap. 2.2.4):
Der *erste Faktor* entspricht dem Prinzip des Klassischen Konditionierens beim Erlernen von Angst im Sinne der Koppelung von NS und US mit dem Ergebnis, daß NS zu CS wird und folglich CR auslöst. Zu einer Stabilisierung der Angst kommt es durch den *zweiten Faktor:* Verhaltensweisen zur Reduktion von Angst werden sehr wirkungsvoll negativ verstärkt.

Häufig kommt bei Phobikern noch ein Krankheitsgewinn hinzu: Wenn Mitmenschen die Angst des Betroffenen erkennen, reagieren sie oft mit Zuwendung und Schutzangeboten (positive Verstärkung).

Bekanntlich werden viele (selbst komplexe) menschliche Verhaltensweisen durch **Modellernen** erworben. Eine wichtige Rolle beim Erwerb von Phobien spielen die Beobachtung von Modellen, aber auch einschlägige Informationen in den Massenmedien.

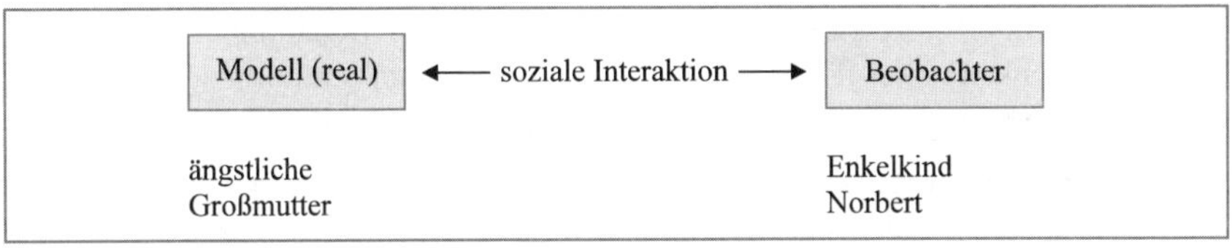

Abb. 5: Die ängstliche Großmutter als Modell für ihr Enkelkind

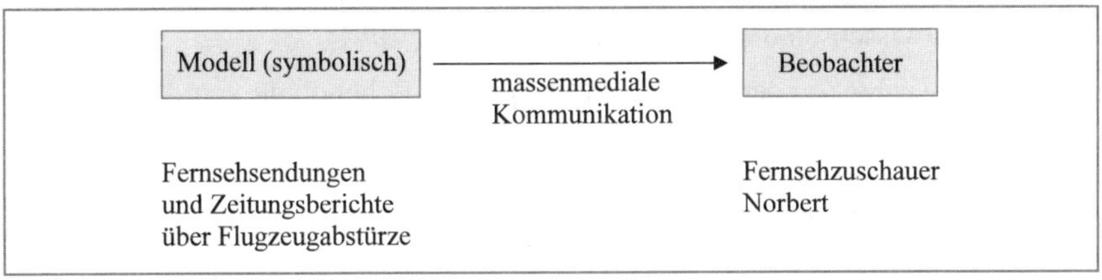

Abb. 6: Lernen von Ängsten über symbolische Modelle

Das Lernen am Modell wird in den Kapiteln 2.4.3, 2.4.4 und 2.4.5 ausführlich beschrieben; Darstellungen über die Angstentwicklung finden sich auf den Seiten 258 ff.

In der psychoanalytischen Angsttheorie, die Freuds verschiedene Auffassungen über die Angst wiedergibt, lassen sich historisch drei Erklärungsansätze unterscheiden. Seine Theorie der Signalangst ist zu einem unumstößlichen Bestandteil der Psychoanalyse geworden (vgl. Kap. 3.1.9).

5.4.4 Behandlung von Angst: Vorbeugung und Therapie

Einführung

Die **Psychotherapie** vollzieht sich in Form sozialer Interaktion zwischen Therapeut/in und Patient/in durch Gespräch, Übung usw. Oft werden vier Richtungen der Psychotherapie unterschieden:
- die Psychoanalyse (vgl. Kap. 3),
- die Verhaltenstherapie (vgl. Kap. 2),
- die humanistische Therapie (vgl. Kap. 4),
- der systemische Ansatz (vgl. Kap. 4).

Jede therapeutische Richtung muß sich mit folgenden Fragen auseinandersetzen: Was ist eine Störung, wie entsteht sie bzw. welche Ursachen hat sie?[61]

Als besonders erfolgreich erweist sich – gerade bei der Behandlung von Angst – die Verhaltenstherapie, die vielfältige Formen der Intervention (mögliche Maßnahmen) bietet (vgl. Kap. 2.2.4, S. 45 ff.; sowie Kap. 2.4.8, S. 77).

Galt die **Verhaltenstherapie** ursprünglich in erster Linie als Anwendung der Lerntheorien, so werden nun zunehmend bestimmte Teildisziplinen der Psychologie einbezogen: Allgemeine Psychologie, Entwicklungspsychologie, Sozialpsychologie sowie verwandte Wissenschaftszweige: Medizin, Biologie, Physiologie, Sozialwissenschaften (vgl. Reinecker, 1987; 1991).

Bestimmte Techniken der Verhaltenstherapie zur Behandlung von Ängsten wurden bereits beschrieben:
- Gegenkonditionierung (s. S. 46),
- systematische Desensibilisierung (s. S. 47),
- Reizüberflutung bzw. Reizkonfrontation (s. S. 49),
- Formen der Modelldarbietung (s. S. 77 ff.).

Die **klassische Verhaltenstherapie** arbeitet mit verhaltensorientierten Behandlungsverfahren; Verhaltensänderungen sollen auch Änderungen der Kognitionen nach sich ziehen und physiologische sowie somatische Prozesse beeinflussen.

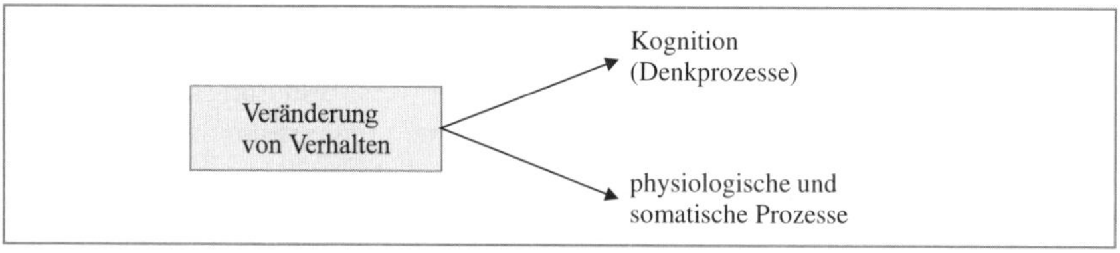

Abb. 7: Klassische Verhaltenstherapie (modifiziert nach Reinecker 1993, S. 121)

Als Voraussetzung der **kognitiven Verhaltenstherapie** gilt: veränderte kognitive Prozesse beeinflussen das Verhalten. Kognitive Prozesse umfassen alle psychischen Vorgänge, die mit Informationsverarbeitung zu tun haben, also mit Aufmerksamkeit, Wahrnehmung, Einstellungen, Wertungen, Vorstellungen, Erwartungen, Problemlösung usw.

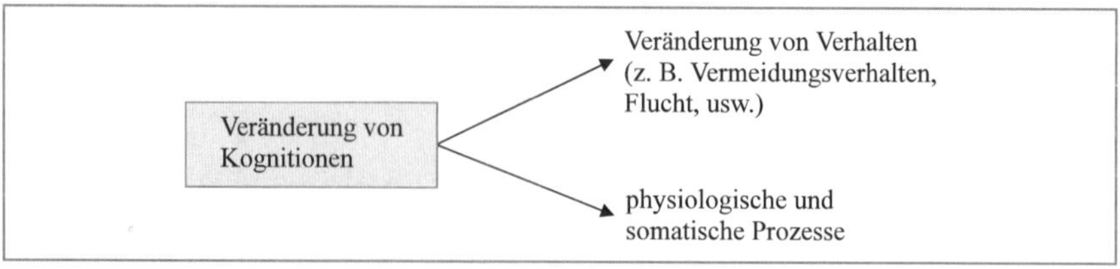

Abb. 8: Kognitive Verhaltenstherapie (modifiziert nach Reinecker 1993, S. 121)

Die beiden Abbildungen sind zweifellos eine Vereinfachung der Gegebenheiten und sollen nur die grundsätzliche Argumentation veranschaulichen. Eine Trennung in rein kognitive und in rein verhaltensorientierte Behandlungsformen ist vor allem aus Praxisüberlegungen heraus nicht sinnvoll.

Kognitive Verhaltenstherapie: Grundlagen

Denken hat Einfluß aufs Handeln, ebenso kann Sprechen Handeln beeinflussen: Man erinnere sich nur an den Zusammenhang zwischen Selbstgespräch und Handeln.
So sagt jemand zu sich selbst: "Das schaffe ich bestimmt, das kriege ich locker hin, auf geht's, nur keine Schwachheit zeigen!"
Auch unsere Emotionen können durch Selbstkommentare beeinflußt werden. Positives Denken über bzw. Einschätzen von realen oder vorgestellten Situationen lösen positive emotionale Reaktionen aus – und umgekehrt.
Kinder nehmen in ihrer Entwicklung eine zunehmende Verinnerlichung (Internalisierung) der verbalen Handlungssteuerung vor. Zunächst vermögen nur äußere Anweisungen aus der sozialen Umwelt (z. B. Eltern) das Verhalten des Kindes zu kontrollieren. Später ersetzt das Kind diese Fremdkontrolle mehr und mehr durch sein eigenes zunächst lautes und danach inneres Sprechen. Kinder können dann ihre jeweilige Tätigkeit selbständig steuern (zur Selbststeuerung vgl. Kap. 2.4.6).
So liegt der Schluß nahe, das Selbstgespräch als therapeutisches Mittel einzusetzen (vgl. Ellis 1977, zit. n. Sorgatz 1986, S. 188; Lauth 1993; Revenstorf 1982, S. 145 ff.).

Bei der Behandlung von Verhaltensstörungen ging MEICHENBAUM (1979) noch einen Schritt weiter und modifizierte die Technik des Modellernens (vgl. Kap. 2.4.3; 2.4.4), indem er sogenannte kognitive Modelle einführte, die während ihres Handelns die Prinzipien, Regeln und Strategien, denen sie folgen, laut aussprechen; vgl. nachfolgendes Beispiel.

Behandlung einer Schlangenphobie (nach Meichenbaum 1979, S. 121 ff.)

Für den *Klienten* geht es darum, die Schlange anzuschauen, sich ihr zu nähern, sie zu berühren, dann aufzuheben und eine Minute lang anzufassen.
Die *Modellperson* macht diese Verhaltensweise vor, spricht dabei laut mit sich selbst über ihre Ängste, gibt sich Selbstanweisungen wie: "Ruhig bleiben, entspannen, tief durchatmen ..." und setzt sich gedanklich und verbal mit dem Vorgang in allen Einzelheiten auseinander.[62]

Schrittweise macht die Modellperson Verhaltensweisen vor, reflektiert und kommentiert dabei das Problem laut, bis dies schließlich zum Beherrschen der Situation führt. Nach Beendigung der Aufgabe äußert sich die Modellperson in Form einer Selbstverstärkung: "Das hab' ich doch gut hingekriegt!"

Anschließend führt der *Klient*, der dieses Geschehen wahrgenommen und gespeichert hat, unter Anleitung des Modells die gleiche Aufgabe durch. Er gibt sich dabei ebenfalls laut Anweisungen usw.; er bemüht sich also, das Modell zu imitieren. Bei weiteren Wiederholungen flüstert der Klient diese Selbstanweisungen nur noch; letztlich soll der Klient sein Verhalten durch Denken steuern.

Zur Unterstützung der Therapie läßt sich auch ein Modellfilm einsetzen, bei Kindern können optische Hilfen in Form von Comics verwendet werden.

Das kognitive Modellernen ermöglicht es dem Therapeuten, die vom Klienten erlebten Gedanken und Gefühle in die Therapie einzubeziehen. Der Therapeut kann dem Klienten außerdem mehrere reale und symbolische Verhaltensmodelle anbieten, die sich mit Bedürfnissen und Problemen auseinandersetzen und zur Selbstkontrolle anregen (vgl. Meichenbaum 1979; s. ferner Lückert und Lückert 1994; Reinecker 1986; Sorgatz 1986).

Derartige Behandlungen werden dem Begriff "kognitiv-verhaltensbezogen" wörtlich gerecht, indem sie einerseits Kognitionen verändern (z. B. durch Wissensvermittlung, Instruktion) und andererseits (z. B. durch Verhaltenseinübung, Rollenspiel, Verstärkung) auch das Verhalten direkt beeinflussen (vgl. Lauth 1993, S. 852). Solche Vorgehensweisen haben sich in der therapeutischen Praxis als ausgesprochen effizient erwiesen (vgl. Reinecker 1993; Grawe u. a. 1994). Die nachfolgende Abbildung soll diese kombinierte Technik verdeutlichen.

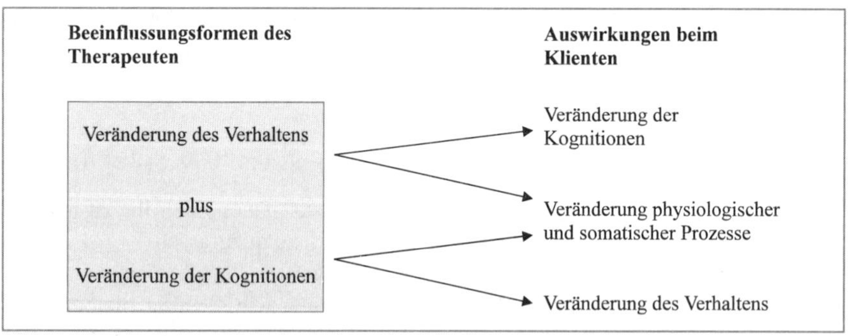

Abb. 9: Mögliche Veränderungsprozesse in der Verhaltenstherapie mit kombinierter Vorgehensweise (verhaltens- und kognitiv orientiert)

Die verhaltenstherapeutische Vorgehensweise im Sinne des kognitiven Modelllernens "verfolgt mehrere Zielsetzungen:
- Sie vermittelt spezifische Fähigkeiten in bezug auf kognitive Tätigkeiten und beobachtbares Verhalten,
- sie stellt das Modellverhalten anderer vor, die ihre Probleme bewältigt haben und veranschaulicht die ihnen daraus erwachsenden Verstärkungen und
- sie ermuntert den Klienten auf jene Art nachzudenken, mit der er sich wahrscheinlich engagieren könnte" (Meichenbaum 1979, S. 125f.).

Zur Behandlung von Angststörungen lassen sich als prognostisch günstige Variablen anführen (nach Reinecker 1993, S. 104f.):
- eine weitgehend normale Stimmung des Patienten vor allem im Anfangsstadium der Therapie;
- die aktive Mitarbeit des Patienten und damit verbundene Fortschritte in den ersten Therapiesitzungen.

Als nachteilige Aspekte für eine Therapie wären zu nennen (nach Reinecker 1993, S. 105):
- starke depressive Verstimmung des Patienten;
- gestörte Beziehungen in Familie, Partnerschaft und Beruf bzw. Schule;
- Alkohol- und Medikamentenmißbrauch.

Zur Prävention von Angststörungen

Unter Prävention versteht man Maßnahmen zur Vorbeugung und Verhinderung von unerwünschten psychischen und physischen Zuständen – hier also von Angststörungen. Dazu gehören u. a. (vgl. Perrez 1991, S. 80ff.; Reinecker 1993, S. 189ff.; Sieland 1994, S. 197):
- Aufklärung über Angst,
- Förderung von Fähigkeiten zur Entspannung und zur Erregungsabfuhr,
- Förderung des positiven Denkens,
- Fähigkeit, Belastungen auszuhalten,
- Förderung eines positiven, aktiven sozialen Stützsystems in Familie, Freundes- und Bekanntenkreis,
- Anwesenheit positiver Modellpersonen zur Streß- und Angstbewältigung,
- Nutzen von Sportangeboten,
- Aufbau eines positiven Selbstbildes (Selbstkonzeptes),
- Förderung der Persönlichkeitsentwicklung,
- Aufbau von sozialen Kompetenzen,
- materielle Verbesserungen,

- leicht zugängliche Beratungsstellen,
- wenig Zugang zu Beruhigungsmitteln und Alkohol,
- Fernsehsendungen und Zeitungsberichte über Selbsthilfegruppen,
- Telefonseelsorge.

Auf der individuellen Ebene stellt leider immer noch der handfest erlebte Leidensdruck den wirkungsvolleren Antrieb für die Inanspruchnahme therapeutischer Hilfen dar als die vorausschauende Einsicht in die Dringlichkeit vorbeugender Veränderungen des Lebens- und Verhaltensstils. Ohne nachhaltige Akzentverschiebungen – individuell wie gesellschaftlich – zugunsten der Präventionsförderung ist eine Veränderung unseres krankheitsorientierten "Gesundheitsverhaltens" nicht zu erwarten (vgl. Reinecker 1991, S. 96).

5.5 Zusammenfassung

Gesundheit umfaßt das körperliche, seelische und soziale Wohlbefinden eines Menschen; Gesundheit ist somit als ganzheitliches Geschehen anzusehen.
Krankheit ist jede Störung der normalen Beschaffenheit oder der normalen Tätigkeit des Körpers oder der Seele, die geheilt, das heißt beseitigt oder gelindert werden kann.
Sowohl Gesundheit als auch Krankheit haben verschiedene Ausprägungsgrade.
Menschen können im Rahmen ihrer **Selbststeuerung** entscheidend zu ihrer Gesundheit beitragen, indem sie z. B. bestimmte Grundregeln für gesundes Leben beachten (nicht rauchen, wenig Alkohol, ausreichend Schlaf usw.). Unter den Oberbegriff **"Beeinträchtigung"** fallen – nach Bach – Behinderungen, Störungen und Gefährdungen. **Behinderungen** (z. B. spastische Lähmung, Blindheit, Taubheit) werden umschrieben als umfänglich, schwer und langfristig. **Störungen** liegen vor, wenn die individuellen Einschränkungen partiell, weniger schwer und nur kurzfristig sind. **Gefährdungen** sind somatische, ökonomische oder soziale Beeinträchtigungen, die unter Umständen eine Behinderung oder Störung auslösen oder diese verstärken.

Verhaltensstörung läßt sich durch vier wesentliche Merkmale beschreiben: Erworbenheit (vgl. Lerntheorien), soziale Relevanz, relative Dauerhaftigkeit und Abweichung von der Norm.
Die Entstehung einer Verhaltensstörung (z. B. Ängstlichkeit oder Aggressivität) kann treffend mit Hilfe der Lerntheorien erklärt werden – wie z. B. anhand der sozial-kognitiven Theorie. Zum Abbau bzw. zur Behandlung von Verhaltensstörungen eignen sich u. a. Techniken der Verhaltenstherapie.

Aufgaben

49. Definieren Sie den Begriff "Krankheit".

50. Erläutern Sie das Erleben von Gesundheit.

51. Beschreiben Sie den Begriff "Beeinträchtigung" nach Bach.

52. Definieren Sie den Begriff "Behinderung".

53. Erklären Sie die Entstehung der Ängstlichkeit mit Hilfe der sozial-kognitiven Theorie von Bandura.

54. Erläutern Sie den Begriff "Verhaltensstörung" anhand seiner wesentlichen Merkmale.

55. Nennen Sie fünf positive Ressourcen.

56. Bestimmen Sie den Begriff "Phobie".

57. Was ist Angst?

Lösungen

In der Regel gibt es keine eindeutigen und idealen Lösungen von Prüfungsaufgaben; deshalb können hier nur Vorschläge bzw. Angebote gegeben werden.

1. Der Mensch ist **erziehungsbedürftig**, d. h. er muß erzogen werden, weil er unfertig zur Welt kommt. Er benötigt die Zuwendung anderer Menschen (z. B. Mutter und Vater), da er instinktarm ist, keine natürlichen Waffen oder Werkzeuge besitzt und der Natur bzw. Umwelt vergleichsweise ungeschützt ausgeliefert ist; er stellt – im Vergleich zum Tier – ein Mängelwesen dar.

2. Der Mensch ist erziehbar bzw. **erziehungsfähig**, da er Verstand besitzt, der es ihm ermöglicht, sich aktiv mit der Welt auseinanderzusetzen, statt instinktgeleitet auf die Umwelt zu reagieren.
Der Mensch ist ein handelndes Wesen, er kann als **Vernunftwesen** seine (Um-)Welt mit Hilfe der Sprache sinnvoll gestalten. Die **Sprache** ist zudem ein wichtiges Element in der Erziehung, sie hat eine grundlegende Bedeutung beim "Welterwerb" des Kindes.

3. Die **pädagogische Anthropologie** betrachtet den Menschen als ein auf Erziehung angewiesenes und erziehbares Wesen. Die anthropologische Diskussion zeigt u. a. zwei differierende Grundauffassungen: Der Mensch als Mängelwesen und andererseits der Mensch als vernunftbegabtes Wesen. Folglich wird Kultur einerseits als Kompensation seiner Schwäche angesehen, zum anderen als Ausdruck seines Reichtums. Was seine Mängel

ausmacht, ist gleichzeitig sein Reichtum, d. h. die Kehrseite seiner Lern- und Erziehungsbedürftigkeit ist seine große Lern- bzw. Erziehungsfähigkeit und seine Selbstreflexion.
Inwieweit der Mensch erziehbar ist, hängt außerdem davon ab, ob den **Erbanlagen** oder den **Umwelteinflüssen** mehr Gewicht bei der Entwicklung zukommt. Da der Mensch nach den Erkenntnissen der **Verhaltensbiologie** durch sein Erbgut weitgehend festgelegt ist, kommt dieser Auffassung nach der Umwelt und somit der Erziehung nur sekundäre Bedeutung zu.
Betrachtet man hingegen die Umwelt als wesentlichen Entwicklungsfaktor, wie dies die **Lerntheorien** tun, so sind Erziehungsmaßnahmen bzw. Förderprogramme angezeigt, ebenso familien- und sozialpolitische Maßnahmen.
Menschliche Entwicklung und Persönlichkeitsentfaltung wird heutzutage vielfach gesehen als Ergebnis der ständigen Wechselwirkung von biologischen Variablen, Umweltvariablen, Personvariablen einschließlich der Selbststeuerung. Die Möglichkeit der **Selbststeuerung** des Individuums steigt im Laufe des Lebens; sie ist allerdings auch als Ergebnis der vorausgegangenen erzieherischen Bedingungen und Bemühungen anzusehen.

4. Das **pädagogische Verhältnis** umschreibt die grundlegende zwischenmenschliche Beziehung zwischen Erzieher/Erzieherin und Kind bzw. Zu-Erziehenden. Es wird bestimmt von der Absicht, den Einstellungen und Verhaltensweisen des Erziehers/der Erzieherin gegenüber dem Kind – einschließlich der angewandten Erziehungsmittel, wie z. B. Lob und Strafe. Erziehungserfolg und -mißerfolg hängen entscheidend von der Gestaltung des pädagogischen Verhältnisses ab. Eine besondere Form des pädagogischen Verhältnisses ist der **pädagogische Bezug**.
Das pädagogische Verhältnis beschreibt eher eine statische Beziehung zwischen Erzieher/Erzieherin und Kind. **Soziale Interaktion** hingegen zielt ab auf Wechselwirkungen bzw. Prozesse zwischen Erzieher/Erzieherin und Kind, d. h. auf das dynamische Geschehen. Es ist möglich, das pädagogische Verhältnis als augenblicklichen Zustand einer pädagogischen Interaktion zu interpretieren (vgl. hierzu Kap. 1.4, s. ferner Abb. 3).

5. Die Beziehung zwischen den beiden Interaktionspartnern Erzieher/Erzieherin–Kind verläuft wechselseitig.
Das Erzieherverhalten beeinflußt den Zu-Erziehenden; allerdings wird auch das Verhalten des Erziehers/der Erzieherin wiederum von der Rückmeldung bzw. Reaktion des Zu-Erziehenden verändert. Diese Struktur des Erzie-

hungsprozesses kann im Bereich der Eltern-Kind-Beziehung nachgewiesen werden, ebenso liegt sie dem Lehrer-Schüler-Verhältnis zugrunde. Wir gehen also von einer **wechselseitigen Beeinflussung** in der **erzieherischen Interaktion** aus.

Beispiel aus dem Kindergarten:
Der kleine Peter wirft plötzlich mit Bauklötzen, die Erzieherin tadelt Peter, der daraufhin zu weinen anfängt. Die Erzieherin tröstet nach einiger Zeit das weinende Kind. Peter hört auf zu weinen und beruhigt sich wieder. Die Erzieherin ermuntert nun Peter, das unterbrochene Spiel fortzusetzen; Peter kommt dieser Aufforderung nach und beginnt wieder friedlich mit den Bauklötzen zu spielen.

6. Das **Autoritätsverhältnis** in der Erziehung sollte nicht auf Ausübung von Macht und Gewalt beruhen, also nicht von oben her zugewiesen sein (Amtsautorität seitens des Erziehers).
Autorität sollte vielmehr begründet sein auf gegenseitiger Anerkennung des erzieherischen Verhältnisses.
Erziehungswirksam ist Autorität dann, wenn die Überlegenheit des Erziehers/der Erzieherin in einem Vorsprung an Wissen, Qualifikation, sozialer Kompetenz und Vertrauenswürdigkeit begründet ist. In der Erziehung wirkt Autorität förderlich im positiven Vorbild (Modell), im engagierten Erzieher, im kompetenten Experten, im vertrauensvollen Berater.

7. Folgende Bereiche sollten im **Kindergarten** gefördert werden:
- Im **kognitiven Bereich**: Sprache, Denken, Wissen, Gedächtnis, Wahrnehmungsdifferenzierung, Konzentration, Kreativität.
- Im **emotionalen** und **motivationales Bereich**: Selbstwertgefühl, Leistungsstreben, Abbau von Ängstlichkeit und Aggressivität, Aufbau sozial erwünschter Verhaltensweisen.
- Förderung **sozialer Kompetenz**: Gruppenfähigkeit, Kooperation, Rücksichtnahme, Hilfsbereitschaft, Einfühlungsvermögen.
- Förderungen motorischer Fertigkeiten.
- Musische Erziehung.
- Religiöse Erziehung.

8. Das **Erziehungsgeschehen** ist hier eine **Interaktion** zwischen Lehrer/Lehrerin und Schülern/Schülerinnen. Der Lehrer ist in der Rolle des Wissenden und Lehrenden, die Schüler in der Rolle der Lernenden.

Der Lehrende stellt Fragen, regt Diskussionen an, prüft usw., bemüht sich, das **Erziehungsziel Mündigkeit** zu verwirklichen und bestimmte **Lernziele** zu erfüllen. Die Schüler und Schülerinnen ändern bzw. verbessern ihr Verhalten, erweitern ihr Wissen, fügen sich in die Klassengemeinschaft ein; sie lernen zudem, kritisch zu denken und entwickeln ein positives Selbstkonzept.
Der Lehrende besitzt soziale Macht, ist Vorbild als mündiger Erwachsener und kompetenter Erzieher, der sich außerdem um ein gutes Unterrichtsklima bemüht. Dieser Erziehungsprozeß wird beeinflußt von bestimmten **Umweltfaktoren** wie Büchern, Lernmaterialien, Lehrplan, attraktiv ausgestaltetem Klassenraum usw.

9. Unterscheidung **positiver** und **negativer Verstärkung** sowie die Formen der **Bestrafung**:

a) Bestrafung durch Entzug eines angenehmen Reizes $\not{C}+$.
b) Negative Verstärkung: Erleichterung durch Vermeidung (Belohnung) $\not{C}-$.
c) Bestrafung C –.
d) Positive Verstärkung (Belohnung) C +.

Die beiden Arten der Bestrafung und der Belohnung (positive und negative Verstärkung) stellen Formen des instrumentellen Lernens dar.

10. Es gibt viele Definitionen des Lernens, wobei jedoch meist akzeptiert wird, daß **Lernen** als eine relativ **dauerhafte Verhaltensänderung** angesehen wird, die aufgrund von Erfahrung zustandekommt. Verhalten ist hierbei im weiteren Sinne zu verstehen.
Außerdem wird deutlich, daß es sich bei Verhaltensänderungen aufgrund von Reifung, Einwirkung von Alkohol, Medikamenten, Drogen usw. nicht um Lernergebnisse handelt, da diese Veränderungen nicht aufgrund von Erfahrungen entstehen.

11. **Lernen** zeigt sich durch folgende **Merkmale**:

- einer relativ überdauernden Verhaltensänderung;
- im Erwerb neuer oder der Änderung bestehender Verhaltensweisen;
- Lernen ist ein hypothetisches Konstrukt (etwas gedanklich Konstruiertes) und nicht direkt beobachtbar. (Beobachtbar ist nur die Lern-Leistung);
- Lernen ist das Ergebnis von Übung, Beobachtung bzw. Erfahrung.

12. a) Formen des **operanten Konditionierens**:
Positive und negative Verstärkung als Formen der Belohnung sowie die beiden Arten der Bestrafung (vgl. **13.**).
b) vgl. Kap. 2.2.3, Tabelle 1, S. 33.

13. **Bestrafung** bedeutet das **Verabreichen eines unangenehmen (aversiven) Reizes** in Verbindung mit einer Reaktion, wodurch die Auftretenswahrscheinlichkeit dieser Reaktion abnimmt.
Neben eigentlichen aversiven Reizen wie dem Zufügen von Schmerz (z. B. durch Schläge) können auch der **Entzug eines positiven Reizes** oder die **verbale Feststellung**, wie "falsch", bzw. der Entzug der sozialen Zuwendung als Strafe wirken. Bei einer Bestrafung wird das gezeigte Verhalten unterdrückt, weil ein angenehmer Reiz entfernt oder aber ein unangenehmer Reiz dargeboten wird.
Bestrafung ist demnach zur tatsächlichen Verhaltensänderung weniger sinnvoll; vielmehr sollte ein erwünschtes Alternativverhalten durch **positive Verstärkung** aufgebaut werden. Denn Strafe selbst lehrt kein neues Verhalten. Will man Verhaltensänderungen herbeiführen, so ist Belohnung im allgemeinen der Strafe vorzuziehen.

Belohnung: Allgemeine Bezeichnung für positive Reize (z. B. Futter im Tierexperiment, Anerkennung, soziale Belohnung bzw. Süßigkeiten im Erziehungsprozeß oder bei der Verhaltenstherapie), die nach erfolgreichem Vollzug bzw. Ausführung eines Verhaltens verabreicht werden. Bei einer solchen **positiven Verstärkung** erhöht die **Darbietung eines angenehmen Reizes** (z. B. Lob) die Auftrittswahrscheinlichkeit des gezeigten Verhaltens in der Zukunft. Die negative Verstärkung ist ebenfalls als eine Form der Belohnung anzusehen. Bei einer **negativen Verstärkung** erhöht die Entfernung bzw. die **Beseitigung eines unangenehmen Reizes** die Auftrittswahrscheinlichkeit des gezeigten Verhaltens. Durch eine Verstärkung (positiv wie negativ) wird somit stets die Auftrittswahrscheinlichkeit des gezeigten Verhaltens erhöht.

Ein *Beispiel aus dem Erziehungsalltag* soll die beiden Formen der Belohnung verdeutlichen:
Die *Mutter*, die ihrem Kind Schokolade gibt, damit es aufhört zu schreien bzw. zu quengeln, wird für ihr Verhalten *negativ verstärkt*, denn sie beendet den für sie unangenehmen Zustand, da sich nun ihr Kind beruhigt. Das *Kind* allerdings wird für sein Schreien oder Quengeln *positiv verstärkt*; es lernt: Wenn ich Schokolade haben will, muß ich einfach anfangen zu schreien und zu quengeln.

14. 1. Voraussetzung:
NS Lampe → OR Hinschauen
US Sirene (als Schreckgeräusch) → UR Schreckreaktion

2. Eigentliche Konditionierungsphase (Verknüpfung der beiden Stimuli):
US Sirene }
NS Lampe } → UR Schreckreaktion

3. Ergebnis des Konditionierungstrainings:
NS wird zu CS
CS Lampe → CR Schreckreaktion

15. Mögliche **Angsthierarchie** einer Fahrstuhlphobie:

100 1. In einem Fahrstuhl stecken bleiben.
90 2. In einem Raum eingeschlossen werden.
80 3. Allein in einem Fahrstuhl fahren.
70 4. In einem Fahrstuhl mit einem guten Bekannten fahren.
55 5. Mit der Eisenbahn in einem Abteilwagen fahren.
45 6. Mit der Eisenbahn in einem Großraumwagen fahren.
35 7. In einem Kleidungsstück mit verklemmtem Reißverschluß stecken.
25 8. Einen Besuch machen und dabei nicht in der Lage sein, jederzeit den Raum zu verlassen.
10 9. Erzählt bekommen, daß jemand im Gefängnis sitzt.

16. Löschung wird in den behavioristischen Lerntheorien nicht einheitlich definiert.

In der **klassischen Konditionierung** versteht man unter **Löschung** bzw. **Extinktion** den Rückgang einer konditionierten Reaktion CR aufgrund fehlender Koppelung des konditionierten Stimulus CS mit dem unkoordinierten Stimulus US. Hierbei verschwindet die konditionierte Reaktion CR (vgl. Speichelfluß beim Pawlowschen Hund) vollständig oder wird deutlich abgeschwächt.

Wird also der konditionierte Stimulus CS (z. B. Glockenton in o. g. Experiment) länger alleine dargeboten, so nimmt die konditionierte Reaktion CR (Speichelfluß) in ihrer Stärke immer weiter ab, bis sie schließlich ganz verschwindet, d. h. gelöscht ist.

In der **operanten Konditionierung** bedeutet **Löschung** bzw. **Extinktion**, daß das Verhalten nicht weiter verstärkt wird. Auch wenn z. B. die Ratte in der Skinner-Box (im Käfig) den Hebel drückt, erhält sie kein Futter mehr.

In der Erziehungspraxis muß man darauf achten, daß dem unerwünschten Verhalten weder ein angenehmes noch ein unangenehmes Ereignis folgt. Sagt das Töchterchen beim Abendessen z. B. laut und vernehmlich "Scheiße", so tun die Eltern gut daran, weder zu lachen noch zu schimpfen, sondern sie müssen dieses unerwünschte Wort konsequent nicht beachten, um eine Löschung zu erreichen.

17. Das Verhalten von Niklas muß man nicht verstärken, d. h. **konsequent nicht beachten**, um es zum Verschwinden zu bringen.
Der Klassenlehrer muß folglich – ohne Wissen von Niklas – mit den anderen Schülern verabreden, den Clownerien von Niklas keine Beachtung zu schenken und vor allen Dingen nicht mehr zu lachen. Der Klassenlehrer selbst übersieht das unerwünschte Verhalten von Niklas. Außerdem muß er auch andere Lehrer von seinem Vorhaben informieren, damit diese sich gleichfalls konsequent verhalten und Niklas bei seinen Eskapaden bzw. Streichen nicht beachten; nur so machen sie die Bemühungen des Klassenlehrers nicht zunichte.

18. In der **operanten Konditionierung** erlangen **generalisierte Verstärker** als positive Reize ihre verstärkende Wirkung durch die wiederholte Koppelung bzw. Paarung mit primären und/oder sekundären Verstärkern.
Als *Beispiele für generalisierte Verstärker* sind zu nennen: Geld, Macht, hoher sozialer Status, Prestige. Generalisierte Verstärker sind somit kulturabhängig.

19. **Kognition** ist ein umfassender Oberbegriff für jene Vorgänge und Merkmale, die mit dem **Erkennen** bzw. der **Informationsverarbeitung** zusammenhängen.
Zur Kognition zählen: Wahrnehmung, Aufmerksamkeit, Vorstellung, Sprache, Denken, Gedächtnis, Erinnern, Lernen, Wissen, Intelligenz, Kreativität.

20. BANDURA definiert **Lernen** als **Wissenserwerb** durch **kognitive Informationsverarbeitung**.

21. **Selbststeuerung** (Selbstregulation) bezeichnet die Fähigkeit einer Person, eigenes Verhalten selbst zu lenken bzw. zu verändern. Innerhalb der Selbststeuerung unterscheidet man **drei Stufen**: die **Selbstbeobachtung**, die **Selbstbewertung** und die **Selbstverstärkung**. In einer kritischen Situation richtet die Person ihre Aufmerksamkeit auf das eigene Verhalten und die Bedingungen dieses Verhaltens.

Beispiel:
Ein Autofahrer hat sich – von seinem Beifahrer in eine Diskussion verwikkelt – verfahren. Hier setzt die Selbstbeobachtung ein, d. h. die Person wird ihre Aufmerksamkeit auf das eigene Verhalten richten und versuchen, sich neu zu orientieren. In der Phase der Selbstbewertung würde der Autofahrer feststellen, daß er eine gewisse Zeit quasi automatisch gefahren ist und daß er sich in einer unbekannten Gegend befindet. Ein Vergleich mit seinen Zielen sagt ihm, daß eine Diskrepanz zwischen seinem Vorhaben – etwa zum Hauptbahnhof zu fahren – und seinem aktuellen Verhalten besteht.
Anschließend folgt der motivationale Prozeß der Selbstverstärkung. Je nach Übereinstimmung des eigenen beobachtbaren Verhaltens mit bestimmten Standards wird die Person zufrieden oder unzufrieden sein. Der Autofahrer könnte feststellen, daß er sich gar nicht wirklich verfahren hat, sondern nur eine andere Route gewählt hat.
Findet er sich aber in einer Straße wieder, die er nicht kennt, wird er Verhaltensweisen einsetzen, um den vorliegenden Fehler zu korrigieren, z. B. den Stadtplan hervorholen, Passanten fragen usw.

22. **Modelle** sind **Repräsentanten** ("Vertreter") von **Verhaltensmustern**. Es lassen sich grundsätzlich **zwei** verschiedene **Modelltypen** unterscheiden:
- **Reale Modelle** sind andere Personen, die das Individuum (Lernender) beobachtet.
- **Symbolische Modelle** sind z. B. Personen in Medien, aber auch verbale Instruktionen bzw. Anweisungen.
  So läßt sich z. B. eine erhöhte Aggressivität bei Kindern unter anderem auf die negativen Auswirkungen gewalttätiger Fernsehsendungen zurückführen.

23. Kognitive Prozesse beeinflussen das Erlernen des beobachtbaren Modellverhaltens. Sie setzen **Vorgänge der Informationsverarbeitung** wie Aufmerksamkeits- und Gedächtnisprozesse in gang und sind somit die Voraussetzung für die Ausführung des Verhaltens.
Motivationsprozesse steuern das Handeln des Lernenden aufgrund der beobachtbaren, erhaltenen oder erwarteten Konsequenzen. Motivationsprozesse sind also die Ursache für Ausführung oder Nicht-Ausführung bzw. Unterdrückung des Verhaltens.

24. **Verdecktes Modellernen** ist eine Technik zum **Aufbau erwünschten Verhaltens**, indem sich der Lernende vorstellt, wie er selbst oder eine andere Person angemessenes Verhalten ausführt. Dem verdeckten Modellernen liegt die Annahme zugrunde, daß die Durchführung komplexen Verhaltens **in der Vorstellung geübt** und so leichter in die Realität umgesetzt werden kann.
Verdecktes Modellernen, wie z. B. **mentale Übungen** und **bildhafte Zielvorstellungen**, gibt es nicht nur in der Therapie, sondern auch zur Leistungssteigerung im Sport. Zwischen dem körperlichen Training lernen die Sportler die verschiedenen Bewegungen in der Vorstellung optimal auszuführen, so z. B. beim Stabhochsprung, Bewegungen am Reck und Stufenbarren, Slalomlauf usw.

25. Verhalten kann durch **beobachtbare Konsequenzen bei der Modellperson** gefördert oder gehemmt werden. Die beobachtbaren negativen Konsequenzen während der stellvertretenden Bestrafung vermindern beim Lernenden die Tendenz, sich genauso oder ähnlich zu verhalten wie das Modell.

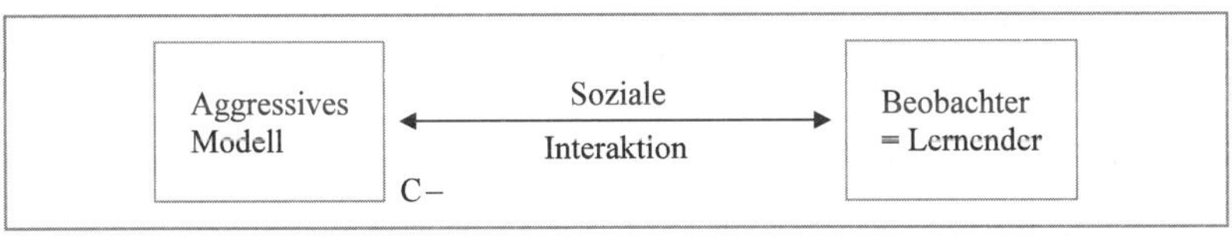

Abb. 1: Stellvertretende Bestrafung

Nehmen Beobachter wahr, wie Aggressionen bestraft werden (s. Abb.), so kommt es gewöhnlich zu keinen oder nur zu geringen imitativen Aggressionen. **Beobachtete Bestrafung** wirkt sich also in der Regel **hemmend** auf die Ausführung aggressiver Handlungsweisen aus.

26. Fußballspielen umfaßt eine komplexe Reihe von Fertigkeiten. Diese Fertigkeiten ließen sich wahrscheinlich kaum vermitteln, indem man einem Kind einfach sagt, wie es spielen soll. Viel leichter lernt das Kind, indem es **reale Modelle** – wie ältere Kinder, Trainer oder Fußballprofis – auf dem Sportplatz und symbolische Modelle im Fernsehen beim Spielen beobachtet. Solche Modelle werden mit großer Wahrscheinlichkeit nachgeahmt, weil diese einen hohen sozialen Status, Kompetenz und Macht besitzen, also Modellmerkmale, die das Kind zur Imitation ermutigen. Erfolgreiche Fußballspieler (attraktive Modelle) ziehen die Aufmerksamkeit des Beobachters auf sich.

Gelungene Eckbälle und Freistöße eines Fußballstars werden vom Beobachter im Rahmen der Gedächtnisprozesse bildhaft bzw. verbal kodiert, bewertet, gespeichert und damit für zukünftige Situationen verfügbar gehalten.
Der Lernende bemüht sich nun, da er körperlich dazu in der Lage ist, ebenfalls präzise Eckbälle zu schlagen (wie sein Fußballidol); er wird sich dabei selbst beobachten, seine eigene Ecke bewerten und sein Verhalten verbessern. Für eine erfolgreich hereingegebene Ecke wird er von seinen Mitspielern gelobt (externe Verstärkung), oder er sagt zu sich selbst: "das hab' ich gut gemacht" (Selbstverstärkung).
In Büchern oder Videos über Fußball finden sich **symbolische Modelle**. Die unterschiedlichen Typen von Modellen demonstrieren, wie ein Könner dribbelt, einen Paß schlägt, auf das Tor schießt, Eckbälle trifft und seine Freude über einen Treffer zum Ausdruck bringt.
Kinder erwerben ihr Verständnis des Spiels weitgehend über das **abstrakte Modellieren**, d. h. über die Abstraktion einer allgemeinen Regel aus der Beobachtung eines spezifischen Verhaltens. Sie entwickeln schrittweise allgemeine Konzepte des Gruppenverhaltens im Spiel: Eine Verteidigungsstrategie der Mannschaft, die Möglichkeit vorherzusagen, in welcher Position die Mitspieler sich zu einem bestimmten Zeitpunkt befinden, Strategien für die Möglichkeit der eigenen Positionen usw.
Beim **Modellernen** versuchen Kinder, Verhaltensweisen nachzuahmen, die sie gesehen haben, und sie bekommen über andere eine Rückmeldung bzw. Hinweise darauf, wie genau ihr Verhalten dem des Modells entspricht. Ein geschickt gespielter Paß ist dann erfolgreich, wenn er auf einen Mitspieler trifft und noch vom Trainer gelobt wird.
Eine solche Verstärkung dient Kindern im Hinblick auf ihr Verhalten primär als Informations- und Motivationsquelle. Eine positive Rückmeldung ist ein Anreiz, weiterhin Selbstzufriedenheit oder die Aufmerksamkeit anderer durch die Teilnahme am Fußballspiel zu gewinnen.

27. Die **Entstehung der Ängstlichkeit** bei Anna soll mit Hilfe der Theorie Banduras erklärt werden.[62] Folgendes Schema bietet sich dafür an:

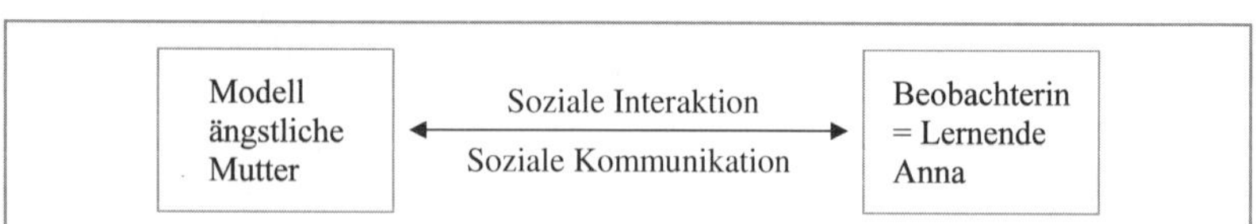

Abb. 2: Grundlegendes Schema des Modellernens

Anna hat die Ängstlichkeit durch die Beobachtung der Verhaltensweise ihrer Mutter erworben. Die Mutter ist das Modell für Anna, es handelt sich also um **Lernen durch stellvertretende Erfahrung**. Zu den **Aufmerksamkeitsprozessen** gehört, daß Anna die Modellverhaltensweise, d. h. das Verhalten der Mutter, aufmerksam beobachtet hat. Annas Imitation der Modellverhaltensweise wird zusätzlich noch durch ihr Alter begünstigt, da Kinder leichter imitieren als Jugendliche und Erwachsene. Ebenso begünstigen noch gewisse Merkmale der Mutter (Modell) die Imitation: Sie und Anna haben das gleiche Geschlecht, sie ist Anna vertraut, erscheint ihr vertrauenswürdig und hat zusätzlich soziale Macht.

Zu den **Behaltensprozessen** gehört, daß Anna das Modellverhalten mehrmals beobachten konnte. Dies führte dazu, daß sie die ängstliche Verhaltensweise im Gedächtnis verarbeitete, mittels Kodierung in Symbole umwandelte und diese im Gedächtnis speicherte.

Zum **Reproduktionsprozeß** gehört, daß Anna nun das gespeicherte Verhalten in angemessene Handlungen umsetzte, d. h. die ängstliche Verhaltensweise der Mutter imitierte. Dazu besaß sie ebenfalls die nötigen Fähigkeiten und Fertigkeiten.

Zu den **Motivationsprozessen** gehört, daß die Mutter (Modell) bei Ängstlichkeit vom Vater durch Liebkosung belohnt wird (stellvertretende Verstärkung). Dies hat zur Folge, daß Anna eine Belohnungserwartung (Ergebniserwartung) ausbildet und so motiviert ist, sich in gleicher Weise wie die Mutter zu verhalten. Zusätzlich spielt bei der Imitation der Modellverhaltensweise noch eine Rolle, daß Anna bei Ängstlichkeit von der Mutter getröstet wird, es handelt sich hier um eine direkte Verstärkung (s. Abb. 3).

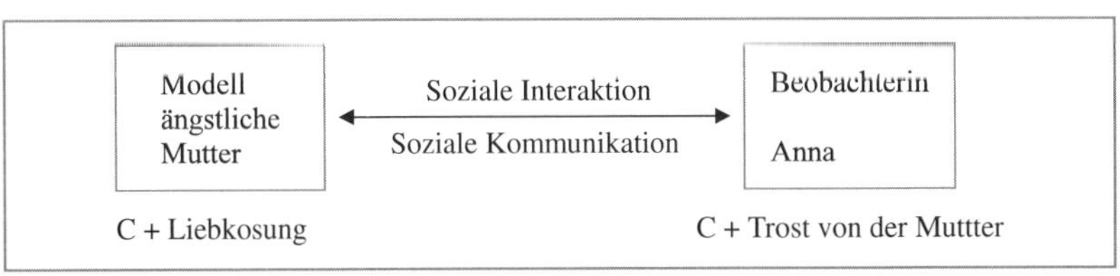

Abb. 3: Direkte Verstärkung und stellvertretende Verstärkung

Aber auch Selbstwirksamkeit und Selbststeuerung sind wichtige Faktoren beim Erwerb von Annas Ängstlichkeit.

Zur **Selbstwirksamkeit** gehört, daß Anna eine positive Ergebniserwartung (Liebkosung) und eine ausreichend hohe Kompetenzerwartung hatte, so daß sie die Handlung ausführen konnte.

Im Rahmen der **Selbststeuerung** könnte sich die kleine Anna selbst beobachtet und ihre Verhaltensweise positiv bewertet haben (wozu sicherlich auch das tröstende Verhalten der Eltern beigetragen hat).
Durch all diese Faktoren kommt es zur Aneignung einer neuen Verhaltensweise.

28. **Psychoanalyse** wird als Theorie zur Erklärung von **Verhalten und Erleben** u n d als Oberbegriff für **Behandlungstechniken** verstanden.

29. Aufgrund von Fehlleistungen und Träumen seiner Patienten kam Freud auf das sog. **Unbewußte**.

30. Er geht vom Unbewußten, dem Vorbewußten und dem Wahrnehmungsbewußtsein aus. Das Unbewußte ist nicht erinnerbar, sondern nur durch bestimmte Techniken zu erschließen. Das Vorbewußte ist vielleicht "vergessen", aber jederzeit erinnerbar, das Wahrnehmungsbewußtsein ist der aktuelle Zustand im Hier und Jetzt.

31. Bei der kindlichen Sexualität haben die sog. Partialtriebe (z. B. Schau- und Zeigetrieb) noch nichts mit geschlechtlicher Vereinigung oder Fortpflanzung zu tun.
Das Kind ist in erster Linie "autoerotisch", d. h. es erfährt Lustgewinn am eigenen Körper. Erst mit der Ausreifung der Geschlechtsorgane vollzieht sich die Hinwendung zum Partner.

32.
1. Es (Wunsch, Bedürfnis),
2. Ich (erinnern),
3. Ich (wissen),
4. Es mit Ich im Einklang,
5. Über-Ich (Gewissen),
6. Über-Ich Strafimpuls (Regine straft sich dafür, daß sie den Wunsch hatte, etwas Verbotenes zu tun).

33. a) Es handelt sich um eine Projektion: Der Lehrer will seine Schwächen nicht wahrhaben und projiziert sie auf geeignete Schüler: Nicht ich bin vergeßlich, sondern du ... Gleichzeitig straft er andere für sein Fehlverhalten.

b) Es handelt sich um eine Verschiebung: Der Schüler läßt seine Wut, die er gegenüber dem Lehrer hat, an seinem Mitschüler aus. Das kann zu neuen Schwierigkeiten führen.

34. Realangst meint die Angst vor äußeren, neurotische Angst dagegen die Angst vor inneren Gefahren. Vor realen, äußeren Gefahren kann man fliehen, vor inneren dagegen nicht. Statt dessen werden Symptome gebildet.

35. Es handelt sich um eine Regression. Das ältere Kind regrediert auf eine frühkindliche Stufe (hier: orale Phase), auf der wahrscheinlich eine Fixierung stattgefunden hat.

36. Mindestens eine konstante Bezugsperson, die neben der Grundversorgung wie Ernährung, Schlaf etc. dem Kind das Gefühl von absoluter Sicherheit und von Geliebtwerden vermittelt. Das Vertrauen in die geliebte Person ist für das Kind die Grundlage für sein Selbstvertrauen (vgl. auch: Untersuchung über den Hospitalismus).

37. Unter einer Fixierung versteht man das Steckenbleiben in einer frühkindlichen Entwicklungsphase. Sowohl besonderer Lustgewinn als auch das Fehlen dieses Lustgewinns können die Ursachen hierfür sein. Die Erzieher können durch Verwöhnung oder Vernachlässigung solche Fixierungen verursachen bzw. bekräftigen.

38. Zu den Aufgaben gehören:
- Gewährleistung einer kindgemäßen Bildung unter Berücksichtigung des Spiels als Grundprinzip der Kindergartenpädagogik;
- Erzieherische Hilfen für das Kind in der Gruppe;
- Förderung der Persönlichkeitsentfaltung einschließlich religiöser Erziehung, Kreativitätserziehung, Gesundheitserziehung und Umwelterziehung;
- Förderung des Sozialverhaltens einschließlich Kommunikationserziehung;
- Ausgleich von Entwicklungsmängeln (Förderung bei retardierten Kindern);
- Vorbereitung des Kindes auf die Schule und Zusammenarbeit mit der Grundschule;
- Beratung der Eltern in Erziehungsfragen.

39. Erwerb von Sozialkompetenz:
Vor allem wenn zwei oder mehr Kinder zusammen spielen – was in jedem Fall bei Rollen- und Regelspielen der Fall ist –, lernen die Kinder Regeln des sozialen Umgangs und die Fähigkeit, sich anderen gegenüber zu behaupten und mit anderen zu kooperieren. Aber bereits im Symbolspiel werden vom Kind häufig soziale Situationen durchgespielt, wobei der andere in der Phantasie vorhanden ist. Perspektivenübernahme und Einfühlungsvermögen als Voraussetzung für gemeinsames Spiel wird dabei geübt. Um überhaupt ein Spiel mit einem anderen Kind aufnehmen zu können, müssen andere Kinder angesprochen werden. Dies fördert Kontaktfähigkeit.

Erwerb von Selbstkompetenz:
Prinzipiell müssen sich Kinder zuerst entscheiden, was sie überhaupt spielen wollen. Sie lernen dadurch Entscheidungsfähigkeit. Sie steuern dann ihr Spiel selbst und erfahren sich als wirksam. Dadurch erwerben sie die Fähigkeit zur Selbststeuerung und Selbstvertrauen. In Regelspielen, die häufig Wettkampfcharakter haben, werden Leistungsbereitschaft und Frustrationstoleranz entwickelt.

Erwerb von Sachkompetenz:
In allen Spielen erwirbt das Kind Wissen über seine Umwelt – in Informations- und Konstruktionsspielen über die Beschaffenheit und Funktion von Gegenständen, in Symbol- und Rollenspielen über typische Handlungsmuster unserer Gesellschaft. Zudem wird in Symbol- und Rollenspielen abstraktes Denken geübt, da die gespielten Handlungsmuster aus ihrem konkreten Zusammenhang herausgelöst werden. Der Aufbau von Kreativität ist ein Effekt sämtlicher Spielformen.

40. Prävention im Sinne von Vorbeugung sozialer Probleme kann eine Erziehungsberatungsstelle in Form von
- offenen und halboffenen Angeboten sowie
- Gremien- und Multiplikatorenarbeit

leisten.

Offene Angebote sind Veranstaltungen, die allen Personen des Einzugsbereichs unverbindlich zugänglich sind. Durch Nachbarschaftsfeste, Fahrten oder zwanglose Treffs können soziale Netzwerke zwischen den Bewohnern eines Stadtteiles geknüpft und positive Erlebnisse für die Teilnehmer geschaffen werden. In **halboffenen Angeboten** (Gruppen) können zudem spe-

zifische Probleme aufgearbeitet und Fähigkeiten aufgebaut werden. Dadurch lassen sich Belastungen einzelner Personen verringern, gegenseitige Unterstützungsmöglichkeiten aufbauen und Hemmschwellen gegenüber der Beratungsstelle abbauen.
Gremienarbeit dient der Vernetzung sozialer Einrichtungen, was die Fachkompetenz der Einrichtung fördern (Arbeitskreis zu einem bestimmten Problemfeld), die Koordination verbessern und die kommunalpolitische Einflußnahme effektiver gestalten kann.
Multiplikatorenarbeit dient ebenfalls der Vernetzung sozialer Einrichtungen, wobei die Erziehungsberatungsstelle hier ihre spezifische Fachkompetenz an andere Institutionen (z. B. Kindergarten, Schule) weitergibt. Durch diese Arbeitsformen sollen Problemfelder (z. B. Gewalt im Stadtteil) bearbeitet werden, um das Auftreten von Problemfällen zu verhindern.

41. Handlungskonzepte sind Theorien und Modelle, die die sozialpädagogische Praxis anleiten sollen. Handlungskonzepte erläutern, wie ein Problem analysiert werden, welche Ziele das sozialpädagogische Handeln anstreben und welche Mittel (Methoden und Techniken) dafür eingesetzt werden sollen. Handlungskonzepte machen dabei den Zusammenhang zwischen Problemsicht (Inhalt), Zielen und Methoden und Techniken deutlich und begründen ihn. In der praktischen Umsetzung läßt sich das Vorgehen meist mit folgenden Schritten beschreiben: Analyse des Problems, Planung (Festlegung der Ziele sowie der Methoden und Techniken), Durchführung des geplanten Vorgehens, Auswertung der Vorgehensweise hinsichtlich des Erfolgs der Maßnahmen.

42. Selbstexploration als Erkundung des eigenen Selbstkonzepts bzw. des Ideal-Selbst ist der Weg des Klienten zu einer psychisch gesunden Persönlichkeit (Methode). Durch Selbstexploration kommt der Klient seinen starren Elementen im Selbstkonzept auf die Spur und wird in die Lage versetzt, das Selbst flexibler zu gestalten. Er wird dadurch häufiger Kongruenz zwischen seinen Erfahrungen und seinem Selbstkonzept erleben, wodurch seine Zufriedenheit zunimmt.

43. Rogers geht davon aus, daß der Berater drei Grundhaltungen besitzen und zeigen muß, um beim Klienten persönliche Veränderungen hervorrufen zu können: Einfühlendes Verstehen, Echtheit/Selbstkongruenz, Achtung/Wertschätzung.

Einfühlendes Verstehen bedeutet, daß der Berater die innere Welt des Klienten, d. h. dessen Wahrnehmungen, Gedanken, Wünsche und vor allem Gefühle, zu erfassen versucht. Er teilt dem Klienten dann mit, was er aus dessen Äußerungen herausgehört hat. Der Berater konzentriert sich vor allem auf das, was der Ratsuchende "zwischen den Zeilen" mitteilt – ohne ihm eine Interpretation aufzuzwingen. Als Wirkungen lassen sich beschreiben, daß der Klient sich verstanden fühlt und sich dadurch seinen Gefühlen und Empfindungen öffnen kann. Er wird angeregt, sich mit seiner eigenen Person auseinanderzusetzen.

Echtheit/Selbstkongruenz bedeutet, daß der Berater seine Gefühle offen an sich wahrnimmt und sie in Ich-Form dem Klienten mitteilt. Dabei muß der Berater darauf achten, daß seine Mitteilung für den Klienten hilfreich ist. Er wird somit zum Vorbild für den Klienten und macht ihm deutlich, daß er ehrlich mit ihm umgeht. Dies baut wiederum Vertrauen zwischen Berater und Klient auf.

Mit **emotionaler Wärme/Wertschätzung** teilt der Berater dem Klienten mit, daß er dessen Verhalten nicht nach eigenen Maßstäben bewertet, sondern ihn so akzeptiert und ihn so achtet, wie er ist. Er verzichtet sowohl auf Lob als auch auf Kritik. Durch diese grundlegende Wertschätzung verbessert sich die Selbstachtung des Klienten und die Berater-Klient-Beziehung.

44. Das Habitat als objektive Lebensbedingungen sind vor Sabines Umzug die elterliche Wohnung am Rande einer Kleinstadt mit vielen Grünflächen in der Umgebung (materiell) und eine große Anzahl von Freunden, die zur Verfügung stehen (sozial). Sie hat zahlreiche Beziehungen zu einem großen Freundeskreis, der für Sabine eine befriedigende Nische darstellt. In der Partialnische "Familie" fühlt sie sich jedoch eingeengt. Nach ihrem Umzug ist ihr Habitat ein kleines Zimmer in einer Großstadt, eine überfüllte Fachhochschule mit ungünstigen Studienbedingungen (materiell). In der Fachhochschule gibt es zwar sehr viele Menschen (sozial), zu denen sie jedoch noch keine Beziehungen aufbauen konnte. Das heißt, ihr ist es (noch) nicht gelungen, in der neuen Stadt eine zufriedenstellende Nische einzunehmen, "sich einzunisten". Die Nischen in ihrem Heimatort mußte sie dagegen weitgehend aufgeben, wenn man von telefonischen Kontakten absieht. Dies wird im Fall der Freunde als Verlust erlebt, im Fall ihrer familiären Nische jedoch fühlt sie sich erleichtert.

45. Im Fallbeispiel werden zwei Lebensbereiche von Ralf beschrieben: Die elterliche Wohnung und der Kindergarten. Es handelt sich deshalb um Lebensbereiche von Ralf, da er dort in Interaktion mit anderen Personen tritt. Aufgrund seiner Beziehungen entsteht in beiden Lebensbereichen jeweils ein Mikrosystem. Das **Mikrosystem Familie** ist gekennzeichnet durch eine sehr enge, verwöhnende Beziehung zwischen der Mutter und Ralf. Er nimmt die Rolle eines kleinen "Paschas" ein und seine Aktivitäten beschränken sich darauf, wozu er Lust hat. Über die anderen Beziehungen innerhalb der Familie werden keine Aussagen gemacht. Über das Mikrosystem Kindergarten läßt sich dem Text entnehmen, daß seine Beziehung zu den anderen Kindern gestört ist (kann "sich in die Gruppe nicht einfügen ...").

Das **Mesosystem** – also die Wechselbeziehung zwischen dem häuslichen Lebensbereich und dem Kindergarten – stellt sich für Ralf ungünstig dar. Zum einen kann man davon ausgehen, daß die Integrationsprobleme im Kindergarten auf die Mutter-Sohn-Beziehung zurückzuführen sind (ungünstige direkte Verbindung). Zum anderen verhindert die Mutter die Kommunikation zwischen den beiden Lebensbereichen, weil sie sich auf kein Gespräch einläßt, was eine Problemlösung erschwert.

Zum **Exosystem** gehören sowohl der Arbeitsplatz des Vaters, der Mutter als auch die erwachsenen Kinder der Mutter. Daß der Arbeitsplatz des Vaters (lange Abwesenheit) die Situation von Ralf erschwert, läßt sich vermuten, geht aber nicht unmittelbar aus dem Text hervor. Inwieweit Ereignisse am Arbeitsplatz der Mutter Ralf indirekt beeinflussen, bleibt unklar. Deutlich wird jedoch der Einfluß der verheirateten Kinder von Frau Müller. Deren abweisendes Verhalten belastet Frau Müller und damit das Familienleben.

46. Die Lebensgestaltung einer Person – hier Frau Huber – wird von Lebensereignissen, Umweltbedingungen und der Qualität von zwischenmenschlichen Beziehungen beeinflußt.
In unserem Beispiel wird Frau Huber aus ihrer Arbeitsstelle entlassen. Es handelt sich um ein Lebensereignis, da sich dadurch die Situation von Frau Huber erheblich ändert (plötzliche Arbeitslosigkeit). Das Lebensereignis ist nicht-normativ, da Arbeitslosigkeit nicht jeden in unserer Gesellschaft ereilt. Sie erlebt dies eindeutig als negativen Streß (Verlust) und glaubt nicht, die Situation bewältigen zu können (traut sich nicht zu, eine ähnliche Arbeit zu bekommen). Sie ist deshalb offensichtlich unglücklich.

Die soziale Umwelt bietet dabei keine Unterstützung bei der Bewältigung des Lebensereignisses. Die Behandlung auf dem Arbeitsamt (Einfluß von Organisationen) wird als erniedrigend empfunden, ihr soziales Netzwerk ist durch die Kündigung zerstört, da sich ihre Kontakte weitgehend auf Kolleginnen beschränkten.
Allein die gute Beziehung zu ihrer Mutter ist ein unterstützender Faktor, der ihre Krise erträglich macht.

47. Ressourcen sind Lebensbedingungen und individuelle Fähigkeiten, die die Lebenschancen von Personen verbessern. Im Rahmen des Arbeitsprinzips der Gemeinwesenarbeit ist die Stärkung von vorhandenen und die Bereitstellung von neuen Ressourcen eine wichtige Aufgabe sozialer Arbeit. Menschen in Problemsituationen sollen durch soziale Einrichtungen psychische (z. B. Beratung), soziale (z. B. Schaffen von sozialen Netzwerken) und materielle Hilfen (z. B. Räume zur Verfügung stellen) erhalten. Der Ressourcenarbeit liegt der Gedanke zugrunde, daß Menschen in die Lage versetzt werden, ihre Probleme selbst zu bewältigen, indem sie ihre Ressourcen nutzen.

48. **Öffnung des Kindergartens:**
Der Kindergarten öffnet sich im territorialen Sinn, indem er beispielsweise zu bestimmten Festen alle Bewohner der Nachbarschaft einlädt. Im funktionalen Sinn würde der Kindergarten mit allen anderen Einrichtungen, die mit Kindern zu tun haben, eng zusammenarbeiten (Krippen, Schulen, Beratungsstellen, Förderstätten, sonderpädagogische Einrichtungen, etc.). Im kategorialen Sinn macht der Kindergarten besondere Angebote für bestimmte Bevölkerungsgruppen, z. B. Beratung für Migrantenfamilien oder besondere Öffnungszeiten für Alleinerziehende.

Ressourcenarbeit:
Der Kindergarten ist an sich bereits eine Ressource, derer sich fast alle Familien bedienen. Durch Beratung, intensive Elternarbeit, das Anbieten von Kontaktmöglichkeiten (z. B. Café-Bereich) oder Räumen für Initiativ-Gruppen (z. B. Eltern allergiekranker Kinder), durch das Organisieren von Hol- und Bringdiensten o. ä. werden sowohl materielle als auch soziale Ressourcen bereitgestellt und gestärkt. Eltern lernen sich dadurch auch kennen und bilden soziale Netzwerke.

Politische Aktivierung:
Die Mitarbeiter des Kindergartens könnten Eltern dabei unterstützen und aktivieren, sich für bessere Lebensbedingungen der Kinder im Stadtteil einzusetzen, z. B. für mehr Spielflächen, für verkehrsberuhigte Zonen oder eine gesündere Luft (Ozonbelastung etc.).

Kulturarbeit:
Es bestünde die Möglichkeit, Musik- oder Theatervorführungen für Eltern und Kinder in der Einrichtung zu veranstalten, aber auch Eltern, Senioren oder Menschen ohne Kinder zum gemeinsamen Basteln, Malen oder zum Geschichtenerzählen in das Kindergartenleben zu integrieren.

Methodenintegration:
Die Einrichtung arbeitet nicht nur mit Kindern, sondern bezieht deren Umfeld (Familie) ein, schafft dadurch soziale Netze und scheut sich nicht, in der Kommune durch Initiativen oder Mitarbeit in Gremien politisch aktiv zu werden. Durch regelmäßige und intensive Öffentlichkeitsarbeit trägt sie dazu bei, kinderfeindliche Einstellungen in unserer Gesellschaft zu bekämpfen.

Vernetzung sozialer Einrichtungen:
Der Kindergarten trägt aktiv dazu bei, mit Krippen und Schulen zusammenzuarbeiten, um die Übergänge für das Kind zu erleichtern, mit Beratungsstellen engen Kontakt zu halten, um Problemfamilien zu unterstützen, mit anderen Kindergärten Arbeitskreise zu bilden, um Konzepte weiterzuentwickeln, oder auch mit Seniorenzentren die Begegnung unterschiedlicher Generationen zu fördern.

49. **Krankheit** ist jede Störung der normalen körperlichen oder seelischen Verfassung; sie kann geheilt, d. h. beseitigt bzw. gelindert werden. Eine Krankheit kann unterschiedliche Ausprägungsgrade haben, eine Person also mehr oder weniger krank sein.

50. Wir erleben uns als **gesund**, wenn wir z. B. intakte Organe haben, leistungsfähig sind, uns als Person positiv einschätzen, vielseitige Interessen haben, verbunden mit Willen und Selbstkontrolle, offen sind für soziale Kontakte, d. h. die intakten bzw. erfolgreichen Beziehungen zu anderen Menschen (soziales Netzwerk). Letztlich wird Gesundheit individuell unterschiedlich erlebt.

51. **Beeinträchtigung** gilt bei BACH als Oberbegriff für die untergeordneten Begriffe Behinderung, Störung und Gefährdung.
Behinderung wird definiert als individuelle umfängliche, schwere und langfristige Beeinträchtigung. **Störung** wird umschrieben als individuelle partielle, weniger schwere oder kurzfristige Beeinträchtigung. **Gefährdungen** sind als Beeinträchtigungen anzusehen, die zu Störungen oder Behinderungen führen können.

52. Es gibt keine allgemein anerkannte Definition von Behinderung, da dieser Begriff einmal von unterschiedlichen Autoren der Sonderpädagogik unterschiedlich bestimmt wird, zum anderen ergeben sich uneinheitliche Definitionen in verschiedenen Bereichen – sozialrechtlich, medizinisch und pädagogisch.

BACH definiert **Behinderung** als individuelle Einschränkungen, die
- **umfänglich**, d. h. in vielen Verhaltensbereichen auftreten (z. B. privat, schulisch, beruflich),
- **schwer** sind, d. h. stark von den Regelgegebenheiten abweichen,
- **längerfristig** sind, d. h. nicht in kürzerer Zeit zurückgehen oder behoben werden können.

Eine häufig zitierte Definition von Behinderung ist die der Bildungskommission des Deutschen Bildungsrates aus dem Jahre 1973: "Als behindert im erziehungswissenschaftlichen Sinne gelten alle Kinder, Jugendlichen und Erwachsenen, die in ihrem Lernen, im sozialen Verhalten, in der sprachlichen Kommunikation oder in den psychomotorischen Fähigkeiten so weit beeinträchtigt sind, daß ihre Teilhabe am Leben der Gesellschaft wesentlich erschwert ist. Deshalb bedürfen sie besonderer pädagogischer Förderung."

53. Zur Beantwortung dieser Frage wird auf das Fallbeispiel Anna verwiesen (vgl. Aufgabe 28). Entsprechende Lösungshinweise finden sich auf S. 258 f. in Form des Hausaufsatzes einer Fachoberschülerin.

54. **Verhaltensstörungen** lassen sich durch vier Merkmale beschreiben:
- Abweichung von der Norm,
- Erworbenheit,
- soziale Relevanz,
- relative Dauerhaftigkeit.

Normabweichende Verhaltensweisen (wie z. B. Aggressivität oder Ängstlichkeit) widersprechen den Erwartungen der Interaktionspartner; das Verhalten wird als nicht mehr tolerierbar angesehen.
Erworbenheit besagt, daß Verhaltensstörungen als gelernt angesehen werden; ihre Entstehung kann z. B. mit Hilfe der Lerntheorien (klassische Konditionierung, operante Konditionierung, sozial-kognitive Theorie) erklärt werden.
Soziale Relevanz: Bei einer Verhaltensstörung liegt in der Regel auch eine Störung der sozialen Interaktion vor. Mit einem aggressiven Kind wollen andere Kinder nicht spielen, d. h. sie ziehen sich zurück, das aggressive Kind wird isoliert.
Die **relative Dauerhaftigkeit** zeigt sich darin, daß das Kind eben nicht nur einmal, sondern häufig aggressiv ist.

55. Als **positive Ressourcen** sind beispielsweise anzusehen: hohes Taschengeld bzw. Einkommen, intaktes soziales Netzwerk, positives Selbstbild, überdurchschnittliche Intelligenz, Optimismus, gute körperliche Verfassung.

56. Bezeichnung für **abnorme, unkontrollierbare Furcht** vor Objekten oder Situationen, die normalerweise eine solche Angst nicht auslösen. Als Beispiel wären zu nennen: Hundephobie, Schlangenphobie, Fahrstuhlphobie, Agoraphobie usw.

57. **Angst** ist ein negatives Gefühl, ein emotionaler Erregungszustand. Angst ist ein nützliches Alarmsignal in einer gefährlichen Situation: Es warnt den Menschen und erhöht seine Aufmerksamkeit.
Allerdings ist es auch möglich, daß bei manchen Menschen Angst wiederholt in Situationen auftritt, die objektiv keinen starken Gefahrenreiz enthalten. So schätzt eine Person ein Objekt (z. B. Hund oder Spinne) als eine Bedrohung bzw. Gefahr ein und reagiert darauf mit starker Angst; d. h. sie erlebt hier **krankhafte Angst**.
Einige Forscher unterscheiden zwischen situationsspezifischer Angst (**Zustandsangst**) und Ängstlichkeit bzw. Angstneigung als Persönlichkeitseigenschaft bzw. Charakterzug (**Eigenschaftsangst**).
Angst wird als starke Beunruhigung erlebt; die Person fühlt sich beengt, verspannt, nervös, unsicher, hat ein flaues Gefühl im Magen. Der Gesichtsausdruck verändert sich, hinzu kommen oft Weinen und Zittern.

Anmerkungen

1 Recht auf Erziehung: Der Gesetzgeber hat in § 1 Abs. 1 des Kinder- und Jugendhilfegesetzes (KJHG, 1991) das Recht junger Menschen auf Erziehung zu einer eigenverantwortlichen und gemeinschaftsfähigen Persönlichkeit festgelegt (s. auch Kap. 4.1.3).

2 Dennoch führten die mitgeteilten Ergebnisse aus den Untersuchungen LEWINS und seiner Mitarbeiter zu heute nicht mehr gerechtfertigten Interpretationen und Schlußfolgerungen (vgl. Mietzel 1986, S. 287 ff.).

3 Wenn es um konkrete Unterrichtsziele geht, wird der Ausdruck "Lernziel" gebraucht (vgl. Troeger 1986).

4 Das Besondere an einer pädagogischen Autorität liegt in der Qualität der sozialen Beziehung zwischen Erzieher und Zu-Erziehenden. Der Erzieher/die Erzieherin mit "Ansehensmacht" (Geiger 1959, zit. n. Reichwein 1989, S. 141) stellt eine wahre, echte Autorität dar; diese ist wiederum zu unterscheiden von der falschen, unechten Autorität, die sich nur auf das Amt stützt (Amtsautorität). (Zum Autoritätsbegriff vgl. Geißler und Wollersheim 1991; Kron 1988, s. ferner Diederich 1994).

5 Diesen Prozeß der Persönlichkeitsentwicklung in ständiger Auseinandersetzung mit der gesamten ökologischen Umwelt bezeichnet man als Sozialisation (vgl. Geulen 1994).

6 Die Losung "sapere aude" (wage zu denken) hat Kant vom lateinischen Dichter Horaz (65–8 v. Chr.) entlehnt.

7 Die Pädagogik als selbständige Wissenschaft wurde 1783 mit der Errichtung des ersten Lehrstuhls an der Universität in Halle/Saale unter F. A. WOLF begründet (vgl. Lenzen 1994; S. 22; Schaub und Zenke 1995).

8 Mit dem Konzept der Schlüsselqualifikationen soll es zu einer Erneuerung von Zielen, Inhalten und Methoden in der Berufsbildung kommen sowie zur Förderung selbständigen Lernens und Arbeitens (vgl. z. B. Schelten 1991).

9 Lernen wird unterschiedlich definiert; dabei spielen die Perspektive der Betrachtung, das jeweilige Menschenbild und die dadurch mitbedingte wissenschaftliche Theorie eine Rolle.

10 Die neurobiologischen Grundlagen des Lernens werden z. B. in EDELMANN (1993) und FORTMÜLLER (1991) beschrieben.

11 WATSON löst damit eine Anlage-Umwelt-Diskussion aus. Obgleich diese Kontroverse anhält, stimmen jedoch die meisten Psychologen und Pädagogen darin überein, daß sowohl die genetische Ausstattung als auch die Umwelt für die Entwicklung der meisten menschlichen Verhaltensweisen und der Persönlichkeit bestimmend sind. Die wichtigste Frage ist hier nicht, wie groß der Anteil von Anlage und Umwelt ist, sondern vielmehr, auf welche Art und Weise beide ihren Einfluß ausüben.

12 Dieses ethisch recht problematische Experiment würde heutzutage nicht mehr durchgeführt werden. (Zu Fragen der pädagogischen Ethik vgl. Löwisch 1995.)

13 Obwohl das Vermeidungs- und Fluchtverhalten aufwendig sein kann (z. B. ein langer Umweg bei Regen und Sturm) hat das Kind einen Krankheitsgewinn davon: die Vermeidung seiner Angst vor dem Hund, dem es sonst auf seinem normalen Weg begegnen könnte. Oft kommt noch ein zweiter Krankheitsgewinn hinzu: Verwandte und Bekannte erkennen die Angst des Kindes und reagieren dem ängstlichen Kind gegenüber mit Zuwendung und Schutzangeboten. Dies ist dem Kind angenehm und führt dazu, daß es keine Notwendigkeit sieht, seine Angst zu überwinden (vgl. Sieland 1994, S. 192).

14 Wir finden hier interaktionistische Auffassungen, wie wir sie im Erziehungsprozeß, in der Ökologischen Sozialarbeit, aber auch in der Streßforschung, in der Entwicklungs-, Persönlichkeits- und Sozialpsychologie kennengelernt haben bzw. kennenlernen werden.

15 Offenes Verhalten ist Verhalten im engeren Sinne: alle direkt beobachtbaren Erscheinungen wie Ausdrucksverhalten (Mimik, Gestik, Körperhaltung), Bewegungen usw.

16 Andere Bezeichnungen für das Modellernen sind: Lernen am Modell, Beobachtungslernen, Imitationslernen, Soziales Lernen, Stellvertretendes Lernen.

17 Neuerdings gebraucht BANDURA den Begriff "Produktionsprozesse" (vgl. Bandura 1986, S. 52; 1989, S. 16).

18 Für das Lernen haben also Verstärkungen in erster Linie einen vorwegnehmenden (antizipatorischen) Einfluß; wenn der Beobachter weiß, daß das Verhalten eines Modells hoch bewertete Ergebnisse bewirkt, kann dies die Aufmerksamkeit schärfen und das Beobachtungslernen fördern (vgl. Bandura 1979, S. 46).
Darüber, daß Verstärkungen im Aneignungsprozeß eine Rolle spielen können, herrscht Einigkeit (vgl. Bandura 1979, S. 46).
In der Theorie des sozialen Lernens wird die Verstärkung eher als förderliche und nicht so sehr als notwendige Bedingung angesehen (vgl. Bandura 1976, S. 23, 45, 51).

19 Die Volksweisheit "Eigenlob stinkt" wird hier widerlegt, im Sinne BANDURAS ist also Eigenlob durchaus erwünscht.

20 Kontrollüberzeugung: Ich bin davon überzeugt, mein eigenes Verhalten kontrollieren zu können; z. B. "Ich habe mich und die Situation im Griff".

21 Hysterie kommt aus dem Griechischen, hystera: Gebärmutter. Man nahm an, daß in erster Linie Frauen von der Hysterie betroffen seien. Hysterie ist eine Form der Neurose. FREUD unterscheidet zwischen einer Konversionshysterie (psychische Konflikte drücken sich körperlich aus, z. B. in Lähmungen) und Angsthysterie (die Konflikte sind an äußere Objekte gebunden, z. B. Phobien).

22 In der Psychoanalyse wird Neurose als Sammelbegriff für die Symptome verstanden, die auf einen psychischen Konflikt in der frühen Kindheit hindeuten. Die Symptome kann man sich als Kompromiß zwischen Wunsch und Abwehr vorstellen. In der Neurose werden verdrängte Wünsche und Affekte in einer Art Verkleidung dargestellt.

23 Hypnose kommt aus dem Griechischen, hypnos: Schlaf. Unter Hypnose versteht man eine durch Suggestion herbeigeführte Bewußtseinsveränderung. Dabei wird wahrscheinlich die Großhirnrinde blockiert.
Der Erfolg einer Hypnose hängt stark von der unterschiedlichen Hypnotisierbarkeit des Patienten, aber auch von der Fähigkeit des Hypnotiseurs ab.

24 Anna O. ist das Pseudonym für die Sozialarbeiterin und Frauenrechtlerin BERTHA VON PAPPENHEIM (1859–1936).

25 Es wird von vielen Autoren hervorgehoben, daß FREUD sich ein Leben lang mit Selbstzweifeln plagte und nie das Gefühl hatte, alles erklären zu können.

26 Ein manifester Traum ist der Traum, an den man sich erinnert. Ein latenter Traumgedanke ist der verborgene Wunsch, der hinter dem manifesten Traum steht. Dabei bedient sich FREUD einer Traumsymbolik. Traumsymbole sind häufig sexueller Natur: alles längliche für Penis, alle Taschen etc. für die Vagina (vgl. z. B. Elhardt 1994).

27 Mit der Libido-Theorie gelang Freud eine Art Vorgriff auf die Hormonforschung: Freud nahm einen chemischen Stoff an, der die Sexualfunktion steuert.

28 Es wird vielfach behauptet, daß die Todestriebtheorie, die 1920 entstand, biographische Züge enthält: Erster Weltkrieg, Tod von nahen Familienmitgliedern, schließlich seine Sucht zu rauchen, trotz seines Gaumenkrebses.

29 Während Freud in dieser Phase nicht die Unterscheidung zwischen Passivität und Aktivität trifft, gehen andere Autoren diesbezüglich weiter und schlagen eine frühere orale (Saug-)Stufe und eine spätere oralsadistische Stufe (K. Abraham) vor, wobei letztere durch das Erscheinen der Zähne und die Tätigkeit des Beißens gekennzeichnet ist. Die Tätigkeit des Beißens und Verschlingens schließt eine Zerstörung des Objekts ein (vgl. Elhardt 1994).

30 Ein Beispiel soll beide Denkweisen veranschaulichen: Jemand, der sich in unbekannte Gefilde verirrt und Hunger bekommt, ißt alles, was er sieht: Wurzeln, Beeren, Blätter ... das wäre primär prozeßhaft. Erst wenn er beginnt zu überlegen, was ist giftig, was eßbar, baue ich vielleicht besser eine Falle ... spricht man von sekundär prozeßhaftem Denken.

31 Der Psychoanalytiker OTTO RANK, zunächst ein Anhänger Freuds, beschreibt in seinem Buch "Trauma der Geburt" (1924) das Erlebnis der Geburt als zentrale Ursache der Angstentstehung beim Menschen. Dieser Ansatz führt zum Bruch mit Freud.

[32] Zu solchen Verhaltensweisen zählen auch die Zwänge:
Ein Zwangskranker leidet an Waschzwang und kann den Tag nur dann relativ angstfrei überstehen, wenn er sich siebenmal am Tag je 30 Minuten duscht und sich 50mal die Hände wäscht. (Natürlich kann er so kein normales Leben mehr führen). Wenn keine Dusch- oder Waschgelegenheit vorhanden wäre, würden ihn die Ängste überschwemmen. Er würde – salopp ausgedrückt – "durchdrehen". Er *muß* sich also waschen, obwohl ihm selbst diese Handlungen abnorm und bizarr vorkommen.

[33] Eine interessante und leicht verständliche Abhandlung über den Zusammenhang von Persönlichkeitsstruktur und Angst stellt FRITZ RIEMANN in seinem Buch "Grundformen der Angst (1992) dar.

[34] Der Name Kinder l ä d e n kommt daher, daß sich die Kindergärten in ehemaligen kleinen Lebensmittelläden einmieteten.

[35] Mit "Mutter" ist meist eine enge Bezugsperson gemeint. Das kann selbstverständlich auch der Vater, eine Pflegemutter oder die Großmutter sein.

[36] Unter Sozialisation versteht man den Prozeß der Persönlichkeitsentwicklung, der aus der ständigen Auseinandersetzung einer Person mit ihrer Umwelt resultiert. Durch Sozialisation wird eine Person gesellschaftlich handlungsfähig (vgl. Anm. 5).

[37] Vereinfacht und zusammengefaßt nach ERLER 1993; STAUB-BERNASCONI 1994, THIERSCH u. RAUSCHENBACH 1984.

[38] Der erste Fröbel-Kindergarten wurde 1840 gegründet.

[39] Die folgenden Informationen stammen z. T. aus persönlichen Gesprächen mit Erzieherinnen und aus einer Umfrage der Zeitschrift "Kindergarten heute" (1990).

[40] Supervision bezeichnet dabei die Reflexion des eigenen beruflichen Handelns unter Anleitung eines ausgebildeten Trainers.

[41] Die erwähnten Daten wurden zitiert nach ERLER (1993, S. 96; vgl. auch Grundmann u. Huinink 1991).

[42] Singles, die einen Partner haben, fallen unter die Kategorie "LAT" (living apart together: zusammen sein, aber getrennt leben, vgl. Nowak 1988).

[43] GERMAIN u. GITTERMANN beschreiben nur die ungünstigen Bedingungen, die die Lebensgestaltung hemmen (sog. "Defizitmodell"). Es wird hier in erweiterter Form dargestellt, die auch positive Einflüsse miteinbezieht.

[44] In der Streß- und Gesundheitsforschung wird der Ressourcenbegriff sehr weit gefaßt. Dort unterscheidet man zwischen materiellen Ressourcen (z. B. Geld), körperlichen (z. B. Gesundheit), sozialen (z. B. guten Freunden) und psychosozialen (z. B. positivem Selbstbild). Alle diese Ressourcen können die Streßbewältigung sowohl positiv (z. B. gute Freunde) als auch negativ (z. B. Krankheit) beeinflussen. In der Sozialen Arbeit wird der Ressourcenbegriff dagegen etwas enger verwendet. Dort bezeichnet man mit diesem Begriff eher solche Bedingungen, die außerhalb der Person liegen (materielle und soziale Ressourcen) und unterstützend wirken.

[45] Unter einem Stressor versteht man alles, was Streß erzeugt.

46 In unserer Begrifflichkeit müßte es genauer "Arbeitsform" oder "primäre Methode" heißen.

47 Paracelsus war Arzt und Naturphilosoph im Zeitalter der Renaissance.

48 "Gefährdendes Fahrverhalten" ist als Risikoverhaltensweise anzusehen wegen der vielen durch Fahren unter Alkohol und anderen Drogen verursachten Verkehrsunfälle; sie haben eine hohe Todes- bzw. Invaliditätsrate zur Folge, hierzu zählen aber auch achtloses Fahrverhalten, Schnellfahren oder die Nichtverwendung des Sicherheitsgurtes, die ebenfalls zu Verkehrsunfällen führen können (vgl. Waller 1995, S. 55).

49 Vgl. hierzu FALTERMAIER 1994; HURRELMANN 1988; SCHWARZER 1992; WALLER 1995.

50 Das Alpha-Beta-Gamma-Modell von KANFER (vgl. Kanfer u. a. 1991) wird hier in das bio-psycho-soziale Modell integriert (vgl. hierzu Sieland 1994). Im bio-psycho-sozialen Modell spielen die sozial-kognitiven Theorien von KANFER, BANDURA, MICHEL, MEICHENBAUM u. a. eine besondere Rolle (vgl. Reinecker 1987; Sieland 1994).

51 Dem Down-Syndrom liegt eine Chromosomen-Anomalie zugrunde. Es handelt sich hierbei um eine angeborene Form der geistigen Behinderung. Die Grade der Behinderung sind individuell verschieden ausgeprägt.
Der irreführende Begriff "Mongolismus" geht auf das charakteristische körperliche Erscheinungsbild zurück: breites Gesicht, enge Lidspalte, schlaffe Haut, kurze Finger. Überdies liegt teilweise eine Fehlentwicklung bei einigen Organen vor. Das Down-Syndrom beruht darauf, daß das Chromosom 21 dreifach vorhanden ist; die normale menschliche Chromosomenzahl von 46 ist also auf 47 erhöht.

52 Die Sonderpädagogik hat sich erst in den letzten 35 Jahren Anerkennung in der Gesellschaft verschafft und an der Universität etabliert. Im Unterschied zu anderen Wissenschaften (z. B. der Psychologie) entwickelte sich die Sonderpädagogik nicht aus einer übergeordneten Disziplin (z. B. der Philosophie). Sie entstand vielmehr aufgrund einer unmittelbaren praktischen Notsituation. Theorien, die streng wissenschaftlichen Kriterien genügen, waren zunächst zweitrangig (vgl. Müller 1991, S. 1).

53 Grundlegende Ansätze der Sonderpädagogik finden sich in BLEIDICK (Hrsg. 1985), HANSEN (1994), MÜLLER (1991) und SPECK (1988).

54 Um psychische Störungen vom Normalfall und um zwischen verschiedenen Arten von Störungen zu unterscheiden, benutzt man in der Regel zwei Klassifikationssysteme:
- Internationale Klassifikation psychischer Störungen (kurz: ICD-10) und
- Diagnostisches und Statistisches Manual Psychischer Störungen (kurz: DSM-IV).

55 Der Begriff "Verhaltensstörung" wird seit dem ersten Weltkongreß für Psychiatrie im Jahre 1950 von Psychologie und Psychiatrie verwendet; er stellt heute auch in der Pädagogik den am häufigsten verwendeten Begriff dar (vgl. Ortner und Ortner 1991; S. 3; Bach 1993, S. 3 ff.).
Wir sind uns der Problematik des Begriffs "Verhaltensstörung" bewußt, zumal dieser Begriff schillernd, mehrdeutig und unscharf ist; vgl. hierzu auch GOETZE und NEUKÄTER (Hrsg., 1993).

56 Die anhaltenden kritischen Auseinandersetzungen um den Begriff "Verhaltensstörung" führen nur zu nutzlosen terminologischen Streitereien. Es ist vielmehr zu beachten, "daß der Streit um den Namen nicht Energie und Einsatz für die Sache beeinträchtigen darf" (Widmer 1986, S. 58, zit. n. Schlee 1993, S. 38).

57 Beispiele zur Anwendung des bio-psycho-sozialen Modells auf psychische Störungen finden sich z. B. bei REVENSTORF: Agoraphobie (vgl. Revenstorf 1991a), Depression (vgl. Revenstorf 1991b).

58 Zur Therapie aggressiver Kinder vgl. FRANKE 1995, PETERMANN u. PETERMANN 1990; s. ferner MYSCHKER 1993 und PETERMANN 1995.

59 Einige Autoren unterscheiden zwischen Angst und Furcht. Dabei gehen sie davon aus, daß die Angst durch eine vage oder unklare Bedrohung ausgelöst wird, während die Furcht auf eine klare, konkrete Bedrohung zurückgeht, z. B. das Schleudern eines Fahrzeugs auf nasser Fahrbahn. Angst und Furcht lösen gleichermaßen unangenehme Symptome aus.

60 Statt "subjektiv-verbal" findet sich in der Literatur auch der Begriff "kognitiv".

61 Im Rahmen einer Psychotherapie ist davon auszugehen, daß neben den therapeutischen Maßnahmen zur Behebung des anstehenden Defizits bzw. des aktuellen Problems auch Wert darauf gelegt werden sollte, erste Ansätze zur eigenen Identität zu unterstützen, im Ansatz bestehende positive Ressourcen zu fördern und neue positive Ressourcen aufzubauen, z. B. Aufbau von Selbstsicherheit und sozialer Kompetenz, Anregungen zu sinnvoller Freizeitbeschäftigung, Impulse zur Selbstfindung sowie zur Berufsfindung usw.

62 Hausaufsatz von Daniela Staimer, März 1994, Städtische Fachoberschule II München.

63 Paradigma (symbolisches Modell) erleichtert das Verständnis wesentlicher Merkmale eines Prozesses. Zum Beispiel: Das Paradigma der klassischen Konditionierung zeigt die Bedingungen für das Erlernen von Beziehungen zwischen zwei Reizen (Stimuli) (vgl. Zimbardo 1992).

Literaturverzeichnis

ALTERHOFF, G. (1994). Grundlagen klientenzentrierter Beratung, 2. Aufl. Stuttgart: Kohlhammer.

BACH, H. (1976). Allgemeine Sonderpädagogik. In: Bach (Hg.), Sonderpädagogik im Grundriß, 2. Aufl. Berlin: Carl Marhold. S. 5–88.

BACH, H. (1985). Grundbegriffe der Behindertenpädagogik. In: U. Bleidick (Hg.), Theorie der Behindertenpädagogik. Berlin: Carl Marhold. S. 3–24.

BACH, H. (1993). Verhaltensstörungen und ihr Umfeld. In: H. Goetze u. H. Neukäter. (Hgs.), Pädagogik bei Verhaltensstörungen, 2. Aufl. Berlin: Edition Marhold. S. 3–35.

BALLY, G. (1968). Einführung in die Psychoanalyse Sigmund Freuds, 5. Aufl. Reinbek bei Hamburg: Rowohlt.

BANDURA, A. (1976). Lernen am Modell: Ansätze zu einer sozial-kognitiven Lerntheorie. Stuttgart: Klett.

BANDURA, A. (1979). Sozial-kognitive Lerntheorie. Stuttgart: Klett-Cotta.

BANDURA, A. (1986). Social foundations of thought and action: A social cognitive theory. Englewood Cliffs, N. J.: Prentice-Hall.

BANDURA, A. (1989). Social Cognitive Theory. In: R. Vasta (Ed.), Annals of Child Development. Bd. 6. Greenwich, Conn.: JAI Press. S. 1–60.

BANGE, D. (1993). Sexueller Mißbrauch an Mädchen und Jungen – Hintergründe und Motive der Täter. Psychosozial, H. 2, S. 49–65.

Bayerisches Kindergartengesetz (BayKiG). Kronach: Carl-Link-Verlag. 1994

BECK, U. (1990). Freiheit oder Liebe. Vom Ohne-, Mit- und Gegeneinander der Geschlechter innerhalb und außerhalb der Familie. In: U. Beck u. E. Beck-Gernsheim (Hgs.), Das ganz normale Chaos der Liebe. Frankfurt a. M.: Suhrkamp. S. 20–64.

BECKER, K.-P. (1979). Rehabilitationspädagogik. Berlin (Ost): Volk und Gesundheit.

BECKER-TEXTOR, I. (1993). Kindergarten. In: I. Becker-Textor u. M. R. Textor (Hgs.), Handbuch der Kinder- und Jugendbetreuung. Neuwied: Luchterhand. S. 47–77.

BLEIDICK, U. (1983). Pädagogik der Behinderten. Grundzüge einer Theorie der Erziehung behinderter Kinder und Jugendlicher, 4. Aufl. Berlin: Carl Marhold.

BLEIDICK, U. (1985). Theorie der Behindertenpädagogik. Berlin: Carl Marhold.

BLEIDICK, U. (1988). Behinderung als pädagogisches Problem. Bd. 1 der Reihe Behinderungen und Schule. Tübingen: Deutsches Institut für Fernstudien an der Universität Tübingen.

BLEIDICK, U. u. HAGEMEISTER, U. (1986). Einführung in die Behindertenpädagogik. Bd. 1: Allgemeine Theorie und Bibliographie. Stuttgart: Kohlhammer.

BOULET, J., KRAUSS, E. J. u. OELSCHLÄGEL, D. (1980). Gemeinwesenarbeit. Eine Grundlegung. Bielefeld: AJZ-Druck.

BRUNNER, E. J. u. HUBER, G. L. (1989). Interaktion und Erziehung. München: Psychologie Verlags Union.

BUCHKA, M. (1992). Grundformen sozialpädagogischen Handelns. In: E. Badry, M. Buchka u. R. Knapp, Pädagogik. Grundlagen und Arbeitsfelder. Neuwied: Luchterhand. S. 199–233.

BRANDSTÄTTER, H. u. a. (1978). Psychologie der Person, 2. Aufl. Stuttgart: Kohlhammer.

BRONFENBRENNER, U. (1981). Die Ökologie der menschlichen Entwicklung. Frankfurt: Fischer.

Bundesministerium für Jugend, Familie, Frauen und Gesundheit (1990). 8. Jugendbericht. Bericht über Bestrebungen und Leistungen der Jugendhilfe. Bundestagsdrucksache 11/6576: Bonn.

CREMERIUS, J. (1993). Kritik der institutionalisierten Psychoanalyse. In: W. Mertens (Hg.), Schlüselbegriffe der Psychoanalyse. Stuttgart: Verlag Internationale Psychoanalyse. S. 58–64.

DANCKWERTS, D. (1988). Obdachlosenhilfe. In: D. Kreft u. I. Mielenz (Hgs.), Wörterbuch Soziale Arbeit, 3. Aufl. Weinheim; Basel: Beltz. S. 400–403.

DIETRICH, J. (1994). Der Lehrer. In: D. Lenzen (Hg.), Erziehungswissenschaft. Ein Grundkurs. Reinbek bei Hamburg: Rowohlt. S. 228–252.

DILLING, H.; Mombour, W. u. SCHMIDT, M. H. (Hgs.) (1993). Internationale Klassifikation psychischer Störungen, 2. Aufl. Bern: Hans Huber.

EAGLE, M. N. (1993). Kritik an der Psychoanalyse – Mangel an empirischer Forschung. In: W. Mertens (Hg.), Schlüsselbegriffe der Psychoanalyse. Stuttgart: Verlag Internationale Psychoanalyse. S. 45–57.

EAGLE, M. N. (1994). Neue Entwicklungen in der Psychoanalyse. Stuttgart: Verlag Internationale Psychoanalyse.

EBBE, K. u. FRIESE, P. (1989). Milieuarbeit. Grundlagen präventiver Sozialarbeit im lokalen Gemeinwesen. Stuttgart: Ferdinand Enke Verlag.

EDELMANN, W. (1993). Lernpsychologie. Eine Einführung, 3. Aufl. Weinheim: Psychologie Verlags Union.

EICKE, U. u. EICKE, W. (1994). Aggressiv, phantasiearm, träge: Die Medienkinder. Psychologie heute, H. 4, S. 20–26.

EINSIEDLER, W. (1994). Das Spiel der Kinder. Zur Pädagogik und Psychologie des Kinderspiels, 2. Aufl. Bad Heilbrunn: Klinkhardt.

ELHARDT, S. (1994). Tiefenpsychologie. Eine Einführung. Stuttgart: Kohlhammer.

ELLGRING, H. (1990). Verhaltensmedizin. In: R. Schwarzer (Hg.), Gesundheitspsychologie. Ein Lehrbuch. Göttingen: Hogrefe. S. 45–50.

ENGFER, A. (1986). Kindesmißhandlung. Ursachen, Auswirkungen, Hilfen. Stuttgart: Enke.

ENGFER, A. (1989). Gewalt gegen Kinder in der Familie. In: B. Paetzold u. L. Fried (Hgs.), Einführung in die Familienpädagogik. Weinheim u. Basel: Beltz. S. 240–259.

ERLER, M. (1993). Soziale Arbeit. Ein Lehr- und Arbeitsbuch zu Geschichte, Aufgaben und Theorie. Weinheim; München: Juventa.

ESSLINGER, D. (1994). Eine erste Gewaltserie ist bereits gekippt. Die Privatsender stellen in Berlin ihre "Freiwillige Selbstkontrolle Fernsehen" vor. In: Süddeutsche Zeitung Nr. 120 vom 27. Mai 1994, S. 23.

FALTERMAIER, T. (1994). Gesundheitsbewußtsein und Gesundheitshandeln. Weinheim: Beltz-Psychologie Verlags Union.

FLAMMER, A. (1990). Erfahrung der eigenen Wirksamkeit. Einführung in die Psychologie der Kontrollmeinung. Bern: Hans Huber.

FLIEGEL, S. u. a. (1989). Verhaltenstherapeutische Standardmethoden. München: Psychologie Verlags Union.

FORTMÜLLER, R. (1990). Lernpsychologie. Wien: Manz.

FRANKE, U. (Hg.) (1995). Therapie aggressiver und hyperaktiver Kinder, 2. Aufl. Stuttgart: G. Fischer.

FREUD, A. (1964). Das Ich und die Abwehrmechanismen. München: Kindler.

FREUD, S. (1926 ff.). Gesammelte Werke.

FREUD, S. (1969). Vorlesungen zur Einführung in die Psychoanalyse, Bd. 1. Frankfurt: Fischer.

FROMM, M. (1989). Heimlicher Lehrplan. In: D. Lenzen (Hg.), Pädagogische Grundbegriffe. Bd. 2. Reinbek bei Hamburg: Rowohlt. S. 977–982.

GEIßLER, E. E. u. WOLLERSHEIM, H.-W. (1991). Autorität und Disziplin. In: L. Roth (Hg.), Pädagogik. Handbuch für Studium und Praxis. München: Ehrenwirth. S. 906–917.

GEIßLER, K. A. u. HEGE, M. (1992). Konzepte sozialpädagogischen Handelns. Ein Leitfaden für soziale Berufe, 6. Aufl. Weinheim; Basel: Beltz.

GERMAIN, C. B. u. GITTERMAN, A. (1983). Praktische Sozialarbeit. Das "Life Model" der sozialen Arbeit. Stuttgart: Ferdinand Enke.

GERMAIN, C. B. u. GITTERMAN, A. (1986). Ökologische Sozialarbeitsforschung in den USA. In: C. Mühlfeld u. a., Brennpunkte Sozialer Arbeit. Ökologische Konzepte für Sozialarbeit. Frankfurt a. M.: Moritz Diesterweg. S. 60–76.

GEULEN, D. (1994). Sozialisation. In: D. Lenzen (Hg.), Erziehungswissenschaft. Ein Grundkurs. Reinbek bei Hamburg: Rowohlt. S. 99–132.

GMÜR, W., STRAUS, F., HÖFER, R. u. BUCHHOLZ, W. (1986). Lebensweltliche Beratung – zur Integration von offenen und therapeutischen Beratungsformen. In: Bundeskonferenz für Erziehungsberatung e.V., Bedingungen und Einflußmöglichkeiten institutioneller Erziehungs- und Familienberatung (Erste Arbeitsgemeinschaft). S. 35–52. Ohne Ort.

GOETZE, H. u. NEUKÄTER, H. (1993). Einleitung. In: H. Goetze u. H. Neukäter (Hgs.), Pädagogik bei Verhaltensstörungen, 2. Aufl. Berlin: Edition Marhold. S. VII–IX.

GRAWE, K; DONATI, R. u. BERNAUER, F. (1994). Psychotherapie im Wandel. Von der Konfession zur Profession, 3. Aufl. Göttingen: Hogrefe-Verlag für Psychologie.

GROSSMANN, W. (1987). Kindergarten. Eine historisch systematische Einführung in seine Entwicklung und Pädagogik. 2. Aufl. Weinheim; München: Beltz.

GRUNDMANN, M. u. HUININK, J. (1991). Der Wandel der Familienentwicklung und der Sozialisationsbedingungen von Kindern – Situation, Trends und einige Implikationen für das Bildungssystem. Zeitschrift für Pädagogik, H. 4, S. 529–554.

GUDJONS, H. (1993). Pädagogisches Grundwissen. Bad Heilbrunn: Julius Klinkhardt.

HAMBURGER, F. (1994). Ausländerarbeit. In: F. Stimmer (Hg.), Lexikon der Sozialpädagogik und der Sozialarbeit. München; Wien: Oldenbourg. S. 52–56.

HANSEN, G. (1994). Behinderung. In: G. Hansen u. R. Stein (Hgs.), Sonderpädagogik konkret. Bad Heilbrunn: Julius Klinkhardt. S. 29–34.

HANSEN, G. u. STEIN, R. (Hgs.) (1994). Sonderpädagogik konkret. Ein praxisorientiertes Handbuch in Schlüsselbegriffen. Bad Heilbrunn: Julius Klinkhardt.

HEID, H. (1994). Erziehung. In: D. Lenzen (Hg.), Erziehungswissenschaft. Ein Grundkurs. Reinbek bei Hamburg: Rowohlt. S. 43–68.

HEIDENREICH, K. (1988). Einstellung und Vorurteile als Thema im Psychologieunterricht der Fachoberschule. In: S. Kowal (Hg.), Sozialpsychologie als Unterrichtsfach. Bonn: Deutscher Psychologen Verlag. S. 69–90.

HEILAND, H. (1991). Maria Montessori. Reinbek bei Hamburg: Rowohlt.

HEMEL, U. (1988). Ziele religiöser Erziehung. Beiträge zu einer integrativen Theorie. Frankfurt am Main: Peter Lang.

HINTE, W. (1985). Von der Gemeinwesenarbeit zur stadtteilbezogenen Sozialen Arbeit – oder: Die Entpädagogisierung einer Methode. In: C. Mühlfeld u. a., Brennpunkte Sozialer Arbeit. Gemeinwesenarbeit. Frankfurt a. M.: Moritz Diesterweg. S. 23–42.

HÖCHSTETTER, W. K. (1972). Die psychoanalytischen Grundlagen der Erziehung. Starnberg: Raith Verlag.

HOLTSTIEGE, H. (1989). Montessoripädagogik. In: D. Lenzen (Hg.), Pädagogische Grundbegriffe. Bd. 2. Reinbek bei Hamburg: Rowohlt. S. 1060–1071.

HOPF, D. u. TENORTH, H.-E. (1994). Migration und kulturelle Vielfalt. Zur Einführung in das Themenheft. Zeitschrift für Pädagogik. H. 1, S. 3–7.

HÖDER, J. (1992). Gesprächspsychotherapie. Was sie kann, wie sie wirkt und wem sie hilft. Mannheim: PAL:

HURRELMANN, K. (1988). Sozialisation und Gesundheit. Weinheim und München: Juventa.

JANTZEN, W. (1974). Sozialisation und Behinderung. Studien zu sozialwissenschaftlichen Grundfragen der Behindertenpädagogik. Gießen: Jarick.

JENSEN, B. S. (1989). Soziale Netzwerke. In: K. Ebbe u. P. Friese (Hgs.), Milieuarbeit. Stuttgart: Ferdinand Enke Verlag. S. 76–92.

JORDAN, E. u. SENGLING, D. (1992). Jugendhilfe, 2. Aufl. Weinheim; München: Juventa.

JUNGE, H. u. LENDERMANN, H.-B. (1990). Das Kinder- und Jugendhilfegesetz (KJHG). Einführende Erläuterungen. Freiburg i. B.: Lambertus.

KAGERER, H. (1989). Verhaltensstörung. In: D. Lenzen (Hg.), Pädagogische Grundbegriffe. Bd. 2. Reinbek bei Hamburg: Rowohlt. S. 1558–1566.

KAISER, A. u. KAISER, R. (1994). Studienbuch Pädagogik, 7. Aufl. Frankfurt am Main: Cornelsen Verlag Skriptor.

KANFER, F. H.; REINECKER, H. u. SCHMELZER, D. (1991). Selbstmanagement-Therapie. Berlin: Springer.

KANT, I. (1976). Beantwortung der Frage: Was ist Aufklärung? In: E. Bahr (Hg.), Was ist Aufklärung? Thesen und Definitionen. Stuttgart: Reclam. S. 9–17.

KELLER, G. (1994). Pädagogische Psychologie griffbereit. Donauwörth: Auer.

Kindergarten heute (4/90). Freiburg: Herder.

KLAFKI, W. (1970). Normen und Ziele in der Erziehung. In: W. Klafki u. a.: Erziehungswissenschaft, Bd. 2. Frankfurt am Main: Fischer Bücherei 6107.

KLAFKI, W. (1972). Funkkolleg Erziehungswissenschaft, Bd. 1. Frankfurt a. M.: Fischer.

KLAUER, K.J. (1981). Erziehung. In: H. Schiefele u. A. Krapp (Hgs.): Handlexikon zur Pädagogischen Psychologie. München: Ehrenwirth.

KLAUER, K.J. (1992). Grundfragen der Sonderpädagogik – Eine Einführung. In: K. J. Klauer (Hg.), Grundriß der Sonderpädagogik. Berlin: Edition Marhold/Wissenschaftsverlag Volker Spiess. S. 9–27.

KNAPP, R. (1992a). Konstitutive Momente pädagogischer Situationen. In: E. Badry; M. Buchka u. R. Knapp (Hgs.), Pädagogik. Grundlagen und Arbeitsfelder. Neuwied: Luchterhand. S. 87–116.

KNAPP, R. (1992b). Erziehung und Sozialisation. In: E. Badry; M. Buchka u. R. Knapp (Hgs.), Pädagogik. Grundlagen und Arbeitsfelder. Neuwied: Luchterhand. S. 117–124.

KÖHLER, Th. (1993). Kritik der Psychoanalyse-Kritik. In: W. Mertens (Hg.), Schlüsselbegriffe der Psychoanalyse. Stuttgart: Verlag Internationale Psychoanalyse. S. 65–70.

KÖHLER, Th. (1995). Freuds Psychoanalyse. Stuttgart: Kohlhammer.

KORTE, J. (1994). Lernziel Friedfertigkeit. Weinheim: Beltz.

KRENZ, A. (1991). Der "Situationsorientierte Ansatz" im Kindergarten. Grundlagen und Praxis, 3. Aufl. Freiburg: Herder.

KRIZ, J. (1991). Grundkonzepte der Psychotherapie. Eine Einführung, 3. Aufl. Weinheim: Psychologie Verlags Union.

KROHNE, H. W. (1976). Theorien zur Angst. Stuttgart: Kohlhammer.

KROHNE, H. W. (1988). Erziehungsstilforschung: Neuere theoretische Ansätze und empirische Befunde. Zeitschrift für Pädagogische Psychologie 2, Heft 3, S. 157–172.

KRON, F. W. (1988). Grundwissen Pädagogik. München: Ernst Reinhardt.

KROPIUNIGG, U. (1990). Psyche und Immunsystem. Wien und New York: Springer Verlag.

KRÜGER, R. (1991). Das Lehrer-Schüler-Verhältnis. In: L. Roth (Hg.), Pädagogik. Handbuch für Studium und Praxis. München: Ehrenwirth.

KRUSE, A., KRÖHN, R. u. LANGERHAUS, G. (1992). Konflikt- und Belastungssituationen in stationären Einrichtungen der Altenhilfe und Möglichkeiten ihrer Bewältigung. Stuttgart: Kohlhammer.

KUSCH, M. u. PETERMANN, F. (1993). Entwicklungspsychopathologie von Verhaltensstörungen im Vorschulalter. In: F. Petermann u. U. Petermann (Hgs.), Angst und Aggression bei Kindern und Jugendlichen. München: Quintessenz. S. 9–30.

LANTERMANN, E.-D. (1983). Interaktionismus. In: D. Frey u. S. Greif (Hgs.), Sozialpsychologie. Ein Handbuch in Schlüsselbegriffen. München: Urban u. Schwarzenberg. S. 399–404.

LAPLANCHE, J. u. PONTALIS, J. B. (1972). Das Vokabular der Psychoanalyse. Frankfurt a. M.: Suhrkamp.

LAUER, H. (1994). Jugendhilfe. In: F. Stimmer (Hg.), Lexikon der Sozialpädagogik und der Sozialarbeit. München; Wien: Oldenbourg. S. 265–268.

LAUTH, G. W. (1993). Strategien der kognitiven Verhaltensmodifikation. In: H. Goetze u. H. Neukäter (Hgs.), Pädagogik bei Verhaltensstörungen, 2. Aufl. Berlin: Edition Marhold. S. 852–870.

LAZARUS, R. S. u. LAUNIER, R. (1981). Streßbezogene Transaktionen zwischen Person und Umwelt. In: J. Nitsch (Hg.), Streß: Theorien; Untersuchungen; Maßnahmen. Bern: Hans Huber. S. 213–259.

LEFRANCOIS, G. R. (1986). Psychologie des Lernens, 2. Aufl. Berlin: Springer Verlag.

LENZEN, D. (1994). Erziehungswissenschaft – Pädagogik. In: D. Lenzen (Hg.), Erziehungswissenschaft. Ein Grundkurs. Reinbek bei Hamburg: Rowohlt. S. 11–41.

LIEBEL, H. J. (1992). Einführung in die Verhaltensmodifikation. Weinheim: Psychologie Verlags Union.

LINDEN, M. u. HAUTZINGER, M. (Hgs.) (1993). Verhaltenstherapie. Berlin: Springer Verlag.

LINDSAY, P. H. u. NORMAN, D. A. (1981). Einführung in die Psychologie. Informationsaufnahme und -verarbeitung beim Menschen. Berlin u. a.: Springer Verlag.
LÖWISCH, D.-J. (1995). Einführung in pädagogische Ethik. Darmstadt: Wissenschaftliche Buchgesellschaft.
LÜCKERT, H.-R. u. LÜCKERT, I. (1994). Einführung in die Kognitive Verhaltenstherapie. Allgemeine Grundlagen. München: Ernst Reinhardt Verlag.
LUKESCH, H. (1981). Erziehungsstile. In: H. Schiefele u. A. Krapp (Hgs.), Handlexikon zur Pädagogischen Psychologie. München: Ehrenwirth.
MAIER, R. E. (1981). Mündigkeit. Zur Theorie eines Erziehungszieles. Bad Heilbrunn: Klinkhardt.
MANNONI, O. (1971). Sigmund Freud. Reinbek bei Hamburg: Rowohlt.
MARX, R. (1989). Sonderpädagogik. In: D. Lenzen (Hg.), Pädagogische Grundbegriffe. Bd. 2. Reinbek bei Hamburg: Rowohlt. S. 1392–1408.
MARTIN, E. (1992). Didaktik der sozialpädagogischen Arbeit, 2. Aufl. Weinheim; München: Juventa.
MEICHENBAUM, D. W. (1979). Kognitive Verhaltensmodifikation. München: Urban und Schwarzenberg.
MEINBERG, E. (1988). Das Menschenbild der modernen Erziehungswissenschaft. Darmstadt: Wissenschaftliche Buchgesellschaft.
MENNE, K. (1993). Erziehungsberatungsstellen: Fakten und Trends. In: K. Hahn u. F.-W. Müller (Hgs.), Systemische Erziehungs- und Familienberatung. Mainz: Matthias-Grünewald-Verlag. S. 272–281.
MERTENS, W. (1992). Psychoanalyse, 4. Aufl. Stuttgart: Kohlhammer.
MERTENS, W. (1992) Kompendium – psychoanalytische Grundbegriffe. München: Quintessenz.
MERTENS, W. (1995). Psychoanalyse auf dem Prüfstand? 2. Aufl. Berlin und München: Quintessenz.
MIELKE, R (1984). Lernen und Erwartung. Zur Selbst-Wirksamkeits-Theorie von Albert Bandura. Bern: Hans Huber.
MIETZEL, G. (1986). Psychologie in Unterricht und Erziehung, 3. Aufl. Göttingen: Hogrefe.
MIKETTA, G. (1991). Netzwerk Mensch. Stuttgart: Trias: Thieme, Hippokrates, Enke.
MILLER, P. (1993). Theorien der Entwicklungspsychologie. Heidelberg: Spektrum Akademischer Verlag.
MILLER, R. (1986). Einführung in die ökologische Psychologie. Opladen: Leske und Budrich.
MOHRLOK, M., NEUBAUER, M., NEUBAUER, R. u. SCHÖNFELDER, W. (1993). Let's organize! Gemeinwesenarbeit und Community Organisation im Vergleich. München: AG SPAK.
MOLLENHAUER, K. (1988). Einführung in die Sozialpädagogik. Probleme und Begriffe der Jugendhilfe, 8. Aufl. Weinheim: Beltz.
MÜLLER, C. W. (1988 a). Gruppenarbeit, soziale. In: D. Kreft u. I. Mielenz (Hgs.), Wörterbuch Soziale Arbeit, 3. Aufl. Weinheim; Basel: Beltz. S. 257–258.
MÜLLER, C. W. (1988 b). Sozialarbeit/Sozialpädagogik. In: D. Kreft u. I. Mielenz (Hgs.), Wörterbuch Soziale Arbeit, 3. Aufl. Weinheim; Basel: Beltz. S. 480–484.
MÜLLER, C. W. (1993). Soziale Arbeit und ihre Berufe. In: C. W. Müller (Hg.), Einführung in die Soziale Arbeit, 3. Aufl. Weinheim; Basel: Beltz. S. 9–46.

MÜLLER, F. W. (1993). Soziales Netzwerk Seligenstadt – Ein Praxisbericht. In: K. Hahn u. F.-W. Müller (Hgs.), Systemische Erziehungs- und Familienberatung. Mainz: Matthias-Grünewald-Verlag. S. 141–144.

MÜLLER, M. (1991). Denkansätze in der Heilpädagogik. Heidelberg: HVA/Ed. Schindele.

MYSCHKER, N. (1993). Verhaltensstörungen bei Kindern und Jugendlichen. Stuttgart: Kohlhammer.

NAUCK, B. (1994). Erziehungsklima, intergenerative Transmission und Sozialisation von Jugendlichen in türkischen Migrantenfamilien. Zeitschrift für Pädagogik H. 1, S. 43–62.

NAVE-HERZ, R. (1994). Familie heute. Wandel der Familienstrukturen und Folgen für die Erziehung. Darmstadt: Wissenschaftliche Buchgesellschaft.

NEUFFER, M. (1990). Die Kunst des Helfens. Geschichte der sozialen Einzelhilfe in Deutschland. Weinheim; Basel: Beltz.

NOLTING, H. P. u. PAULUS, P. (1994). Psychologie lernen, 5. Aufl. Weinheim: Beltz; Psychologie Verlags Union.

NOLTING, H. P. u. PAULUS, P. (1990). Psychologie lernen, 3. Aufl. München: Psychologie Verlags Union.

NOLTING, H. P. u. PAULUS, P. (1992). Pädagogische Psychologie. Stuttgart: Kohlhammer.

NOWAK, J. (1988). Soziale Probleme und soziale Bewegungen. Eine praxisorientierte Einführung. Weinheim; Basel: Beltz.

OELSCHLÄGEL, D. (1985). Strategiediskussionen in der Sozialen Arbeit und das Arbeitsprinzip Gemeinwesenarbeit. In: C. Mühlfeld u. a., Brennpunkte Sozialer Arbeit. Gemeinwesenarbeit. Frankfurt a. M.: Moritz Diesterweg. S. 7–22.

OELSCHLÄGEL, D. (1994 a). Gemeinwesenarbeit. In: F. Stimmer (Hg.), Lexikon der Sozialpädagogik und der Sozialarbeit. München; Wien: Oldenbourg. S. 198–202.

OELSCHLÄGEL, D. (1994 b). Gemeinwesenarbeit im Armutsquartier – zur Kooperation zwischen Hochschule und sozialer Arbeit. Neue Praxis H. 1, S. 56–73.

OERTER, R. (1987). Kindheit. In: R. Oerter u. L. Montada (Hgs.), Entwicklungspsychologie, 2. Aufl. München; Weinheim: Psychologie Verlags Union. S. 204–264.

ORTNER, A. u. ORTNER, R. (1991). Verhaltens- und Lernschwierigkeiten. Weinheim: Beltz.

PERVIN, L. A. (1993). Persönlichkeitstheorien. München: Ernst Reinhardt.

PETERMANN, F. (1994). Aggression und Gewalt bei Kindern. Sind die Medien schuld? Universitas, H. 5, S. 434–443.

PETERMANN, F. (1995). Aggressives Verhalten. In: R. Oerter u. L. Montada (Hgs.), Entwicklungspsychologie. 3. Aufl. Weinheim: Beltz Psychologie Verlags Union. S. 1016–1023.

PETERMANN, F. u. KUSCH, M. (1993). Entwicklungspsychopathologie von Verhaltensstörungen im Kindes- und Jugendalter. In: F. Petermann u. U. Petermann (Hgs.), Angst und Aggression bei Kindern und Jugendlichen. München: Quintessenz. S. 31–454.

PETERMANN, F. u. PETERMANN, U. (1990). Training mit aggressiven Kindern, 4. Aufl. München: Psychologie Verlags Union.

PFINGSTEN, U. (1985). Klinische Psychologie. Ein Grundriß. Stuttgart: Kohlhammer.

POHLEN, M. u. BANTZ-HOLZHERR, M. (1995). Psychoanalyse. Das Ende einer Deutungsmacht. Reinbek bei Hamburg: Rowohlt.

REBLE, A. (1989). Geschichte der Pädagogik, 15. Aufl. Stuttgart: Klett-Cotta.

REICH, W. (1972). Die sexuelle Revolution. Frankfurt a. M.: Fischer.

REICHWEIN, R. (1989). Autorität. In: D. Lenzen (Hg.), Pädagogische Grundbegriffe. Bd. 1. Reinbek bei Hamburg: Rowohlt. S. 140–149.

REINECKER, H. (1986). Grundlagen verhaltenstherapeutischer Methoden. In: Deutsche Gesellschaft für Verhaltenstherapie (Hg.), Verhaltenstherapie. Theorien und Methoden. Tübingen: Deutsche Gesellschaft für Verhaltenstherapie. S. 43–178.

REINECKER, H. (1987). Grundlagen der Verhaltenstherapie. München: Psychologie Verlags Union.

REINECKER, H. (1990). Soziale und spezifische Phobien. In: H. Reinecker (Hg.), Lehrbuch der Klinischen Psychologie. Göttingen: Hogrefe. S. 49–72.

REINECKER, H. (1991). Verhaltenstherapeutisch orientierte Intervention. In: M. Perrez u. U. Baumann (Hgs.), Lehrbuch der Klinischen Psychologie, Bd. 2: Interventionen. Bern: Hans Huber. S. 129–145.

REINECKER, H. (1993). Phobien. Göttingen: Verlag für Psychologie Hogrefe.

REINERT, G. u. WITTLING, W. (1980). Klinische Psychologie: Konzepte und Tendenzen. In: Wittling, W. (Hg.), Handbuch der klinischen Psychologie. Bd. 1. Hamburg: Hoffmann und Campe. S. 14–80.

REVENSTORF, D. (1982). Psychotherapeutische Verfahren. Bd. II. Verhaltenstherapie. Stuttgart: Kohlhammer.

REVENSTORF, D. (1983). Psychotherapeutische Verfahren. Bd. III. Humanistische Therapien. Stuttgart: Kohlhammer.

REVENSTORF, D. (1991a). Sexual- und Beziehungsstörungen: Intervention. In: M. Perrez u. U. Baumann (Hgs.), Klinische Psychologie, Bd. 2. Bern: Hans Huber. S. 370–385.

REVENSTORF, D. (1991b). Vorwort zur deutschen Ausgabe von The Evolution of Psychotherapy. In: J. K. Zweig (Hg.), Psychotherapie. Tübingen: Deutsche Gesellschaft für Verhaltenstherapie. S. 11–14.

RICHTER, H. E. (1972). Eltern, Kind und Neurose, 3. Aufl. Reinbek bei Hamburg: Rowohlt.

RICHTER-APPELT, H. u. LADENDORF, R. (1993). Eltern-Kind-Beziehung und sexueller Mißbrauch. Psychosozial, H. 2, S. 85–96.

RIEMANN, F. (1961). Grundformen der Angst (Neudruck 1992). München: Ernst Reinhard Verlag.

RITTELMEYER, C. (1994). Der Erzieher. In: D. Lenzen (Hg.), Erziehungswissenschaft. Ein Grundkurs. Reinbek bei Hamburg: Rowohlt. S. 205–227.

ROGERS, C. R. (1983). Therapeut und Klient. Grundlagen der Gesprächspsychotherapie. Frankfurt/M.: Fischer.

ROST, F. (1994). Techniken erziehungswissenschaftlichen Arbeitens. In: D. Lenzen (Hg.), Erziehungswissenschaft. Ein Grundkurs. Reinbek bei Hamburg: Rowohlt. S. 592–624.

ROTH, H. (1971). Pädagogische Anthropologie. Bd. 1. Bildsamkeit und Bestimmung, 3. Aufl. Hannover: Hermann Schroedel.

ROTH, H. (1971). Pädagogische Anthropologie. Bd. 2. Entwicklung und Erziehung. Grundlagen einer Entwicklungspädagogik. Hannover: Hermann Schroedel.

RUHLOFF, J. (1989). Emanzipation. In: D. Lenzen (Hg.), Pädagogische Grundgebriffe. Bd. 1. Reinbek bei Hamburg: Rowohlt. S. 390–395.

SCHAUB, H. u. ZENKE, K. G. (1995). Wörterbuch zur Pädagogik. München: Deutscher Taschenbuch Verlag.

SCHELP, T. u. a. (1990). Rational-Emotive Therapie als Gruppentraining gegen Streß. Bern: Hans Huber.

SCHELTEN, A. (1991). Einführung in die Berufspädagogik. Stuttgart: Franz Steiner.

SCHERMER, F. J. (1991). Lernen und Gedächtnis. Stuttgart: Kohlhammer.

SCHLEE, J. (1993). Zur Problematik der Terminologie in der Pädagogik bei Verhaltensstörungen. In: H. Goetze u. H. Neukäter (Hgs.), Pädagogik bei Verhaltensstörungen, 2. Aufl. Berlin: Edition Marhold. S. 36–49.
SCHNEEWIND, K. A. (1982). Persönlichkeitstheorien. Bd. I. Alltagspsychologie und mechanistische Ansätze. Darmstadt: Wissenschaftliche Buchgesellschaft.
SCHNEEWIND, K. A. (1984). Persönlichkeitstheorien. Bd. II. Organismische und dialektische Ansätze. Darmstadt: Wissenschaftliche Buchgesellschaft.
SCHÖNPFLUG, W. (1977). System Mensch. Studientext zur Einführung in die Psychologie. Stuttgart: Klett-Cotta.
SCHRAML, W. (1970). Einführung in die Tiefenpsychologie. Stuttgart: Ernst Klett Verlag.
SCHRÖDER, H. (1992). Grundwortschatz Erziehungswissenschaft, 2. Aufl. München: Franz Ehrenwirth.
SCHRÜNDER-LENZEN, u. a. (1994). Erziehungsstile. In: F. Stimmer (Hg.), Lexikon der Sozialpädagogik und der Sozialarbeit. München und Wien: Oldenbourg.
SCHWARZER, R. (1992). Psychologie des Gesundheitsverhaltens. Göttingen: Hogrefe.
SCHWARZER, R. (Hg.) (1990). Gesundheitspsychologie. Ein Lehrbuch. Göttingen: Verlag für Psychologie Hogrefe.
SCHWARZER, R. (1993). Streß, Angst und Handlungsregulation. Stuttgart: Kohlhammer.
SCHWENK, B. (1989). Pädagogisches Verhältnis. In: D. Lenzen (Hg.), Pädagogische Grundbegriffe. Bd. 2. Reinbek bei Hamburg: Rowohlt. S. 1566–1572.
SELG, H. (1985). Lernen. In: D. Dörner u. H. Selg (Hgs.), Psychologie. Eine Einführung in ihre Grundlagen und Anwendungsfehler. Stuttgart: Kohlhammer. S. 134–149.
SENGLING, D. (1989). Heimerziehung. In: D. Lenzen (Hg.), Pädagogische Grundbegriffe. Bd. 1. Reinbek bei Hamburg: Rowohlt. S. 705–709.
SEMMER, N. (1988). Streß. In: R. Asanger u. G. Wenninger (Hg.), Handwörteruch der Psychologie. München: Psychologie Verlags Union. S. 744–752.
SIEDER, R. (1987). Sozialgeschichte der Familie. Frankfurt a. M.: Suhrkamp.
SIELAND, B. (1994). Klinische Psychologie. Bd. I. Grundlagen. Stuttgart: Kohlhammer.
SIMS, A. u. SNAITH, Ph. (1993). Angsttherapie in der klinischen Praxis. Angst, Angststörungen und Angstbewältigung. München: Quintessenz.
SÖRENSEN, M. (1992). Einführung in die Angstpsychologie. Weinheim: Deutscher Studien Verlag.
SORGATZ, H.(1986). Theorien zur Erklärung gestörten Verhaltens. In: Deutsche Gesellschaft für Verhaltenstherapie (Hg.), Verhaltenstherapie. Theorien und Methoden. Tübingen: Deutsche Gesellschaft für Verhaltenstherapie. S. 179–206
SPADA, H. (1992). Allgemeine Psychologie, 2. Aufl. Bern: Hans Huber
SPECK, O. (1988). System Heilpädagogik. Eine ökologisch reflexive Grundlegung. München: Ernst Reinhardt.
SPIELBERGER, Ch. (1980). Streß und Angst, Weinheim: Beltz.
STALDER, I. (1985). Die soziale Lerntheorie von Bandura. In: D. Frey u. M. Irle (Hgs.), Theorien der Sozialpsychologie. Bd. II. Gruppen- und Lerntheorien. Bern: Hans Huber. S. 241–271.
STAUB-BERNASCONI, S. (1994). Soziale Arbeit. In: F. Stimmer (Hg.), Lexikon der Sozialpädagogik und Sozialarbeit. München: Oldenbourg. S. 440–446.
STRÄTLING-TÖLLE, H. (1990). Erziehungsberatung. In: M. Textor (Hg.), Hilfen für Familien. Ein Handbuch für psychosoziale Berufe. Frankfurt a. M.: Fischer S. 388–406.
Süddeutsche Zeitung vom 07.01.1995, o. V.
Süddeutsche Zeitung vom 15.06.1994, o. V.
Tätigkeitsbericht Familienzentrum Neuperlach (1992). München: SOS Kinderdorf.

TAUSCH, R. (1989). Lebensschritte. Umgang mit belastenden Gefühlen. Reinbek bei Hamburg: Rowohlt.

TAUSCH, R. u. TAUSCH, A. M. (1971). Erziehungspsychologie. Psychologische Prozesse in Erziehung und Unterricht, 6. Aufl. Göttingen: Hogrefe.

TEXTOR, M. (Hg.) (1992). Praxis der Kinder- und Jugendhilfe. Handbuch für die sozialpädagogische Anwendung des KJHG. Weinheim; Basel: Beltz.

TRETTER, F. (1988). Humanökologie – ein Forschungsansatz und Handlungsansatz im Umgang mit Mensch-Umwelt-Beziehungen. Psychosozial, H. 35, S. 22–29.

TROEGER, W. (1986). Erziehungsziele. In: H. Hierdeis (Hg.), Taschenbuch der Pädagogik. Teil 1, 2. Aufl. Baltmannsweiler: Pädagogischer Verlag Burgbücherei Schneider. S. 189–199.

UDRIS, I. u. FRESE, M. (1988). Belastung, Streß, Beanspruchung und ihre Folgen. In: D. Frey u. a. (Hg.), Angewandte Psychologie. München; Weinheim: Psychologie Verlags Union. S. 427–447.

ULICH, D. (1982). Das Gefühl. Eine Einführung in die Emotionspsychologie. München u. a.: Urban u. Schwarzenberg.

WALLER, H. (1995). Gesundheitswissenschaft. Eine Einführung in Grundlagen und Praxis. Stuttgart: Kohlhammer.

WEBER, M. u. FRIEBEL, H.-D. (1986). Öffnung der Beratungsstelle. In: Bundeskonferenz für Erziehungsberatung e.V., Bedingungen und Einflußmöglichkeiten institutioneller Erziehungs- und Familienberatung (Zweite Arbeitsgemeinschaft).

WEIDENMANN, B. (1986). Psychologie des Lernens mit Medien. In: B. Weidenmann u. A. Krapp (Hgs.), Pädagogische Psychologie. München: Psychologie Verlags Union. S. 493–554.

WENDT, W. R. (1989). Gemeinwesenarbeit. Ein Kapitel zu ihrer Entwicklung und zu ihrem gegenwärtigen Stand. In: K. Ebbe u. P. Friese (Hgs.), Milieuarbeit. Grundlagen präventiver Sozialarbeit im lokalen Gemeinwesen. Stuttgart: Ferdinand Enke. S. 1–34.

WENDT, W. R. (1990). Ökosozial denken und handeln. Freiburg i. B.: Lambertus.

WILLI, J. (1988). Der Begriff der "sozialen Nische" und seine Anwendung in der psychiatrischen Praxis. psychosozial, H. 35, S. 11–21.

WULF, C. (1989). Friedenserziehung. In: D. Lenzen (Hg.), Pädagogische Grundbegriffe, Bd. 1. Reinbek bei Hamburg: Rowohlt. S. 675–680.

WYSS, D. (1991). Die tiefenpsychologischen Schulen von den Anfängen bis zur Gegenwart. Göttingen: Verlag Vandenhoek und Ruprecht.

ZÄNKER, K. S. (1991). Knotenpunkte eines psychosomatischen Netzwerkes: Moleküle und Zellen des Immunsystems, Hormone und Neuropeptide, Gefühle und Streß. In: K. S. Zänker (Hg.), Kommunikationsnetzwerke im Körper. Psychoneuroimmunologie – Aspekte einer neuen Wissenschaftsdisziplin. Heidelberg: Spektrum Akademischer Verlag.

ZIMBARDO, P. G. (1992). Psychologie, 5. Aufl. Berlin: Springer.

ZIMMER, D. E. (1986). Tiefenschwindel. Reinbek bei Hamburg: Rowohlt.

ZWÄTZ, D. (1993). Zählung pro Zeiteinheit. Streit zwischen Psychologen und Programmmachern. Handelsblatt vom 18.08.1993, S. 16.

Stichwortverzeichnis

Ihre Meinung ist uns wichtig!

Ihre Anregungen sind uns immer willkommen. Bitte informieren Sie uns mit diesem Schein über Ihre Verbesserungsvorschläge!

Titel-Nr.	Seite	Vorschlag

Bitte hier abtrennen

Zutreffendes bitte ankreuzen!

Die Absenderin/der Absender ist:

- ☐ Lehrer/in in den Klassenstufen: ____
- ☐ Fachbetreuer/in
  Fächer: ____
- ☐ Seminarlehrer/in
  Fächer: ____
- ☐ Regierungsfachberater/in
  Fächer: ____
- ☐ Oberstufenbetreuer/in
- ☐ Schulleiter/in
- ☐ Referendar/in, Termin 2. Staatsexamen: ____
- ☐ Leiter/in Lehrerbibliothek
- ☐ Leiter/in Schülerbibliothek
- ☐ Sekretariat
- ☐ Eltern
- ☐ Schüler/in, Klasse: ____
- ☐ Sonstiges: ____

Unterrichtsfächer: (Bei Lehrkräften!)

____

14-V1T

Bitte ausfüllen und im frankierten Umschlag an uns einsenden. Für Fensterkuverts geeignet.

STARK Verlag
Postfach 1852
85318 Freising

Kennen Sie Ihre Kundennummer? Bitte hier eintragen.

Absender (Bitte in Druckbuchstaben!)

Name/Vorname

Straße/Nr.

PLZ/Ort

Telefon privat

Geburtsjahr

E-Mail-Adresse

Schule/Schulstempel (Bitte immer angeben!)

(Bitte blättern Sie um)